서울대학교 아시아연구소
세계 속의 아시아연구 시리즈 025

Reform China: Changes and Continuities

개혁 중국

변화와 지속

서울대학교 중국연구소 기획 | 이현정 책임 편집

한울
아카데미

이 도서의 국립중앙도서관 출판예정도서목록(CIP)은 서지정보유통지원시스템 홈페이지(http://seoji.nl.go.kr)와 국가자료공동목록시스템(http://www.nl.go.kr/kolisnet)에서 이용하실 수 있습니다. CIP제어번호: CIP2019012498 (양장), CIP2019012499(반양장)

차례

서문 **개혁·개방 40년: 조금 더 깊고 긴 안목으로 살펴보기** _ 김광억 — 7

1. 머리말 7
2. 방법으로서의 중국 9
3. '현대' 중국의 이해와 시간의 문제 15
4. 포스트-개혁·개방의 전망과 문제 18
5. 맺음말 24

제I부 역사와 담론 속의 현대 중국

제1장 **세 쌍의 키워드로 본 현실 중국의 가까운 과거** _ 유용태 — 29

1. 머리말 29
2. 공화제와 일당체제: 당으로 나라를 다스린다 31
3. 사회주의와 시장경제: 혼합경제 38
4. 중화민족과 소수민족: 다원일체 46
5. 맺음말 54

제2장 **1990년대 이후 중국의 지식·문화 담론** _ 이정훈 — 58

1. '1990년대'의 현재성과 지식·문화 담론의 위치 58
2. 1980년대 '신계몽주의'와 그 한계 61
3. 1990년대 지식·문화 담론의 다변화: 자유주의, 신권위주의 그리고 신좌파의 등장 67
4. 민족주의 사조의 대두와 대중적 확산 71
5. 맺음말에 대신하여 74

제II부 체제·제도·전략으로서의 중국

제3장 **개혁기 중국의 대외관계(1980~2017): 변화와 계속선에 대하여** _ 정재호 — 79

1. 중국 대외관계의 시기별 개관(1949-2017): 계속성의 포착 80
2. 개혁기 중국의 대외관계: 변화를 중심으로 85
3. 중국의 강대국화와 대외관계의 '조정' 95
4. 중국 대외관계의 미래: 불확실성과 전략적 우려 98

제4장 **중국의 정치개혁: 성과와 한계** _ 조영남 103
1. 중국 정치의 변화: 전체주의에서 권위주의로 105
2. 정치발전의 두 가지 경로와 중국의 선택 109
3. 정치발전의 두 가지 경로에서 본 중국의 정치개혁 112
4. '중국 특색의 민주주주'와 정치발전 논의 124
5. 중국의 정치 과제와 해결 방향 129

제5장 **개혁·개방 시기 중국 소유제도의 변화: 토지와 기업** _ 강광문 134
1. 머리말 134
2. 개혁·개방 시기 이전 중국의 소유제도: 이상과 실천 136
3. 개혁·개방 시기 중국의 토지소유제도: 소유권과 사용권 140
4. 개혁·개방 시기 중국의 기업소유제도: 소유권과 경영권 149
5. 맺음말 156

제6장 **추격이론에서 본 중국 경제의 과거, 현재, 미래: 지난 40년 평가와 최근의 구조 변환** _ 이근 159
1. 머리말 159
2. 베이징 컨센서스(베이징 공식)에서 중진국 함정으로 161
3. 2008년 이후의 구조 전환과 당면 문제 167
4. 중국은 언제 미국을 추월하는가: 추격의 역설 169
5. 맺음말 173

제7장 **중국 이동통신 산업 및 기술 발전과 한-중 협력** _ 이재홍 176
1. 중국의 이동통신 서비스 산업 178
2. 중국의 이동통신 기술 개발 및 제조 산업 184
3. 한국의 중국 이동통신 시장 진출 및 협력 194
4. 이동통신 분야 한-중 협력 성공 사례 및 파급 효과 198
5. 맺음말 205

제III부 생활구조와 사회적 실천 속의 중국

제8장 **개혁기 중국의 개발다원주의와 차등적 시민권** _ 장경섭 209
1. 중국의 실용주의 개혁: 개발다원주의의 정치경제 209
2. 중국 개혁체제의 시민권적 성격 212
3. 개발다원주의와 차등시민권 216

4. 차등적 개발시민권: 역진적 혹은 시차적 사회권? 220
5. 토론과 전망 223

제9장 **개혁기 중국의 혼인과 가족: 차이와 지속** _ 이현정 226
1. 머리말 226
2. 개혁 이전 공산당의 정책과 전통적 가족 질서의 붕괴 228
3. 개혁기 중국 국가의 가족에 대한 개입 231
4. 개혁기 중국의 혼인 방식과 절차 234
5. 신부대 관습의 변화가 갖는 함의 238
6. 중국 젊은이들의 혼인에 대한 인식과 문화 242
7. 맺음말 245

제10장 **중국 농민공 문제의 변화와 지속** _ 정종호 250
1. 호구제도: 농민공 문제의 출발점 251
2. 농민(農民)에서 농민공(農民工)으로 253
3. 국가의 대응: 호구제도 개혁 264
4. 맺음말 273

제11장 **중국 사회보장제도의 변천과 전망** _ 조흥식 281
1. 머리말 281
2. 개혁·개방 이전의 사회보장제도 283
3. 개혁·개방 이후의 사회보장제도 287
4. 중국 사회보장제도에 영향을 주는 요소 306
5. 중국 사회보장제도의 전망 312
6. 맺음말 318

참고문헌 321

서문

개혁·개방 40년

조금 더 깊고 긴 안목으로 살펴보기

김광억 | 서울대학교 인류학과

1. 머리말

중국이라는 거대하고 복합적이며 복잡한 나라가 지난 40년의 기간을 겪어 나온 변화를 간단히 평가한다는 것은 말할 것도 없이 무모한 일이다. 다만 역사적 과정의 어느 한 시점에서 일정한 기간을 잘라서 그 변화를 살핀다는 것은 다양한 변화의 과정 속이라는 전제 아래 중간 점검을 시도한다는 의미이다.

우리는 중국을 하나의 국가 단위로 삼아 평가하기를 좋아하고 이때에는 거의 기계적으로 정치·경제·사회·문화·기술 영역의 거시적 시각에서 제도와 통계 그리고 정책으로 말해지는 변화를 분석의 자료로 사용하는 데 익숙해 있다. 지난 40년 간 중국은 개혁·개방의 기치 아래 이전과는 대비되는 혁명적 발전을 시도했기 때문에 그 평가는 "발전" 의 맥락에서 하게 된다. 국내외 전문가들은 모두 제도적 장치와 통계 수치로 표현되는 양과 규모의 증대 그리고 한 분야가 다양화되고 전문화되는 정도에 초점을 맞추어 긍정적인 평가를 한다. 그러나 그 변화가 개인의 삶의 질과 사회의 질적인 수준에 어떤 결과를 가지고 왔는가에 대한 소위 질적인 평가에는 유보적인 태도를 취하는 경향을 보인다. 양적인 면과 질적인 면의 변화는 그 속도와 정도가 일치하지 않으며 후자는 보다 완만하고 분석과 평가에 질적 접근 방법이 요구되므로 객관적이고 확실한 해석을 위해서는 시간이 더 많이 걸리기 때문이기도 하다.

우리가 개인의 경험적 차원에서 변화를 말할 때는 처음 개방된 중국에서 겪은 사회문화적 풍경의 기억과 현재의 모습들을 대비하여 그 차이를 논한다. 1990년대 초까지도 중국 어디서나 보편적으로 볼 수 있었던 풍경은 무명으로 지은 푸른색의 레닌복과 모자, 천으로 기워 만든 부세(布鞋)라는 신발, 댕기머리, 먼지 나는 비포장 길을 걷거나 자전거를 타고 가는 사람들, 세상을 일찍 어둠으로 가라앉게 하는 부족한 전기, 전통적 기구로 농사를 짓는 농민들, 낮은 수준의 위생 상태의 거리와 집들, 부족한 가게와 물건들, 낡은 차량을 기다리는 긴 행렬 등이었다. 그러나 1990년대가 지나면서 급속하고 급격한 물질생활의 변화는 개혁·개방 정책이 경제발전을 핵심으로 삼는 또 하나의 혁명 과정임을 실감하게 해주었다. 의식주 생활의 풍요와 세계화, 상해 푸둥(浦東) 지구의 개발로 상징되는 대도시 건설과 도시화의 확산, 고속도로와 고속철도, 스마트폰과 자동차의 대중화, 주식 투자의 일상화와 첨단 기술에 의한 정보사회화 그리고 그것으로 이루어지는 사회적 네트워킹의 실현 등은 문자 그대로 상전벽해의 신화를 창조했다. 제한된 수량의 기차에 교통을 의존했는데 이제는 전국과 전 세계로 이어지는 비행기 여행이 대중화되었다. 뜨거운 맹물이나 찻물만 마시던 사람들에게 광천수와 커피가 일상화되었고 전 세계가 중국인으로 채워지는 인상을 줄 만큼 유학과 해외여행이 기하급수로 늘어났다. 정보통신 기술의 대중화는 세대에 따른 지식과 정보, 그리고 문화의 소비에 근본적인 차이를 보이게 만들었다. 고령 세대가 텔레비전을 통해 주어지는 대로의 세상을 접하는 데 비해 2030세대 혹은 80후90후 세대 그리고 00세대들은 스마트폰을 통해 주체적으로 바깥 세계의 문화와 정보를 접하고 전파하고 나눈다. 새로운 경제생활의 영역들이 직업의 다양화를 가지고 오고 초국적 문화의 흐름은 생활 스타일과 내용뿐만 아니라 기존의 가족과 결혼, 사회적 관계의 가치를 바꾸고 있다.

이러한 변화는 어디서나 볼 수 있는 보편적인 현상이지만 문제는 중국에서 이것이 40년, 더 엄격하게는 불과 최근 20년의 기간 안에 이루어진 급격한 변화로서 정치와 사회에 근본적인 충격과 변화를 가져왔다는 사실에 있다. 나아가서 이것은 중국이라는 국가의 테두리 안에서 의미를 갖는 역사적 사건이 아니라 전 세계의 경제구조와 질서체계, 가치체계에 중요한 영향력을 미치는 변화인 것이다. 그러므로 현대 중국의 역사적 과정은 중국이라는 지역연구의 관점에서만이 아니라 세계적인 관점에서 살펴봐야 한다. 중국을 연구하는 것은 곧 세계를 연구하는 한 방법이기도 하다는 사실을 주목해야 한다.

2. 방법으로서의 중국

방법으로서의 중국이라는 주제는 이미 여러 학자가 제시한 것이지만 본격적인 주목을 받아오지는 못했다. 대개 눈앞에 전개되는 현상들을 시간이 단절된 독립된 단위로 삼아서 실증적으로 분석하므로 제한적이고, 따라서 오류의 가능성이 내포된 방법론을 사용하는 것에 적응해 왔다. 특히 중국이 오랜 문명의 역사 과정을 거쳐 왔고 그 과정은 일회성으로 사라진 것이 아니라 퇴적되어 오늘의 바탕을 이루고 있다는 사실과, 지금의 중국의 국가체제가 결코 본질적으로 사회주의를 포기한 상태가 아니라는 사실을 중시해야 한다. 많은 사람이 덩샤오핑(鄧小平)의 개혁·개방 정책을 탈사회주의 선언이라고 해석하고 1990년대를 지나면서 경제와 사회 영역에서 근본적 변화를 보임에 따라 사회주의가 지나갔다는 전제에서 중국을 분석하고 해석하고 있다. 포스트-마오는 곧 포스트-사회주의로 번역이 될 정도이다. 그러니 과연 그리할까? 간단히 말해 토지를 비롯한 국가의 기간 자원과 산업의 국유(전민소유), 공산당의 일당독재에 의한 국가의 경영, 사회주의 이데올로기의 이상적인 실현 등이 혁명 정치의 목표이며 이 세 가지 요소의 결합 속에서 외교와 내치, 경제와 과학기술의 실천

전략과 정책이 다양한 방식으로 도모되고 정당화되는 것을 개혁이라고 하는 것이다. 결론적으로 말해 지난 40년의 개혁에도 불구하고 국가체제와 구조는 본질적으로 변한 것이 없으며 통치의 기술과 제도적 장치가 국가 발전의 효율성을 높이기 위해 변화되는 것이다. 적어도 지난 40년은 그렇다. 그리고 이는 앞으로도 혁명의 논리와 이념 속에 계속될 것으로 보인다.

그것은 공산당의 일당 통치가 중국이라는 특수한 국가를 통합적으로 운영할 수 있는 유일한 효과적인 방법이라는 그들 나름의 주장과 믿음 때문이다. 곧 자본주의체제에서 보이는 경제 발전과 민주주의체제에서 보이는 개인의 생활 스타일이 사회주의체제와 공산당 일당 지배에 의해서도 가능하다는 것을 증명하는 소위 홍색자본주의와 홍색민주주의가 이를 뒷받침해주는 경험이자 기억이다. '사회주의 시장경제'나 '중국식 자본주의'라는 말은 임기응변의 정치적 말장난이 아니라 '중국식(모델)' 이론의 바탕이다. 이러한 맥락에서 덩샤오핑의 '흑묘백묘론(黑猫白猫)'은 자본주의와 사회주의의 이념과 체제의 구분을 포기하는 신호로 해석하는 것은 옳지 않다. 그는 사회주의 이념과 공산당 집권체제를 포기한 적이 없다. 그에게 고양이는 기술 혹은 수단을 말하는 기표일 뿐이다. 중국에서 국가 주석이 바뀔 때마다 발표된 국시적(國是的) 구호에 사회주의 혁명을 바꾼다는 말이 들어간 적은 없다. 40년 개혁·개방 여정의 마지막 단계에 집권한 시진핑은 '사회주의 열두 가지 핵심 가치'를 내세웠으나 거기서 '민주', '자유', '평등', '공정', '법치'라는 단어에는 '중국식'이라는 말이 묵시적으로 내포되어 있음을 간파해야 한다. 결국 광활한 영토와 56개 민족, 13억의 인구 그리고 다양한 역사와 문화적 배경을 가진 지역들을 하나의 국가로 통합하고 부강을 도모하는 효율적인 수단으로서 사회주의체제에 바탕을 둔 '중국식' 제도와 가치관을 주장하는 중국과, 이것이 과연 세계적 보편 가치로서 타당성을 가지고 있는가를 의심하는 외국 사이에 긴장과 갈등이 일어나는 것이다. 그러므로 서구 사회의 개념과 방법을 그대로 중국에 대입하는 방법론은 표면적 경관(景觀)을 체제와 구조의 서구화로 진단하는 착시현상을 유도하는 것이므로 재고되어야 할 것이다.

또한 국가, 사회, 인민의 세 차원에서 중국을 보기, 그리고 그 셋의 관계에서 현실을 읽어내기가 요구된다. 물론 객관적인 사실로서의 현실과 언술 혹은 상상에 의해 인식되는 현실을 구분할 필요도 있다. 개혁·개방 40년의 평가는 대개 국가 차원에서 그리고 국가가 생산하는 통계표와 레토릭(rhetoric)에 기초한 이해와 해석 작업으로 이루어진다. 특히 물질생활의 질량, 즉 경제 영역의 논의가 중심이 된다. 이 분야에서의 변화는 따로 더 언급할 필요가 없다. 다만 급격한 물질주의와 경제결정주의의 추구가 가지고 온 삶의 안전과 질적 수준의 저하 문제, 경제적·사회적 그리고 직종과 지역 간에 두드러지게 생겨난 격차의 구조적 현실과 이에 따른 상대적 박탈감의 확산, 신계급 및 계층 특히 신중산층과 신빈곤층의 출현, 인구의 지역적 대규모 이동과 인구구조의 변화 등이 새로운 정치적·사회적 이슈로 떠오르게 되었다.

국가 차원에서의 개혁·개방 정책이 가져온 변화를 나타내는 키워드는 '대국굴기(大國崛起)'라고 할 것이다. 이에 기초하여 중국 정부는 '대형국가', '신중국질서', 'G2', '신형질서' 등의 정치적 수사를 만들어냈다. 물론 그것은 하나의 상상이나 허구의 레토릭이 아니라 '부흥의 길〔復興之路〕'에서 보듯이 원래 가지고 있었던 세계적 제국의 지위를 서구 열강에 빼앗긴 지난 200년의 치욕의 역사를 극복하는 자부심과 성취감의 발로이기도 하다. 곧 중화의 질서가 회복되는 시점에 왔다는 자각과 이제 그 질서가 다시 확립되어야 한다는 욕망의 발로인 것이다. 1990년대의 '대국굴기'의 열기는 대국의 중추적인 제조 사업으로서 대형 비행기, 미사일, 우주산업, 항공모함 등 국가 안보와 관련된 기술 발전의 국민적 열망을 제조했다. 20년이 지난 오늘날 이미 이 네 분야의 꿈은 실현이 되고 있다. 그 당시 미처 언급되지 않았던 분야는 아마도 일상생활 세계가 스마트폰의 대중화, 즉 정보통신 기술과 산업에 의해 근본적으로 달라진다는 점일 것이다. 즉, 최근 20년 동안 국가 차원에서의 야심찬 변화의 계획과 병행하여 국가가 미처 주목하지 않았던 사회 영역에서의 디지털화와 버추얼(virtual) 네

트워킹이 이루어진 것이다. 이는 개인이 자신의 세계를 국가의 물리적 관리를 넘어서 확장할 수 있는 수단을 가지게 하는 것으로 제2의 혁명 영역이다. 이 두 차원의 공존과 마찰 그리고 긴장이 곧 현재 중국이 당면한 중요한 정치적 과제이다. 왜냐하면 이 사회적 공간의 질적 변화와 확산은 국가와 사회 간의 경계를 모호하게 만들거나 경쟁이라는 새로운 성격의 관계를 낳을 수 있는 가능성을 가지게 되었기 때문이다.

만약 국가 차원에서의 발전이 사회적 질을 높일 가능성을 제공하느냐는 질문에 주목한다면 일상세계의 물질적 소비 수준은 높아졌으나 질적인 수준, 즉 개인의 자유와 권리의 실현 공간의 확장에서는 아직도 진전이 미약하거나 오히려 그 둘 사이에는 상대적으로 괴리가 더 커졌다는 점에 관심을 갖게 된다. 불평등, 신빈곤층, 사회보장의 문제, 부의 편중과 새로운 계층의 탄생, 생태계와 자원의 파괴, 환경의 오염 등 인간 생존의 안전 문제가 새로운 현실적 문제로 대두되고 있다. 이러한 일련의 현실은 전 세계에서 공통적으로 나타나는 발전과 한 짝을 이루는 위험사회(risk society) 현상의 하나로 여기거나 중국의 경우를 성장통(成長痛) 혹은 성장의 과정에서 필연적으로 거치는 통과의례로 해석하는 언술이 생산된다. 그러나 중국의 현상을 보편적이거나 정상적인 과정으로 보는 대신에 국가의 목적과 담론에 의해 이를 해결하는 사회의 역량이 제한되고 있다는 사실에 더 주목할 필요가 있을 것이다. 즉, 개인의 물질적 삶의 수준이 현저하게 발전했다고 해서 곧 사회의 질적 수준이 그러하다고 할 수는 없다.

분석적으로 누가 중국인인지는 논란거리이지만 어쨌든 현대 중국의 대내외 정책과 정치를 이해하기 위해서는 13억 인구의 93%를 차지하는 한족 중국인의 세계관을 참조할 필요가 있다. 그것은 통치 집단이 국제질서체제에서 중국이 어떤 위치를 점해야 한다고 여기는지에 영향력을 미치기 때문이다. 중국의 지식 엘리트나 정치 엘리트들의 심층 의식에는 중화사상이 자리하고 있음을 쉽게 발견할 수 있다. 그들이 신형국제질서를 주장하면서 그것을 중화질서라고 말하는 것은 전혀 이상한 일이 아니다. 지난 200년을 거치면서 중국이 서구 열강에 유린된 역사에 대한 치욕감은 서구 자본주의에 반대한 사회주의 혁명으로 그리고 다시 서구의 문명과 권력에 대한 대안으로서의 중화 부흥을 위한 욕망의 프로그램으로 연결된다. 이런 점에서 중국 정부가 설정하는 외교의 기본 노선은 내부적 국가통치와 무관하지 않다. 그리고 그것은 경제·정치·사회·과학기술·안보 등의 영역과 필요불가결한 요소이자 영역이다. 이들 잃어버린 혹은 빼앗기고 파괴된 중화질서를 재건하는 가치관과 욕망은 절대적 애국주의, 영토주의, 민족주의의 열광으로 표현되고 실천되고 있다. 공공 담론을 지배하는 주류 지식인들은 이것이 사회주의체제와 일당독재체제가 있어서 가능하다고 논한다. 지난 40년의 경험을 통해 그들은 경제성장과 국력성장 사회발전 그리고 정치적 안정을 사회주의와 공산당체제로써 실현할 수 있다고 자신한다. 한때 서구의 포스트 모더니스트들의 보편적 자유와 민주를 외치던 지식인들 가운데 다수가 이러한 신좌파적 입장의 목소리를 크게 내기 시작하고 있다. 이와 함께 이를 더욱 대중적인 믿음으로 확산시키는 문화정치가 많은 새로운 구호와 수사와 행사를 통해 전개되고 있다.

그러나 이러한 현상들을 깊게 들여다보면 우리에게 익숙한 개념적 단어들로써 쉽게 설명될 수 없다는 것을 발견하게 된다. 지난 40년의 경험들은 발전의 맥락에서 평가되지만 본질에 있어서는 원칙과 구조의 변화가 아니라 기술의 변화로 보는 시각이 최근 대두하고 있다. 즉, 통치의 제도와 기구 그리고 기술의 세련화가 시도되어 온 것이다. 통치(거버넌스)와 생산의 효율성을 제고하기 위한 끊임없는 개선과 개혁이 당정관계, 조직, 법규, 행정기술 등의 영역에서 시도되어 왔다. 예컨대 '민주'라는 단어가 곧 서구식의 민주주의 실천을 의미하는 것은 아니다. 전체주의 중심에서 권위주의 중심으로 그 강도가 이전되었을 뿐이지 일인일표제의 투표로써 정치를 결정하는 민주주의는 아니다. 인민에 봉사한다〔爲人民服務〕 혹은 인민이 주인〔以民爲本〕이라는 말은 인민이 주권을 행사한다는 원칙이 아니라 정치가 인민을 위해 이루어져야 한다는 점을 표현하는 것이다. 그것은 곧 민본주의와 민생을 의미하는 것이다. 민주는 개인이나 정부가 독단적으로 결정·집행하는 것이 아니라 대화와 타협으로 행하는 방식을 의미한다. 즉, 집행 과정의 형식과 기술을 말하는 것이다. 모든 수준에서 정치는 공산당의 주도와 주재하에 다양한 세력들 사이에 협상을 하는 과정이며 이를 위한 협상위원과 인민대표는 공산당과 비공산당, 사회 각계의 대표들을 조화롭고 효율적으로 배분하는 치밀한 연구와 계획에 의해 선출된다.

이러한 당 중심의 통치체제를 강화하는 적극적인 움직임이 시진핑(習近平) 집권체제에서 두드러지기 시작했기 때문에 중국 정치 연구자들은 그러한 변화가 중국의 정치에 어떤 영향을 끼칠 것인지를 조심스럽게 전망하는 유보적 태도를 보인다. 중국 관찰자에 따라서는 마오쩌둥(毛澤東) 시절과 비교하여 덩샤오핑 시절을 상대적으로 높이 평가하고 결과적으로 시진핑 시대에 와서 당의 위상을 높이고 사회주의체제를 강화하는 일련의 조처를 마오쩌둥 시절로 회귀하려는 정책적 변화로 이해하여 덩샤오핑 시대와 상대적으로 강한 성격의 정권으로 대비시키는 방법론상의 특징을 보인다. 장기간 현실 속에서 생활을 통한 경험으로 세상 보기를 한다면 마오쩌둥 시절에서 덩샤오핑 그리고 장쩌민(江澤民)과 후진타오(胡錦濤) 그리고 시진핑에 이르는 지난 70년의 중화인민공화국의 체제와 그 기본 노선이 본질적으로 변한 것은 아니라는 평가를 내리게 된다. 정치학자들은 마오 시절에는 당정일체, 덩 시절은 당정분리 그리고 장쩌민과 후진타오 시절에는 당정분리를 하되 당이 상대적으로 우위를 점하는 체제, 시진핑 시대에 들어서는 당의 절대적인 우위, 즉 당정의 수직적인 체제 지향으로 변화를 특징짓는다. 그러나 긴 안목으로 볼 때 그러한 변화는 궁극적으로 영토주의와 국가적 통합·발전을 위한 효율적인 방법을 위해 공산당의 위상을 적절히 조정하는 정책적 실험이며 본질적으로 서구식 민주화 개념에 맞는 방향으로 가는 어떤 결정적인 변화라고 할 수는 없을 것이다. 현재 중국의 지식계와 학계에서 소위 신좌파들은 이미 중국 모델론[中國模式論]을 확립하고 언술을 더욱 세련하는 노력을 기울이고 있으며 소위 자유파 지식인들은 그러한 중국식 모델을 반대하기보다는 그 틀 안에서 인권, 개인의 자유, 민주적 실천 기제의 확대 등을 기대하는 언술을 생산하고 있다.

우리는 중국 연구에서 중국이 사회주의체제를 기본으로 하고 토지를 비롯한 국가 기간 자원의 국유제와 산업의 공산당 독점을 핵심으로 삼는 체제를 확고히 하며, 제도와 기구 및 통치 혹은 관리 기술을 개선하되 서구 자유민주주의와 자본주의의 원칙을 그대로 이식 혹은 답습하지 않는다는 점을 분명한 전제로 삼아야 한다. 그것은 중국 영토의 광활함, 인구의 규모와 민족적 복합성이라는 특별한 점과 연결되어 있는 것이다. 지배-피지배의 형식으로 보이는 국가와 인민 사이의 관계는 공산화 이후의 특징이 아니라 수천 년 왕조 역사를 통해 일관되게 지속되어 온 통치체제이자 권력구조의 연장선에서 이해되어야 할 것이다. 왕조 혹은 정권마다 백성을 본으로 삼는다는 정치적 수사가 펼쳐졌지만 실제로 백성이 주권을 행사한 적은 없다. 통치자 혹은 집권 집단이 국가를 관리하며 그 틀 안에서 백성은 국가의 지배와 보호를 받으며 일상을 영위해 나가는 것이다. 그러므로 지난 40년간 발전된 경제와 물질, 과학기술로 획기적인 현대생활을 누리고 사회와 경제활동의 공간이 넓어지고 영역이 분화되었다고 해서 곧 백성이 주인이 되고 개인이 중심이 되는 국가체제가 실현된 것은 아니다. 이점은 곧 중국이 자유보다는 안정과 질서를 더 중시하며 공산당의 독재와 사회주의의 정치체제하에서 제한된 사유제 경제가 진행되는 하나의 특별한 실험의 장이며 연구 대상임을 의미한다. 한마디로 혁명이 끝나고 개혁이 시작되는 것이 아니라 혁명은 지속적인 기조이자 이상이며 그 위에서 수단과 기술로서의 개혁이 시도되고 있는 것이다.

3. '현대' 중국의 이해와 시간의 문제

실증적 자료에 의존하는 사회과학자들에게 시간의 문제는 아주 중요하다.

개혁기 40년의 시간에는 실제로 1949년 이래 혁명의 역사적 경험들이 축적되어 있고 나아가서는 수백 년 수천 년을 이어오는 전통의 힘이 깃들여 있다. 따라서 그것들과 현재적인 이념·가치·목표가 어떻게 조우하고 공모하고 타협하는가를 봐야 할 것이다. 이 시간의 축적을 인문학자들은 역사주의 혹은 문화결정론으로써 접근한다. 한편으로 실증주의 방법에 익숙한 사회과학자들은 계산하고 합리적 선택을 하는 행위 주체로서 개인을 상정함으로써 이 축적된 시간의 중요성을 소홀히 취급하는 경향이 있다. 행동과학의 전통이 강한 미국의 사회과학자들이 특히 그러하다. 그들은 시장경제체제와 경제발전의 경험이 곧 민주주의와 시민사회의 시도로 연결되는 것을 상상하고 기대하며 그 실증적 현상을 찾는 데 힘쓴다. 우리가 짧게 보면 앞에서도 말했듯이 지난 40년간 일상세계에서 기술과 물질생활의 급격한 변화는 개인의 생활 방식과 가치, 인간관계 등에 많은 변화를 가지고 왔다. 그리고 그러한 변화가 국가와 사회(인민)의 구조적 관계를 근본적으로 변화시키고 있음을 논하는 연구들이 적지 않다. 그러나 제도의 관성과 사회적 전통 혹은 관행은 개인의 합리적 계산과 반드시 일치하여 작동하지는 않는다. 인간은 문화적인 존재로서 축적된 관습과 가치관, 관계로부터 자유롭지 못하며 제도의 변화는 그것에 연결된 다른 관계의 망과 일의 방식, 얽혀진 기능적 구조와의 상호 관계에 의해 비로소 진행되는 것이다. 그러므로 시간은 모든 영역에 단일하게 작용하는 것이 아니라 각각 다른 속도로 실천되는 사실을 인식해야 한다. 이 비균질적 시간들의 작동이 곧 사회적 역동성을 만드는 것이며 그것은 사회의 각 영역이 국가와 다방면에서 다양한 방식으로 관계를 맺는 현상이기도 하다.

2000년대에 들어서 치리(治理)와 질서(秩序)가 국가의 사회 관리를 위한 핵심 단어로 등장한 것은 이러한 사회의 변화와 국가의 거버넌스 사이의 시간적인 불일치를 반영하는 것이다. 당의 권위와 지배체계의 강화는 그에 대한 반응으로 보인다. 결국 국가와 사회의 관계 또는 국가와 인민의 관계는 그 구조에 있어서 본질적으로 바뀌었다고는 볼 수 없다. 지속성(longue duree)에 시선을 맞춘 입장은 변화에 초점을 맞춘 연구자들 ─ 특히 사회과학자들 ─ 로부터 이의 제기를 받을 수 있다. 심층 전통과 표면적 현실 사이의 괴리를 지적하는 말은 식상할 만큼 상식일 수 있다. 그러나 이 상식이 특히 '중국'의 현재적 현실 분석과 해석에서 고려되지 않는 작금의 연구 방법론의 문제점을 재고해야 한다.

체제의 변화와 전통의 긴장관계는 과연 인민이 국가에 어떻게 어느 정도 주체적으로 참여할 수 있느냐의 문제에 적용된다. 공산당의 집권으로 이루어진 국가와 정치에 인민은 수혜자로서 존재하며 이성적이고 합리적인 정부가 가부장적 온정과 교사의 지도력을 발휘하여 보호 육성하는 대상이다. 이러한 관계가 40년이 지난 지금에도 변함이 없다는 점을 고려할 때 개혁·개방의 다양한 실천 프로그램은 통치의 기술적 세련화의 일환이며 서구적 민주주의로의 전환은 아니라는 점을 알 수 있다.

이러한 맥락에서 두 가지 핵심적인 질문이 방법론으로서의 중국이라는 명제와 결합하여 중국 연구의 기본 틀에 관한 새로운 문제점으로 제기된다. 첫째로 중국의 현실을 보편성의 이름 아래 서구적 시각과 개념으로 보는 것과 중국을 특수한 존재로 놓고 중국적 개념과 방법을 적용하는 것의 논쟁이다. 둘째로 국가와 사회의 관계가 단순하고 단일하게 실천되는 것이 아니라는 점에 대한 논의이다. 국가의 이념과 권력은 다양한 방식으로 작동하며 사회 또한 다양한 요소와 다양한 방식으로 국가와 관계를 맺는다. 개혁·개방 이래 중국이 실증적인 사회과학의 대상이 되었을 때 초기에는 경쟁·대립·공모의 시각을 단순하게 적용하는 풍조가 있었다. 특히 경제결정론적인 시각과 개인의 계산과 선택권을 전제로 하여 시민사회와 민주화의 진행이라는 시각이 유행했다. 이는 현실이 실천되는 층위에 대한 경험적 연구, 즉 인류학에서 익숙한 민족지적 현지조사의 결여에서 오는 결과이다. 즉, 다변적이고 다층적인 국가와 사회의 작동 기술과 방식들이 역시 다양하게 마주치거나 비껴가며 공존하는, 즉 거버넌스의 양식과 기술의 다면성(multiplicity)을 인식해야 한다는 점이다.

마오쩌둥에서 덩샤오핑에 이르기까지 역사적 과정은 복합성과 이질성이 대단히 높은 중국의 내부적 단결을 도모하고 그 단결된 하나의 국가 단위로서의 중국이 확립되는 것을 핵심 가치로 삼고 있었다. 마오의 혁명은 기존 사회구조를 뒤집는 정치적 단위의 건설이 목표였다면 덩은 경제발전으로 중국 사회의 활성화를 도모하는 정책을 취했다. 이 두 가지 흐름의 동시적 진행 속에서 일어나는 국가체제의 변화 과정은 대국굴기라는 이름으로 귀결되었지만 장쩌민과 후진타오 시대는 그 과정에서 일어나는 다양한 문제가 공산당의 통치체제와 사회주의 국가체제의 지속을 위한 전략적 통제와 해결의 양상이었던 것으로 보인다. 이 40년간의 역사적 단계의 마지막에 들어선 시진핑 정부는 이제 미국과의 양극체제라는 국제질서의 전제하에 대국으로서의 입장을 실현하는 움직임을 채택했다. 중국몽, 일대일로, 대국정치, 신질서체제, 그리고 시진핑 사상 등의 주장과 레토릭은 세계 속에 중국을 위치시키는 중국의 열망을 표현하는 것으로 주목해야 할 것이다. 여기에 서구 중심의 보편적 가치와 세계 법규, 어떤 관계로 전개될지에 대한 질문이 중국에 대한 비판, 옹호, 그리고 기대 등의 다양한 차원의 논의를 낳고 있다. 사회주의 핵심 가치의 강조와 함께 계속적으로 생산되는 정치적 구호와 레토릭이 중화사상의 재등장과 함께 근본적인 변화를 기대하는 대중적 열기를 낳고 있지만 혁명 초기의 문화정치의 기본은 변함이 없으며 오히려 새롭게 강화되는 현시점에서 그 전망을 예측한다는 것은 쉽지 않다. 40년은 결국 결과가 아니라 과정 속에 있기 때문이며 그 과정은 다양성의 복합체로 진행되기 때문이다.

4. 포스트-개혁·개방의 전망과 문제

이런 맥락에서 우리는 이 책에 실린 글들로부터 중국의 현실에 대한 특히 지난 40년의 개혁·개방의 진행을 연구하는 것이 쉽지 않다는 점을 읽어낼 수 있다. 제1부에서 두 편의 글이 먼저 실증적 현실과 담론적 현실 사이에 존재하는 중국을 논한다.

유용태 교수는 '현대 중국'의 이념과 인식이 현대사의 긴 과정에서 어떻게 전개되었는가를 추구하면서 초월적 지위의 공산당이 장기집권을 하는 상황은 변함없으나 주도 세력과 국가 정책의 기조가 크게 달라졌다는 전제하에서 공화제와 일당제, 사회주의와 시장경제, 중화민족과 소수민족의 세 쌍의 키워드를 가지고 그 지속과 변화를 본다. 결론적으로 역사성을 볼 경우 변화보다 지속의 면이 강하며 근대사의 과정 속에서 현실로서의 중국을 제도와 기술의 변화라는 틀에서 살필 것을 제시한다. 그는 이당치국(以黨治國)의 국가통치체제, 사회주의와 시장경제의 혼합경제, 한족과 기타 모든 민족을 하나로 묶는 다원일체의 실천을 위해 소위 중국 특색의 제도를 창조하려는 강한 의지를 지목한다. 그는 결론적으로 2010년 이래 확산되는 중국 모델론이 그 나름으로 타당성을 갖기 위해서는 동아시아적 보편성의 문제와 어떻게 결합할 것인가를 결정해야 한다는 점을 언급한다.

이정훈 교수는 특히 1990년대 이후 전개되어 온 중국의 지식과 문화 담론을 살펴보고 있다. 1980년대의 신계몽주의에 대해 1990년대에 들어서 지식과 문화 담론의 다변화가 진행되었다는 점을 개혁·개방의 한 특징으로 보는 것이다. 개혁·개방 정책이 성장과 발전의 진행 과정에서 새로운 사회적 모순과 문제를 낳았다. 이에 대해 시장·민주·자유를 확대해야 한다는 자유주의 담론이 지식계에서 대두되었고 이에 대응하여 공산당의 주도가 더욱 강화·세련되어야 함을 주장하는 신권위주의 담론이 나왔다. 이 둘에 대한 반격으로 신좌파 담론이 등장하여 이 모든 현상은 중국이 글로벌 자본체제에 들어감에 따른 과정상의 문제로 보면서 중국의 전통과 사회주의체제 안에 그 해결의 능력이 있음을 주장하는 중국 모델론을 낳았다. 저자는 이 신좌파 담론이 최근 민족주의, 애국주의와 결탁하여 국가와 공모를 꾀하는 새로운 모습으로 변하고 있음을 주목한다. 이러한 담론의 분석은 지난 40년의 정치와 경제 그리고 사회의 변화 단계를 읽어내는 방식을 제공한다. 그러나 지식계의 비판성 담론들이 과연 국가와 사회의 변화를 주도하는 생산력으로 작동하는지는 미지수이다. 다양한 목소리는 최종적으로 국가에 의해 검열·검토되기 때문이다.

제2부에서는 '중국'에 대한 지식계의 담론 대신에 외교, 정치, 경제, 법 그리고 기술 산업 영역의 변화에 초점을 맞추어 체제와 제도 및 전략으로서의 중국을 보려는 시도를 한다. 중국을 그들이 설정하는 세계질서체제에 어떻게 위치시키는가는 중국의 외교 정책과 전략에 중요한 연관성을 가지고 있다. 정재호 교수는 덩샤오핑 정부의 등장은 그 이전의 이데올로기적 교조주의의 종언을 의미하며 그 이후 40년의 변화를 국익 증대를 위한 합리적 실용주의의 기조 위에서 다양한 외교 전략이 구사되어 왔음을 살핀다. 대국굴기의 선포 이래 확대된 다층적이고 다면적 외교 전략의 밑에는 주권 수호와 영토 보전, 군사현대화가 핵심적 가치로 존재한다. 정 교수는 중국의 외교가 최근 '강대국화'에 따라 대외 관계를 '조정'하면서 세력 전이에 따른 판짜기에 공세적 노력을 구사하는 것을 관찰하면서 그 성공 여부의 불확실성이 국내외적으로 존재함을 지적한다. 특히 '화이부동'을 내세우면서 동시에 '신중화질서론'으로 주위 국가들을 편입시키려는 노력을 기울인다. 그러므로 신형대국론과 신질서를 내세우는 중국이 어떤 리더십을 말하는지에 따라 역내 국가들의 입장이 결정되는 것이다.

조영남 교수는 중국의 국내 정치체제의 변화를 민주화와 제도화의 두 핵심 개념으로써 논한다. 그는 40년간 국가의 정치체제가 전체주의에서 권위주의로 바뀌었다는 전제하에 '정치발전'을 민주화와 정치 제도화의 두 차원에서 살핀다. 전자는 서구식 참정권이 얼마나 인민들에게 주어지는가에 관한 것이고 후자는 국가 발전을 위한 제도적 장치의 개선에 관한 것이다. 그에 의하면 중국은 그동안 후자에 집중해 왔다. 즉, 다양하게 전개된 많은 변화는 실제로는 제도와 기술의 세련화로서 공산당의 내부적 개혁과 당원의 엘리트화, 국가 개혁을 위한 통치체제의 정비, 민족주의를 가미한 이념의 손질로 특징짓는다. 개혁·개방 40년의 잠정적인 변화는 결국 공산당이 계급정당이자 민족정당으로 변질되었다는 것이다. 따라서 '중국 특색의 민주주의'란 영도자의 권력 강화와 당의 독재체제하에서 사회 각 부문 간의 협상을 정치의 핵심으로 삼는다. 그러나 앞으로 언론과 개인의 양심, 사상, 신앙 등의 영역에서 국민의 정치적 자유를 여하히 확대할 것이며, 권력의 남용과 부패를 척결하기 위해 당정분리를 여하히 실현할 것인가가 향후 정치발전의 실현 정도를 결정할 것이라고 지적한다.

강광문 교수는 국가-사회의 관계를 40년의 변화를 파악하는 틀로 삼아서 토지와 자원 및 기간산업을 국유화하고 국가가 사회를 관리하는 법체계를 핵심으로 하는 사회주의체제는 근본적으로는 변함이 없음을 강조한다. 비록 책임 생산제의 실시, 단위제와 호구제의 해체, 사적 경제 영역의 확대 등으로 변화가 이루어지고 있지만 궁극적으로는 사회주의체제를 견지하는 법체계는 변하지 않았으며 앞으로도 지속될 것이라는 전망을 함으로써 정치·경제·사회 각 영역에서의 변화는 국가체제의 틀 안에서 작동하는 점을 읽어야 할 것임을 지적한다.

이근 교수는 중국 경제와 산업의 성장과 그 방향을 추격이론체제에 편입하는 과정에서 생기는 일종의 성장통으로 보고 이의 해결을 중국 사회의 체제에서 찾고자 한다. 이를 위해 최근의 구조 변환을 동아시아모델을 거쳐 소위 베이징 컨센서스로 설명되는 중국식 모델의 창출로 이어지는 경제구조와 체제, 전략의 실천 과정을 통해 살핀다. 지난 40년간 중국 경제는 서구적 민주주의와 대규모 민영화가 없이도 성공적인 성장을 이룩함으로써 중국 모델론의 바탕을 이루었지만 최근 성장이 정체되면서 중진국 함정에서 완전히 자유롭다고 보기에는 조심해야 한다는 입장이다. 그것은 중국이 얼마나 혁신주의를 택할 것이며 경제가 정치적 요소 때문에 추락 내지 정체할 가능성을 지적하고 중화주의의 표방이 소프트파워 면에서 안착이 걱정됨을 언급한다.

이재홍 교수는 중국의 이동통신 산업 및 기술의 단기간의 급성장과 발전을 한국의 민간 기업체의 중국 진출 노력과 중국 정부의 주도가 결합하여 진행된 쌍방 이득, 즉 윈-윈의 성공적 과정을 개인적인 참여 관찰의 서술을 통해 보여준다. 동시에 직접적으로 제기하지는 않았지만 이 과정의 자세한 기록은 한국의 이동통신 기업들이 결국은 중국 기업에게 기술과 영업의 노하우를 빼앗기고 힘든 경쟁구도 속에 처해지는 단계적 과정을 구체적 사례를 통해 보여줌으로써 외국 기업의 기술과 자본의 중국 진출이 길게 보면 협력과 경쟁 혹은 경계의 얽힘이 국가의 개입에 의해 전개되는가를 보여준다

위에서 국가 차원에서의 중국 관찰을 시도하는 한편 제3부에서는 중국의 변화를 생활 구조와 사회적 실천 속에서 경험론적으로 살피는 작업을 시도한다. 장경섭 교수는 40년간 진행된 다양한 개발 정책과 사업이 동일한 인민들을 결과적으로 차등화하는 기제로 작용하는 것을 살피고 있다. 이 차등적 시민권을 가져온 사회구조적 변화는 인민의 사회경제적 지위가 여전히 도농의 이중구조로 분절되어 있으면서 정부가 경제발전의 실용주의를 택해 개발 전략의 다원주의를 추구하기 때문이라고 본다.

이현정 교수는 혼인과 가족의 구조와 가치관 그리고 실천에 초점을 맞추어 전통적인 제도의 변질을 구체적 사례의 분석을 통해 살피고 있다. 즉, 결혼과 가족의 개념과 제도는 국가의 정치·경제적 수요와 해결을 위해 다양하게 바뀌어온 것을 추적한다. 개혁기 전 단계에서는 국가가 필요로 하는 생산력의 확보를 위해 전통적인 관념과 제도로부터 가족을 정리하는 혁명 프로그램들이 혼인과 생육, 가족관계를 결정하던 전통적인 관념과 제도, 권력관계를 해체시켰다. 그러나 경제성장에 따른 생활 방식과 가치관의 변화로 인해 후기에 와서는 교육을 비롯한 새로운 소비의 영역으로서 가족을 재규정하게 되었다. 흥미롭게도 40년 후 오히려 더 가족 중심의 사회 재구조화가 시도되는데 이는 노령화 사회에서 가족의 부담을 늘리고 국가가 제공하던 복지를 가족이 담당하도록 복지체계로서의 가족 만들기에 국가가 개입하고 있음을 보여준다.

정종호 교수는 농민공에 초점을 맞춘 유동인구의 추세를 시기별로 분석하여 이들이 제기하는 정치적·사회적 문제의 변화와 지속을 다룬다. 소위 제1세

대 농민공과 오늘날 제3세대 농민공의 차이는 개혁·개방 정책으로 진행된 도시와 농촌의 관계, 농촌 및 빈곤 지역 인구구조의 변화를 대변하는 또 하나의 정치적·경제적·사회적 현실이다. 결과적으로 다양한 사회적 차별의 현실을 낳았으며 그것을 낳은 제도적 경직성에 주목한다. 즉, 호구제도의 완전 개혁이나 토지 양도의 허가 등이 국가체제의 확보라는 맥락에서 쉽게 허용되지 못하며 대도시로의 인구 이동 추세로 인해 지역적으로 인력의 균형적 재구조화가 이루어지지 않고, 비용의 문제로 시민화가 이루어지지 못하는 등 경직성이 지속된다는 것이다. 특히 정치적 발전의 영역에서 3세대 농민공의 정치 참여에 대한 욕구에도 불구하고 그들에게 정치적·사회적 목소리를 허용하는 기제가 주어지지 않는 현재의 상황이 지니는 위험성을 지적한다.

사회주의체제에서의 사회보장제도의 변천과 전망을 통해 조홍식 교수는 사회주의 건설과 국가발전의 기조는 계속되고 있다는 전제하에 이를 위한 공식적 사회보장제도가 어떻게 변해왔는지를 살핀다. 동시에 가족과 이웃 관계가 상부상조를 실천하던 전통적 사적 사회보장의 형식이 가미되고 있음을 주목한다. 즉, 혁명 프로그램은 국가 복지의 제도적 보완 장치로서 민간의 전통적인 제도를 정비해 나가는 과정으로 본다. 중국의 사회보장제도는 서구의 자유주의 모형, 보수주의 모형, 사민주의 모형과 달리 체제전환국 특유의 제4모형을 추구한다고 특징짓는다. 그는 가정과 이웃관계에 국가 복지의 영역을 이전하는 것은 사회보장을 국가와 사회가 공유하는 것을 의미하며 이에 따라 비공식 부문과 공회 등의 역할이 중시될 것으로 전망한다. 그러나 동시에 국가가 결정권을 행사하는 중국식 사회보장제도는 당분간 국민들의 사회권과 복지권의 확대로 나아가는 메커니즘의 기능이 향상되기는 어렵다고 전망한다.

이상의 중국 읽기를 통해 개혁·개방의 이름으로 진행된 지난 40년의 변화는 궁극적으로 공산당의 일당지배로써 사회주의를 기본으로 하는 국가체제의 지속을 핵심적인 기조로 삼고 있음을 알 수 있다. 다양한 모습으로 드러나는 법적·정치적 실천, 경제 정책, 외교 전략의 핵심에는 국가가 최우선으로 존재한다. 국가와 사회의 관계라는 틀에서 볼 때 개혁·개방의 프로그램은 국가에 의해 제한되었던 사회의 영역과 역량이 경제체제의 변화를 통해 다양한 방식으로 성장했다는 점과, 동시에 그것은 국가 위주의 가치관을 위한 통제된 성장이라는 점을 인식할 필요가 있다. 물론 그러한 과정에서 인민의 저항과 국가와 인민 사이의 공모와 타협의 사례에 기초하여 '시민사회'로의 발전적 방향의 전망을 하는 연구들이 있다. 그러나 지난 40년 동안 당은 국가주의로써 사회를 관리하는 다양한 제도와 기술을 끊임없이 개발해 왔다. 자유, 민주화, 시민권, 시민 영역 등은 '중국식' 혹은 '중국 모델'의 틀 안에서 정의되고 인정된다. 이러한 맥락에서 개혁 40년에 대한 평가는 조심스러워지게 된다. '중국 모델론'의 정당성과 그에 기초한 치리(治理)의 방법론적 정당성의 주장과 '화이부동'의 레토릭이 보편적 가치와 어떻게 조화를 이룰 수 있을지가 미래의 현실 중국과 연결되기 때문이다.

5. 맺음말

지난 40년 간 진행된 개혁·개방 정책의 결과는 국제정치 영역에서 미·중 중심의 신질서 체제를 주장하는 대국으로 등장하게 만들었으며 사회 영역에서는 정치제도와 기술, 경제체제와 영역, 과학기술 등의 다양한 구조적 변화를 통해 그 이전 시대와 비교하여 생활 조건과 방식, 가치관, 인간관계의 윤리적 기반과 실천 양식, 개인과 가족과 사회의 관계 등에 근본적인 변화를 초래한 것으로 서술된다.

그러나 변화의 속도와 규모 그리고 정도가 급격하고 지역이나 시기에 따라 편차가 동시에 너무 크기 때문에 중국의 실체 혹은 현실로서의 중국을 한두 마디로 규정짓는 것은 불가능하다. 무엇보다 현실 중국은 균질적인 하나의 정치적·경제적·문화적 단위가 아니기 때문이다. 그러므로 사실로서의 현실과 담론에 의해 생산되는 현실 사이를 구분하는 것이 필요하다.

그러나 더 중요한 문제는 현실에 대한 해석의 방식이다. 개혁·개방의 기치 아래 중국은 외국에서 사용되는 개념적인 단어들과 생활 방식을 적극 수용함으로써 글로벌리제이션(globalization)의 거대한 실현 공간으로 등장했다. 그러나 현장에서 경험적인 관찰을 하면 그러한 단어와 실천 방식은 '중국식' 혹은 '중국적 현실에 맞게' 국가에 의해 재정의 된다는 사실을 발견하게 된다. 그러므로 실제로 '어떻게' 실천이 되는가를 봐야 한다. 곧 실천되는 방식과 내용이 현실 중국의 연구에서 핵심적으로 중요하다. 여기서 '중국식' 가치와 개념, 해석을 '서구적'인 것에 대응하는 또 하나의 정당한 위치에 둬야 한다는 주장이 나온다. 이러한 상대주의적 입장은 중국을 보는 새로운 방법을 발견하게 해주는 것이다. 문제는 모든 해석적 가치를 '중국화'하여 보편성에 반대하고 지방성을 주장하는 것이 정치 도구화하는 경향이다.

신중국 건국 이래 혁명은 다양한 굴곡의 과정을 거쳐 진행되어 왔다. 그러한 경험의 퇴적으로서 전개되는 정치적·사회적·문화적 변화를 사실의 전시와 관찰에서 끝내지 않고 의미를 해석하려면 그것은 쉽지가 않다. 우리는 이미 정치적 레토릭이 사회주의의 옷을 입고 자본주의를 추구하는 것인지 아니면 자본주의의 옷을 입고 개량적 사회주의를 시도하는 것인지를 모호하게 만들고 있으며, 중국의 공식적 담론을 주도하는 특권적 지식인 집단과 관방의 매체가 참정권 없는 집체와 주체권 없는 개인화, 일당독재의 민주화, 민족주의와 애국주의의 혼합, 국가 통제하의 경제성장 등의 이율배반적인 현상의 진행을 '중국식'이라는 논리로 설명하고 있음을 관찰하고 있다. 여기에 시진핑 정부는 1978~2018년의 40년을 평가·정리하고 이미 2019년을 개혁·개방 재출발의 첫 해로 명명했다. 이것이 무엇을 뜻하는지, 그리고 어떤 방향으로 중국의 세계적 위치를 정하고 국가의 내부적인 정치·경제·사회·문화의 성격을 규정지을 것인지를 이해하기 위해 우리는 좀 더 긴 관찰을 해야 한다. '시진핑 사상'과 '신시대 사회주의 가치'의 교육 프로그램이 사회 전반에 걸쳐 실시되고 있는 지금

우리는 지난 40년의 경험의 연장에서 앞으로의 방향을 예측해야 할지 아니면 '새로운' 40년이 제2의 혁명으로 전개되는 것인지를 주의 깊게 관찰할 필요가 있다.

국가 주도의 발전 정책은 사적 영역과 개인의 세계의 확장을 동반하게 마련이다. 그러나 모든 과정이 공산당의 일당 집정과 사회주의의 실현을 절대적 기조로 삼고 있는 체제에서 진행된다는 점을 유념해야 한다. 끊임없이 정치적 레토릭이 생산·유포되면서 국가의 부문이 여러 모습으로 강화되는 것은 대중의 일상세계의 질과 양이 국가관리체계를 넘어서는 변화에 대한 통치로서의 정치적 기술이라는 틀에서 이해할 수 있다. 보다 더 깊고 긴 안목에서 현실 중국과 담론 중국의 역동적 관계를 봐야 할 것이다.

제 I 부

역사와 담론 속의 현대 중국

제1장 세 쌍의 키워드로 본 현실 중국의 가까운 과거 _ 유용태

제2장 1990년대 이후 중국의 지식·문화 담론 _ 이정훈

제 1 장

세 쌍의 키워드로 본 현실 중국의 가까운 과거

유용태 | 서울대학교 역사교육과

1. 머리말

현실 중국을 이끌어가는 가장 큰 힘은 "사회주의 시장경제"이며 이는 개혁·개방 이후 대두한 새로운 면모이다. 따라서 현재 진행형의 이 제도를 기준으로 보면, 1979년 이전의 중국은 기본적으로 역사화된 것으로 볼 수 있다. 이 글에서 말하는 '현실 중국'이란 그 이전의 역사화된 중국과 대비하여 그 이후의 중국을 말한다. 이 책의 제목인 "개혁 중국"의 다른 이름이라 할 수도 있다. 초월적 지위의 공산당이 장기집권하고 있는 상황은 이어지고 있으나 주도 세력과 국가 정책의 기조가 크게 달라졌기 때문이다. 물론 이전 시기에 대해서도 민감한 부분의 자료를 공개하지 않고 있기 때문에 역사화가 온전히 이루어진 상태는 아니지만, 이는 일당제 국가의 특징이라 할 수 있다.

현실 중국을 온전히 이해하기 위해서는 사회과학적 접근과 역사적 접근이 모두 필요하다. 이 글에서는 역사적 접근의 한 방법으로 세 쌍의 키워드를 가지고 현실 중국의 가까운 과거인 근현대사를 조망하여 그 지속과 변화를 드러내고자 한다. 세 쌍의 키워드는 '공화제와 일당제,' '사회주의와 시장경제,' '중화민족과 소수민족'이다. 이에 주목한 이유는 다음과 같다.

중화인민공화국은 네 계급 인민(노동자·농민·소자산계급·민족자산계급)의 공화국이며, 중국 영토 안에 거주하는 모든 소수민족을 포함하는 중화민족의 공화국이다. 그런데 이 인민공화와 다원일체의 다민족공화를 지도하는 것은 공산당 일당이며, 공산당은 당군(黨軍)을 거느린 초월적 지위에 서서 유일의 집정당으로서 국가를 통치한다. 이당치국(以黨治國)의 공화제라 할 수 있다. 공화제와 일당제, 중화민족과 소수민족에 주목하는 까닭이다. 개혁·개방 이후 중국은 자국의 사회주의제도가 낙후한 생산력 위에 건설된 한계, 국유화와 집단화를 곧 사회주의로 인식한 착오를 인정하고 다종소유와 계획+시장의 혼합경제를 시행하여 생산력을 끌어올리고 있다. 사회주의와 시장경제에 주목하는 까닭이다.

세 쌍의 키워드로 집약되는 공화국의 설계자 쑨원(孫文)과 마오쩌둥(毛澤東)의 유산을 이어받은 현실 중국의 당국과 지식인들은 자국의 제도가 서구식 부르주아 국가제도와도, 소비에트식 프롤레타리아 국가제도와도 다르다고 주장했다. 이들 세 쌍의 키워드는 이런 주장의 근거로도 중시되는 지표인 만큼 검토할 필요성과 의미가 크다 하겠다.

현실 중국을 보는 이들 세 쌍의 키워드는 청말-민국 시기에 구상되고 점차 다듬어져서 제도화되었다. 따라서 이를 통해 현실 중국의 역사성을 볼 경우 변화보다 지속의 면이 강조될 것이다. 그 지속성은 청말 이래, 민국 이래, 인민공화국 이래의 현상이다. 물론 가령 일당제를 황제지배체제를 비롯한 전통적 정치문화와 결부 지어 파악하는 견해도 있듯이 더 오랜 지속성도 간과할 수 없지만 여기서는 문화가 아닌 제도의 설계에 초점을 두어 다루는 시기를 청말 이후로 한정하기로 한다.

다만, 다음 한 가지는 청말 이후로 한정하지 않고 따로 유의하고 싶다. 18세기에 정복활동을 통해 형성된 청(淸)제국이 근대국가로 전환한 후에도, 유럽 및 서아시아의 제국들처럼 분열되지 않고 영토적 연속성과 위계화된 문화적·민족적 다양성을 유지하고 있다는 점이 그것이다. 따라서 현실 중국은 역사 속의 중국이 그랬듯이 하나의 국가이되 일반적인 국가(state)가 아닌 제국(empire)의 면모를 내장한 국가임을 의식하는 것이 필요하고 중요하다.

2. 공화제와 일당체제: 당으로 나라를 다스린다

현실 중국의 정치제도는 노동자계급=공산당이 지도하는 네 계급 인민의 공화국이다. 이는 오성홍기(五星紅旗)에 형상화되어 있다. 큰 별 하나는 공산당을, 나머지 작은 별 네 개는 노동자·농민·소자산계급·민족자산계급 등 네 계급을 상징한다. 옛 소련의 국기가 망치와 낫으로 각각 노동자와 농민을 상징한 것에 비해 공화국의 주체를 확대한 점에서 다르다. 옛 소련이 '노농공화국'이라면 중국은 '인민공화국'이라 할 수 있다. 그러나 양쪽 모두 공산당 일당이 정부와 군대를 장악하고 국정을 지도하는 특수한 지위를 갖고 있는, 당·정·군 일체의 공화국이다. 인민은 공화국의 정치 주체이지만 자유로이 자신의 정당을 결성할 자유도 권리도 없다.

이러한 일당공화제는 근대의 민주공화국에서 정당 결성의 자유를 허용하고 시민은 각기 자신의 이해를 대변할 정당을 만들어 의회에 대표를 보냄으로써 국가 정사에 참여하도록 한 것과 다르다. 원래 공화국(res publica)이란 국가주권이 세습되는 1인의 군주에게 있는 것이 아니라 세습되지 아니하는 다수에게 있어야 하며, 그런 조건에서 국가 정사를 개인의 사적 업무가 아니라 모든 주권자의 공공의 것으로 간주하여 그에 참여하는 정치체제를 말한다. 이를 위해서는 주권자 개인의 상당한 능력과 자질, 특히 독립적 경제 기반과 독립적 판단능력이 요구된다.

그렇다면 공산당 일당이 유아독존하는 조건에서 인민 혹은 노농대중은 어떻게 국가의 공적 사무에 참여할 수 있고 그리하여 그것을 공공의 사무로 여길 수 있다는 것인가? 그 논리적 근거는 생산수단의 사회화를 통해 계급적 이해의 차이를 해소했으므로 각 계급의 부분적(part) 이해를 대변할 뿐인 정당(party)들의 다당제는 필요하지 않고 공산당 하나면 족하다는 것이다. 따라서 일당제는 원리상 국유제 및 착취관계의 소멸과 짝을 이룬다. 냉전 시기 국유제는 곧 착취가 소멸된 사회주의로 간주되었기에, 그때 사회주의를 표방한 국가들은 모두 일당제를 취했다. 다만 중국은 그때에도 인민공화국을 추구했으므로 네 계급인민의 정치적 대표를 인정하되 공산당의 지도를 견지하는 "다당합작"(정권교체를 위한 다당경쟁이 아니라)을 제도화했다. 전국인민대표대회(전인대)와 인민정치협상회의(인민정협)의 "양회(兩會)"가 그것이다.

개혁·개방 이후 현실 중국이 국유제를 사유제로 전환하여 다종소유제의 혼합경제를 시행함에 따라 국유제를 전제로 한 일당공화는 이미 과거의 일이 되고 말 것이었다. 실제로 다종소유제에 따른 다양한 이해를 대변할 정당이 필요해졌고 다당경쟁을 전제한 정당 결성의 시도가 1998~1999년 일어났다. 그러나 중국 당국은 사회주의 이념을 견지하고 있으므로 이를 진압하고 일당제를 고수하고 있다. 이처럼 경제 현실과 괴리된 일당공화제는 민국 시기 국민당에 의해 제도화되었고 점차 공산당에 의해 공유되었다. 이제 그 경과를 간략히 살펴보자.

중국에서 근대적 의미의 공화제는 신해혁명으로 1912년 성립된 중화민국(中華民國)에서 처음 수용되었다. 영문 국명 Republic of China에 보이듯 "민국"은 곧 "공화국"을 의미한다. 혁명운동 과정에서 미리 지어진 국명은 "중화공화국"이었으나 共和國보다 民國이 한자의 의미를 직접적으로 드러내기 용이하다 하여 바뀐 것이다. 공화국의 의미를 제도화하려면 세습 군주제를 폐지하고 주권자 다수의 참여와 동의에 기초한 국회와 헌법을 만들어야 한다. 당시 국회는 정당 중심의 의회제를 채택하여 다당경쟁의 선거를 거쳐 구성되었으나 시행된 기간은 1913~1924년에 불과하며, 해산 시기를 제외한 실제 존속 기간은 6년이 채 안 된다. 그때 내각은 다수당 일당에 의해 구성되는 정당내각이 아니라 모두 혼합(연립)내각이었다. 정당은 1910년 집회결사율(集會結社律)의 공포에 따라 처음 허용되었고 신해혁명 직후 우후죽순처럼 등장했으나, 정당원의 잦은 이합집산과 군벌의 무력 탄압에 의해 뿌리를 내릴 수 없었다. 헌법은 제정하지 못한 채 임시참의원에 의해 마련된 중화민국 임시약법(臨時約法)으로 대신했다. 이처럼 단기간의 실험으로, 정당정치(party politics)는 실패한 것으로 간주되었다. 그 사이 공화제를 다시 군주제로 되돌리려는 반동이 일어났으나 실패함으로써 공화제는 1917년 이후 거스를 수 없는 대세로 굳어져 동아시아 각국에 큰 영향을 미쳤다.

그런 조건에서도 공화국의 실질을 채우기 위한 욕구, 곧 국가 정사를 공공의 사무로 만들기 위한 욕구는 강렬했으니 이제 새로운 모색이 필요했다. 그 하나는 "각계연합(各界聯合)"의 전통 위에서 사단정치(associational politics, 社團政治)의 한 형태로 추구된 국민회의운동이다. 각계의 직업단체가 대표를 선출해 국민회의를 구성하고 그 결정에 따라 평화적인 수단으로 헌정국가를 수립하자는 것이다. 다른 하나는 소련 모델의 혁명정당에 의한 민주혁명운동이다. 군대를 거느린 혁명정당이 국회와 공화국을 유린한 군벌(그 후원자 제국주의 포함)을 무력에 의해 타도하고 헌정국가를 수립하자는 것이다. 흔히 근대 중국 정치사를 의회정당 모델과 혁명정당 모델 간의 양자대립 구도로 파악하지만, 직업대표제 모델을 추가하여 3자가 서로 경쟁하고 협상하는 구도로 파악하는 것이 사실에 부합한다.

국민회의론은 청말 이래 중국 사회단체의 민의결집 경험과 유럽의 직업대표제 이론이 결합된 결과 1920년 여름 형성되었다. 단체를 통한 민의결집의 사고와 경험은 청일전쟁 이후 제국주의 열강의 침략으로 인한 국가존망의 위기 속에, 단체를 결성해야만 그 조직된 힘으로 나라를 구할 수 있다는 합군구국론(合群救國論)에서 시작되었다. 이때 성립된 직업단체·지역단체·학술단체 등 각종 사회단체 중에서 직업단체가 특히 중시되었는데, 직업은 "일국의 강성을 좌우하는 국민의 생산능력", "문명진보의 필수적인 요건"으로 인식되었기 때문이다. 그래서 1907~1911년의 이권회수운동과 국회개설운동을 주도한

"각계연합"의 중심은 가지의 상회·농회·교육회를 비롯한 직업단체였다.

직업대표제는 이러한 각계연합회의 경험 위에 신해혁명-5·4운동 시기에 전래된 비의회주의적 신사조의 영향을 받으면서 국민회의론으로 구체화되었다. 우선 무정부공단주의(생디컬리즘)는 각종 동업공회(同業公會)를 통한 생산과 소비의 자치를 추구했다. 여기에는 청대의 동업조합인 행회(行會)가 도시의 자치 행정에 참여한 전통이 작용했다. 1차 대전 직후 유럽의 길드사회주의자들은 의회제의 대안으로 직업대표제를 제기했고 독일·폴란드·체코·유고 등은 이를 제도화했는데, 이는 위와 같은 경험을 배경으로 5·4운동 시기의 중국에 쉽게 수용되었다.

직업대표제는 다음 몇 가지 면에서 민주공화의 이념에 충실한 것으로 받아들여졌다. 당시 중국에서 주목된 웹(S. Webb), 콜(J. D. H. Cole), 러셀(B. Russel) 같은 길드사회주의자들에 따르면, 인간은 직능에 따라 자신을 분별하고 단체를 만들어 생활해왔으며 사회란 그런 사람들의 총합이므로 의회정치에서 대표 선출의 단위는 구역이 아니라 직능이어야 한다. 헤겔에 따르면 구역대표제 방식의 의회제는 봉건제의 잔여물이 변질되어 생긴 귀족과두정치에 불과하며, 따라서 민의기관을 구성할 때 대표될 필요가 있는 단위는 지역이 아니라 직업이다. 이에 헤겔은 동질적인 노동으로 동질적인 이익을 추구하는 직업단체의 기능을 중시하고 이를 민의대표 선출 단위로 삼아야 한다고 주장했다. 이 원리에 따르면 각 직업종사자가 고르게 직접 자신의 대표(그 수는 직업별 인구수에 비례)를 뽑아 국가 정사에 참여함으로써, 구역 내의 소수 상층 엘리트의 이해를 대변할 뿐인 구역대표제보다 공화의 이념에 더 충실할 수 있다.

이러한 이론이 경험과 결합됨으로써, 성(省)·시(市) 단위의 각계연합회는 1918~1919년 전국 단위에서 결집하여 전국각계연합회로 발전했다. 그 위에서 각계연합회는 국회의 실패가 분명해지자 스스로 진정한 민의기관이라고 자처하고 나섰다. 량치차오(梁啓超)와 천두슈(陳獨秀) 등 당시의 대표적 지식인이자 정치인들이 직업대표제를 선호하는 가운데, 이를 이론적 기반으로 삼아 국민회의론을 체계적으로 제시한 이는 레인쉬(P. S. Reinsch)와 양뚜안류(楊端六)다. 레인쉬는 1913~1919년 베이징 주재 미국 공사로 재임하면서 민국 초의 정치 과정을 지켜보았고, 1920년 8월 중화민국 베이징 정부 법률고문 자격으로 직업대표제에 의거한 국민회의를 소집하라고 국무총리에게 공개적으로 제안했다. 그는 헌법제정국민회의와 그 이후의 국회 모두 직업단체 스스로 선출한 대표로 구성해야 공공민의에 부합하는 헌정국가를 수립할 수 있으며 이것이 세계정치의 대세라고 했다. 당시 동방잡지 편집인 양뚜안류는 1916~1920년 영국 유학에서 직업대표제론을 직접 접하고 돌아와 이를 적극 소개하면서 국민회의만이 진정한 민의를 대변할 수 있다고 지지했다.

이렇게 탄생한 국민회의론은 각계와 언론의 뜨거운 호응을 받으면서 새로운 민의기관 구성 방안으로 자리 잡아갔다. 곧바로 각계 사회단체들에 의해 국민회의 촉성운동이 개시되어 1927년 봄까지 이어졌다. 자율적 사회단체들은 이 방식으로 먼저 성자치(省自治)를 실현하고자 노력했으나 군벌정권의 탄압에 밀려 실패했다. 이에 그들은 1923~1924년부터 군벌정권 타도라는 공동의 목표를 위해 혁명정당(국민당, 공산당)과 연대하기 시작했다. 천두슈와 공산당은 1923년에, 쑨원과 국민당은 1924년에 각각 국민회의론을 수용했다.

소련 모델의 혁명정당은 1923~1924년 쑨원에 의해 수용되어 중국국민당을 개조함으로써 제도화되었다. 청조타도의 신해혁명운동을 진행하던 시기부터 각국의 지원을 얻기 위해 동분서주했으나 뜻을 이루지 못했던 쑨원은 러시아 혁명과 5·4운동을 거치면서 소련의 지원을 얻을 수 있게 되었다. 레닌이 중국을 포함한 동방의 식민지민족문제 해결을 적극 지원하고 나섰기 때문이다. 쑨원은 이에 호응하여 신경제 정책 시기 소련의 길을 구국의 방도로 여기고 레닌식 혁명정당제를 수용했다.

혁명정당제의 요체는 전국 각급 행정단위에 하나의 통일된 당 조직을 건설하고 이를 바탕으로 각급 정부를 구성하며, 군대를 건설해 당이 직접 지도하며, 노동자·농민·상인·청년학생·여성 대중을 조직하여 이를 혁명당의 사회정치적 기반으로 삼는 것이다. 요컨대 하나의 통일된 당이 정부·군대·대중조직을 지도하여 통제·장악하는 체제이다. 근래 정치학에서는 이를 당-국가체제(party-state system)라 부른다. 쑨원은 이를 '당으로 나라를 다스린다'는 뜻의 "이당치국(以黨治國)"이라 했다. 이를 위해 정부·군대·대중조직은 물론 각급 학교와 공장·기업에도 당조(黨組, 세포)를 조직하고 이를 통해 당의 이념을 관철하고자 했다. 장제스(蔣介石)는 쑨원의 지시에 따라 황포군관학교 교장으로서 당군을 건설하고 그 사령관이 되었다. 이로써 당의 간부가 군대 각급 부대의 정치위원을 맡아 부대장을 지휘하는 체제가 성립되었다. 쑨원과 국민당은 이러한 혁명정당제가 군벌과 제국주의를 물리치고 헌정국가를 수립하는 데 효과적이라 판단하여 수용했으며, 소련의 지원하에 기존의 당 조직을 그 방향으로 개조했다. 그 직후 국민당은 당군의 힘으로 광둥 지역의 군벌을 축출하고 자신의 통치구역으로 삼아 점차 그 지배 범위를 전국으로 확대할 수 있었다.

그에 앞서 공산당은 레닌이 지도하는 국제공산당(코민테른)의 지부로 1921년 결성되어 레닌식 혁명정당제를 추구했다. 처음에는 소수의 지식인 출신 당원들로 구성된 비밀조직이어서 사회정치적 영향력을 확대하기 어려웠다. 이에 쑨원의 국민당과 합작하여 국민당의 이름으로 각종 대중조직 건설에 앞장서고 국민당의 당군에도 참가하면서 자신의 당 조직을 확대하는 계기로 삼았다. 그러나 아직은 당 조직이 미약할 뿐만 아니라 자신의 당군도 통치구역도 갖추지 못한 상태였고 1차 국공합작하에서 국민당의 혁명정당체제에 의존하는 기생 정당에 가까웠다. 공산당은 국공합작이 깨어져 국민당과 결별한 후 자신의 당군과 통치구역을 확보하는 1927년부터 비로소 혁명정당체제를 현실화할 수 있었다. 그 후 공산당은 자체의 당군과 통치구역을 가진 혁명정당으로서 국민당을 상대로 내전을 불사하는 권력경쟁을 벌였다.

국민당과 공산당은 공히 내전을 위해서든 항일전쟁을 위해서든 당과 군대 외에 대중조직을 돕고 확대하여 자신의 세력 기반으로 삼지 않으면 안 되었다. 당내에 이를 전담하는 부서를 둔 것도 그 때문이다. 양당은 바로 이런 필요에서 각계연합 방식의 국민회의운동과 결합하게 되었다. 공산당과 국민당은 각각 1923년과 1924년 국민회의론을 수용했는데, 이때 쑨원은 농회·공회·상회·교육회 등의 직업단체 외에 혁명당과 당군을 국민회의의 구성 주체로 포함시켰다. 원래 다원주의에 의거한 직업대표제는 원리상 국공 양당의 일당제뿐만 아니라 정당제 자체를 부정하므로 양자의 연대는 논리적 모순이었으나, 이를 통해 혁명정당은 대중적 기초를 확보하기를 기대했고 사회단체는 군벌의 무력 탄압을 물리칠 수 있기를 기대했다. 물론 혁명정당체제를 거부한 위에서, 의회정당 중심의 구역대표제를 직업대표제와 병행함으로써 대의제의 한계를 극복하려는 모색도 있었으나 혁명과 전쟁 속에서 힘을 얻지 못했다.

그 결과 혁명정당 중심의 구역대표제와 직업대표제가 병행되는 형태로 제도 설계가 이루어졌다. 1927년 국민혁명기 지방정부를 탄생시킨 상하이(上海)·창사(長沙) 시민회의와 후난성민회의(湖南省民會議), 1931년 5월 국민정부 주관하에 소집되어 훈정약법을 제정한 국민회의, 1938~1948년 국민정부에 의해 훈정 시기 민의기관으로 소집된 국민참정회, 1946년 국공담판과 각계의 요구에 따라 국민당에 의해 소집되어 연합정부 구성을 결의한 정치협상회의, 1949~1954년 중화인민공화국의 합법성과 정당성을 보증한 인민정치협상회의 등이 그런 예이다.

이상의 제도들은 모두 서구식 의회제와도, 소련식 소비에트제와도 다른 새로운 것으로 인식되었다. 그 특징은 다음 몇 가지로 요약된다. 대표는 모두 직업적 의원이 아니라 각기 자신의 직업을 가진 소속단체를 대표할 뿐이며 그 역할에 대한 보수는 없다. 그 수는 인구 비례에 따르되 참여단체들 간의 협상에 의해 할당되었으며, 선정 방법은 처음에는 지명이나 협상으로 시작해서 나중에는 회원들의 선기로 바뀌었다. 그것은 직업대표제를 근간으로 하면서 강력한 혁명정당과 군소정당을 포함하여 당시 중국의 조건에 맞게 변형된 것이다. 이를 위해 국민당이든 공산당이든 지배정당은 혁명정당의 논리를 일부 양보하고, 이를 비판하던 각계 단체와 군소정당들도 타협하여 낮은 수준의 민의기관을 제도화함으로써 인민의 자치 능력을 제고해간 것이다.

이상의 예들은 모두 헌정 실시 이전의 민의기관들인데, 헌법 제정 이후에도 이와 유사한 형태의 조합은 유지되었다. 가령 국민당이 1946~1949년 국민대회를 구역대표와 직업대표로 구성한 것이 그런 예이며 거기서 중화민국헌법이 제정·공포되었다. 공산당은 1954년 전인대를 구역대표로 구성하고 거기서 중화인민공화국헌법을 제정·공포했다. 그리고 인민정치협상회의를 존속시켜 전인대를 보완할 수 있도록 했으며 양자를 묶어 "양회"라 부른다. 전인대는 구역대표로, 인민정협은 직업대표+구역대표로 구성되는 차이가 있다. 어느 쪽에도 구역대표는 공산당과 군소당파의 대표로 채워지지만 이는 "다당합작"의 원리에 의거한다. 비록 다당합작은 다당경쟁을 결여한 상태여서 부분적 의미밖에 가질 수 없지만 소비에트식 일당제에서는 볼 수 없는 중국의 특징이다. 노동자·농민 이외의 여러 직업단체 대표의 참여를 허용한 것도 그렇다.

이상의 과정을 돌이켜보면, 국공 양당이라는 혁명정당이 다른 정당의 경쟁을 허용하지 않을 정도의 초월적 지위의 정당으로 부상하여 돌출된 중국적 상황에서 직업단체가 그에 종속될 개연성은 매우 컸다. 이런 조건에서 직업대표제의 의미를 살리려면 스스로를 국가와 동일시하는 정당과의 관계에서 직업단체의 자율성을 확보하는 것이 중요한 과제였다. 그 관건은 직업단체 자신의 경제적 자립 기반을 확보하고 내부 민주주의를 진작하는 데 있었다.

3. 사회주의와 시장경제: 혼합경제

1978년 12월 중국공산당은 국유화와 집단화를 축으로 성립된 사회주의경제체제를 혁신하기 위해 개혁·개방을 결정하고 곧바로 시행에 들어갔다. 혁신의 방향은 국유화·집단화를 사유화·개별화로 전환하는 것이며 계획경제 일변도에서 벗어나 시장경제도 병행하는 것이다. 그 목표는 인민의 의식주 문제를 해결하지 못하는 낙후한 생산력을 획기적으로 끌어올리겠다는 것이다. 중국 당국은 마르크스 레닌주의와 마오쩌둥 사상에 의거한 사회주의 이념을 견지하면서 "중국 특색의 사회주의"의 길을 가겠다고 천명했다.

이 "중국 특색의 사회주의"를 덩샤오핑(鄧小平)은 "사회주의시장경제"라 불렀다. 서방에서는 소련식 일당제하에 시장경제를 도입했다는 점에 초점을 맞춰 이를 "시장스탈린주의"라 부르기도 했다. 1987년 국가주석 자오쯔양(趙紫陽)은 "중국 특색의 사회주의"의 길을 찾기 위해서는 다종소유제의 병존을 허용하는 혼합경제를 채택해야 한다면서 이러한 "사회주의 초급 단계"는 100년간(1957~2057) 지속되어야 한다고 선언했다. 혼합경제는 소유제 면에서는 다종소유제의 병행을 골자로 하지만 경제운용의 원리 면에서는 계획경제와 시장경제의 병행을 추구한다. 그러니까 자오 쯔양의 선언은 그런 혼합경제가 인민공화국 수립 이래 줄곧 지속되었어야 마땅하다는 판단을 밑에 깔고 있는 것이다.

실제로 인민공화국 건국 초기의 임시헌법인 인민정치협상회의 공동강령(1949.9)은 신국가의 경제체제에 대해 5종 경제의 분업과 협력으로 그 각각의 마땅한 바를 성취하도록 한다고 규정했다. 국영경제, 합작사(협동조합)경제, 국가자본주의경제, 사인(私人)자본주의경제, 농민·수공업자의 개체경제를 장기간에 걸쳐 병행한다는 방침을 분명히 한 것이다. 그러나 인민공화국은 1953년부터 혼합경제를 국유화·집단화와 계획경제 일변도로 개조하는 작업을 서둘러 1956년 말 마무리 짓고 이듬해부터 사회주의에 진입한 것으로 선언했다. 이렇게 탄생한 사회주의는 고도의 생산력을 결여한 체제여서 기초가 허약했고 그 폐단의 누적으로 인해 20년을 넘기지 못한 채 궤도 수정에 들어갔으니 개혁·개방이 그것이다.

이처럼 조기에 억압되었다가 개혁·개방으로 인해 다시 부활된 혼합경제에 대한 중국인의 구상과 실천은 일당공화제와 마찬가지로 청말-민국 시기에 명확히 등장했다. 혼합경제가 반드시 사회주의를 전제로 하는 것은 아니지만 근대 중국에서는 직간접적으로 사회주의와 연관된 속에서 구상되었다.

우선 사회주의 이념에 대한 선호는 무정부주의를 매개로 하여 지식인·학생 사이에 청말 러일전쟁 전후부터 급속하게 퍼졌고 중화민국의 성립은 사상해방을 자극하여 이런 추세를 가속화했다. 1911년 쟝캉후(江亢虎)에 의해 창립된 중국사회당은 비록 2년 만에 해산되었지만 그 당원은 수십만을 헤아렸다. 이는 점진적·평화적 수단으로 계급과 착취가 소멸된 평등사회를 이루겠다는 소박한 꿈을 공유한 '자유사회주의' 단체였다. 1920년대 초 길드사회주의를 추구한 량치차오와 장둥순(張東蓀) 등의 공학사(共學社), 이를 이어받은 1930~1940년대 장둥순·장쥔마이(張君勱) 등의 국가사회당 등이 그 뒤를 이었다. 한편 러시아혁명과 5·4운동을 거치면서 폭력수단에 의거한 '혁명사회주의'가 대두했다. 1920~1921년 중국사회주의청년단과 중국공산당의 창립은 레닌식 혁명정당의 힘으로 계급투쟁을 거쳐 사회주의로 나아가겠다는 사람들의 단체이다. 공산당원은 소수였지만 청년단원은 수만 명을 넘었고 기관지 ≪중국청년≫은 단원 수보다 훨씬 많은 전국의 청년학생에게 읽혔다. 이렇게 모습을 드러낸 두 유형의 사회주의는 그 후에 때로는 협력하고 때로는 대립하면서 지속되었다.

그에 앞서 제출된 쑨원의 민생주의(民生主義)는 그 나름의 방식으로 사회주의 이념을 확산시키는 데 기여했다. 민생주의도 평화적 수단에 의해 장기적으로 사회주의를 건설하겠다는 염원을 담고 있으며 실제로 민생주의는 socialism의 쑨원식 번역어이다. 다만 쑨원의 민생주의는 민족민권혁명으로 성립된 혁명정부의 장기 정책에 의해 건설되는 것으로 전제되어 있다는 점에서 량치차오 등의 자유사회주의 구상과 다르다. 그 혁명은 계급투쟁이 아니라 전민혁명·국민혁명이며 무산계급의 정당이 아니라 전민의 이해를 대변하는 혁명정당인 국민당에 의해 지도된다고 본 점에서 공산당의 그것과도 다르다. 5·4운동의 세례를 받은 신청년들이 무정부주의나 사회주의 같은 급진사조에 급속히 기운 것은 말할 나위도 없고, 심지어 국민당 당원 중에서도 우파 원로에 속하는 장지(張繼)조차 1920년대 초에 스스로 사회주의자를 자처했으니 이는 당시인들에게 사회주의가 얼마나 널리 받아들여지고 있었는지를 말해주는 증거다. 1928년 이후 국민당정부는 삼민주의 교과서를 통해 민생주의 이념을 각급 학교에서 가르쳤으며, 국민당의 결의안에 직접 "사회주의"를 실현하겠다는 목표를 명시하기도 했다.

민생주의의 핵심 내용은 1905년 중국동맹회 시기의 평균지권(平均地權)에서 시작하여 1차 국공합작을 거치면서 1924년 전후 경자유기전(耕者有其田)과 절제자본(節制資本)으로 확장되었다. 거기에는 맹자(孟子)의 정전제(井田制) 이상과 헨리 조지(Henry George)의 토지공유론, 그리고 레닌의 신경제 정책이 반영되어 있다. 이렇게 새로이 다듬어진 경제건설 방안은 다음과 같다. 1) 낙후한 반(半)식민지 조건에서 제국주의 자본과 경쟁하려면 사인자본을 절제하고 국가자본을 발달시켜야 한다. 2) 기간산업과 독점 성질을 갖거나 국민의 생계를 조종할 수 있는 상공업은 국영으로 하되 그 밖의 상공업과 농업은 사영으로 하며 합작사를 발전시킨다. 이를 위해 외국의 자본과 기술을 도입한다. 3) 조세정책(지가에 따른 토지세)과 개발로 인한 토지 가치의 증가분에 대한 부가세에 의해 장기간에 걸쳐 지주 토지를 농민에게 이전토록 하되 경작권만 부여하고 소유권은 국가에 귀속한다. 4) 이렇게 발달된 생산력을 기반으로 점진적·평화적 수단에 의해 사회주의 사회를 건설한다. 여기서 3종 소유(국영경제, 사영경제, 합작사경제)의 혼합경제 구상이 명확히 드러났다. 그 시행 주체는 지주·자본가도 포함하는 국민당이다. 이 혼합경제 구상은 극히 부분적 실험적으로만 시행되는 데 그쳤으나 사상적으로 중국 각계에 넓고 깊은 영향을 미쳤다.

1930년대 자유사회주의자들은 소련의 계획경제가 대공황에도 불구하고 발전을 거듭하자 이를 적극 수용해 의회정치와 계획경제를 병행하는 체제로 신중국을 건설하자는 구상을 가다듬었다. 그들은 1940년대 초에 결집하여 중국민주동맹을 창립했다. 의회정치는 다당경쟁을 전제로 하며 이는 사유제하의 각기 다른 이해관계를 반영하므로 그 위에 계획경제가 도입되면 필연적으로 계획 일변도가 아닌 시장경제와 계획경제의 병행, 사유제나 국유제의 단일소유제가 아닌 다종소유제의 병행이 불가피하게 된다.

가령 민주동맹 가입단체로서 자산계급의 이해를 대표하는 중국민주건국회는 "국영사업의 관료화와 사인기업의 독점화가 경제건설의 큰 적(敵)"이므로 "국영사업의 국가화와 사인기업의 사회화"를 단행해야 한다면서 이를 "경제민주"라 했다. 민주동맹 중앙위원 장둥순이 1946~1948년 제시한 경제구상에 따르면 정치권력과 결탁된 "관료자본계급"을 타도한 다음 일체의 생산수단을 공유로 하고 나머지를 모두 사유로 해야 한다. 이 공유경제=국가자본을 운영할 정치 주체는 국민당도 공산당도 아닌 "사회 각계급 대표"로 구성될 연합정부이다. 이 정부가 자본주의 형식을 이용해 증산을 도모하되 계획경제를 시행하여 사유재산제를 유지하면서 이런 방법으로 증산과 분배를 동시에 실현하여 점진적 수단으로 사회주의의 길을 가야 한다. 그들은 증산과 분배를 동시에 실현하는 또 하나의 수단으로 합작사=협동조합 건설을 중시했다. 그러므로 이들 역시 3종 소유의 혼합경제를 추구한 셈이다.

한편 공산당은 창립 당시의 사회주의혁명론이 중국 현실에 맞지 않음을 인정하고 코민테른의 식민지민족문제 인식에 의거해 민족민주혁명론으로 선회했다. 그 가장 진화된 형태가 2차 국공합작의 조건에서 1940년 마오쩌둥에 의해 정립된 신민주주의론이며, 그 후 '연합정부론'(1945)에 이르는 동안 좀 더 보완되었다. 그 요지는 다음과 같다. 1) 반식민지 중국의 낙후한 농업경제 조건에서는 곧장 사회주의사회를 건설할 수 없으니 상당히 긴 기간의 신민주주의 단계를 거쳐야 한다.[1] 2) 그 기간 중 연합정부는 국영경제·합작경제·사영경제(농민과 수공업자의 개체경제, 사인자본주의경제)를 병행·발전시켜 생산력을 끌어

1 이 시기의 마오에 따르면, 중국 같은 반식민지 조건에서는 생산력이 미흡해 곧바로 사회주의 혁명을 단행할 수 없고 생산력을 끌어올리는 상당 기간의 과도기를 거쳐야 한다고 보고 이를 신민주주의 단계라고 했다. 이는 파시즘 타도를 위한 국공합작과 미소 협조를 전제한 것이었으므로 그 정책은 국민당과 공산당의 공동지도에 의해 추진하는 것으로 되어 있었으나, 2차 대전 종전 이후 국내외 정치 상황이 변함에 따라 1947년 말부터 점차 공산당의 단독지도를 당연시하는 쪽으로 바뀌어갔다.

올린다. 이를 위해 외국자본의 투자를 환영한다. 3) 기간산업과 독점 성질의 대기업은 국유로 하되 국민생계를 조종할 수 없는 중소기업과 토지는 사유로 하여 중소자본가와 부농의 성장을 보호한다. 친일지주의 토지는 몰수하되 그 외의 지주 토지는 청산분배와 유상분배의 방식으로 농민에게 분배하고 농민의 소유권을 인정한다. 4) 이 경제의 성격은 "신식자본주의경제"이며 이를 통해 생산력이 충분히 발달하고 전 인민이 원하는 시기가 도래하면 그때 점진적·평화적으로 사회주의로 이행한다. 혼합경제의 시행 주체는 네 계급(노동자, 농민, 민족자산계급, 소자산계급)의 "연합정부"이다.

이런 경제구상을 마오쩌둥은 쑨원의 절제자본론에 의거해 설명했다. 마오는 "사유자본제도가 국민생계를 조종할 수 없도록 하되" "국민생계를 조종할 수 없는 자본주의생산의 발전을 허용하는 것"이 "절제자본의 요지"라 하고, "쑨 선생의 원칙과 중국 혁명의 경험에 비춰보면 현 단계에서 중국 경제는 반드시 국가경영·사인경영·합작사경영의 3자로 구성되며" 이때의 국가는 "소수인이 사유하는 국가가 아니라 일반평민이 공유하는 신민주주의국가"라 했다. 그에 따라 자신이 수립하고자 하는 "신민주주의 공화국"은 곧 "삼민주의 공화국"이라 했다.

이상과 같이 각기 다른 주체의 혼합경제론은 기본적으로 쑨원의 민생주의 범주 안에서 다종경제를 혼합하여 동시 병행하려 했다. 거기서 국영경제는 국가자본주의 성질의 경제로서 혼합경제를 주도하는 위치에 있으며 경제운용의 기본 원리는 시장경제 기조 위에 계획경제를 가미하는 것이다. 중국의 각기 다른 정치 세력들이 1946년 1월 정치협상회의 결의를 통해 연합정부 주도하에 이러한 혼합경제를 시행하기로 합의했다. 그런데 그중에서 공산당만은 이런 논리를 공유하다가 1948년 9월부터 크게 변화하는 모습을 보였다. 3종 경제를 5종 경제로(국영경제, 국가자본주의경제, 합작사경제, 사인자본주의경제, 소상품경제)로 세분한 다음 국영경제를 사회주의 성질의 경제로 규정하고 경제운용의 기본 원리를 시장경제에서 계획경제로 바꾼 것이다. 이는 혼합경제의 시행 주체를

'노동자계급이 지도하는' 인민민주독재정권이라고 바꾼 데 따른 변화이다. 그 전까지는 노동자계급=공산당은 민족자산계급과 함께 지도에 참가하는 것으로 전제되어 있었다. 그에 따라 합작사경제도 반(半)사회주의성질의 경제로 규정되어 단지 사회주의 국영경제를 효과적으로 건설하는 과도적 수단으로 간주되었다.

공산당의 인식이 이렇게 바뀐 국내 배경은 우선 국공합작이 완전히 결렬되고 내전의 군사형세를 역전시켜 동북 주요 도시를 장악한 상황의 변화이다. 1948년 여름 동북지방 도시들을 장악하여 만주국(滿洲國) 시기 건설된 중공업 기업을 몰수해 국유화하고 그에 대한 공산당의 지도를 강조한 것이다. 그보다 더 중요한 요인은 미소냉전의 격화 속에서 동유럽 신민주주의 국가들이 소련의 지도하에 예상보다 앞당겨 1948년 초 사회주의 개조를 완료한 때문이다. 그해 여름 스탈린은 이와 다른 독자노선을 추구한 유고의 티토(Josip Broz Tito)를 국제공산당조직에서 제명했다. 이는 마오의 신민주주의 경제론에서 쑨원의 영향력을 축소하고 스탈린식으로 재해석된 레닌의 과도기론을 조기에 전면 수용하도록 촉진하는 결과를 초래했다. 그리하여 1948년 9월 "농민의 소상품경제가 노동자계급이 지도하는 신민주주의 국가 안에서는 사회주의 방면으로 발전할 수 있으며" "이는 이미 동유럽의 수많은 신민주주의 국가에서 증명되었을 뿐만 아니라 장차 신민주주의 중국에서도 증명될 것"이라고 천명되었다. 이제 국영경제로부터 분리시킨 국가자본주의경제란 종래의 의미와 같을 수 없다. 합작사가 그러하듯이 이제 국가자본주의란 각종 형태[가공·주문생산의 초급형태, 공사합영(公私合營)의 고급 형태]의 방법으로 사영자본주의 상공업을 사회주의 국영경제로 개조하는 "과도(過渡)형식"으로 파악되었다.

민주동맹 가입단체의 다수는 1949년 9월 인민정협에 참가해 공동강령을 의결함으로써 "노동자계급이 지도하고 노농연맹을 기초로 하는" 4계급 연합정부를 신민주주의 국가정권의 성격으로 인정했다. 인민정협에 참여한 중간파와 국민당 신민주파(국민당민주촉진회 등)는 계획자로서의 신민주주의 국가의 역할과 공산당의 지도를 인정하면서도 절제자본론의 기조가 유지·실현되기를 기대했다. 가령 민주건국회는 1949년 7월 "신민주주의적 경제체제와 인민정부의 경제 정책은 광대한 인민의 생활 보장과 개선을 목표로" 하여 "생산증대, 경제번영, 공사겸고(公私兼顧), 노자양리(勞資兩利)"의 원칙을 지킬 것이므로 자신의 사업도 발전할 것으로 기대했다. 주도 세력이 누구이든 혼합경제론의 골격이 견지될 것으로 본 때문일 것이다.

인민정협 공동강령에 의거해 1949년 10월 중화인민공화국이 수립된 때만 해도 5종 경제의 병행발전은 상당히 장기간 지속될 것으로 천명되었다. 그러나 1950년 1월 마오가 중소우호조약을 체결하기 위해 모스크바를 방문했을 때 스탈린은 중국의 신민주주의가 모호하다고 비판했다. 이는 그가 냉전체제의 진영대립 상황에서 동유럽 국가들에 대해 티토분자를 색출하는 운동을 벌이고 있던 사정과 연관되어 있다. 이에 마오는 정중히 스탈린에게 이론적·기술적 지도를 요청했고 그 결과 좀 더 일찍 신민주주의에서 사회주의로 이행하는 데 도움을 줄 이론가와 각 분야 전문기술자들이 중국에 파견되었다.[2]

예컨대 1950년 3~4월 마카로바(Mariia Makarova) 등 이론가들이 전국 주요 도시를 순회하면서 자본주의로부터 사회주의로의 과도 시기에 관한 레닌과 스탈린의 이론 등을 주제로 전문가 좌담회와 대중강연을 수차례 진행했다. 이를 통해 그녀는 신경제 정책 시기 소련도 당초 5종의 혼합경제를 병행하다가 무산계급독재정권의 힘에 의거해 이를 국영경제로 단일화했다면서, 그 각고의 투쟁으로 획득한 경험은 동유럽 신민주주의 국가들에서 재확인되었으므로 모든 국가가 이를 활용해 더 용이하고 신속히 사회주의화하는 것이 가능하다고 했다. 나아가 "중화인민공화국 정부는 지금 경제 정책상 레닌과 스탈린의 과도 시기 이론을 따르고 있다"고 기정사실화했다. 각 분야 전문가들은 1951~1952

---

2 이때 파견된 이론가들의 도움을 받아 『마오쩌둥 선집』은 당초 예상보다 앞당겨 사회주의로 개조하는 것을 정당화하는 기조로 대폭 수정되어 1952년 출판되었다. 따라서 원래의 신민주주의론은 이 수정판이 아니라 그 이전 판본에 의거해 파악하지 않으면 안 된다.

년 사회주의 공업화를 위한 5개년 계획 수립을 도왔다.

전국적 토지분배와 중국도 참전한 한국전쟁이 끝나갈 무렵 1952년 9월 공산당은 10~15년 안에 5종 경제를 단일 국유제로 전환하는 사회주의개조 작업을 완수하기로 결정하고 이듬해 9월부터 시행에 들어갔다. 이 개조작업은 공산당원·빈농대중·지식인의 인민주의적 성향이라는 내인이 소련 요인과 상호작용함으로써 추동되었으며 예정보다 앞당겨 완료되어 1957년부터 중국은 사회주의에 진입한 것으로 선포되었다. 다만 상공업자의 투자자금에 대해 연리 5%의 고정이자를 지급하고 농민의 토지에 대해서도 5%의 자류지(自留地, 텃밭)를 허용하는 신민주주의 정책의 꼬리가 1966년까지 남아 있었다.

따라서 진영대립의 국제적 조건 속에서 이렇게 서둘러 만들어진 중국사회주의체제는 농민사회 조건에서 물적 토대가 결여된 채 성립된 "농민사회주의"일 수밖에 없다. 1952년 근대공업은 농공총생산액의 26.7%를 차지했을 뿐이다. 공산당 안의 온건파와 민주동맹을 비롯한 중간파가 이를 우려하고 비판했지만 당군을 거느린 초월적 지위의 공산당이 정부를 장악한 일당제하에서 의미 있는 견제력이 될 수 없었다. 이 단일 국유제는 그 후 20년 만에 5종 소유의 혼합경제로 선회하지 않을 수 없게 되었다. 중국 안에서는 이를 신민주주의 경제의 회복으로 볼 것인지를 둘러싸고 논쟁이 벌어지고 있다. 그러나 이렇게 말할 경우 이미 사회주의로의 진입을 기정사실화한 인민공화국 초기 30년사를 통째로 부정하는 결과를 초래하므로 중국 당국은 공식적으로 이를 "사회주의 초급단계"라 부르고 있다.

4. 중화민족과 소수민족: 다원일체

2008년 베이징 올림픽 개막식에서 중국의 어린이들은 오성홍기를 펼쳐들고 입장했다. 그들은 한족과 55개 "소수민족" 출신이다. 이들 56개 민족을 모두 합쳐 "중화민족"이라 부르며, 중화인민공화국은 중화민족의 공화국이다. 중화민족의 유래는 다원적이지만 현재 상태는 분리될 수 없는 하나의 통일체라 하며, 이를 "다원일체(多元一體)"라 표현한다. 그래서 소수민족은 중국이라는 하나의 국가 안에서 민족별 거주구역을 기반으로 자치를 할 수 있을 뿐 분리 독립할 수 없도록 규정되어 있다.

자오쯔양 주석은 1987년 공산당 제13차 대표대회에서 다종소유제의 혼합경제를 발전시키는 사회주의 초급단계는 "중화민족의 위대한 부흥"을 실현하는 단계라 천명한 바 있다. 최근 시진핑(習近平) 주석도 "중화민족의 위대한 부흥"을 빈번히 외치고 있다. 그러나 최근에도 티베트와 위구르에서는 자신을 불사르면서까지 중화민족이기를 거부하면서 자기 민족의 분리 독립을 외치는 움직임이 사라지지 않고 있다. 중화민족과 소수민족이라는 개념, 그리고 그 양자 사이의 관계는 대부분 청말-중화민국 초기에 형성되어 정착되었다. 그 경과를 간략히 살펴보자.

중화민족 개념은 청일전쟁-러일전쟁을 거치면서 국가의 위기로부터 벗어나고자 하는 구국운동의 필요에서 처음 등장했다. 량치차오를 비롯한 당시의 지식인들은 중국이 침략을 당하는 것은 중국인이 단결할 줄 모르기 때문이라면서 단체가 강대할수록 생존경쟁에 유리하다고 보았다. 량치차오는 지역별·직업별 단체를 결성하고 이를 상호 연합하여 국회를 구성해야 비로소 전국의 민의와 민력을 효과적으로 결집할 수 있다고 역설했다. 그는 1902~1905년 이와 짝을 이루어 청 제국 경내에 거주하는 모든 민족은 단결하고 상호 동화하여 하나의 "대민족"="중화민족"을 이루어야 제국주의 열강으로부터 독립과 자존을 이룩할 수 있다고 보았다. 이는 그가 당시 세계를 민족국가들의 경쟁이 대외팽창을 추구하는 "민족제국" 간의 경쟁으로, 이는 다시 대제국 간의 경쟁으로 이어지는 "민족제국주의" 시대로 인식한 데 따른 대응이었다. 민족제국은 천연에 합치하는 국가이므로 중국 자신도 이를 실행해야 "천하제일제국"의 지위를 유지할 수 있다고 주장했다.

이렇게 모습을 드러낸 량치차오의 대민족론=민족제국론=중화민족론은 그 후 그가 속한 군주입헌 개혁파들에게 공유되는 것은 물론 정치적으로 경쟁관계에 있던 쑨원을 비롯한 공화혁명파에게도 공유되었다. 두 세력 사이에는 만주족을 지배자 지위에 놔둘 것인지 끌어내리고 한족이 대신할 것인지의 차이가 있었을 뿐이다. 오직 무정부주의자들만이 이민족에 대한 한족의 지배는 한족에 대한 만주족의 지배와 똑같이 민족제국주의이며 이민족의 특권도 한족의 특권도 반강권(反强權)의 동일한 기준에 의거해 배격되어야 한다고 주장했다. 그 후 일본의 침략으로 인한 민족위기의 고조와 더불어 이런 비판론은 자취를 감추고 중화민족론이 장제스와 국민당, 마오쩌둥과 공산당에게도 널리 수용되었다.

"민족"이란 nation의 번역어로 근대 일본에서 만들어진, 한자문화권의 고문헌에는 없던 용어이다. 량치차오는 민족의 8대 특질(거주, 혈통, 신체, 언어, 문자, 종교, 풍속, 생계)을 들어 이를 공유하는 집단을 '민족'이라 정의했다. 그에 비해 혁명파의 왕징웨이(汪精衛)는 6대 특질(혈통, 언어문자, 거주, 습속, 종교, 정신체질), 쑨원은 5대 특질(혈통, 생활, 언어, 종교, 풍속습관)을 꼽았다. 거의 대부분 종족적·문화적 특질로서 이에 의거한 민족은 문화적 동질성을 기반으로 하는 "문화민족" 개념에 속한다.

이러한 문화민족=종족(種族)이 근대적 의미의 민족, 곧 정치적 일체감에 의거하는 국가민족(정치민족)으로 발전하려면 헌법에 의거해 자유와 권리를 평등하게 향유함으로써 '우리는 하나다'는 일체감을 가질 수 있어야 한다. 이처럼 국가권력에 의해 정치적으로 형성된 일체감을 바탕으로 형성된 민족을 "국가민족" 혹은 "정치민족"이라 부른다. 군주입헌개혁파의 양두(楊度)는 1907년 입헌으로 한족과 만주족을 하나로 만들고 식민 정책으로 몽골족·회족·티베트족을 동화시켜야 한다고 주장했다. 그는 입헌정치가 근대민족 형성의 핵심 기제임을 알고 있었지만 이를 몽골족·회족·티베트족에게는 시행할 의사가 없었던 것이다. 1912년 중화민국이 성립하자 쑨원은 한족과 만주족뿐 아니라 나머지

민족도 모두 공화국의 평등한 주권자라는 의미에서 "5족공화론"을 제기했다. 임시헌법인 약법(約法)에는 중국 안의 모든 "종족(種族)"은 평등하다고 명시되었다.

문화민족을 "종족적 민족" 개념이라 한다면 국가민족은 "시민적 민족" 개념이라 할 수 있다. 겔러(Ernest Gellner)와 스미스(Anthony D. Smith)가 말했듯이 근대민족은 종족성과 시민성을 동시에 포함하는 양면성을 갖고 있다. 그렇기 때문에 국가·정치가 바뀌면 종족성=문화적 동질성을 기반으로 하나의 민족이 복수의 민족으로 분리·독립하는 것이며 그 역방향의 변화도 가능하다.

그러나 중국에서는 량치차오도 왕징웨이도 쑨원도 문화민족의 분리·독립을 부인하고 오직 하나의 국가민족으로 단결해야 한다고 보았다. 반제투쟁의 주체, 근대 국민국가형성의 주체는 오직 하나의 중화민족이라야 한다는 것이다. 한족을 제외한 각 민족들은 자력으로 반제의 과제를 완수할 수 없고 한족의 힘도 불충분하므로 모두가 하나로 단결해야 한다는 것이다. 이에 왕징웨이는 1905년 중화민족의 주류민족=다수민족인 한족과 구별하여 나머지를 "소수민족"이라 부르면서 이들의 단결을 호소했다. 그러니까 중화민족은 사실상 "반제민족" 개념인데, 그 속의 소수민족은 자신의 국가를 형성할 권리가 없는 것으로 전제되어 있다.

주목할 것은 이때의 중화민족은 반제투쟁 과정에서 장차 형성해야 할 '정치적 과제'로서 제기된 개념이지 이미 형성된 '역사적 사실'이 아니라는 점이다. 가령 량치차오는 1922년 몽골과 돌궐(위구르)은 자신의 민족의식이 강렬해서 아직 동화되기 전이므로 중화민족이라 할 수 없으나 머지않아 동화될 것으로 보았다. 그는 이를 위해 이들 소수민족을 동화하는 "내향발전"과 이를 바탕으로 밖으로 팽칭하는 "외향발전"을 병행하는 것이 중국의 바람직한 발전 전략이라고 했다. 쑨원은 1924년 중국은 한(漢) 이래 민족제국주의를 취해 아시아의 타민족과 각 소국을 정복했으나 유럽열강과 달리 왕도(王道)로 감화했다면서, 현재 4억의 한민족(漢民族)은 하나의 국족(國族)을 형성했고 만주족·몽골족·회족·티베트족·묘족은 국족에서 제외되지만 결국에는 동화될 것으로 전망했다. 두 사람 다 한족을 제외한 그 밖의 소수민족은 여전히 자신의 독립적 정체성을 갖고 있음을 인정한 것이다.

한편 1911년 신해혁명을 계기로 티베트와 몽골이 분리 독립을 선포하자 다급해진 한족 지식인과 정치 세력은 중화민족의 역사화를 서두르기 시작했다. 이는 역사화의 1단계 작업으로서 뒤의 2단계 작업과 비교된다. 현재 중국 경내에 거주하는 모든 민족은 이미 역사적으로 형성된 분리될 수 없는 하나의 중화민족이라는 주장이 쏟아져 나온 것이다. 다만 그 형성 시점에 대한 견해는 각기 달라서 가깝게는 청 중기(18세기)에 형성되었다는 주장부터 멀게는 진한(秦漢) 시기에 이미 형성되었다는 주장에까지 이르렀다. 그 후 중국은 청제국 시기의 소수민족 중 외몽골만 독립하고 나머지는 모두 그대로 중화민국 안에 존속하는 형태로 제국에서 공화국으로 이행했다. 이 사실은 중화민족론을 강화하는 데 좋은 구실을 제공했다. 그리하여 중화민족이 이미 형성된 역사적 사실이라는 견해는 1913년부터 중화민국 역사교과서에 반영되었고 1931년 만주사변 이후 더욱 강화되어 절대화되는 추세를 보였다.

중화민족 개념의 역사화와 절대화를 위해 사용된 전략은 중화민족을 단일민족으로 규정하는 것이다. 각기 다른 연원과 문화를 가진 여러 문화민족=종족들이 섞이고 동화되어 결과적으로 하나의 중화민족을 형성했다는 주장이다. 주된 논리근거는 동화론(同化論)이지만 쑨원은 한족·만주족·몽골족·회족·티베트족이 모두 같은 핏줄이라는 동포론(同胞論)까지 들고 나왔다. 이는 앞에서 그들의 독립적 정체성을 인정한 것과 당연히 모순된다. 군벌 통치시대의 중화민국 정부는 1922년 중학교 『역사교학대강(안)』에 "민족의 부(部)"를 설정하여 중화민족의 성립과 확대 과정을 서술했다. 이때 "이족의 침입과 동화는 본족(本族) 확대의 한 단계"이므로 상술한다는 방침을 명시했다. "본족"이란 하나의 대민족인 중화민족을 말하며, 이 대강을 기초한 사람은 다름 아닌 량치차오이다.

쑨원의 후계자를 자처한 장제스와 그 주도하의 중화민국 국민당정부가 1928년 성립된 후 중화민족론에 의거해 교과서를 편찬하고 국민을 가르친 것은 당연한 귀결이다. 이제는 역사교과서뿐 아니라 삼민주의를 주요 내용으로 하는 정치교과서, 영토인식과 직결되는 지리교과서에도 중화민족론이 반영되었다. 1928~1949년 사용된 이들 교과서에는 중화민국 경내에 거주하는 모든 민족은 하나의 중화민족이라는 "내향발전"의 의지를 넘어 청대의 조공국들은 모두 과거 중국의 영토였으나 현재 제국주의 열강에 의해 상실되었으니 장차 수복해야 한다는 "외향발전"의 의지까지 담겨 있다. 그런 분위기 속에서 이른바 자유주의자들조차도 민족제국론에 입각한 중화민족론을 비판하기는커녕 적극 옹호하고 나섰다.

중화민국 국민정부의 이러한 민족개념과 민족 정책은 장제스의 『중국의 운명』(1943)에 체계적으로 나타나 있다. 이 책은 제국주의를 물리치고 수립할 신중국의 지향을 제시한 것인데, 그중 민족인식과 관련된 부분을 보면 다음과 같다. 첫째, "중화민족"은 여러 "종족(宗族)"(1913년 임시약법에서 "種族"이라 한 것과 비교됨)[3]의 융합과 "한민족(漢民族)"에의 동화로 형성되었다. 둘째, 거란·여진·몽골은 사방의 각 종족(宗族)을 병합하여 중화민족의 영역을 확대하는 결과를 가져왔다. 셋째, 동화는 중국 고유의 덕성에 의한 감화의 결과이며 중국이 침략전쟁을 한 적은 없다. 이는 민족의 "내향발전"에 해당하는 내용으로, "민족" 개념을 한민족과 중화민족에게만 적용하여 전유하고 나머지 소수민족에게는 모두 "종족(宗族)"과 중화민족의 "지족(支族)"이란 명칭을 붙여 격하했다. 아울러 민족의 "외향발전"과 관련해서는, 조공국 민족을 민족이 아니라 중화민족의

3 1912년 임시약법은 중국 안의 모든 종족(種族)은 평등하다고 명시했는데, 이 종족은 당시의 5족공화론과 연관 지어보면 한족·만주족·몽골족·회족·장족 등의 문화민족을 가리키며 이들이 국가민족인 중화민족의 구성분자이다. 이와 달리 1943년 장제스는 중화민족을 단일민족으로 전제하고 그 구성분자를 종족(宗族)이라 하여 문화민족의 민족성조차 부정했다. 이로써 공산당의 민족인식과 명백히 달라졌다.

구성분자를 가리키는 "종족(宗族)"으로 호칭했으며, 따라서 조공국도 조공에서 "번속"(藩屬)으로, 번속에서 "자치"로의 긴 과정을 거쳐 "동화"되었다고 했다. 내향발전과 외향발전의 대상민족 어느 쪽에 대해서도 자신의 국가를 세울 권리를 인정하지 않은 것이다. 오직 중화민족의 국가 하나만을 인정하고 그 국가민족으로 중국 안의 문화민족을 부정할 뿐 아니라 열강을 제외한 중국 밖의 국가민족까지 부정한 것이다. 전통적 천하 관념의 영향이 아닐 수 없다.

이러한 국민당 및 국민정부와 이념을 달리한 공산당도 1931년 이후 민족위기의 심화 속에 중화민족론을 수용하지 않을 수 없었다. 원래 공산당은 1921년 성립 당시부터 사회주의적 평등 이념에 따른 레닌의 민족자결론에 의거해 소수민족의 분리·독립을 인정했으나 만주사변 이후 달라진 것이다. 1931년 분리·독립 인정에서 연방제로 후퇴하더니 1937년 일본의 전면적 중국 침략이 개시되자 연방제론에서 자치론으로 다시 후퇴했다. 2차 국공합작과 항일전쟁이 끝나고 국공내전을 거쳐 1949년 수립된 중화인민공화국의 민족인식과 민족 정책은 이 자치론에 의거해 마련되었다. 자치론은 국민당과 국민정부의 동화론과 달리 소수민족의 문화적 독자성과 그 존속을 인정한 점에서 다르지만, 자신의 국가를 형성할 정치적 권리를 부인한 점에서는 동일하다.

중화인민공화국은 국무원 산하에 국가민족사무위원회를 두어 소수민족 관련 사무를 관장하도록 했다. 이는 국민정부의 몽장위원회(蒙藏委員會)를 계승한 기구이다. 민족사무위원회를 중심으로 한 정부 주도로 1950년대에 전국적 "민족식별조사"를 시행하여 한족과 55개 소수민족을 국정민족으로 확정했다. 스스로를 민족으로 여기는 460여 개 집단이 조사에 응하여 자신을 민족으로 인정해달라고 신청했으나 55개만 인정한 것이다. 이들이 모두 분리될 수 없는 하나의 중화민족이며 인민공화국은 "통일적 다민족 국가"로 규정되었다. 사회인류학자로서 민족식별조사를 주도한 페이 샤오퉁(費孝通)은 후에 각 민족의 문화적 다원성을 인정하되 정치적 일체성을 강조하여 "다원일체"의 구조라 했다. 이는 중화민족에 대한 체계적 이해의 정설로 자리 잡았다.

이 같은 공산당·인민공화국의 중화민족론은 국민당·국민정부가 단일민족 국가를 추구하면서 문화민족 개념조차 부인한 것과 달리 다민족 국가를 추구하여 소수민족을 문화민족으로 인정한 점에서 다르다. 소수민족은 자신의 집단거주지에서 문화적 독자성을 유지하면서 통일적 다민족국가의 테두리 안에서 '자치'만 할 수 있을 뿐 '독립'을 할 수는 없다. 그 연장선에서 중국은 티베트와 위구르의 독립운동을 유혈진압하고 문화적 자율성만 인정하는 정책을 견지하고 있다. 그러나 그 문화적 자율성조차 문화대혁명 시기에 봉건주의·지방민족주의로 단죄되어 박해받았고 개혁·개방 이후에는 시장화 추세 속에 약화되고 있어 거주구역 단위의 '자치'조차 위협받는 새로운 변화가 나타났다.

중국 학계에서는 량치차오 이래의 민족제국주의론을 언급하는 것이 금기시되었지만, 중화민족론은 분명 민족제국론의 하나로 형성된 개념이다. 거기에 담긴 제국성은 중화민국을 거쳐 인민공화국에도 이어졌다. 이를 지적한 필자의 글에 대해, 왕후이(汪暉)는 헌법상의 인민주권이 실현되어 모든 소수민족에게 평등한 자유와 권리를 보장했으므로 제국성은 더 이상 존재하지 않는다는 반응을 보였다(왕후이, 2011). 인민공화국의 전인대와 인민정협에 소수민족 대표가 참여한다는 것이 그 근거인데, 이는 분명 그만의 생각이 아닐 것이다. 그러나 쑨원의 5족공화론과 마찬가지로 이는 문화민족의 다원성과 자율성을 국가민족으로 억압하는 주류민족=다수민족 중심의 주장에 불과하다. 소수민족 자신의 의사는 다를 수 있음을 차단하기 때문이다.

인민주권의 원리에 충실하려면 현재의 문화민족, 곧 국가 없는 민족(stateless nation)인 소수민족도 자신의 요구에 따라 정체(政體)를 선택할 수 있는 권리를 인정해야 한다. 그 정체는 자치를 넘어 연방과 독립도 포함한다. 중화민국은 1946년 외몽골에게 그런 기회를 허용하고 독립을 인정한 바 있다. 물론 이는 옛 소련과의 관계를 고려한 예외적인 조치였을 뿐 티베트와 위구르의 독립 요구에 대해서는 결코 그런 기회를 주지 않았다. 인민공화국에서는 이런 예외적 사례도 아직 나온 바 없다. 소수민족 거주지가 중국 영토의 60%를 차지하는 상황에서 그들의 분리·독립은 곧 중국의 분열과 멸망이라고 여기기 때문이다.

5. 맺음말

세 쌍의 키워드를 중심으로 현실 중국의 가까운 과거, 곧 근현대사의 줄기를 살펴보았다. 이제 이를 바탕으로 이 책의 주제인 지속과 변화를 음미해보자. 현실 중국이 근현대의 역사 중국과 비교해 얼마만큼 변하고 또 어떤 면에서 변하지 않았는가는 판단의 기준이 되는 내용과 시점(時點)에 따라 달라질 수 있다. 세 쌍의 키워드로 대표되는 현실 중국의 정치경제와 영토민족은 기본적으로 청말-민국 시기에 형성되었으며 이를 계승한 것이어서 제도안정성이 비교적 크지만 인민공화, 혼합경제, 다원일체라는 이념과 현실 사이의 거리도 크다.

먼저 당·정·군이 일체화된 이당치국의 일당공화제는 중화민국 시기 국민당에 의해 이념·제도상의 기초가 마련되었고 공산당에 의해 계승되었다. 민의기관과 헌법의 유무, 민의기관 구성 방법 등의 세부적 면에서는 지속성과 함께 변화도 있다. 일당의 계급적 기반은 다르지만 국민정부 시기와 인민공화국 시기의 (준)민의기관은 모두 당군을 거느린 초월적 지위의 혁명정당 주도하에서 직업단체 및 군소당파의 대표도 참여하여 구성되었다. 다만 이때의 군소당파는 혁명정당의 장기집권을 용인한 상태여서 사실상 정권장악을 목표로 하는 의회정당보다 사회단체에 가깝다. 그러므로 이런 정치구조는 "다당합작"이라기보다 '당주사보'(黨主社補)라 하는 것이 사실과 부합한다. 일당이 주체가 되고 직업단체·군소당파를 포함하는 사회단체들이 이를 보조한다는 의미에서이다. 일당제는 국영경제와 조응하는 것인 만큼 개혁·개방 이후 혼합경제의 부활로 인해 이미 그 존립기반을 상실했다. 직업대표제를 도입해 전인대를 개혁하고 혼합경제와 짝을 이루어 다당제와 연합정부를 회복하라는 등의 정치개혁 요구는 역사적 근거를 갖고 있으나 이내 억압되었다. 다만 국가 주요 지도자의 임기제와 일당제하의 법치가 단계적으로 시행되었다.

사회주의와 시장경제가 결합된 혼합경제의 구상과 부분적 실천은 민국 이래 형성되어 이어졌으며 그 전면적 실천은 인민공화국 수립 이후의 일이다. 쑨원과 국민당, 중간파, 공산당 등이 모두 영미식 자본주의도 소련식 사회주의도 아닌 다종소유와 시장+계획의 혼합경제를 추구했으며 장기간의 시행을 거쳐 생산력을 충분히 끌어올린 후 궁극적으로 사회주의로 나아간다는 목표를 공유했다. 다만 공산당 급진파가 냉전의 국제조건 속에서 스탈린의 압력과 상승작용을 일으키면서 조기에 소련식 단일 국유제로 전환했으니 1957~1978년의 농민사회주의체제는 예외적 돌출에 속한다. 공산당의 개혁·개방은 신민주주의 시기의 혼합경제를 회복한 조치이다. 많은 연구자가 개혁·개방 초기 중국 경제의 활성화를 떠받친 향진기업의 성공 요인으로 마오 시기의 사회주의 유산을 꼽지만 필자는 오히려 그 속에서 조기에 억압되면서도 부분적으로 살아남은 신민주주의 유산에 주목하고 싶다. 가령 사회주의 개조 이후 5% 고정이자를 지급받은 114만여 명의 상공업자들(그중 28만여 명이 1980년 당시 각종 상공업에 종사)이 혼합경제 회복의 매개자가 되었으니 말이다. 그러나 현실 중국의 혼합경제에서는 신민주주의 시기의 노자양리 원칙이 무너져 빈부격차가 심화되었다. 공교롭게도 신자유주의 세계시장과 연계된 탓이다.

소수민족을 포함한 중화민족은 청말 러일전쟁 전후에 장차 형성해야 할 정치적 과제로 제기되어 민국 초에 역사적 정당화 작업을 거치면서 개념화·제도화되었다. 청 이래 중국 영토 안에 거주하는 모든 민족은 중화민족이며 분리될 수 없는 하나의 전체라는 인식이 1931년 만주사변 이후 일본의 침략이 강화됨에 따라 정착되어 국민정부와 인민공화국 정부에 이어졌다. 두 정부는 공히 국민대회, 인민정협, 전인대 등의 민의기관에 소수민족 대표의 의석을 할당하여 민족 공존을 표방했다. 그 안에서도 소수민족 정책은 달라서 인민공화국은 '동화'를 추구한 국민정부와 달리 '자치'를 추구했고 모멸적 호칭을 금하여 가령 고양이라는 뜻의 단어를 사용한 "묘족(猫族)"을 대신해 "묘족(苗族)"으로 표기했다. 그때만 해도 역사상 중국 바깥에 있었으나 나중에 중국 안에 편입된 민족들의 국가를 인정했으나, 개혁·개방 이후 이를 중국 소수민족의 "지방정권"으로 격하하여 국가성을 부정하고 그 역사를 모두 중국사에 귀속시키려는 변화를 보였다. 중화민족 역사화의 제2단계라 할 수 있다.

이들 세 쌍의 개념·제도들에서 주목되는 특징은 영미 모델과 소련 모델을 넘어 가장 선진적이면서도 중국 특색의 제도를 창조하려는 의지가 강렬하다는 점이다. 이는 쑨원과 마오를 비롯한 대다수 지도자들에게 보이는 유산이다. 근대 중국의 실패를 초래한 핵심 요인처럼 지목된 중체서용론(中體西用論)도, 이를 한 단계 업그레이드한 중서융합론도 이런 의지로 수렴된다고 볼 수 있다. 중국이 "G2" 지위를 회복한 2010년 전후 이른바 "중국 모델" 논의가 급증한 것은 그런 의지에 기초한 자신감의 표출일 것이다. 중국이 추구하는 정치·경제·민족제도는 각기 인민공화, 노자양리, 다민족공존의 이상을 품고 있지만 그 실현 가능성을 높여 21세기의 중국식 모델로 발전하려면 원리상으로도 제도상으로도 우선 동아시아적 보편성을 획득해야 한다. 그러려면 학문·사상의 자유와 정치결사의 자유가 보장되고 그 속에서 숙성 과정을 거쳐 부족한 점들을 보완해야 하거니와, 그 물꼬는 연합정부가 회복될 때 비로소 트일 수 있다. 전통적 중국 모델과 근본적으로 다른 점이 여기에 있다.

이에 대한 사고를 진전시키려면 좀 더 시야를 넓혀서 볼 필요가 있다. 로마 교황은 19세기 말 당시 인류가 직면한 사회문제를 진단하여 "자본주의의 폐해와 사회주의의 환상"(레오 13세, 1891)이라 했고, 20세기 말에는 "사회주의의 폐해와 자본주의의 환상"(요한 바오로 2세, 1991)이라 했다. 앞에서 살펴본 중국의 제도구상들은 이 두 시점 사이에서 두 개의 "폐해"를 극복하고 두 개의 "환상"에 담긴 기대를 종합하여 인간해방을 진전시키겠다는 열망으로 추구되었다. 그중 상당 부분은 동시대의 한국인과 베트남인을 포함하는 동아시아인에게도 널리 공유되어 있었던 만큼 그런 유산에 대한 관심은 우리 자신의 미래에 대한 것이기도 하다. 그러니 자본주의의 폐해가 더욱 심각해진 신자유주의를 넘어야 도달할 2091년의 진단을 예상하면서 현실 중국의 100년 프로젝트가 가질 성취와 한계를 상상해보는 것은 타산지석의 의미를 가질 것이다.

추가 읽기 자료

배경한. 2007.『쑨원과 한국: 중화주의와 사대주의의 교차』. 파주: 한울.

아마코 사토시. 2003. 임상범 옮김.『중화인민공화국 50년사』. 서울: 일조각.

유용태. 2009.「근대중국의 민족제국주의와 단일민족론」.『東北亞歷史論叢』, 23, 37~71쪽.

______. 2011.『직업대표제, 근대중국의 민주유산』. 서울: 서울대학교출판문화원.

______. 2017.「20세기 동아시아의 신민주주의: 연합정부와 혼합경제」.『동아시아사를 보는 눈』. 서울: 서울대학교출판문화원.

이남주. 2010.「마오쩌둥 시기 급진주의의 기원: 신민주주의론의 폐기와 그 함의」.『동향과 전망』, 78, 215~249쪽.

제2장

1990년대 이후 중국의 지식·문화 담론

이정훈 | 서울대학교 중어중문학과

1. '1990년대'의 현재성과 지식·문화 담론의 위치

강대국으로 부상한 오늘날의 중국을 특징짓는 역사적 사건으로서 '개혁·개방'이 갖는 중요성은 아무리 강조해도 지나치지 않을 것이다. 1976년의 마오쩌둥 사망(9월)과 4인방 체포(10월)로 문화대혁명이 종결된 이후 1978년 12월 덩샤오핑이 당의 새로운 노선으로 개혁·개방을 선언했다. 1980년 선전(深圳), 주하이(珠海) 등 경제특구를 지정하고 1984년 상하이(上海) 등 동남부 14개 연안 도시를 개방하는 등 1980년대 중국에 실시된 새로운 조치들은 다양한 차원에서 사회의 변모를 이끌어냈지만 계획경제에서 시장경제로의 급격한 변화에 따른 많은 갈등과 고통을 낳기도 했다. 1989년 6월의 톈안먼(天安門) 사태는 내부적 갈등이 폭발적으로 분출한 사례였으며 이는 개혁·개방이라는 기존의 정책 방향이 일단 내부적 재검토의 시험대에 오르는 계기가 되었다.

1992년 1월 18일에서 2월 21일까지 덩샤오핑(1904~1997)은 88세의 노구를 이끌고 우한(武漢), 선전, 주하이, 상하이 등 남방 경제 중심 도시를 돌며 경제개혁과 관련된 조치의 현장 상황을 점검하고 향후 경제개혁의 방향에 관한 일련의 담화를 발표했다. 여기에서 덩샤오핑은 1991년 소비에트 연방 붕괴 등 국제 정세의 급변 국면 속에서 당내 일각에서 제기된 개혁회의론을 불식하는 한편, '혁명은 생산력의 해방을 의미한다면 개혁 역시 생산력의 발전을 의미한다', '기본 노선은 100년을 가는 문제이니만큼 이에 대한 동요는 있을 수 없다', '계획과 시장 모두 경제적 수단일 뿐, 사회주의와 자본주의를 본질적으로 구분 짓는 요소가 아니다', '중국은 기회를 잘 포착해야 한다', '개혁에는 대담함이 필요하다' 등 개혁의 심화에 대한 구상들을 강하게 천명했다. 이러한 일련의 방향 제시를 통해 1990년대는 개혁·개방이라는 방침이 다시 한 번 본격적으로 추진된 시기로서 오늘날 중국의 경제적 성취를 위한 초석을 놓게 되는 출발점으로서 자리매김될 수 있게 되었으며, 바로 이 점에서 볼 때, 1990년대가 갖는 현재적 의의 역시 매우 크다고 할 수 있다.

한편 1990년대의 중국은 그동안 자신을 둘러싸고 있었던 '죽(竹)의 장막'[1]을 스스로 걷어치우고 세계와 발맞추는 걸음〔與世界接軌〕을 떼기 시작했지만 그 과정이 순탄한 것만은 아니었다. 2000년 올림픽 개최 신청에 나선 베이징의 좌절(1993)이나 홍콩 및 마카오 반환(1997 및 1999)을 둘러싼 중국에 대한 국제사회의 우려, 베오그라드 중국대사관 '오폭' 사건(1999)[2] 등은 중국으로 하여금 국제사회로의 순조로운 진입이 그리 간단하지만은 않음을 자각하게 만든 계기가 되었다. 이런 점에서 1990년대는 세계화를 향한 강력한 열망과 좌절감이 공존하는 시기였으며 이러한 경험은 이후 글로벌 사회로의 진입 과정에서 중국이 보인 서구 지향과 민족주의의 두 가지 분열적 태도를 낳는 계기가 되

---

1 '죽의 장막'이란 냉전 시기 중화인민공화국이 주변의 자유주의 국가들에 대해 취한 배타적인 정책을 뜻하는 것으로, 소련의 '철의 장막'에 빗대 중국의 특산물인 대나무로 비유한 것이다. 1990년대 덩샤오핑의 개혁 정책이 시행될 때까지 유지되었다.

2 1999년 유고슬라비아 내전 당시, 미군과 나토군이 세르비아의 수도인 베오그라드에 있는 중국대사관을 폭격하여 중국인 3명이 사망하고 20명이 부상을 당한 사건. 나토군은 나토의 권고를 따르지 않은 유고군과 특수경찰부대를 공격하려던 것이었을 뿐 중국대사관 폭격은 '실수'라고 말했지만, 장쩌민 주석과 당시 중국 지도부는 폭격에 미국의 '의도'가 개입되었다고 보았다. 이 사건은 이후 중국 내 반미감정을 강화시키는 요인이 되었다.

기도 했다.

2001년 중국의 WTO 가입은 중국이 글로벌 자본주의체제 속에서 확고한 위치를 승인받는 사건으로서 2008년의 베이징 올림픽 개최와 더불어 1990년대 이래 개혁·개방의 본격화 과정에서의 중국이 겪어온 굴곡의 경험을 일단락하는 의미를 갖는다. 이 시기는 두 자릿수 GDP 성장으로 요약되는 중국 경제의 폭발적 성장기인 동시에 국제사회에서 중국의 영향력이 점차 확고해져가는 시기이기도 했다. 2011년 후진타오(胡錦濤) 방미 이후 대두된 'G2론'은 중국이 미국과 더불어 실질적으로 세계를 이끌어가는 글로벌 파워의 양대 핵심 역량으로까지 영향력을 확대해가고 있음을 보여주는 상징적 사건이었다. 이러한 흐름은 2015년 중국 주도로 출범한 아시아인프라투자은행(AIIB) 및 시진핑 정부의 역점사업으로 추진 중인 '일대일로(One Belt One Road)' 프로젝트로 이어지고 있으며, 목하 세계는 중국발(發) 대안적 세계화의 전망을 하나의 구체적 현상으로 목도하는 중이다.

이상과 같이 1990년대 이후 현재에 이르기까지 빠른 속도로 전개된 중국의 변화는 근대화·공업화·세계화로 요약될 수 있다. 다시 말해, 혁명과 중화인민공화국의 성립, 그리고 사회주의를 통해 서구적 근대성 및 자본주의와 구분되는 대안적 발전 노선을 추구했던 과거 사회주의 건설기의 경험에 대한 반성에서 출발하여 문혁 종결과 소련 및 동구권의 붕괴로 이어지는 1970~1980년대 국내외의 급격한 환경 변화 속에서 개혁·개방이라는 총노선하에 중국만의 방식으로 후발국가로서의 압축적 추격형 근대화 모델, 수출주도의 공업화 그리고 세계화에 대한 열정적 추구를 통합적·성공적으로 수행해온 과정이라고 평가할 수 있다.

이러한 중국의 성취는 일견 권위주의적 당과 국가의 일사불란한 의사결정과 효율적 동원을 통해 가능할 수 있었다고 볼 수 있겠지만, 설사 그렇게 본다고 하더라도 이것이 중국의 방향 모색에 대한 내부의 다양한 이견과 토론의 부재를 의미하는 것은 결코 아니다. 중국 역시 다른 국가와 마찬가지로 내부적

합의의 전제가 되는 다양한 이념적 차이가 존재하며 서로 다른 이념적 입장에 근거한 다양한 영역에서의 '이견'이 존재한다. '(국가)권력'과 '인민'이라는 중국을 구성하는 두 가지 중요한 행위 주체 사이에서 중간적 존재로서의 '지식(인)'의 현실에 대한 비판적 견해는 중국 내부에 존재하는 다양한 입장 차이가 존재함을 보여주는 중요한 지표로서의 의미를 갖는다. 국가기구의 작동 메커니즘을 통해 대외적으로 단일한 형태로 수렴되어 표출되는 국가(정부)의 주류적 시각과 폭넓게 존재하되 하나의 형태로 수렴되기 어려운 '인민' 혹은 '대중'의 의지와 달리, 지식인의 입장은 체제의 제약에서 상대적으로 자유로운 한편 인민, 대중이 갖추기 어려운 전문성과 발언 통로에 대한 접근 가능성, 논리와 영향력을 두루 갖추고 있다는 점에서 중국 내부의 '다성성(多聲性)'을 집약적으로 보여주는 통로가 될 수 있다. 이 글에서는 1990년대 이후 현재까지 중국의 급속한 변화 속에서 중국 지식인들이 제기한 당대(當代) 중국의 현실에 대한 비판적 입장과 향후 중국의 바람직한 발전 방향을 신계몽사조, 신좌파, (신)민족주의 그리고 마오쩌둥 좌파〔毛左派〕 등 몇 가지 대표적인 주장으로 분류하여 간략히 소개함으로써 중국 사회 내부의 이념적·문화적 스펙트럼을 이해함으로써 중국 정부 중심의 공식적 입장 이면에 존재하는 다양한 관점들에 대한 이해의 계기를 제공하고자 한다.

2. 1980년대 '신계몽주의'와 그 한계

개혁·개방을 현대 중국이 선택한 정치적·경제적 '총노선'이라고 한다면 이를 이념적인 차원에서 떠받치고 있는 것은 그 이전 시기 중국이 걸어온 혁명과 사회주의 경험에 대한 반성적 재검토의 결과로서의 '신계몽주의'[3]라 할 수 있

3 중국 현대사상사에 있어 '계몽주의'의 시기는 대체로 1919년 5.4 운동을 전후한 시기에 등장

다. 이 신계몽주의는 직접적으로 문혁 체험이 남긴 혼란과 파괴, 모든 권위의 부재와 극단화된 노선 투쟁 등 부정적 기억에 대한 하나의 집체적 반성의 결과물이라 할 수 있다. 마오쩌둥의 사망(1976.9.9)과 '4인방' 체포(76.10.6) 그리고 개혁·개방 노선의 공식적 선포(1978.12)로 이어지는 '탈'문혁의 분위기 속에서 중국공산당은 1981년 6월 개최된 중국공산당 11기 중앙 제6차중앙위원전체회의〔中共十一屆六中全會〕에서 「중화인민공화국 성립 이래 중국공산당의 몇 가지 역사 문제에 대한 결의〔關于建國以來党的若干歷史問題的決議〕, 이후부터 '역사 문제에 대한 결의'」를 통해 문화대혁명에 대한 공식적 입장을 천명함으로써 문화대혁명에 대한 당의 자기반성과 비판적 입장을 공식적으로 제기하는 한편, 문혁에 대한 중국공산당의 책임 문제에 대해 일정한 선을 그음으로써, 개혁·개방이라는 새로운 흐름 속에서 공산당이 여전히 주도적 역할을 수행할 수 있는 길을 트게 된다.

문혁에 대한 반성과 비판은 '역사 문제에 대한 결의'에서 처음 등장한 것은 아니다. 문혁 종결 직후인 1978년 신예작가 루신화(盧新華)가 발표한 단편소설 「상흔(傷痕)」을 발표한 이래 문단에서 유행한 이른바 상흔문학 열풍은 문화적 영역에서 이미 문혁에 관한 객관화와 자기비판이 하나의 시대적 흐름으로 자리 잡기 시작했음을 보여준다. 상흔문학 열풍에 이어 왕멍(王蒙) 등 문혁을 체험한 기성 작가들의 주도로 문혁의 참상을 배태한 당시 중국 사회의 정신적·제도적 차원의 여러 가지 문제점을 반성적으로 재검토한 '반사(反思)문학'이 상흔문학의 뒤를 잇기도 했다.

문혁이라는 '국가적 재난 사태'를 낳은 중국의 문제에 대한 개혁·개방 초기의 관점은 대체적으로 혁명이나 사회주의 그 자체에서 문제를 찾기보다 가부장적 전제(專制), 비이성적 맹목, 교조주의, 문화적 폐쇄성 등 중국 사회에 잔존

한 오사신문화 운동기를 의미한다. 1980년대 이래 등장한 계몽적 사조는 오사신문화운동의 계몽주의의 정신적 계승을 표방하여 신시기 계몽주의 혹은 오사시기의 그것과 구분하기 위해 신계몽주의로 지칭된다.

했던 봉건성에 그 책임을 돌리는 관점이었다. 마오쩌둥에 대한 개인숭배나 4인방의 '발호'는 혁명의 정당성이나 사회주의체제 자체의 근원적 결함이 아닌 봉건적 습속의 불철저한 청산이 그 원인이 되었다는 것이다.

예컨대 당시 학술문화계에 상당한 영향력을 갖고 있었던 리저허우(李澤厚)는 유명한 "계몽과 구망(救亡) 이중변주"론을 통해, 서구 및 일본 제국주의의 침탈이라는 국가존망의 기로에서 구국(救國)이라는 시급한 목표를 위해 과거 중국이 가졌던 봉건적 유산을 철저히 청산하는 '계몽'이라는 가치가 자꾸 미루어지고 심지어 억압되어온 중국 현대사의 역사경험 그 자체를 현대화된 중국이라는 목표를 좌절시켜온 원인으로 제시했다. 따라서 새로운 시대의 요구는 남아 있는 중국 내부의 봉건성을 철저히 비판하고 개조함으로써 '현대화'를 이룩하는 것으로 비교적 손쉬운 합의에 도달할 수 있었다.

계몽 담론이 이와 같이 새로운 시대의 주류적 담론으로 등장하게 된 데는 일정한 정치적 무의식이 그 배후에 자리 잡고 있었던 것으로도 볼 수 있다. 중국공산당이 문혁에 대해 갖는 가해자이자 피해자로서의 이중적인 성격은 과거에 대한 반성을 통한 과감한 청산을 선택하면서도 집권정당으로서의 중국공산당의 지위가 보전되어야 한다는 모순적 요구를 낳았다. 다시 말해 중국공산당은 문화대혁명을 발동하고 지휘·통제하는 데 있어 최종적 책임을 져야 하는 기관인 동시에 마오쩌둥 및 4인방, 홍위병 및 조반파 등 각종 조직에 의해 당의 권위가 부정되고 공격받은 대상이었으며 심지어는 상당수의 당원들이 '자본주의 노선을 추구한다〔走資派〕'라는 등의 이유로 '비판'과 '타도'의 대상이 되었다가 어렵사리 복권되는 우여곡절을 겪는 등 피해자로서의 성격도 동시에 가지고 있었다. 이런 상황은 사회주의 자체의 권위와 당의 주도성을 인정하면서 그 속에 침투한 '봉건성'을 척결한다는 절충적 해결 방안을 모색하게 만들었으며 이는 '휴머니즘'을 포함하는 사회주의에 대한 좀 더 개방적 해석과 토론을 의미하는 '사상해방운동'으로 이어졌으며 그 논리적 귀결로서 '계몽'이라는 방향성에 대한 합의를 이끌어내게 된다.

봉건적 과거에 대한 자기반성의 결과물로서 '계몽'은 암암리에 미래의 바람직한 발전 방향을 서구적 근대와 결부 짓게 되는데, 과거의 중국을 봉건 혹은 전근대, 낙후와 암흑 등이 단어로 규정한다면 미래의 바람직한 방향은 근대성, 현대, 진보, 빛 등의 단어와 짝지어지는 식이 그것이다. 이러한 이념적 무의식은 실제 개혁·개방의 구체적 정책노선으로도 등장하는데, 1979년 12월 덩샤오핑은 '중국식 네 가지 현대화-농업, 공업, 국방, 과학기술의 현대화'를 개혁·개방의 총노선으로 제시하면서, 현대적 과학기술에 입각한 생산력 증대를 통해 부강한 국가 만들기와 인민의 삶의 질을 제고하는 것을 구체적 발전의 목표로 삼고 있음을 천명한다.

계몽이 새로운 시대의 이념적 지향점으로 받아들여지면서 계몽의 주체로 나서야 할 지식인의 사회적 위상에도 변화가 생겨난다. 문혁 시기 "더러운 최하 등급의 존재〔臭老九〕"[4]로까지 지칭되면서 인민에게 배워야 할 '개조'의 대상이라는 부정적 관념 대신 계몽이라는 신성한 사명을 수행해야 할 이성과 진보라는 새로운 시대관념의 대변자라는 새로운 사회적 위상이 지식인들에게 부여됨으로써 지식인에 대한 일종의 사회적 복권이 이루어지게 된다. 이런 점에서 초기 개혁·개방 노선은 중국공산당 내부의 체제 변화의 필요성을 절감하는 그룹(개혁파)과 지식인의 암묵적 공감과 연대를 통해 이루어졌다고 할 수 있다.

1980년대의 계몽 사조는 문명론적 차원에서 중국의 미래에 대한 혁신적 구상을 펼쳐내기도 했다. 1988년 CCTV를 통해 방영된 다큐멘터리 〈황하의 죽음〔河殤〕〉은 과거 중국의 전통적 문명을 황토문명으로 칭하면서 중국의 미래는 이 황토문명과 결별하고 서구와 근대를 대표하는 남색의 해양문명을 향해 나아가야 한다는 주장을 펼쳐 전국적인 반향을 이끌어냈는데, 이는 이 시기의 시

4 청나라 조익(趙翼)에 의하면 원나라의 사회적 등급제도는 관리(一官), 아전(二吏), 불교 승려(三僧), 도교 도사(四道), 의생(五医), 토목기술자(六工), 수공기술자(七匠), 창기(八娼), 유생(九儒), 거지(十丐)의 열 등급으로 나뉜다. 이 분류에 의하면 지식인은 유생에 해당되어 거지를 제외하면 최저인 아홉 번째 등급에 해당된다.

대정신이 중국의 전통과 역사에 대한 부정과 서구의 경제, 과학, 문화, 학술, 사상에 대한 열망으로 특징지어짐을 잘 보여준다. 결국, 1980년대식 계몽이 궁극적으로 지향한 바는, 문혁으로 대표되는 사회주의 유산의 청산을 통한 현대화의 모색, 개인의 가치와 자유에 대한 존중, 과학과 민주주의에 대한 유보 없는 믿음으로 요약될 수 있다.

이런 이념적 지향들이 물론 그 시기 중국의 현실과 마찰 없이 결합되기는 어려웠다. 경제 영역에서 시행된 개혁 조치들은 단기적으로 많은 부작용을 낳았고 이는 보통 시민들이 개혁의 긍정적 효과를 체감하기는커녕 오히려 여러 가지 불편과 고통을 겪게 만드는 원천이 되었다. 예컨대, 시장의 활성화는 계획경제 시기의 공급가격과 막 자리 잡기 시작한 시장에서의 실제 가격(시장가격) 간의 격차를 낳았고, 일부 권력과 밀착한 사람들은 공급가격으로 물건을 확보하여 시장에서 되파는 방법으로 막대한 이익을 얻게 되는 새로운 사회적 부조리를 낳게 되었다. 완전한 시장화 단계에 들어서지 못한 계획과 시장의 어정쩡한 공존은 정상적인 배급 루트에서의 공급을 줄여 시장으로 빼돌려서 그 차액을 노리는 부패의 유행을 낳았고 시민들은 정작 물자난과 상품가격 폭등으로 인한 생활고에 시달리게 된다. 시장화 개혁이 낳은 역설이라고 할 이러한 상황은 대학생을 비롯한 다양한 계층에서 정부에 대한 불만과 저항의 목소리를 터져 나오게 했고 이는 다시 공산당 내부에서 권위주의를 내세우는 보수파의 입지를 강화시키는 계기가 되었다. 이러한 상황은 청년, 학생 등 저항의 주체로 하여금 사회적 특권의 철폐 요구를 주장하는 개혁의 철저화에 대한 주장을 내세우게 했고 이는 중국공산당 내부의 권위주의 세력으로 하여금 개혁에 대한 회의적 입장을 확산시키는 식의 대립과 갈등 구조를 생산해내기에 이른다.

이런 사회적 갈등 구조 속에서 개혁파의 대표 인물로 여겨져 온 후야오방(胡耀邦)의 퇴진과 보수파에 속하는 천윈(陳雲), 리펑(李鵬) 등이 대두되면서 개혁이 낳은 사회문제에 대한 당 지도부 내에서의 입장 차이가 극명해진다.

1989년 4월의 제2차 톈안먼 사태의 비극은 이상과 같은 개혁의 역풍으로 인한 사회적 위기 상황 속에서 싹을 키운다. 개혁 정책 실패의 책임을 지고 물러난 후야오방이 사망(1989.4.15)하자 톈안먼 광장에 모여 그의 서거를 추모하려는 학생들의 회합이 연좌시위(1989.4.17)로 바뀌면서 당과 정부에 대한 성토로 이어지고 마침내 톈안먼 광장에 대한 장기 점거 사태로 이어진다. 마침 이 기간 고르바초프의 방중(1989.5.15)은 외국 정상의 면전에서 내부 통제능력 상실 상황을 보였다는 열패감과 더불어 중국 또한 소련식의 공산당 권력의 점차적 해체로 이어질 수 있다는 불안감을 낳았다. 이는 보수파 측의 계엄령 발동(1989.5.20)으로 이어지고 개혁파의 입장에 선 자오쯔양(趙紫陽) 총서기의 해임과 톈안먼 광장 점거 시위대에 대한 무력 진압(1989.6.4)으로 이어진다.

톈안먼 광장 점거 시위 당시 등장한 자유의 여신상은 1980년대식 계몽주의의 지향점을 상징적으로 보여준다. 개혁과 개방을 통해 자유라는 서구적 가치를 지향하고자 했던 열망은 톈안먼 광장에 투입된 인민해방군의 강제진압과 더불어 일단락된다. 이 사태는 막대한 인명의 희생과 해산 이후 불어닥친 시위 관련자에 대한 전국적인 체포와 수배, 그리고 중국 당국의 강제진압에 대한 국제사회의 비난과 제재 등 많은 후유증을 낳았다. '봉건적' 과거와 결별하려는 1980년대 중국의 시대정신은 안타깝게도 톈안먼 광장에서의 유혈 사태로 첫 번째 좌절에 부딪히게 된 것이다. 이러한 경험은 1990년대 이후 중국 내부에서 1980년대적 의미의 계몽에 대한 비판적 재검토의 필요성을 강조하는 자각을 낳았고 이는 신계몽에서 출발한 지식·문화 담론이 내부적 논쟁을 거쳐 분화하는 계기가 된다.

3. 1990년대 지식·문화 담론의 다변화: 자유주의, 신권위주의 그리고 신좌파의 등장

문혁 종결 후인 1970년대 말에서 1980년대 초반 사이에 등장한 신계몽주의는 1980년대 중반 이후 일부 서구의 근대적 가치에 대한 유보 없는 수용과 더불어 탈권위적 '자유주의'를 지향하는 일군의 지식인들을 등장시켰고 이들은 향후 신계몽주의라는 다소 모호한 경계를 가지는 주장들 가운데서 자유주의라는 보다 자각적인 이념적 지향점과 정체성을 갖는 그룹을 만들어가게 된다. 중국에서 자유주의가 본격적으로 대두한 것은 1998년 전후로 프리드리히 하이에크(Friedrich Hayek)의 『노예의 길(Road to serfdom)』과 칼 포퍼(Karl Popper)의 『열린 사회와 그 적들(open society and its enemies)』이 번역 출간되어 지식인 사회에 큰 반향을 일으키면서, 정치적으로는 자유, 민주, 헌정, 법치, 인권 등의 가치를 내세우는 한편, 경제적으로는 사유재산에 대한 보호와 시장경제 원칙에 대한 강조, 문화적으로는 중국 중심주의에 반대하는 다원주의적 시각을 주장하면서 서구문명, 특히 미국을 잠재적인 모범으로 삼는 태도를 내세운다. 이들은 후술할 신좌파와의 논쟁을 통해 중국 현실에 대한 인식과 태도를 정립하는데, 공산당에 의한 권력의 독점이 당대 중국이 직면한 모든 폐해의 근원이라는 인식에 기반하여 시장에서의 자유, 사유 재산권 확립, 법치, 자유, 인권 등 서구적 가치의 확산을 통해 중국의 당면 문제를 해결할 수 있다는 입장을 표방했다.

한편, 이들 자유주의를 지향하는 입장에서 강조하는 서구적 가치가 중국의 현실 속에서 현실적으로 얼마나 순기능을 발휘할 수 있는가에 대해서는 1980년대 이후부터 논란이 지속되어왔다. 1980년내 민간에서 유행한 다음과 같은 풍자적 노래 가사는 당시 중국이 처한 개혁의 딜레마와 현실의 난맥상을 핍진하게 보여주는 사례라 할 수 있다. "10억 중국 인구 가운데 9억이 장사꾼이 되어서는, 모두가 힘을 합쳐 중앙(정부)을 속여먹네. 중앙도 겁날 건 없지, 가격을 확 올려버리면 되니까. 가격을 올리면 어쩌나, 매점매석으로 고관들 배만 불린다네. 백성들 발등에 불 떨어졌네, 오르는 물가에 저금을 몽땅 인출했네. 인출이 대수랴? 미친 듯한 물건 사재기로 온 중국이 난리네. 이 꼴 본 중앙이 화가 났네, 긴급히 외쳐대는 질서! 질서!"[5]

이처럼 좋은 의도에서 시작된 개혁이 뜻하지 않은 새로운 문제를 낳으면서 국가 주도의 질서회복을 강조하는 입장이 등장한다. 서구적 가치의 추상성에 대한 비판은 개혁·개방이 초래한 새로운 문제점을 둘러싼 중국 내부의 갈등과 겹쳐졌고 어떤 의미에서 톈안먼 사태라는 일종의 파국적 상황은 이런 내부적 이견과 갈등을 적절히 조절할 이념적 소통의 부재의 결과이기도 했다. 사실, 자유, 민주, 시장 등 당시 자유주의적 이념을 대변하는 가치들이 중국의 현실에 적절히 자리 잡을 수 있는지에 관한 의심에서 비롯한 내부적 비판은 1980년대 중반부터 이미 등장하기 시작했다.

우자샹(吳稼祥) 등 일부 학자들은 개혁 정책의 실행에 따른 '시장화' 과정에서의 혼란을 정부의 권위와 행정적 수단을 통해 수습할 필요가 있으며, 이를 통해 서구적 시장경제와 민주적 제도를 정부가 주도하여 보다 빠르게 중국에 연착륙시킬 수 있다고 주장했다. 또 샤오궁친(蕭功秦) 등의 학자는 아직 중국에는 '시장화'를 전면적으로 추진하기 위한 조건이 미성숙해 있기에, '보이지 않는 손(시장)'을 창출해가는 '보이는 손(정부)'의 역할이 필수적이라는 주장, 다시 말해 중국에 당장 필요한 것은 권위를 가진 정부의 주도로 시장경제의 성숙 과정을 통제하는 과정이 필수적이라고 주장했다.

이러한 신권위주의 혹은 신보수주의라 지칭할 수 있는 주장들은 신계몽 담론과 그로부터 분화된 자유주의가 이념적 주류를 이루는 상황에서 등장하여 국가의 시장에 대한 관리와 통제의 필요와 효과에 대한 관심을 촉발시켰고 이

5 "十亿人民九亿商, 大家一齊騙中央。中央也不怕, 來个大漲价。漲价不太好, 肥了大官倒。老百姓一看着了急, 存款急忙往外提。提了存款還不算, 搶購風潮全國漫。中央一看生了气, 赶忙强調新秩序。"

는 덩샤오핑 등 지도부의 "아시아의 네 마리 용" 모델에 대한 관심, 즉 주변 아시아 신흥국의 경제발전 경험에 대한 관심으로 이어진다. 당시 계획경제의 청산 과정에서 도입된 과도한 지방분권으로 인해 지방보호주의가 대두되고 중앙의 세수 능력 약화 등의 문제가 등장하면서 이에 대한 해결책으로서의 중앙정부 주도의 경제발전 전략에 대한 관심이 증대했고 이러한 상황에서 신권위주의는 아시아 주변국의 경제적 성공을 낳은 '개발국가 모델'의 중국식 수용에 이념적 근거를 제공했다. 신권위주의의 이러한 대두는 1980년대 이래의 신계몽주의와 자유주의가 내세웠던 서구 근대의 보편 가치에 대한 추상적 절대화의 문제점에 대한 자각과 중국 실정에 부합하는 새로운 이념을 모색할 필요성에 대한 나름의 대답이었고 톈안먼 사태의 파국적 결말은 1990년대 이후 이들의 입장이 주류적 목소리로 부상할 계기를 제공한다.

톈안먼 사태의 여파로 인한 중국 내의 경직된 분위기와 서구의 중국에 대한 각종 제재 조치의 분위기 속에서 1990년대 초의 중국은 구체제로의 복귀냐, 다시 한 번 개혁·개방의 길로 나설 것이냐의 갈림길에 서게 된다. 덩샤오핑은 '남순강화'를 통해 당내 일각에서 제기된 보수적 입장, '구좌파 노선'으로의 복귀 가능성에 제동을 거는 한편 국가가 주도하는 시장화와 경제발전 노선이 이후 중국공산당의 핵심적 정책노선이 될 것임을 국내외에 천명한다. 이러한 조치는 중국 내부에서 교조적 사회주의체제로 되돌아 갈 '복벽(復辟)'을 우려하던 불안감이 해소되는 한편, 정부 주도의 시장경제체제의 안정적 운영에 대한 입장을 재확인하면서 톈안먼 사태 이래 정부에 대한 반감이 일정하게 약화되는 분위기가 나타나기 시작한다. 이는 자유주의적 지식인 그룹과 중국 정부 당국 간의 이념적 긴장관계를 점차 해소하게 되면서 법치, 재산권 문제 등 양측의 공통적 관심사를 매개로 하여 양자 간의 반목이 완화되는 자유주의의 온건화 추세가 확산된다.

한편 위에서 언급한 바와 같이 1980년대 중반 이후 대두된 급진적 자유주의에 대한 반작용으로서의 신권위주의는 톈안먼 사태를 거쳐 1990년대에 이르게 되면 그 핵심 내용이 상당 부분 중국공산당 정부의 기본 노선에 수용됨으로써 비판적 지식 담론으로서의 독자성을 잃게 되면서 집권 이데올로기의 일부로 수렴되는 양상을 띠게 된다. 이후 신권위주의 담론은 중국의 경제적 성취에도 불구하고 권위주의하의 경제발전이 초래한 새로운 문제, 즉 빈부격차의 확대, 기본적 사회보장의 축소, 관료적 비민주성 등의 문제에 관한 적절한 대안 제시에 실패하는 한편, "과도하게 강화된 국가와 과도하게 약화된 시민사회〔極強國家—極弱社會〕"의 결합으로 요약되는 중국적 발전모델이 사회의 지속적 약화를 초래할 수 있음에도 이에 대한 대안을 제시하지 못함으로써 비판적 지식 담론의 장에서 서서히 퇴장하게 된다.

이러한 신권위주의의 국가 담론화 및 주류 이데올로기화와 동시에 지식 공론장에서 새롭게 대두한 비판 담론으로 신좌파 담론이 주목받게 된다. 신좌파는 당시 여전히 강력한 영향력을 지니고 있던 자유주의 담론이 시장, 민주, 자유 등의 가치를 추상적으로 옹호하는 것에 반대하면서, 시장원리의 강조에 따른 빈부격차 확대, 1998년 시작된 국유기업 개혁 정책이 초래한 2,000~3,000만 명 규모에 이르는 거대한 실업 사태〔下崗潮〕, 외국 자본에 의한 국유자산 유출 문제 등 새롭게 등장한 사회적 모순의 해결에 자유주의나 신권위주의 모두 적절한 해결책을 제시하지 못하고 있음을 비판했다. 특히 중국 경제가 글로벌 자본주의로 편입하는 과정에서 생겨난 많은 문제에 대해 시장경제 중심의 발전을 옹호하는 자유주의와 권위적 공산당 정부의 주도성을 옹호하는 신권위주의 양자 모두가 적절한 대안을 제시하는 데 실패하고 있음을 지적했다.

이들은 과거 사회주의 시기의 '좌파' 담론이 강조해온 국가권력과 결합된 폭력혁명의 정당성에 대한 옹호, 스탈린주의적 계획경제 및 강력한 중앙집권의 강조 등 '구좌파(老左派)'의 이념적 지향과 선을 그으면서, 당대 중국이 처해 있는 문제의 근원을 사유제(私有制)에 대한 지나친 강조와 급진적 시장주의, 그리고 다국적 자본주의의 영향력에 대한 국가의 부적절한 정책적 대응 등의 문제에서 찾는 새로운 좌파적 관점을 제시했다. 이들은 사회주의 전통에서 긍정적 요소를 재발견할 것을 주장하면서 사회주의 특유의 집체소유 등 다원적 소유형태를 경쟁 등 시장경제의 장점과 적절히 접목한 창의적 제도를 창출할 것을 대안으로 제시했다. 사회주의 시대의 혁신적 경영관리 제도의 모범 사례로 꼽히는 안강헌법(鞍鋼憲法)[6]의 현대적 계승이나 촌 단위의 집체적 소유를 자본주의적 기업제도와 결합시킨 향진기업제도 등의 모범 사례를 과도한 시장화의 과정에서 생겨나는 사회적 문제를 해결할 수 있는 제도적 혁신의 단초로 삼고자 했다. 이들 신좌파의 주장은 국가의 적극적 역할에 동의한다는 점에서는 신권위주의와 인식을 같이 하지만 국가 주도의 시장화가 초래한 부정적 현실에 대해 비판적이라는 점에서는 자유주의와 궤를 같이 했다. 그러나 한편에서 이러한 문제가 정부의 과도한 개입 대신 시장 자율과 사유재산의 보호를 핵심으로 하는 법치질서의 강화를 통해 해결될 수 있다는 자유주의적 대안에 대해서는 부정적이며 시장만능주의를 타파하고 소유와 경영 양 측면에서 사회주의 전통의 장점을 시장 환경에 맞게 재구성하는 제도적 혁신을 대안으로 제시했다.

4. 민족주의 사조의 대두와 대중적 확산

국가의 층위에서 신권위주의가 주류이데올로기로 수렴되는 양상을 보이고 지식인 사회의 공론장에서 자유주의와 신좌파 사이에 이념적 대결 구도가 형성되고 있는 상황에서 대중의 층위에서는 민족주의가 하나의 새로운 유행으로 확산되어가기 시작했다.

전통적으로 국제주의를 내세운 사회주의 이념에 따라 중국에서 민족주의는

6 1960년 안산강철(鞍山鋼鐵)의 경영관리 제도를 총정리한 사회주의적 경영 원칙으로서, 간부의 노동 참가, 노동자의 경영참가, 불합리한 제도 개혁, 노동자 대중, 지도자, 기술인원의 세 요소 결합을 강조하는 소위 "양참일개삼결합(兩參一改三結合)"을 강조했다.

공식적으로 인정받기 어려운 이념이었고 굳이 이를 내세울 필요가 있을 경우에는 애국주의가 하나의 대체 용어로 쓰이는 경우가 많았다. 덩샤오핑의 남순강화 이후 천명된 개혁·개방 노선의 지속과 심화 방침의 천명은 톈안먼 사태로 인한 국제적 제재에서 벗어난 중국이 빠른 걸음으로 국제사회로 합류하게 만드는 계기가 되었다. 그러나 중국 국적 화물선에 대한 국제관례를 벗어난 수색으로 중국인의 자존심에 상처를 준 '인허호(銀河號) 사건'(1993)이나 올림픽 유치 신청 좌절(1993), 중국에 대한 무역 최혜국 대우 연장문제를 둘러싼 미국과의 갈등(1994), WTO 가입을 둘러싼 논란(1995) 등 국제사회로의 진입을 둘러싼 갈등은 중국의 인권 문제 및 티베트, 위구르 문제 등에 대한 국제사회의 비판 여론 등 일련의 좌절과 겹쳐 중국이 국제사회에서의 피해의식을 갖도록 만들었다. 1990년대 전체 시기를 통해 강화된 중국의 국제적 지위에 대한 대중적 관심 및 그로 인한 각종 좌절의 경험은 중국 내부에서 대중적 민족주의로 지칭할 만한 새로운 사상적 흐름을 불러일으킨 것이다.

한편에서는 냉전적 대결 구도가 청산되면서 새롭게 국제무대에 복귀한 중국이 점차 강대국으로 성장해가는 상황에 대해 서구 국가들이 느끼는 불안감이 고조되어가고 있었고 다른 한편에서는 점증하는 국제사회와의 마찰을 통해 1980년대 개혁·개방에 길에 들어선 이래 암암리에 서구적 근대를 하나의 모범으로 삼아온 중국 내부의 서구에 대한 환상이 점차 무너져가는 국면이 나타나기 시작했다(張慧瑜, 2013: 91).

1996년 출간된 단행본 『No라고 말할 수 있는 중국(中國可以說不)』의 놀라운 성공은 이러한 시대적 변화를 극명하게 보여주는 사례라 할 수 있다. 쑹창(宋强) 등 다섯 명의 필자가 공동 집필한 이 책은 초판본 5만 권이 20일 만에 매진되었고 최종적으로 400만 부 이상이 팔린 것으로 추산되는데, 그동안 중국 내에서 비공식적 담론으로 수면 아래 잠재해 있던 민족주의가 당시 빠른 속도로 성장하던 출판업과 결합하여 대중적으로 확산되고 있음을 보여주는 사건이었다. 이 책의 성공은 국제적으로도 관심을 끌어 ≪LA 타임스(LA Times)≫, 홍콩

≪아주주간(亞洲週刊)≫, 일본 ≪산케이(産經) 신문≫ 등 100여 개의 해외 매체의 관심을 모으는가 하면, 중국 주재 외교관들이 저자들을 만찬에 초청할 정도였다.

2008년 출간된 『앵그리 차이나(中國不高興)』는 『노라고 말할 수 있는 중국』이 출간된 지 12년의 세월이 지난 후에 다시 한 번 민족주의 출판 열풍을 일으킨 사건이었다. 올림픽 개최 기간에 티베트 문제를 이슈로 하여 발생한 성화봉송 저지 충돌 사태, 남중국해에서의 중국과 미국 간의 군함대치 사건과 댜오위다오〔釣魚島〕 문제 등은 잠재해 있던 민족주의의 불씨를 다시 살리는 계기가 되었고, 이 책을 통해 저자들은 과거와 달라진 중국의 국제적 위상을 고려할 때, 중국은 인류에 대한 책임의식을 자각하고 세계를 향한 리더십을 확립하는 한편 중국 주도의 세계질서를 구상하려는 웅대한 포부를 가져야 한다고 주장한다.

대중적 차원에서 확산되는 민족주의가 집단행동의 형태로 표출되는 양상은 2005년과 2012년에 일어난 두 차례의 반일시위를 통해 잘 살펴볼 수 있다. 일본의 유엔안보리 상임이사국 가입신청 반대 및 일본 역사교과서 문제에 대한 항의를 내걸고 조직된 2005년 3월의 시위와 2012년 9월 일본 정부의 댜오위다오 국유화 조치에 항의하여 중국 내 50개 이상의 도시에서 벌어진 시위는 잠류해 있던 대중들의 민족주의가 반일 정서의 폭발로 나타나면서 톈안먼 사태 이래 중국 정부가 극도로 금기시해온 대중적 집단행동을 전국적 차원에서 조직하기에 이른다.

흥미로운 것은 이들 시위를 배후에서 조직한 주체가 중국 내에서 '마오쩌둥주의 좌파〔毛左〕'로 지칭되는 일군의 조직화된 핵심 세력이라는 점이다. 이들은 1990년대 후반 이후 신좌파로 포괄되던 좌파적 입장 가운데 자신들의 이념적 지향점이 마오쩌둥의 후기사상과 문혁의 정치적 경험에 있음을 내세우면서 신좌파의 틀을 벗어던지고 독자 세력으로 등장한다. 이들은 마오쩌둥을 '민족의 구원자'로서 추앙하면서 문혁 시기의 극좌적 노선에 강한 동조와 지지의 입장을 표명하는 한편, 미국을 위시한 제국주의 세력이 현재에도 경제, 정치, 문화, 과학기술 등 여러 측면에서 중국을 침탈하고 있다는 현실 인식을 내세운다. 이들의 중심인물 가운데 한 사람인 베이징항공항천대학 교수 한더챵(韓德強)이 자신들의 시위대가 들고 있던 깃발의 구호, 즉 "마오 주석님 우리는 여전히 당신이 그립습니다〔毛主席我們想念您〕"에 대해 욕설을 한 80대 노인의 뺨을 때린 사건이 발생하자 그의 행동을 옹호하는 인터넷 지지 서명자의 수가 단시간에 2,000명을 초과한 사건은 이들의 확신에 기반한 행동력과 조직력을 보여주는 단적인 사례라 할 수 있다. 이들은 우여우즈샹〔烏有之鄕〕이라는 인터넷 사이트를 주요 근거지로 삼아 현재의 공산당 지도부를 부정하며 스스로를 중국 공산당의 진정한 적통으로 내세우기도 한다.

대중적 민족주의는 중국 정부의 입장에서는 양날의 검이라 할 수 있다. 한편에서는 중국공산당의 혁명과 사회주의에 근거한 정통성이 약화된 상황에서 대중을 동원할 수 있는 유효한 수단이며 수시로 발생하는 국제적 마찰 국면에서 활용할 수 있는 외교적 카드가 될 수 있지만 다른 한편에서는 작게는 외교문제에 대한 대중적 압력으로 작용하는가 하면 크게는 항일 시위 당시 빈발한 파괴, 약탈, 방화 등의 사례처럼 정부의 통제를 무력화할 폭발력을 감추고 있기 때문이다.

5. 맺음말에 대신하여

이상에서의 논의를 통해 우리는 개혁·개방 이후 현대 중국의 지식·문화 담론의 흐름을 신계몽주의, 자유주의, 신권위주의, 신좌파, 신민족주의 등의 서로 다른 입장의 일별을 통해 살펴보았다. 신계몽주의가 문혁으로 대표되는 사회주의 시기의 한계와 과오를 사회주의 내부에 남아 있는 봉건적 잔재에 대한 청산이라는 목표와 대안으로서의 서구적 현대화라는 지향점을 제시하는 방식으로 개혁·개방의 이념적 기초를 다졌다면, 자유주의와 신권위주의 그리고 신좌파 등의 사조는 지식인의 견지에서 신계몽주의의 추상성을 넘어 현대화라는 목표를 구체적으로 추동해갈 이념적 근거와 행동의 방침에 대한 논쟁적 모색의 과정을 보여주었다. 1990년대 이래 본격화된 국가 주도의 위로부터의 시장화 개혁이 낳은 문제점을 비판하면서 현실적 모순의 근원을 글로벌한 수준에서 무차별적으로 전개되는 시장만능주의(신자유주의)의 공세로부터 사회적 약자를 보호해야 할 국가의 책임을 강조하는 신좌파의 입장이 하나의 축을 형성한다면 여전히 과도한 국가의 개입과 통제 속에서 최소한의 기본권과 사유재산권을 포함하는 권리의 확립이 보다 긴요한 시대적 과제임을 내세우는 자유주의 진영의 입장은 또 하나의 축을 형성했다. 양자는 모두 1990년대 중국의 급속한 성장과 더불어 초래된 사회경제적 변화가 지식인의 사유에 가한 충격의 결과물로서 제출된 서로 다른 처방전이라 할 수 있다. 이에 앞서 시장, 인권, 자유 등 자유주의적 가치가 중국 현실에서 예상하지 못한 부적응과 부작용을 낳고 있음을 지적하면서 국가 주도의 통제를 통해 혼란을 최소화하고 효율을 실현하는 것의 긴요함을 주장한 신권위주의는 적극적으로 국가 통치엘리트의 이념으로 흡수되어 형식화한 사회주의의 이념적 원칙과 함께 통치이데올로기의 근간으로 자리 잡게 된다. 지식인 차원의 논쟁으로 전개된 자유주의와 신좌파의 주장 또한 일부는 국가에 의해 일부 흡수되는 양상을 보이기도 한다. 시장과 경쟁을 통한 효율을 강조하는 성장 중심주의적 경제 정책이 자유주의의 주장을 적극적으로 체현하고 있다면, 화해사회론 등 사회적 격차의 완화를 지향하는 정책적 시도들이나 충칭모델 등 사회주의적 집체소유의 장점과 자본주의적 경쟁원리를 창의적으로 결합하고자 한 시도들은 신좌파 담론을 적극적으로 받아들인 사례라 할 수 있다. 국가는 지식인 주도의 담론에서 비판의 대상이자 논쟁의 상대이며 부분적으로는 담론을 정책화하는 소비자의 역할을 두루 담당해온 셈이다.

그리고 한편에서는 국제무대에서 존재를 드러내기 시작한 중국의 국제적 지위에 대한 대중적 관심과 그로 인한 좌절들을 통해 중국 내부에서는 대중적 민족주의로 지칭할 만한 새로운 사상적 흐름이 생겨나기 시작했으며, 이것이 갖는 특유의 대중적 소구력과 파급력은 급속히 확대되어 국가의 통제를 일정하게 넘어서는 사례를 낳았을 뿐 아니라 일부 국가 정책에까지 영향력을 미치고 있다.

우리는 개혁·개방 이래 중국의 정부, 민간 그리고 지식인 사회를 넘나들며 형성되어온 신계몽주의에서 신민족주의에 이르는 다양한 지식·문화 담론들의 존재와 상호관계, 그리고 사회적 파급 양상과 정부 정책으로의 발현 양상들을 종합적으로 이해함으로써 중국이라는 거대한 실체의 운동 방향과 내부적 의사결정 메커니즘의 이해와 미래의 향배에 대한 보다 나은 예측의 가능성을 가질 수 있을 것이다.

추가 읽기 자료

샤오꽁친(蕭功秦). 2002. 「1990년대 이래 중국 지식인의 사상 분화」. 서석홍 옮김. ≪오늘의 문예비평≫, 여름호(2002), 67~103쪽.

왕후이(汪暉). 1994. 「중국 사회주의와 근대성 문제: 개방 이후의 사상조류」. 이욱연 옮김. 『창작과 비평』, 22(4), 56~75쪽.

이욱연. 2017. 『포스트 사회주의 시대 중국 지성 '중국' 재발견의 길』. 서울: 서강대학교출판부.

이정훈. 2017. 「1990년대 중국의 민족주의 확산과 단행본 출판: 『No라고 말할 수 있는 중국』과 『앵그리 차이나』의 사례를 중심으로」. 『인문과학연구논총』, 38(3), 95~127쪽.

이희옥. 2009. 「중국 민족주의 발전의 이데올로기적 함의: 1990년대 이후를 중심으로」. ≪중국학연구≫, 47, 153~186쪽.

제II부

체제·제도·전략으로서의 중국

제3장 개혁기 중국의 대외관계(1980~2017) _ 정재호

제4장 중국의 정치개혁 _ 조영남

제5장 개혁·개방 시기 중국 소유제도의 변화 _ 강광문

제6장 추격이론에서 본 중국 경제의 과거, 현재, 미래 _ 이근

제7장 중국 이동통신 산업 및 기술 발전과 한-중 협력 _ 이재홍

제3장

개혁기 중국의 대외관계(1980~2017)*

변화와 계속성에 대하여

정재호 | 서울대학교 정치외교학부

국제사회에서 중국의 '부상'(즉, 강대국 반열에의 진입)은 이미 상당 부분 현실로 인식되고 있고, 관점에 따라 일부 편차는 있더라도 'G-2'라는 호칭이 따라붙을 정도의 위상을 누리게 되었다. 최근 들어 중국이 점차 강대국의 행태를 보이기 시작했으며, 세계는 베이징의 행보 하나하나를 주목하게 되었다. 1991년 소련의 해체로 인해 생겨난 국제정치의 거대한 빈 공간을 미국이 온전히 채우지 못하면서 점진적이나마 중국이 이를 조금씩 채워가는 모습을 보이고 있기 때문이다. 경제력, 군사력에 있어서 중국은 여전히 미국의 수준에 미치지 못하고 있지만 그럼에도 불구하고 기후 변화, 사이버 안보, 천연자원, 북극 개발, 에너지, 인프라 건설, 국제금융 등의 다양한 영역에서 자신의 영향력을 키워가고 있음을 부정하기는 어렵다.

2009년 이후 중국이 예전과는 사뭇 다르게 '공세적' 대외관계의 행태를 보이고 있으며, 특히 2012년 말 시진핑(習近平)의 집권 이후 소위 '주동진취(主動進取)'와 '주장외교(主場外交)' 등의 방침하에 보다 적극적인 외교 전략의 수행이

* 이 글은 필자의 "Decoding the Evolutionary Path of Chinese Foreign Policy, 1949-2009: Assessments and Inferences," *East Asia*, Vol.28, No.3(September 2011), pp.175~190을 대폭 증보한 것임을 밝힌다.

이뤄지고 있음에 주목해야 한다. 무엇보다도 '중화민족의 위대한 부흥'을 내세우는 시 주석의 '중국몽(中國夢)'이라는 목표는 그 지향점이 실제로 어디까지 일 것인지와 관련해 국제사회는 호기심과 함께 우려를 노정하고 있는 것이다.

개혁·개방기의 중국 대외관계가 보여주는 변화와 계속성의 유형과 수준을 추적하는 이 논문은 다음의 네 부분으로 구성되어 있다. 첫 부분은 개혁·개방 시기에 드러난 중국 대외관계의 계속성과 변화를 제대로 추출해내기 위해서는 그 이전 시기(1949~70년대 말)와의 큰 틀에서의 비교가 필요하다는 전제 하에 건국 이후의 시기 구분과 개괄적 비교에 그 초점을 두고 있다. 두 번째 부분에서는 보다 구체적으로 주제별, 영역별로 중국 대외관계에서 드러나는 변화에 대한 논의를 열 가지 정도로 정리해 제시한다. 세 번째 부분에서는 중국 대외관계가 주요한 전환점을 맞은 것으로 평가되는 2009년 이후 시기에 대한 논의를 2017년의 시점에서 구성해본다. 마지막으로 네 번째 부분에서는 앞에서의 여러 논의를 토대로 해 향후 중국 대외관계의 향방에 대한 중장기적인 전망과 함의를 제시해본다.

1. 중국 대외관계의 시기별 개관(1949-2017): 계속성의 포착

사회과학적 연구에서 '분수령' 또는 '분기점'을 규정하는 것은 사실 그리 쉬운 일이 아니다. 분석적 목적을 위해 인위적으로 구분하는 시점들이 현실에서는 그리 쉽게 실증적으로 분리되거나 포착되는 것이 아니기 때문이다. 그럼에도 불구하고 중국의 대외관계는 크게 세 개의 시기로 구분할 수 있을 것으로 보인다. 첫째는 소위 '마오쩌둥(毛澤東) 시기' 또는 개혁 이전 시기라고 불리는 1949년 중화인민공화국의 건국으로부터 1981년까지를 가리킨다. 비록 마오는 1976년에 사망했으나 국내의 체제 개혁이 — 정부의 공식담론과는 달리 — 꼭 1978년 말에 모두 시작된 것으로 보기는 어렵다. 대외관계의 경우에도 5년 남짓의 과도기를 거쳐 1981년까지는 마오 시기의 특징들이 상당 부분 지속된 것으로 간주함을 의미한다. 둘째 시기는 1982년부터 2008년까지의 시기를 지칭하는데, '자주독립외교'의 천명을 기점으로 삼아 소위 도광양회(韜光養晦 — 여기서는 '계산된 전략적 겸허'를 의미) 전략이 대체로 견지되었던 시기를 가리킨다. 셋째 시기는 사실 아직까지도 확정하기 어려운 부분이 있기는 하지만, 2009년 중국이 보다 주동적이고 공세적인 외교를 시작했던 때로부터 지금까지, 즉 '전략적 겸허'에서 벗어나 중국의 강대국적 행태와 지향성이 보다 두드러진 시기를 지칭한다.

우선 첫 시기와 둘째 시기의 가장 큰 차이점이라고 하면, 전자는 '상호 배타적 전략'의 시기였고 후자는 '점진적 누적 전략'의 시기라는 것을 들 수 있겠다. 여기서 말하는 '상호 배타적 전략'이라는 것은 곧 1950년대 내내 중국이 견지했던 '소련과의 동맹을 통해 미국에 대항'(一邊倒)하는 전략이 1960년대에 들어 '소련의 수정주의와 미국의 제국주의에 모두 반대'(反對帝修反)하는 전략으로 완전히 대체되고, 또 이는 1970년대에 와서 '미국과의 협력을 통해 소련의 위협에 대항'(一條線)하는 전략으로 일거에 바뀐 것을 의미한다. 즉, 마오 시기 중국 대외관계의 가장 큰 특징은 바로 시기별 전략의 상호 배타성에 있으며, 그 배타성의 중심에는 미국과 소련이라는 강대국에 대한 상대적 좌표의 설정이 위치해있던 것이다.

반면에 '점진적 누적 전략'이라는 것은 개혁·개방 시기 대외관계의 특성으로서 마오 시기에서처럼 앞선 시기의 대외전략이 뒷 시기의 대외전략에 의해 완전히 부정되거나 대체되지 않는 것을 의미한다. 오히려 앞선 시기의 핵심전략이 계속 인정되는 상황에서 그 위에 새로운 전략이 추가적으로 심어지고 또 점진적으로 진화되어가는 모습을 지칭한다. 예컨대, 1982년에 채택된 '독립성을 지닌 자주외교'(獨立自主外交)가 1990년대의 '선린외교'(睦隣外交) 전략에 의해 대체되기보다는 둘이 하나로 합쳐지는 모습을 보였고, 이는 또 2000년대의 '평화로운 발전'(和平發展) 노선과 '조화로운 세계'(和諧世界)의 전략으로 진화되는 모습을 보였기 때문이다.

위에서 언급한 첫째 시기와 둘째 시기 사이에서의 차이만큼 둘째 시기와 셋째 시기 간에는 아직 그리 명확한 차이가 드러나지는 않아 보인다. 그럼에도 불구하고, 둘째 시기와 셋째 시기는 일정한 편차를 노정하는 것으로 평가된다. 즉, 두 번째 시기에 비해 — 최소한 지금까지 드러나기로는 — 중국의 대외관계에서 드러났던 예의 수동적 반응(passive reaction)과 전략적 겸허의 모습이 세 번째 시기에 와서 많이 줄어들었고 오히려 적극적 주동성과 대국 지향적 행태가 증가한 것으로 보이기 때문이다. 다만 2009년 이후의 시기가 — 현 시점에 볼 때 — 아직은 충분한 시간적 재료를 제공하지 않는 관계로 향후 보다 많은 관찰과 연구가 필요해 보인다.

이러한 차이에도 불구하고 1949~2017년 시기 중국의 대외관계를 관통하는 — 다른 무엇으로도 대체될 수 없는 — 하나의 핵심 주제가 있다. 그것은 바로 주권의 수호와 안보의 확보라는 명제이다. 물론 마오 시기만을 놓고 볼 경우, 한때 이념 또는 이데올로기의 비중이 농후했던 것도 사실이다. 세계혁명의 수행에 대한 적극적인 지지, 아시아 사회주의국가들에 대한 지속적인 지원, 마오주의(Maoism)의 확산에 대한 노력 등을 마오 시기 내내 찾아볼 수 있기 때문이다. 그럼에도 불구하고, 주권의 수호와 안보의 확보라는 지상 최대의 명제 앞에서는 이념/이데올로기에 대한 집착조차도 유연해질 수밖에 없었음을 여러 사례가 확연히 보여준다. 1950년대 말 중-소 관계에 회복 불가능한 균열이 발생하게 된 것은 소련의 압박으로부터 주권과 자율성을 최대한 확보하기 위한 중국의 노력과 무관하지 않았다. 또 1970년대 초 당시 자본주의/민주주의 진영을 책임졌던 미국과 예상을 뛰어넘는 전략적 협력을 하게 된 중국의 결정 역시 증대하는 소련의 군사적 위협으로부터 중국의 안보를 확보하기 위한 것이었다는 점에 주목해야 한다.

중국의 대외관계에서 가장 우선시되는 부분이 주권과 안보라고 할 때, 이는 19세기 중반의 아편전쟁 이후 겪었던 '국치(國恥)'의 기억을 중국이 쉽게 떨쳐

〈그림 8-1〉 중국 대외인식의 구조

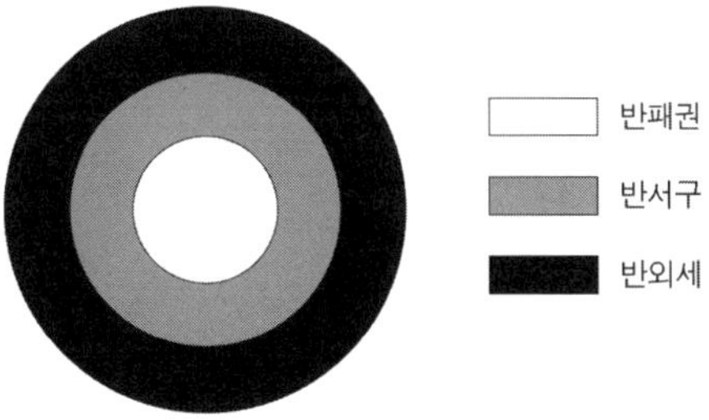

내지 못하고 있음을 보여주는 것이다. 어찌 보면 1949년 중화인민공화국의 건립 이후에도 중국의 지도부가 이러한 기억과 인식으로부터 크게 자유롭지는 못했던 것으로 보인다. 시기적으로 일정한 차이가 있을 수는 있겠지만, 중국의 대외관계가 대체로 반외세(anti-foreign), 반서구(anti-Western), 그리고 반패권(anti-hegemonic)의 인식과 기조를 중심으로 형성된 것 역시 이러한 배경에 기인한 것이다. 즉, 〈그림 8-1〉에서 보듯이, 중국의 대외인식의 가장 넓은 기저에 반외세의 인식이 자리 잡고 있고, 그 다음으로 아편전쟁 이후 중국을 침탈했던 서구 열강에 대한 반감이 위치해 있으며, 그 가장 중심부에는 자신이 차지했던 자리에 대한 그리움, 그리고 지금 그 자리를 차지하고 있는 열강에 대한 저항감이 놓여 있는 것으로 볼 수 있다.

그동안 중국 학계에서 출간된 국제관계와 연관된 다수의 저작들을 꼼꼼히 살펴보면 그 저자들이 대체로 현실주의적 패러다임 안에서 사고하고 해석을 하고 있음이 드러난다. 즉, 세계질서를 근원적으로 무질서(anarchy)적인 것으로 간주하고, 그러한 구조 속에서 자신의 주권과 안보를 확보하기 위해 '자조적'(自助的: self-help)인 힘의 강화가 절대적으로 필요하다고 보는 인식이 그것이다. 특히, 앞에서 언급했던 '100년의 국치'라는 기억으로부터 쉽게 벗어나지 못하는 상황에서(또는 그와 같은 기억과 인식을 국가가 지속적으로 재생산해내는 상태에서), 중국인들은 주권의 수호가 절체절명의 명제라는 강박과 집착에 빠져 있으며, 끊임없는 국력의 강화를 통해서만이 중국의 안보를 지킬 수 있고 또 국가의 존엄을 회복할 수 있다고 믿고 있는 것이다.

다른 그 무엇보다도 영토 주권과 연관된 문제에 있어서 중국이 극도로 민감하게 반응해온 것 역시 이러한 인식과 무관하지 않다. 이미 국제 학계에서는

〈그림 8-2〉 중국의 핵심 이익

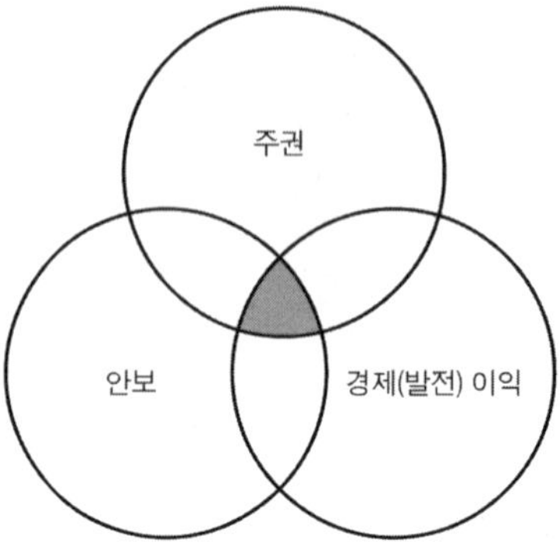

중국이 개입된 무력분쟁(MIDs)의 사례들에서 영토 분쟁과 관련이 있을 때가 그렇지 않은 경우보다 중국의 군사적 개입 수준이 훨씬 높았음을 규명한 바 있다. 마오 시기에 비해 개혁·개방기에 들어 한동안 영토 분쟁에 대한 중국의 행태가 상대적으로 유연해진 것으로 보이기도 했지만, 2009년 이후 남중국해 및 동중국해에서의 전개 상황을 감안하면 '중국이 지금보다 더 큰 힘을 갖게 되면 이 또한 바뀔 것이 아닌지?'라는 질문의 여지를 충분히 남겨놓고 있는 것이다.

그런 측면에서 볼 때 중국의 대외관계를 지탱하고 있는 인식의 중추 부분은 2009년 이후 중국이 주창하고 있는 소위 '핵심이익'이라는 것과 논리적 연장선상에 있는 것으로 판단된다. 주권, 안보, 경제이익(主權 安全 發展利益)이라는 세 개의 원이 맞물린 모습을 보이기 때문이다(〈그림 8-2〉 참조). 당연히 세 개의 원이 중첩된 영역(빗금 부분)에 속하는 현안들에 대해서는 중국이 가장 강력한 수단을 사용해 자신의 이익을 확보하려 들 것이라는 추론이 가능해지는 것이다.

주권과 안보의 확보, 그리고 그와 긴밀히 연관된 영토 보전에 대한 집착이 중국의 대외인식이라는 동전의 한쪽 면이라고 할 때, 그 반대쪽 면은 오랜 동안 중국이 누렸던 '세계의 중심'이라는 지위에 다시 복귀하려는 것이라고 할 수 있다. 사실 중국이 '반 패권'을 천명하는 그 이면에는 그 자리에 바로 자신이 있어야 한다는 의식이 자리 잡고 있기 때문이다. 미국의 일방주의와 소련의 패권주의가 초래한 폐해를 줄이는 방안으로 중국은 오랫동안 소위 '다극화(多極化)와 '국제관계의 민주화'를 주장해왔다. 그러나 이러한 주장에도 불구하고 1980년대 초 덩샤오핑(鄧小平)의 언급에서 드러난 것처럼, "극(極)의 개수에 상관없이 어떻게 해도 중국은 하나의 극일 수밖에 없다'(四極也好 五極也好 所謂多極 中

國算一極)라는 인식을 중국은 가지고 있다. 중국의 관점에서는 어떻게 계산하더라도 그 극들 중의 하나는 반드시 중국일 수밖에 없으며 이를 통해 중국이 강대국 또는 패권국의 지위로 복귀하고 싶어 함이 여실히 드러나는 것이다.

2006년에 중국사회과학원이 수행한 한 조사에 따르면, 서베이에 참여한 7,061명의 응답자 중 무려 89퍼센트가 현재 중국이 국제사회에서 누리고 있는 지위에 대해 자랑스러워하는 것으로 나타났다. 반면 흥미로운 것은 중국정부가 이러한 국제적 지위의 상승을 일면 인정하고 좋아하면서도 이것이 지나치게 널리 부각되거나 마치 중국이 이를 과시하는 것으로 비치는 것에 대해 상당히 조심스러워 했다는 점이다. 가령 중국정부는 아직까지 중국이 압도적 강대국이 아니라는 점을 강조하기 위해 총량 GDP보다는 1인당 평균소득의 지표를 자주 사용한다든지, 혹은 중국이 아직은 개발도상국(發展中國家) 수준에 있음을 강조하는 것을 의미한다. 게다가 초청을 받은 지 10년이 넘었음에도 불구하고 중국이 선진국 정상회담의 틀인 G-7+2에 참여하기보다는 오히려 개도국들이 포함된 G-20의 활동에 더 적극적이라는 점은 흥미로운 일이다. 중국이 설사 자신의 국제적 지위와 영향력의 상승을 내심 반길지는 모르겠으나 최소한 외면상으로는 진정한 압도적 힘의 우위를 갖기까지 대체로 '전략적 겸허'를 발휘해 온 것으로 평가되는 것도 바로 이러한 맥락에서 이다. 물론 이와 같은 평가도 2009년 이후의 대외관계와 관련해서는 상당한 쟁점을 노정한다고 볼 수 있다.

2. 개혁기 중국의 대외관계: 변화를 중심으로

개혁·개방기의 시작을 언제로 보아야 합당한가라는 질문에 대해 사실 여러 가지 답이 있을 수 있다. 이미 다른 곳에서도 언급한 바 있듯이, 1978년의 3중전회(三中全會) 또는 1979년 초를 분수령이나 분기점으로 이해하는 것은 어쩌면 관방의 수사를 지나치게 액면 그대로 받아들이는 것인지도 모른다. 사실 훨씬 더 근본적이고도 가시적인 변화는 1982년 중국정부가 미국과 소련에 대해 '자주독립노선'을 공식적으로 표방하면서 이뤄졌다고 보는 것이 보다 타당해 보인다. 1949년 건국 이후부터 30여 년 가까이 미국 그리고 소련과의 관계 설정을 자신의 대외관계의 핵심 축으로 삼아왔던 중국이 더 이상 이에 매달리지 않고 자신만의 외교 전략을 수행해가겠다는 지대한 변화의 시작을 알린 것이기 때문이다. 후야오방(胡耀邦) 당시 중국 공산당 총서기는 1982년 제12차 당대회에서 "미국과 소련 두 강대국이 말이 아닌 행동으로 중국에게 이익을 가져다주면 중국 역시 그 어느 누구와도 협력할 용의가 있다"며 자주독립노선을 천명했던 것이다. 이 시기로부터 대 미국 전략과 대 소련 전략이 서로 연계되어 중국의 행동반경을 제약하던 추세는 약해지고, 그 대신 중국의 이익에 기반한 보다 다원적인 외교 전략이 실행되기 시작한 것이다.

개혁기에 들어선 이후 30여 년의 기간 동안 중국의 대외관계에서 드러난 변화의 주요한 추세는 우선 첫째로 이데올로기적 교조주의의 종언, 국익 증대를 중심으로 하는 합리적 실용주의의 부상, 그리고 다층/다면적 외교의 확대라는 몇 가지로 요약될 수 있다. 물론 주권의 수호, 영토의 보전, 그리고 군사 현대화가 여전히 매우 중요한 목표임을 부정할 수는 없지만 이전의 마오 시기와 비교할 때 경제 발전, 상호성의 증대, 국제화와 세계화의 제고된 역할, 그리고 지속가능한 성장의 모색이 매우 핵심적인 부분으로 드러났음에 주목할 필요가 있다. 이 중 무엇보다도 합리적 실용주의의 채택은 중국정부로 하여금 외부 세계와의 — 특히, 경제 영역에서의 — 상호작용을 극대화하는 데에 많은 기여를 했다. 마오 시기의 '경제적 자립'(自力更生) 원칙으로부터의 탈피를 의미하는 이 변화는 중국이 현재 세계 1위의 무역대국이라는 사실과 함께 2015년 말 기준 외국인 투자(FDI) 누적총액이 2조 8,361억 달러라는 사실을 통해 쉽게 확인할 수 있다. 개혁·개방 초기인 1978년 9.8퍼센트에 불과했던 GDP 총액 중 대외무역이 차지하는 비중 역시 2008년에는 60퍼센트, 그리고 2015년에 41퍼센트에 달하게 된다.[1]

둘째, 바로 위에서 언급한 이유들로 인해 중국 대외관계의 폭이 상당히 넓게 확대되어 왔다. 마오 시기 중국의 주된 대외관계 파트너가 사회주의권과 일부 유럽권 국가들로 국한되었던 반면, 개혁·개방 시기에 와서는 전 방위적 개방의 노력이 결실을 맺으면서 다층차, 다면적 대외관계가 형성되었기 때문이다. 예컨대 1978년에는 중국과 수교를 맺은 국가들의 총수가 99개에 불과했지만 2017년 기준으로 이 숫자는 174개국으로 증가했다. 이는 유엔에 가입된 국가 총수의 90.2퍼센트에 달하는 것이며, 이들 중에는 미국, 한국, 남아프리카공화국, 사우디아라비아, 싱가포르, 이스라엘 등 마오 시기 중국과 껄끄러운 관계를 유지했던 다수의 국가를 포함하고 있다.

셋째, 합리적 실용주의의 부상은 곧 중국의 대외관계에 있어 '상호성'(reciprocity)의 중요성이 부각되었음을 의미한다. 개혁·개방이 시작된 이래 중국과 제3세계의 관계가 이러한 변화의 추세를 가장 잘 보여주는 것이기도 하다. 이미 널리 알려져 있는 것처럼, 마오 시기의 중국은 아프리카의 여러 국가들에 대해 엄청난 액수의 대외원조를 제공했다. 이는 이데올로기의 측면에서 세계 혁명을 지원하는 노력의 일환이기도 했지만, 또 한편으로는 제3세계에서 중국의 영향력과 발언권을 제고하려는 목적을 가진 것이었다. 예컨대 탄자니아와 잠비아 간의 철도 건설이 중국의 대대적인 지원으로 이뤄진 것을 들 수 있다. 그러나 개혁기에 들어 중국의 대외관계는 — 2000년대 중반까지는 — '상호 호혜'의 원칙을 중심으로 이뤄졌고, 그 결과로 중국의 제3세계에 대한 지원은 지속적으로 감소해왔다. 중국의 정부예산 총액에서 제3세계에 대한 원조가 차지하는 비중이 1973년의 7.2퍼센트에서 1983년에는 0.5퍼센트까지로 준 것에서 이를 확인할 수 있다. 1999년을 기준으로 중국 대외무역의 57퍼센트가 아시아 국가들과 이뤄졌는데, 주요 무역 상대국 10위권 안에 제3세계 국가는 단 하나

1 2000년대 후반부터 중국정부가 경제의 대외의존도를 대폭 줄이고 내수를 진작하기 시작하면서 GDP 총량 대비 대외무역이 차지하는 비중은 점차 하강곡선을 그리고 있지만 대외무역의 총량은 대체로 증가세를 보이고 있다.

도 없었다. 2015년에도 그 비중은 52퍼센트에 달했지만, 여전히 10위권 안에 제3세계 국가는 없다.

넷째, 30여 년간의 개혁·개방 정책의 시행을 통해 이뤄진 중국의 경제력과 군사력의 향상은 이론의 여지가 없다. 그럼에도 불구하고 — 최소한 2009년까지는 — 중국이 '공세적' 전략을 채택하지 않았던 것으로 평가된다. '공세적 전략이야말로 최고의 방어'(aggression is the best defense)라는 신념에 매우 충실했던 마오 시기에 비한다면 개혁기에 들어 중국이 이전보다 훨씬 강한 경제력과 군사력을 가지게 되었음에도 불구하고 군사 분쟁에 개입하거나 무력시위를 하는 빈도가 마오 시기보다 현저히 줄어든 것을 알 수 있다. 1979년 베트남과의 전쟁이 마오 사망 이후 중국이 치른 마지막 대규모 전쟁이었으며, 그 외의 다른 사례들은 거의 모두 단편적인 무력시위(예컨대 1995년 대만 해협을 향한 미사일 발사와 2012년 이후 센카쿠/댜오위다오에 대한 함정의 진입 시위)였거나 소규모 실랑이(2001년의 EP-3 충돌 사건, 2009년의 Impeccable호 사건 등)이었기 때문이다.[2]

중국이 공세적으로 변한 것으로 해석되는 2009년 이후에도 중국이 대규모 군사분쟁에 개입된 것은 아직 없다. 군사력이 미약했던 마오 시기에 훨씬 더 공세적이고 무력 의존적이었다가 막강한 군사력을 소유하게 된 개혁기에 오히려 무력 의존성이 낮아졌다는 점에 대해서는 두 가지의 해석이 가능하다. 하나는 수 년 간의 학습을 통해 중국이 점차 보편적인 국제규범에 익숙해지고 있다는 것이며, 다른 하나는 중국의 부상(강대국으로의 '굴기')이 완성되기까지는 중국 위협론과 같은 국제사회의 우려를 무마하기 위해 중국정부가 고도의 계산된 전략을 취하고 있다는 것이다.

이와 관련해 중국의 핵전략을 한번 살펴볼 필요가 있다. 중국의 핵전략은

---

2 '국가 간 무력분쟁'(military interstate disputes: MIDs) 자료 분석에 따르면 1949-78년 기간 중 중국의 무력분쟁 개입빈도는 연 평균 3.29건이었던 반면, 1979-2001과 2002-2010년의 기간에는 그 빈도가 각각 2.26과 3.25건으로 나타났다.

마오 시기로부터 개혁기로 넘어와서도 여전히 '최소억지전략'을 견지했지만, 최근 들어 '제한억지전략'으로 일정 부분 변환되고 있는지에 대해 논쟁이 존재하기 때문이다.[3] 중국이 내내 견지해왔던 핵무기 선제적 사용의 포기(先制不用), 그리고 비핵 국가에 대한 핵무기의 불사용 혹은 비 위협이 여전히 강조되는 것은 사실이다. 중국이 비축하고 있는 핵탄두의 총수 역시 1993년의 455기로부터 2017년에는 260기 정도로 감소한 것으로 알려진다. 그러나 최근 들어 – 2000년대 후반 이후 – 단거리 및 중거리 탄도미사일의 수가 대륙간 및 장거리 탄도미사일의 수에 비해 상대적으로 급증하고 있는 추세를 보인다. 게다가 지상 방공시스템의 발전만큼이나 다핵탄두 미사일(MIRVs)과 유인용 탄두(decoys)에 대한 기술의 진보가 빨리 이뤄지는 것에 주의가 요망된다고 하겠다.

다섯째, 개혁기 들어 중국의 국제기구에의 가입이 빠르게 확대되어 왔다. 물론 단순히 이를 통해 양자 관계에 대한 중국의 관심이나 강조가 줄었다고 할 수는 없다. 마오 시기 내내 중국을 사로잡고 있던 '국제기구는 미국의 꼭두각시'라는 인식으로부터 서서히 벗어나면서 자신의 호흡 공간을 다자 영역에서도 적극적으로 확대해가고 있기 때문이다. 개혁기를 통틀어 볼 때, 중국의 국제기구에 대한 참여는 당초의 예상보다 훨씬 빠르고 또 광범위하다고 할 수 있다. 유엔개발계획(UNDP, 1978), 국제통화기금(IMF, 1980), 세계은행(1980), 세계지적재산권기구(WIPO, 1980), 아시아개발은행(ABD, 1986), 유엔환경계획(UNEP, 1992), 경제·사회·문화적 권리에 대한 국제조약(1997), 세계무역기구(2001), 바젤위원회(2009) 등이 그 대표적인 예에 속한다. 미 중앙정보국

3 최소억지전략(minimum deterrence strategy)이란 서로의 2차 공격능력 – 즉, 적국의 선공을 겪은 후에 핵무기로 보복할 수 있는 능력 – 을 인정해주는 전제 하에 최소한의 전략 핵무기 보유를 통해 '공포의 균형'을 이루는 것을 의미한다. 반면에 제한억지전략(limited deterrence strategy)은 전략 핵무기에 기반한 '공포의 균형' 하에서도 전술 핵무기의 보유를 통해 국지적 대응능력을 함께 갖추는 것을 의미한다.

(CIA)의 지료에 따르면, 2016년 말 기준 중국이 공식 가입한 국제·다자 기구의 총수는 75개에 달한다.[4]

비교적 이른 시기 – 개혁 초기 – 에 중국이 가입했던 국제기구들은 대체로 중국의 경제발전에 큰 도움을 줄 수 있는 경제/통상/금융 영역에 집중되어 있었지만 시기가 지나면서 이 또한 바뀌게 된다. 즉, 전통적으로 군비 축소나 무기 통제, 비확산 등에 대한 국제적 규제에 강한 유보적 입장을 가졌던 중국이 1992년 이후에는 상당한 변화를 보였기 때문이다. 핵확산 금지조약(NPT, 1992), 포괄적 핵실험 금지조약(CTBT, 1996), 그리고 화학무기 금지협약(CWC, 1997)의 세 가지 주요 조약에 이미 참여했고, 더 나아가 해저용 무기 억제조약(1991), 쟁거위원회((1998), 원자력공급국(NSG, 2004)에도 가입했다. 중국은 마오 시기 도합 34건의 국제조약에 가입했을 뿐이었지만, 개혁기에 들어와 그 수는 200개를 훌쩍 넘기게 된다.

관련해 보다 주목을 받는 것은 국제기구와 다자 영역에서의 중국의 활동이 단순한 참여에 그치지 않는다는 점이다. 즉, 중국이 아시아태평양경제협력체(APEC), 아세안지역포럼(ARF), 아세안+3와 아세안+1, 동아시아정상회의(EAS) 등에 참여하고 있지만 이제는 이를 넘어 다자 협력체와 국제기구를 직접 창설하는 데에도 적극적인 모습을 보이고 있기 때문이다. 그 대표적인 예로 상하이협력기구(SCO), 중국-아프리카포럼(中非論壇), 6자 회담 등 다양한 목적과 기능을 지닌 새로운 지역협력체의 주도적인 설립을 들 수 있다. 이는 중국의 경제력 제고를 바탕으로 자신의 전반적인 발언권 및 의제 설정 권한을 확대하기 위한 장기적 노력의 일환으로 이해할 수 있으며, 후술이 되겠지만 2010년대에 들어 이뤄진 아시아인프라투자은행(AIIB), 신개발은행(NDB) 등의 설립 역시 이와 같은 맥락에서 이해할 수 있다.

---

4 일본과 한국이 참여한 국제기구의 총수가 각각 81, 76개임을 감안할 때 이러한 통계는 이미 중국이 국제적으로 높은 수준에 달해있다는 평가를 가능케 한다.

여섯째, 국제기구와 다자협력에 있어 주도적인 입장을 취하게 되었다고 해서 그동안 중국이 전통적으로 강조해왔던 양자 관계가 격하되거나 무시되고 있는 것은 아니다. 특히 유럽에 비해 다자적인 지역 아이덴티티가 상대적으로 떨어지는 동아시아 맥락에서는 양자 관계의 중요성이 더 부각될 수밖에 없기 때문이기도 하다. 뿐만 아니라 미국의 동아시아 전략 자체가 대체로 양자 동맹을 통해 구현되고 있는 상황에서 중국 역시 이러한 구도를 떠나 대외관계의 틀을 짜기는 어려운 측면이 함께 존재한다. 중국 외교부의 정책규획사(政策規劃司: 우리의 정책기획실과 유사한 부서)가 매년 공개 발간하는 백서 『중국외교』(中國外交)를 살펴보면, 지금까지 중국정부와 수교를 맺은 174개 국가 와의 양자 관계에 대한 설명이 가장 많은 부분을 차지하고 있음을 볼 수 있다. 예컨대 2016년판의 경우, 총 427쪽 중 155쪽(36%)가 양자 관계에 대한 기술에 할애되고 있기 때문이다.

양자 관계에 대한 중국정부의 지속적인 관심은 특히 지속적으로 늘어가는 '파트너십'(동반자 관계: 伙伴關係)을 통해서도 일부 확인할 수 있다.[5] 중국이 '냉전적 유산'으로 간주하는 군사동맹을 대체하기 위해 개발된 이 개념은 '서로 적대하지 않으며 충돌하지 않는다는' 우호의 원칙과 함께 제3자를 겨냥한 동맹 반대의 의미를 함께 담고 있다. 중국정부는 이 개념의 다양한 변환과 확대 — 예컨대 '전면적,' '전략적,' '건설적' 등의 접두어 부가 — 를 통해 많은 국가들과의 양자 관계를 특정하고 있는데, 이 복잡한 관계들의 실질적인 편차를 외부관찰자가 명확히 해석해내기가 그리 쉽지는 않으나 그럼에도 불구하고 그 안에서 나름의 범주화가 이뤄지고 있음을 알 수가 있다.[6]

---

5 2014년 말 기준으로 중국은 67개 국가 및 5개 지역(EU 등)과 도합 72개의 서로 다른 '파트너십'을 결성했다.

6 예컨대 한국과 중국은 2003년에 규정된 '전면적 협력동반자 관계'로부터 2008년 '전략적 협력동반자 관계'로 이행한 후 2013년부터는 '전략적 협력동반자 관계'의 내실화 단계를 거치고 있다.

일곱 째, 중국의 대외관계에 있어 점점 중요해지고 있는 소프트 파워(soft power)에 대한 논의 역시 필요해 보인다.[7] 아프리카와 중남미 등에서 한때 크게 주목받았던 '마오 사상'(Maoism)과 같은 이데올로기적 소프트 파워의 영향력이 이제 거의 소멸된 상태에서 개혁기 들어 중국이 전력을 경주하고 있는 소프트 파워는 크게 다음의 세 영역으로 나눠 볼 수 있다. 하나는 긍정적이며 호감도를 제고하는 국가 이미지를 만들어내기 위해 중국이 상당한 자원을 쏟아붓고 있다는 점이다. 이는 주로 중국 관련 해외 언론의 보도에 주목하면서 부정적인 기사들에 대해 즉각적인 반박자료를 내는 방식으로 이뤄지며, 보다 적극적인 측면에서는 국제적인 구호나 재난 구조에 많은 노력을 기울이는 것으로 드러난다. 무엇보다도 끊임없이 제기되고 있는 '중국 위협론'(즉, 중국의 부상이 국제질서에 불안정을 초래한다는 시각)에 대응하기 위해 중국정부가 매우 적극적인 노력을 하고 있는 것 역시 이에 포함된다.

다른 또 하나는 중국의 전통적인 문화 및 가치/규범을 해외에 전파, 확산하려는 노력을 가리킨다. 가장 대표적인 예로는 중국정부가 공식 지원하는 공자학원(孔子學院: Confucius Institute)의 설립을 들 수 있다. 공자학원이 당초의 목적 – 즉, 중국의 소프트 파워를 신장시키는 것 – 을 실제로 얼마만큼 달성하고 있는지에 대해서는 일정 부분 논쟁이 있을 수 있다. 이미 전 세계 140개 국가 및 지역에 총 512개소의 공자학원이 설립되었지만 재정 지원을 매개로 한 중국정부의 지나친 간섭과 학문 자유의 침해 등의 이유로 여러 나라에서 이미 논란을 일으킨 바가 있기 때문이다. 중국정부는 또 영어를 사용하는 국제매체의 설립을 통해 중국 자신의 고유 가치와 관점을 해외에 설파하는 데에도 많은 노력을 기울여왔다. 이 또한 공자학원과 같은 맥락에서 그 실질적인 효용에 대한 경험

---

7 흔히들 소프트 파워를 '매력'이라고 번역하는데 이는 상당한 오류를 동반하는 것으로 보인다. 소프트 파워가 강제성을 배제한 '자율적 순응'(voluntary compliance)을 유도하는 능력이기는 하나 단순히 정서적인 것만이 아니라 규범이나 표준과 같은 합리성의 측면도 함께 가지고 있음에 유의할 필요가 있기 때문이다.

적인 평가가 앞으로 필요할 것으로 보인다.

마지막 하나는 위에서 언급한 두 개의 경우보다 훨씬 넓은 함의를 가진 것으로, 중국의 정치체제가 대체로 억압적이며 폐쇄적 성격을 가진 것으로 인식하는 국제사회에 적극 대응하려는 노력을 지칭한다. 중국은 이와 같은 부정적인 이미지를 가능한 줄여보고자 노력해왔으며, 그 일환으로 개혁기 내내 인권과 연관된 다양한 국제협약에 가입해왔다. 이에는 〈여성차별 철폐조약〉(1980년 비준), 〈난민 지위에 관한 협약〉(1982), 〈인종차별 철폐에 관한 협약〉(1982), 〈집단 학살의 방지 및 처벌에 관한 조약〉(1983), 〈아파테이드(Apartheid) 범죄의 진압 및 처벌에 관한 국제협약〉(1983), 〈고문 방지 협약〉(1988), 〈남녀 고용평등에 관한 협약〉(1990), 〈아동 권리에 관한 협약〉(1991) 등이 포함되어 있다. 이와 함께 중국정부가 공식 발간하고 있는 다양한 백서(白皮書)도 주목할 필요가 있다. 인권과 여성, 타이완, 티베트, 신장(新疆), 종교의 자유, 우주 개발, 지적 재산권, 가족계획 등 여러 민감한 주제들에 대한 정부의 공식입장을 백서에 실어 국제사회에 설명하고 또 설득하려는 노력을 기울이고 있기 때문이다.

기본적으로 중국정부는 인권이 모든 사회에서 보편적으로 작동하는 표준화된 덕목이라기보다는 각국이 처해 있는 구체적 상황에 따라 다르게 적용될 수 있다는 상대주의적 입장을 견지해왔다. 1998년에 이미 서명 완료한 〈시민적·정치적 권리에 관한 국제규약〉이 아직도 비준 처리되지 않고 있는 것 역시 바로 이러한 인식에 기인한 것으로 평가된다. 마오 시기와 비교할 때 현재의 중국 정치체제는 더 이상 생각까지 통제하려는 전체주의(totalitarianism)가 아니라 행위만을 규제하려는 권위주의(authoritarianism)에 보다 가깝다고 할 것이다. 일상적인 생활에서의 자유화 수준은 이미 상당히 제고되었지만 정치·사회적 권리의 부분에서는 아직도 국제사회의 기대에 못 미치는 것이 사실이며, 이것이 중국의 소프트 파워 외교에서도 일정 부분 드러나고 있는 것이다.

열 번째, 개혁기 들어 — 마오 시기와 비교할 때 — 국력의 증대에도 불구하고 중국은 해외에서의 군사력 사용에 대해 상당한 자제력을 발휘해온 것으로 평가된다. 다만 유엔(UN)이 승인하고 지지하는 평화유지 활동에 대해서만큼은 중국정부의 관점과 입장에 상당한 변화가 나타난 것으로 평가된다. 이러한 변화는 1980년대 후반부터 시작되었는데, 그 이전 시기의 전적인 반대 및 불 관여 입장으로부터 벗어나 점진적으로 재정적 지원과 함께 관련 현안에 대한 투표 참여로 입장의 선회가 이뤄졌기 때문이다. 또 1990년대에 들어서는 유엔의 평화유지 활동에 비록 소수이지만 중국정부의 인력을 지원하는 쪽으로 입장이 전향적으로 바뀌었으며, 2000년대 들어서는 적게는 연 200명에서 많게는 3,000여 명까지의 병력도 제공하고 있다. 특히, 종족 학살(genocide)이나 해적 퇴치와 같은 비전통적 안보 위협에 대한 해외 평화유지 활동에서 중국의 군사적 참여는 보다 적극적인 방향으로 바뀌고 있다. 1989-2016년 기간에 중국은 총 24건의 평화유지 활동에 참여했으며, 유엔 평화유지 비용에 대한 중국의 분담액 비중도 2003년의 1.9퍼센트에서 2016년에는 10퍼센트까지로 크게 늘어나는 추세에 있다.

개혁기 중국의 대외관계에서 드러나는 특징들을 요약해보자면, 이전보다 훨씬 더 개방적이고 실용적으로 변했다고 할 수 있다. 또 중국의 외교적 영향력이 실질적으로 미칠 수 있는 거리가 늘어났고 그 범위도 넓어졌으며, 관여하는 기능과 대상 역시 보다 다양해졌음을 알 수 있다. 대체로 이전보다는 국제규범을 더 잘 준수하면서 국제사회와의 관계에서도 보다 합리적이고 세련된 행태를 보이고 있다. 그러나 여기서 제기되는 가장 핵심적인 질문이 하나 있다. 이는 바로 이러한 변화가 아직까지는 세계 최강대국이 되지 못한 중국이 필연적으로 노정할 수밖에 없는 전략적 겸허의 양태인 것인지, 아니면 향후 장기적으로 보다 강화될 하나의 장기적인 추세인지에 대해 여전히 단언하기 어렵다는 점이다.

3. 중국의 강대국화와 대외관계의 '조정'

오늘날 중국이 이미 강대국 — 국제안보·경제 질서의 구조 및 규범의 구축과 유지에 막대한 영향력을 미치는 국가 — 의 위상에 올랐다는 데에 대해 반론을 제기할 사람은 별로 없을 것이다. 특히, 1991년 소련의 해체 이후, 잠시나마 미국이 '단극적 순간'(unilateral moment)을 누리는 듯 했지만 중국의 부상이라는 새로운 변수가 작동하면서 중국의 강대국화는 실제로 그 이상의 파장을 만들어낸 것으로 보인다. 부상국 미국의 GDP가 1872년에 이미 당시의 패권국 영국의 그것을 추월하긴 했어도 양국 사이의 실질적인 세력 전이는 그로부터 무려 72년이나 지난 1944년 브레튼 우즈 체제의 구축이 완성된 이후에나 일어나게 된다. 하물며 아직 미국의 GDP를 추월하지도 못한 중국을 G-2라고 부르는 것은 어쩌면 실제보다 인식이 앞서 나가는('역사의 그림자'가 강하게 남아있는) 경향을 단적으로 보여주는 것이라고 할 수 있다.

강대국 지위와 관련해 중국 내에서도 일정한 변화가 감지되고 있다. 사실 1990년대 중반까지만 해도 중국의 학계와 정책 서클에서는 소위 '전략적 겸허'의 원칙에 기반 해 자신을 강대국이라고 부르는 것을 몹시 꺼려 왔다. 보다 구체적으로 말하자면, 대국(大國)과 강국(强國)의 개념을 엄격히 구분함으로써 중국이 규모가 큰 대국인 것은 맞지만 힘이 강한 강국은 아직 아니라는 입장을 오랜 동안 견지해왔기 때문이다. 그러다가 1998년 동아시아 금융위기가 증폭되는 시점에 중국과의 무역에 크게 의존하던 역내 국가들의 환율 문제와 인민폐 절하 여부가 긴밀히 연결되면서 중국이 처음으로 자신의 힘 — 최소한 지역적 범주 내에서의 — 에 대한 인식과 반추의 기회를 갖게 된 것이다. 그러나 이때까지만 해도 중국의 종합적 국력 기반이 아직은 일천했고 또 국제사회에서의 지위도 전반적으로 미약했기에 전 지구적 파장을 만들어내기에는 역부족이었던 것이다.

하지만 2000년대에 들어와 세 가지의 예상치 못했던 상황들이 미묘하게 서로 결합되면서 중국을 세계적 수준의 강대국으로 인식하게 되는 계기가 만들어진다. 무엇보다도 그 첫째로는 미국의 상대적인 쇠퇴와 세계금융위기의 발발을 들 수 있다. 리먼 브라더스(Lehman Brothers)의 파산을 계기로 전 세계를 강타했던 미국 발 금융위기는 당시의 핵심 화두였던 중국의 부상과 선명히 대조되는 미국의 '쇠퇴'라는 이미지를 만들어내었고, 국제질서의 구축과 유지에 있어 중국이 차지하는 비중을 — 실제보다는 조금 더 과장되게 — 부풀리는 결과를 낳은 측면이 있다.

둘째, 2000년대에 들어 가속화된 중국 국력의 강화 추세 역시 이러한 인식의 형성에 매우 중요한 역할을 했다고 평가할 수 있다. 1970년대 말 개혁·개방이 시작된 이후 주로 저렴한 임금과 풍부한 노동력을 바탕으로 한 '세계의 공장'으로만 인식되던 중국이 어느새 막강한 구매력을 가진 '세계의 시장'으로 등장했을 뿐 아니라, 2000년대 초 GDP 기준으로 세계 8위에 불과하던 중국이 이태리, 프랑스, 영국, 독일 등을 1~2년에 하나씩 추월했고 2010년에는 일본까지 제침으로써 세계 2위의 경제대국으로 등장했기 때문이다.[8] 따라서 당초의 예상보다 훨씬 빠른 속도로 최소한 경제적 측면에서 G-2로 부상한 중국을 바라보는 국제사회의 인식이 바뀌는 것은 어찌 보면 당연한 결과였는지도 모른다. 심지어 중국 자신도 2008년 이후 스스로를 강대국으로 대놓고 치부하는 상황에까지 도달한 것이다.

셋째, 위의 두 사항 — 즉, 중국의 급속한 영향력 확대와 미국의 상대적 쇠퇴 — 에서 기인한 것으로, 좁게는 동아시아의 여러 현안들로부터 넓게는 전 지구적 이슈들에 이르기까지 일정 부분 미-중 간 협력의 필요성과 함께 대립 가능성이 대두되면서 중국의 국제적 지위를 가일층 제고시키는 효과를 가져왔다. 국제정치·경제 영역에서 그 어느 다른 지역보다도 동아시아의 역동성이 점하는 비

8 논쟁의 여지가 있는 지표이긴 하나, 구매력 환산 지수(PPP) 기준으로는 2014년 중국의 GDP가 이미 미국의 그것을 앞지른 것으로 나타났다.

중이 확연히 크다보니 동아시아의 그 어느 현안에서도 배제시키기 힘든 중국의 역할이 함께 부각될 수밖에 없게 된 것이다. 예컨대, 북핵 문제라든지 동아시아 통상질서 재구축의 문제(e.g., TPP vs. RCEP 등)에서 미-중간의 협력이 다른 어떤 요인보다도 중요하게 인식될 수밖에 없었다는 의미이다.

2000년대 말에 이르면 이러한 여러 상황, 맥락, 그리고 인식의 결합 속에서 중국이 예전과는 사뭇 다른 대외관계의 모습을 보이게 된다. 2009년 이후부터 ― 중간의 짧은 조정기를 제외하면 ― 지금까지 중국은 소위 '공세적'(assertive) 외교의 양태를 견지하고 있는 것으로 인식된다. 이와 관련해 크게 두 가지의 중요한 논쟁이 존재한다. 하나는 과연 2009년 이후의 중국 대외관계에서 드러난 변화를 '공세적'이라고 특정할 만큼 그 이전 시기와 극명한 차이를 보이는가의 문제와 연관되어 있다. 2017년 현재 의 시점에서 보면 ― 물론 8년의 기간은 짧다고 할 수도 있지만 ― 2009년 이후 중국의 대외관계가 1979-2008년의 30년 기간과는 뭔가 다른 모습을 보이는 것으로 해석하는 것이 타당해 보인다. 최근에는 예의 '전략적 겸허'의 모습을 구태여 드러내려 하지도 않고, 군사력 강화와 무력시위에서도 예전보다 훨씬 당당해졌으며, 중국의 핵심 이익을 구체적으로 적시하고 이를 국제사회가 존중해줄 것을 명시적으로 요구하며, 더 나아가 대놓고 '중화민족의 위대한 부흥'을 소위 '중국의 꿈'으로 내세우는 것에서 과거와는 다른 그 무언가가 느껴지기 때문이다.[9]

2009년 이후에 드러난 중국의 공세적 외교와 연관된 또 다른 하나의 논쟁은 '왜 꼭 그때였는가?'에 대한 것이다. 이와 관련해 대략 세 가지의 가설을 제시할 수 있겠는데, 첫째는 당시 중국이 가졌던 부풀려진 자신감의 발로라는 시각이 그것이다. 앞서 이미 기술한대로 2000년대 내내 여러 강국들을 차례로 제

9 19차 당대표대회에서 시진핑 주석이 3시간 넘게 낭독한 『공작보고』에 드러난 '분발유위'(奮發有爲), '현대화 강국', 그리고 '중국방안'(中國方案) 등의 개념에 주목할 필요가 있다. "決勝全面建成小康社會奪取新時代中國特色社會主義偉大勝利" http://www.gov.cn/zhuanti/2017-10/27/content_5234876.htm 을 참조하라.

쳐가며 지위의 부상을 만끽하던 중국이 2008년에 세계금융위기의 확산을 통해 미국의 상대적 쇠퇴를 목도했고, 또 2010년에는 일본까지 추월하면서 '이제 드디어 때가 왔다'라는 섣부른 판단을 했을 가능성을 의미하는 것이다.

둘째는 중국이 장고 끝에 결국 지역적 영향력을 먼저 얻지 않고는 전 지구적 패권의 달성이 어렵다는 판단을 내리고 소위 '중국판 먼로 독트린'을 짜기 시작했다는 해석이 그것이다. 즉, 대륙 본토에서의 대립보다는 해외 식민지 쟁탈에 나섰던 유럽 방식을 택하기 보다는 아메리카 대륙에서의 배타적 영향력의 달성을 우선시했던 미국식 강대국화의 모델을 중국이 따르게 된 결과라는 관점을 가리킨다.

셋째, 2000년대 말에 들어 최소한 동아시아에서는 따로 경쟁자가 없다는 것을 확신한 중국이 패권국 미국과의 일정한 대립과 갈등을 감수하고라도 지역 내에서 새판을 짜는 노력을 통해 역내 국가들의 반응도 살펴보고 또 그들에게 자신의 존재감을 일찌감치 각인하려 했다는 해석도 존재한다. 이전까지 열심히 지켜왔던 '전략적 겸허'를 과감히 던져버리고 동중국해와 남중국해에서의 영유권 분쟁 및 비행정보구역의 선언, '일대일로(一帶一路)' 전략의 채택, 아시아인프라투자은행의 설립 등이 바로 이러한 중국의 공세적 외교전략 뒤에 숨어있는 의도를 읽을 수 있는 주요 지표라고 할 것이다.

4. 중국 대외관계의 미래: 불확실성과 전략적 우려

중국의 개혁·개방이 시작된 지 40년 가까이 되는 시점에서 아직은 여전히 많은 불확실성이 남아 있다. 앞으로도 다양한 요인들에 의해 중국의 강대국화 과정이 부정적인 영향을 받게 되거나 제한될 수도 있겠지만, 중국의 부상 — 즉, 중국의 능력과 영향력이 점점 더 커지고 또 그에 따른 여러 가지 긍정적인 상승효과가 나타나는 것 — 이라는 추세 그 자체가 바뀌기는 어려울 것으로 보인다.

물론 최근 들어 중국의 성장세(특히, GDP 성장률로 표시되는)가 현저히 둔화된 것은 사실이나 여전히 세계경제 평균 성장률의 두 배 이상을 해내고 있다. 따라서 당초의 예상 시간표보다 예컨대 10~15년 늦어질 수는 있겠으나 중국의 부상 그 자체가 꺼져버릴 가능성은 낮아 보인다는 의미이다.

위와 같이 평가하는 것이 타당하다면 우리가 직면하는 핵심 질문은 바로 강대국으로서의 중국의 등장이 던지는 함의가 무엇인가 이다. 이에 대해서는 크게 세 가지 정도로 정리할 수 있겠는데, 첫째는 바로 '세력 전이'(power transition)와 연관된 문제이다. 인류 역사가 곧 패권국과 부상국/도전국 사이 전쟁의 역사라고 해도 과언이 아니라면, 현재의 패권국 미국과 부상국 중국 사이에 힘의 교점(交點)이 언젠가는 생길 수 있고, 일반적으로는 그 교점의 전후 — 역사적으로는 직전의 개연성이 대체로 더 높은 것으로 나타나지만 — 에 분쟁 가능성이 높아지기 때문이다.[10] 앞서도 이미 언급했듯이, 중국은 아직 미국의 GDP도 넘지 못했고 인식이 실제보다 앞서 나가는 상황인 것은 맞지만 국제학계에서는 이미 미-중 간 세력전이에 대한 다양한 논의가 이뤄지고 있는 중이다.

미-중간의 세력전이와 관련해 유의미한 소질문이 하나 있는데, 이는 그러한 상황이 실제로 일어날 경우 구체적으로 어떠한 양태(樣態)를 띨 것인가이다. 달리 말하면, 우리에게 매우 익숙한 패권국-부상국 간의 치열한 전쟁의 양상으로 나타날 것인지, 아니면 19~20세기 사이에 일어난 — 드물기는 하지만 — 영-미간에서처럼 평화적 세력전이의 모습을 띨 것인지의 질문인 것이다. 아직은 서로 간에 핵무기를 통한 '공포의 균형'을 이루고 있는 양국 간에 전면전이 일어날 가능성은 낮다고들 얘기하지만 현재 진행되고 있는 고도의 기술력을 바탕으로 한 미사일방어 기술의 균형이 한쪽으로만 치우치게 될 경우 이 또한 장담하기 어려운 일이라 할 것이다. 더구나 거의 유사한 인종, 문화, 종교를 공유

10 직전의 시점에 도전국은 '이제야말로 패권국과 한번 붙어볼만 하다'라는 자신감을 갖게 되고, 또 패권국의 입장에서는 '지금이 아니면 다시는 도전국을 진압할 기회가 없겠다'라는 인식을 갖게 되면서, 그 교점으로서 분쟁이 생길 개연성이 높아진다는 의미이다.

했던 영, 미의 경우와 달리 모든 부분에서 너무나도 상이한 두 국가 미, 중 사이에서 어떠한 상황이 벌어질지에 대해서는 매우 큰 불확실성이 존재한다 하겠다.

둘째, 세력전이를 동반하지 않는 중국의 강대국화, 또는 세력전이의 과정에서 파생된 결과물로서의 상황이 동아시아에 던지는 함의에 대한 논의가 필요하다. 우선 과정의 측면에 대해 한번 살펴보자. 2017년의 현 시점에서 볼 때, 중국의 국력은 아시아라는 지역적 범주를 넘어서면 아직은 미국의 상대가 되지 못하는 것으로 평가된다. 즉, 원거리에 대한 힘의 투사가 아직은 많이 부족하기 때문이다. 그러나 동아시아로 그 범위를 국한해보면 이미 미, 중간의 전략적 경쟁이 치열하게 일어나고 있음을 보게 된다. TPP/RCEP 사이에서의 선택, AIIB 참여 여부에 대한 고민, 북핵 문제의 해결 방안, 사드(THAAD) 배치를 두고 빚어진 논란, 동중국해나 남중국해 문제에 대한 입장 등 다양한 영역에서 미국 주도의 질서와 중국 중심의 판도 사이에서 역내 국가들이 이미 적잖은 고민들을 해야만 하는 상황들이 생겨나고 있다.

만약 세력전이가 실제로 일어나게 되고 또 그 결과가 대체로 중국에게 유리한 방향으로 끝나게 된다면 그것이 동아시아에 던지는 함의에 대해서도 일견이 필요해 보인다. 이미 국제학계에서는 그와 같은 상황이 일어날 경우 동아시아는 중국 중심의 소위 '신중화질서'(neo-Sinocentric order)에 들어가게 될 것이라는 관측이 나오고 있기 때문이다. 흥미로운 점은 현 시점에서 볼 때, 동아시아의 많은 국가들 — 예컨대, 캄보디아, 라오스, 북한을 제외하면 — 대체로 이러한 구도에 종속되는 것에 대한 우려와 반감이 매우 큰 것으로 보인다. 그 가장 대표적인 이유로는 강대국이 된 이후에 중국이 보일 외교정책과 행태에 대해 역내 국가들이 강한 확신을 갖고 있지 못하다는 점을 들 수 있다. 즉, 중국이 일단 세계 또는 지역질서의 정점에 오르게 되면, 과거에 드러냈던 지배적이고도 강압적인 태도를 다시 보일 수 있다는 우려가 강하게 남아있기 때문이다.

이러한 우려는 특히 중국과 국경을 접하고 있는 국가들 사이에서 많이 드러나고 있다. 이는 소위 '근접성의 저주'(perils of proximity)라고 부를 수 있는 문제로서, 어차피 안보의 딜레마는 서로 가까이 접해 있는 나라들 사이에서 더 자주 부각될 수밖에 없기 때문이다. 뿐만 아니라 1949년 건국 이후 내내 중화인민공화국은 영토 분쟁 및 영토 주권과 연관해서 다른 어떤 이슈에서보다도 더 많이 군사력 투사를 했던 것으로 나타나기 때문이기도 하다. 따라서 중국이 아무리 선린우호를 주창하더라도 역사와 기록을 통해 중국을 기억하는 여러 주변 국가들의 전략적 우려를 완전히 씻어내기는 쉽지 않을 전망이다. 2013년 중국이 제창한 '친성혜용'(親誠惠容: 이웃과 친하고, 성의를 다하며, 호혜적이고 또 서로 포용하는)의 전략에 대한 평가 역시 앞의 세 가지보다 마지막 네 번째에 대한 점수가 상대적으로 박하다는 점에 유의할 필요가 있겠다.

실제로 중국이 지역질서를 주도하게 될 때, 중국은 과연 어떤 유형의 지도력(leadership)을 택하려 할 것인가? 혹자는 중국이 이미 세계의 정점에 오른 경험이 여러 번 있어 — 즉, 경험이 일천한 미국과는 달리 — 일단 패권을 쥐기만 하면 그 지배가 상당히 오래갈 것이라고 얘기하지만 이에 대한 불확실성은 여전히 남아있다. 막강한 힘을 갖게 된 그날, 중국은 과연 자만과 독선을 포기하고 '온화한 거인'의 모습을 보일 수 있을까? 지금까지 중국정부가 주창해온 '화이부동(和而不同)'의 원칙을 실제로도 견지해나갈 수 있을까? 중국이 수십 년간 지켜온 '누군가 중국을 먼저 범하지 않으면 중국이 먼저 그를 범하는 일은 없다. 다만 누군가 중국을 건드리면 중국 역시 이에 반드시 대응한다'는 소위 '후발제인(後發制人)'의 원칙 역시 계속 유지될 수 있을지 국제사회는 예의주시하고 있다. 오랜 동안 중국은 '지도자의 역할을 맡지 않으며 패권을 추구하지 않는다'(不當頭 不稱霸)는 전략을 주창해왔지만, 언제부터인가(아마도 2014년을 전후해) 전지는 빼져버리고 새로운 부분인 '확장을 추구하지 않는다'(不擴張)가 뒷부분에 추가되었다. 과연 패권 불 추구의 원칙은 앞으로도 견지될 수 있을까?

마지막으로 우리에게 던져지는 질문은 곧 우리가 사는 여기, 한국과 연관된 것이다. 중국이 보는 한국은 무엇일까? 오랜 역사를 통해 기록된 한반도, 그리고 1949년 이후 중화인민공화국이 인식해온 한반도와 한국은 과연 어떤 존재일까? 동아시아를 자신의 전통적 세력권으로 간주해온 중국이 바라보는 미래 한국의 자리는 어디일까? 미-중 관계가 치열한 전략적 경쟁관계가 되더라도 일정한 협력의 여지는 남아 있겠지만 그 구체적인 영역이 한반도일 가능성은 비교적 낮아 보인다. 지정학적 요인뿐 아니라 '경성 안보'(hard security) 이슈로 똘똘 뭉쳐진 한반도 문제에서 미-중간 높은 수준의 협력이 이뤄질 개연성은 상당히 낮아 보이기 때문이다. 미-중 간 '편들기'의 딜레마에 동아시아 그 어느 나라보다도 더 빈번히 빠지게 된 한국에게 있어 미래는 몹시도 버거워 보인다. 지금 이 순간 우리는 중국을 얼마나 제대로 잘 이해하고 있는가? 그리고 우리는 그 이해를 바탕으로 우리만의 전략을 짤 용기와 의지가 있는가? 이 질문을 던질 시간조차도 사실 그리 많이 남아있지 않아 보인다.

추가 읽기 자료

서울대 아시아연구소 미중관계연구센터(편). 2017. 『미·중 사이 한국의 딜레마: 사례와 평가』. 서울: 에코북스.

정재호(편). 2016. 『평화적 세력전이의 국제정치: 19-20세기 영-미 관계와 21세기 미-중 관계의 비교』. 서울: 서울대출판문화원.

Allison, Graham. 2017. *Destined for War: Can America and China Escape Thucydides's Trap?* New York; HMH.

Kaplan, Robert D. 2010. "The Geography of Chinese Power: How Far Can Beijing Reach on Land and at Sea?" *Foreign Affairs*, 89(3), 22-41.

Ross, Robert S. and Zhu Feng (eds.). 2008. *China's Ascent: Power, Security, and the Future of International Politics*. Ithaca: Cornell University Press.

제4장

중국의 정치개혁*

성과와 한계

조영남 | 서울대학교 국제대학원

중국이 개혁·개방 정책을 추진한 지도 벌써 40년이 되었다. 그 결과 중국은 전과는 다른 새로운 국가로 탈바꿈했다. 특히 경제개혁이 대성공을 거두면서 1979년부터 2012년까지 연평균 9.8%의 높은 성장률을 기록했고, 이에 힘입어 중국은 2010년에 일본을 제치고 세계 2위의 경제대국이 되었다. 다만 소련이나 동유럽 사회주의 국가와는 다르게 중국에서는 정치 민주화가 일어나지 않았기 때문에, 개혁·개방이 경제 영역에만 국한되어 추진된 것으로 간주되는 경향이 있다. 중국의 경제가 계획경제에서 시장경제로 급변화한 것에 비해, 정치는 여전히 공산당 일당제를 유지하고 있기 때문이다. 물론 이것은 사실이 아니다.

그런데 중국의 정치개혁을 설명할 때에는 누구나 어려움에 직면하게 된다. 두 가지의 난제를 동시에 해결해야 하기 때문이다. 먼저 지난 40년 동안 중국

---

* 이 글은 다음과 같은 필자의 기존 연구를 참고하여 작성했다. 조영남, 『용과 춤을 추자: 한국의 눈으로 중국 읽기』(서울: 민음사, 2012), 247~278쪽; 조영남, 「중국정치 60년: 중국 정치의 평가와 전망」, 중앙일보 중국연구소·현대중국학회, 『공자는 귀신을 말하지 않았다』(서울: 중앙books, 2010), 203~228쪽; 조영남, 『21세기 중국이 가는 길』(파주: 나남, 2009), 55~98쪽; 조영남, 『후진타오 시대의 중국정치』(파주: 나남, 2006), 55~105쪽.

이 어떻게 개혁·개방에 성공할 수 있었는지를 정치적인 측면에서 설명해야 한다. 흔히 시장경제는 민주주의와 함께 운영될 경우에만 성공할 수 있다고 한다. 그런데 중국은 공산당 일당제를 유지하면서도 시장경제를 잘 운영하여 경제를 급속히 성장시킬 수 있었다. 이것이 어떻게 가능했을까? 이와 동시와 중국에서는 왜 정치 민주화가 일어나지 않았는지를 설명해야 한다. 이전 소련과 동유럽 국가들은 모두 정치 민주화를 경험했다. 반면 중국은 눈부신 경제성장과 급격한 사회변화에도 불구하고 여전히 공산당 일당제를 굳건히 유지하고 있다. 이것이 어떻게 가능했을까?

이런 질문에 답하기 위해 이 글은 중국이 지난 40년 동안 추진한 정치개혁을 분석하려고 한다. 먼저 현재의 중국 정치체제가 어떤 성격을 띠고 있는지를 규명할 것이다. 이어서 정치 민주화(democratization)와 제도화(institutionalization)라는 정치발전의 두 가지 경로를 살펴볼 것이다. 과거에 중국뿐만 아니라 한국을 포함한 많은 개발도상국이 정치개혁을 추진했다. 중국의 정치개혁을 제대로 평가하기 위해서는 중국을 타국과 비교하는 것이 필요한데, 정치발전의 두 가지 경로를 살펴보는 이유는 이 때문이다. 이후 두 가지 경로의 관점에서 중국이 추진한 정치개혁의 내용을 자세히 살펴볼 것이다. 중국이 주장하는 '중국 특색의 민주주의'도 분석할 것이다. 마지막으로 중국이 직면한 정치적 과제를 살펴보고, 이를 해결하기 위해서는 어떤 개혁을 추진해야 하는지를 검토할 것이다.

중국의 정치체제는 개혁·개방의 추진과 함께 전체주의(totalitarianism)에서 권위주의(authoritarianism)로 변화했다. 이런 점에서 경제뿐만 아니라 정치도 발전했다. 또한 중국은 정치 민주화가 아니라 정치 제도화를 최우선 목표로 하는 정치개혁을 추진했다. 그 결과 정치 제도화 면에서는 큰 성과를 거두었고, 이것이 급속한 경제성장을 가능하게 만든 주요한 정치적 요인이 되었다. 그러나 정치 민주화 면에서는 많은 문제를 안고 있다. 중국이 주장하는 '중국 특색의 민주주의'도 공산당 일당제를 정당화하는 주장일 뿐이지, 어떤 새로운 민주주의가 아니다. 마지막으로 중국은 두 가지의 정치적 과제에 직면해 있다. 권력 집중과 이에 따른 부정부패를 해결하는 일, 그리고 국민의 정치참여를 확대하고 사회 불안정을 해소하는 일이 바로 그것이다. 이를 해결하기 위해서는 정치 제도화뿐만 아니라 정치 민주화도 반드시 추진해야 한다.

1. 중국 정치의 변화: 전체주의에서 권위주의로

1949년 중화인민공화국의 성립부터 현재까지 중국공산당이 통치한 약 70년의 기간은 두 시기로 나눌 수 있다. 첫째는 개혁 이전 시기(1949~1978)로, 이 시기는 마오쩌둥(毛澤東) 시대(1949~1976)와 일치한다. 둘째는 개혁 시기(1978~현재)로, 이 시기는 덩샤오핑(鄧小平) 시대(1978~1992), 장쩌민(江澤民) 시대(1992~2002), 후진타오(胡錦濤) 시대(2002~2012), 시진핑(習近平) 시대(2012~현재)로 구성된다. 지난 70년 동안 공산당 일당제가 확고하게 유지되었다는 점에서 중국 정치는 변하지 않았다. 반면 민주적이지는 않지만 전보다 제도화되고 합리적인 정치체제가 등장했다는 점, 또한 국민의 사회 경제적 권리가 크게 신장되었다는 점에서 중국 정치는 변했다.

그렇다면 현재의 중국 정치체제를 어떻게 규정할 수 있을까? 한마디로 그것은 마오쩌둥 시대의 전체주의에서는 벗어났지만 민주주의에는 아직 도달하지 못한 권위주의라고 부를 수 있다. 일부 학자들은 공산당 일당제의 억압적인 측면을 강조하여 '강성(hard)' 권위주의라고 부른다. 반면 일부 학자들은 이보다는 설득, 선전, 물질적 보상 등을 통한 통치를 강조하여 '연성(soft)' 권위주의라고 부른다.

지구상에 존재하는 정치체제를 명확히 구분하기는 쉽지 않다. 이와 관련하여 린즈(Juan J. Linz) 교수와 스테판(Alfred Stephan) 교수는 각종 정치체제를 민주주의, 권위주의, 전체주의, 후기 전체주의, 술탄주의(Sultanism) 등 모두 다섯

〈표 4-1〉 전체주의와 권위주의의 특징

구분	전체주의	권위주의
다원성	1. 정치·경제·사회적인 다원성의 부재 2. 공식 정당의 권력 독점 3. 과거의 다원성 제거 4. 제2경제 또는 대응사회 공간의 부재	1. 제한된 정치적 다원성 존재 2. 광범위한 사회·경제적 다원성 3. 과거의 다원성 존재 4. 일정한 반대 공간의 존재
이념	1. 정교한 지도이념의 존재 2. 특정한 인간관과 사회관에서 사명감과 정통성을 도출	정교한 지도이념의 부재 (단, 분명한 정신구조 존재)
동원	1. 정권이 만든 조직의 광범위한 동원 2. 간부 및 구성원의 활동성 강조 3. 사회 구성원의 열정 동원 4. 사생활의 비난	광범위하고 집중적인 정치동원의 부재 (단, 일정 시기에는 존재)
지도력	1. 무한하고 예측 불가한 전체주의 지도력 2. 종종 카리스마적 3. 당 조직을 통한 최고 지도부의 충원	1. 애매하지만 예측 가능한 규범 속에서의 권력 행사 2. 과거 엘리트 집단의 포섭 3. 국가·군 업무에서 약간의 자율성

자료: Juan J. Linz and Alfred Stephan, *Problems of Democratic Transition and Consolidation* (Baltimore: Johns Hopkins University Press, 1996), pp.44~45.

가지로 구분했다. 다섯 가지의 정치체제는 다원성, 이념(ideology), 동원, 지도력 면에서 다른 특징을 갖고 있다. 이 중에서 중국과 관련이 있는 것이 전체주의와 권위주의다.

〈표 4-1〉의 기준에서 보면, 마오쩌둥 시대는 전체주의에 속한다. 1957년 반우파투쟁(反右派鬪爭) 이후 공산당은 건국 초기에 다른 정치조직들과 일부 공유했던 권력을 독점했다.[1] 이에 따라 공산당을 비판하는 조직(정당)과 개인은 탄

1 반우파투쟁은 1957년 5월부터 1958년 7월까지 진행된 지식인 탄압운동이다. 중국공산당은 소련에서 진행된 스탈린 비판 운동의 영향을 받아, 1956년에 지식인들에게 공산당과 정부에 대한 불만을 자유롭게 발표하라는 지시를 하달했다. 이렇게 하여 백화제방(百花齊放: 모든 꽃이 만발한다)과 백가쟁명(百家爭鳴: 모든 사람이 자유롭게 토론한다) 운동이 시작되었다. 그런데 1957년에 갑자기 입장을 바꾸어 지식인의 비판을 공격하기 시작했다. 동시에 사회주의 제도 반대, 프롤레타리아 독재 반대, 공산당 반대 등 몇 가지 기준을 정해놓고, 이 기준을 벗어난 약 56만 명의 지식인을 '우파분자'로 몰아 탄압했다. 당시 공산당 총서기(공산당 주석

압을 받았고, 정치적 다원성은 사라졌다. 또한 토지 집단화와 산업 국유화가 급속히 진행되면서 1949년 이전에 존재했던 사회 경제적 다양성도 사라졌다. 자영업자와 사영기업가, 지주와 부농이 사라지고, 국민들은 국영기업의 노동자나 인민공사의 사원(社員)으로 바뀌었다.

또한 마오쩌둥 시대는 마오쩌둥 사상을 유일한 지도이념으로 삼아 국민의 자발성과 열정을 끌어내 짧은 기간 내에 공산주의 사회를 건설한다는 유토피아적인 정치운동이 일상화된 시대였다. 대약진운동(大躍進運動, 1958~1960)과 문화대혁명(文化大革命, 1966~1976)은 이를 잘 보여준다.[2] 이런 운동에서 국민은 공산당이 제시한 목표를 달성하기 위해 경제개발과 정치활동에 동원되었다. 그 결과 개인과 가정의 사생활은 사라졌다. 또한 이런 운동의 정점에는 마오에 대한 개인숭배와 마오의 카리스마적이고 전제군주적인 권력행사가 있었다.

이에 비해 개혁기 중국은 권위주의체제로 변화했다. 가장 큰 변화는 국민의 사회 경제적 다원성이 보장되었다는 점이다. 직업 선택, 소비생활, 결혼 등에서 자유가 허용되면서 사적인 공간이 복원된 것이다. 또한 공산당과 사회주의에 대한 비판은 허용되지 않았지만 사회 문제에 대한 지적과 비판은 어느 정도 허용되었다. 게다가 문화대혁명에서처럼 국민을 대규모로 동원하는 정치운동은 사라졌다. 공산당과 정부가 철저하게 법률에 근거하여 국가를 통치하는 것은 아니지만, 자의적인 권력행사, 소위 '인치(人治)'는 전보다 많이 줄었다.

은 마오쩌둥)였던 덩샤오핑이 반우파투쟁을 주도했다.

2 대약진운동은 마오쩌둥의 주도로 1958년 5월부터 1960년 6월까지 비약적인 생산 증가를 목적으로 추진된 정치운동이다. 그러나 경제 상황을 무시한 증산 운동은 수천만 명이 굶어 죽는 참담한 실패로 끝났다. 문화대혁명은 1966년 5월부터 1976년 10월까지 마오쩌둥이 주도한 정치운동이다. 그는 소련의 수정주의가 중국에 전파되는 것을 막고, 중국에 진정한 사회주의를 건설하기 위해 국민의 사상과 문화를 대대적으로 개조해야 한다고 주장했다. 특히 마오는 공산당 내의 '자본주의 세력〔走資派〕'을 몰아낸다는 명분으로 '홍위병'을 동원했다. 덩샤오핑을 포함한 개혁파는 문화대혁명의 피해자였다. 공산당은 1981년 〈역사평가〉에서 문화대혁명을 "10년의 동란(動亂)"으로 비판했다.

개혁기에는 이념의 성격과 역할도 변화했다. 마오 시대에 마오쩌둥 사상은 '프롤레타리아 계속혁명'과 계획경제를 이끄는 유일한 지도이념이었다. 모든 조직과 개인은 마오쩌둥 사상에 반드시 복종해야만 했다. 반면 개혁기에 사회주의 사상은 혁명성을 상실하고 경제발전을 추구하는 발전 논리로 변화했다. 사회주의 초급단계론(1987),[3] 사회주의 시장경제론(1992),[4] 삼개대표론(三個代表論, 2002),[5] 과학적 발전관(科學發展觀, 2007)은 이를 잘 보여준다.[6] 동시에 개혁기에는 민족주의(民族主義, nationalism)와 유가사상(儒家思想)이 통치이념으로 등장하여 사회주의 이념을 보완하는 역할을 담당했다.

이처럼 마오쩌둥 시대의 공산당 일당제와 현재의 공산당 일당제는 성격이 다르다. 그래서 현재의 공산당 일당제는 사회주의 정치체제보다는 개발도상

---

3 사회주의 초급단계론은 경제성장 최우선의 당 노선을 정당화한 이론이다. 이에 따르면, 중국은 사회주의 단계에는 접어들었지만 생산력 낙후 등의 요인으로 아직 "초급 단계"에 머물러 있다. 이 단계에서는 "나날이 증가하는 인민의 물질적·문화적 수요와 이것을 충족시켜주지 못하는 생산력 수준 사이의 모순"이 "주요모순"이다. 이 모순을 해결하기 위해서는 생산력 발전에 총 매진해야 한다. 그래서 "사회주의 사회의 근본 임무는 생산력 발전"이고, 이를 위한 경제발전이 최고의 국정 목표가 된다.

4 사회주의 시장경제론은 생산력 발전을 위해서는 시장제도를 도입해야 한다는 이론이다. 이에 따르면, 사회주의 초급 단계에서는 계획이 아니라 시장이 자원분배의 기본수단이 된다. 동시에 사회주의와 자본주의는 더 이상 '계획 대 시장'이라는 기준으로 판단될 수 없다. 계획과 시장은 경제수단일 뿐이고, 자본주의에도 계획이, 사회주의에도 시장이 있을 수 있다. 이 이론의 채택 이후 시장제도가 전면적으로 도입되고, 사영경제가 발전했으며, 경제 개방이 더욱 확대 되었다.

5 삼개대표론은 2001년 7월 공산당 창당 80주년 기념식에서 장쩌민 전 총서기가 발표한 방침이다. 2002년 공산당 제16차 당대회에서 마르크스-레닌주의, 마오쩌둥 사상, 덩샤오핑 이론과 함께 공산당의 지도이념이 되었다. 이에 따르면, 공산당은 21세기에는 세 가지, 즉 '선진 생산력, 선진 문화, 광대한 인민의 이익'을 대표해야 한다. 이에 따라 '선진 생산력'을 담당하는 사영기업가는 사회주의 계층으로 인정되었고, 공산당 입당이 공식 허용되었다.

6 과학적 발전관은 중국이 경제성장 일변도에서 벗어나 경제·사회·문화·환경의 종합적인 발전을 추구한다는 방침이다. 2003년 10월에 "사람을 근본으로 하는 전면적·협조적·지속 가능한 발전관"이라는 이름으로 제기되었고, 2007년 공산당 제17차 당대회에서 지도이념으로 공식 결정되었다. 과학적 발전관은 경제성장 방식의 전환, 균형발전, 지속 가능한 발전이라는 세 가지 요소로 구성된다.

국의 권위주의에 가깝다고 말할 수 있다. 예컨대 현재의 중국 정치는 1960~1970년대의 한국 박정희 군사독재나 대만 장제스(蔣介石) 독재정치와 유사한 측면이 있다. 당시 한국과 대만은 언론과 사상의 자유 등 국민의 정치적 자유는 제한했지만, 직업 선택의 자유, 거주 이전의 자유, 결혼의 자유 등 사회 경제적 자유는 보장했다.

2. 정치발전의 두 가지 경로와 중국의 선택

중국의 정치개혁은 어떤 기준에 입각해 평가하느냐에 따라 결과가 크게 달라진다. 만약 민주화라는 기준에서 보면, 우리는 중국의 정치개혁을 결코 높게 평가할 수 없다. 그런데 민주화는 정치개혁의 한 요소일 뿐이기 때문에 이것만을 강조하는 평가는 공정하다고 말할 수 없다. 그 대신 정치발전(political development)이라는 좀 더 포괄적인 기준에 입각하여 평가할 필요가 있다.

정치발전이 무엇을 의미하는가는 학자마다 견해가 다르다. 이 중 대표적인 견해는 두 가지다. 하나는 정치발전을 민주화 혹은 민주 건설(democracy-building)로 보는 견해다. 다른 하나는 제도화 혹은 국가 건설(state-building)로 보는 견해다. 가장 이상적인 정치발전은 민주화와 제도화를 동시에 달성하는 것이다. 그래서 일부 학자들은 정치발전을 민주화와 제도화가 모두 이루어지는 과정으로 이해한다.

1) 정치 민주화와 정치 제도화

정치발전을 정치 민주화로 이해하는 견해는 정치학계의 주류 입장이다. 이에 따르면, 정치발전은 민주주의 제도를 도입함으로써 이루어진다. 민주주의는 자유로운 경쟁 선거를 통해 주요 공직자를 충원하는 정치체제다(이를 선거민주주의라고 부른다). 더 나아가 민주주의는 자유경쟁 선거에 더해 언론·출판·집회·결사·사상의 자유 등 국민의 정치적·시민적 자유를 보장하는 정치체제다(이를 자유 민주주의라고 부른다). 이처럼 정치발전을 민주화로 이해할 경우, 가장 중요하고 필요한 조치는 주요 공직자를 자유로운 경쟁 선거를 통해 충원하는 일이고, 이를 위해서는 국민의 정치적·시민적 자유를 보장해야 한다. 아시아에서는 일본, 한국, 대만이 정치 민주화를 통해 경제발전과 사회 안정을 모두 달성한 성공 사례다.

반면 정치발전을 정치 제도화로 이해할 경우, 정치발전은 한 국가의 정치체제가 자신에게 부과된 임무를 수행하기 위해 필요한 능력을 배양하는 과정과 결과를 의미한다. 국가의 임무에는 외적으로부터의 국민 보호, 법질서의 유지, 국민 복지의 증진, 국민의 인권과 자유 수호가 포함된다. 예를 들어, 경찰이 법질서 유지의 임무, 군이 국토 수호의 임무를 충실히 수행하면 경찰과 군의 제도화가 이루어졌다고 말할 수 있다. 학교와 보건기구가 제대로 활동하여 국민에게 교육과 보건 의료 서비스를 공급하면 학교와 보건기구의 제도화가 이루어졌다고 말할 수 있다. 아시아에서는 싱가포르와 홍콩이 정치 제도화를 통해 경제발전과 사회 안정을 모두 이룩한 성공 사례다.

2) 동아시아 발전국가와 중국의 선택

1950년대부터 1980년대 중반까지 동아시아의 주요 국가들은 유사한 정치체제를 유지하면서 경제발전에 매진하는 특징을 보여주었다. 이들 국가를 학자들은 '동아시아 발전국가(East Asian developmental state)' 혹은 '개발 독재(developmental dictatorship)'라고 불렀다. 일본, 한국, 대만, 홍콩, 싱가포르, 말레이시아가 이에 속한다. 일본을 제외한 이들 국가는 권위주의 정치체제를 유지하면서 급속한 산업화를 통해 고도의 경제성장을 달성했다. 이 중에서 한국, 대만, 홍콩, 싱가포르는 눈부신 성과에 힘입어 아시아의 '네 마리 용'이라는 별칭을 얻기도 했다.

동아시아 발전국가는 공통적으로 네 가지 특징을 갖고 있었다. 첫째는 경제발전 지상주의(至上主義)의 추구다. 일본, 한국, 대만, 싱가포르는 이 시기에 경제발전을 최고의 국정 목표로 삼았다. 둘째는 경제발전을 위한다는 명분으로 권위주의 정치체제를 유지했다. 한국의 박정희 정부, 대만의 장제스 정부, 싱가포르의 리콴유(李光耀) 정부는 이를 잘 보여준다. 일본은 자유 민주주의 국가였지만 자민당이 장기 집권하는 패권정당(hegemonic party)체제를 유지했다. 셋째는 경제발전을 위해 협력적인 국가-사회관계, 특히 정부-기업 간의 유착관계를 형성했다. 이외에도 한국, 대만, 싱가포르는 국가 차원에서 권위주의를 정당화하기 위한 이념의 개발에 많은 노력을 기울였다. 박정희 시대의 한국적 민주주의, 대만의 쑨원주의(孫文主義) 혹은 삼민주의(三民主義), 싱가포르와 말레이시아의 아시아적 가치(Asian values)와 아시아식 민주주의(Asian-style democracy)가 이를 잘 보여준다.[7]

그런데 1980년대 중반에 들어 동아시아 발전국가는 둘로 나뉘었다. 하나는 정치 민주화를 통해 자유 민주주의 국가로 발전한 경우다. 한국과 대만이 대표적이다. 다른 하나는 정치 제도화를 계속 추구하여 권위주의 국가로 남아 있는 경우다. 싱가포르와 말레이시아가 대표적이고, 홍콩도 이에 속한다. 이렇게 되면서 동아시아에는 정치발전과 관련하여 두 가지의 성공 사례가 존재하는 상

---

7 삼민주의는 1911년 신해혁명(辛亥革命)을 주도한 쑨원(孫文, 1866~1925)이 주장한 정치이념이다. 민족주의(民族主義), 민권주의(民權主義), 민생주의(民生主義) 등 세 가지 '민(民)' 자로 구성된다고 하여 '삼민'주의라고 불렀다. 아시아적 가치는 싱가포르의 리콴유 전 총리와 말레이시아의 마하티르 전 총리가 주장했던 '서구식 가치'와 다른 아시아만의 특수한 가치를 말한다. 개인보다 집단(공동체) 중시, 근면과 성실, 가족 우애, 교육 강조 등을 주요 내용으로 한다. 이런 가치는 서구식 가치보다 우월하며 이런 가치로 인해 동아시아 국가가 경제발전과 사회 안정에 성공할 수 있었다고 주장한다. 또한 이들은 아시아적 가치에 입각하여 국가가 주도하고 국민이 지도자를 믿고 따르는 아시아식 민주주의를 수립해야 한다고 주장했다. 김대중 전 대통령은 이를 비판했다. 아시아적 가치와 아시아식 민주주의는 싱가포르와 말레이시아의 권위주의를 정당화하기 위해 제기된 잘못된 주장일 뿐이라는 것이다.

황이 발생했다.

중국은 두 가지의 정치발전 중에서 의식적으로 정치 제도화의 길을 선택했다. 1980년대에 덩샤오핑과 자오쯔양(趙紫陽)은 이런 관점에서 공산당과 국가기관을 분리하는 정치개혁, 소위 당정분리(黨政分開) 정책을 추진했다. 이는 여러 가지 면에서 중국에게 유리했다. 우선, 공산당 일당제를 정당화할 수 있다. 싱가포르에서는 인민행동당(People's Action Party)이 1965년에 집권한 이후 지금까지 권력을 유지하고 있다. 반면 한국과 대만에서는 다당제가 도입되어 정치 세력(정당) 간에 권력 교체가 이루어졌다. 특히 대만과 이념적으로 경쟁하고 있는 중국으로서는 대만식의 정치발전 경로를 선택할 수 없었다. 이는 체제 경쟁에서 중국이 대만에게 졌다는 사실을 인정하는 것이기 때문이다. 게다가 싱가포르와 홍콩 모두 세계 최고 수준의 효율적이고 투명한 행정체제를 유지하면서 높은 경제성장과 사회 안정을 동시에 달성하는 성과를 보여주었다. 중국에게는 매력적인 학습대상이 아닐 수 없다.

이런 이유로 1980년대부터 중국은 싱가포르와 홍콩의 행정체제를 도입하기 위해 많은 노력을 기울였다. 덩샤오핑은 특히 싱가포르의 행정체제와 사회제도를 부러워했다. 그래서 리콴유 전 수상과 상의하여 싱가포르의 경험을 중국에 들여오기 위해 쑤저우(蘇州)에 대규모의 싱가포르식 공업단지를 설립하기도 했다. 그 밖에도 수십만 명의 공직자가 싱가포르와 홍콩으로 연수를 떠나 이들의 경험을 학습했다. 이처럼 싱가포르와 홍콩의 정치 제도화 모델은 중국의 정치개혁에 많은 영향을 미쳤다.

3. 정치발전의 두 가지 경로에서 본 중국의 정치개혁

정치발전의 두 가지 관점을 중국에 적용할 경우, 중국은 지금까지 정치 민주화보다는 정치 제도화를 목표로 하는 정치개혁을 추진했다고 평가할 수 있다. 지난 40년 동안 중국은 두 가지의 원칙하에 정치개혁을 추진했다. 첫째, 정치개혁은 공산당 일당제를 강화하는 데 기여해야 한다. 이는 정치개혁의 흔들릴 수 없는 원칙으로, 행정개혁, 의회개혁, 사법개혁, 중앙-지방관계 조정 등 모든 개혁에 적용된다. 이에 따라 정치 민주화는 공산당 일당제에 영향을 미치지 않는 아주 좁은 범위 내에서만 추진되었다. 촌민위원회의 직접선거가 대표적이다.

둘째, 정치개혁은 최고의 국정 목표인 경제발전에 기여해야 한다. 다시 말해 중국에서 정치개혁은 정치발전 그 자체를 위해서가 아니라 경제발전을 위한 수단으로 추진되었다. 그래서 효율적인 행정체제의 수립을 위한 행정개혁, 유능한 통치 엘리트의 충원을 목표로 하는 인사제도 개혁, 법률체제의 수립과 정부 감독을 위한 의회개혁 등 경제발전의 추진에 필요한 사항이 정치개혁의 핵심 내용이 되었다. 이에 비해 국민의 정치참여 확대나 시민적 자유의 보장을 위한 개혁은 중심 과제가 아니었다.

1) 정치 제도화로서의 정치개혁

이와 관련해서는 세 가지의 개혁이 중요하다. 첫째는 공산당 개혁과 엘리트 정치의 안정화다. 이는 공산당 일당제를 공고화하기 위해 추진된 개혁이다. 중국처럼 공산당과 국가가 인적·조직적으로 결합되어 있고, 실제 정치 과정에서 공산당이 국가를 종종 대체하는 당-국가(party-state)체제에서는 공산당을 중심으로 한 엘리트 정치의 안정이 매우 중요하다. 둘째는 국가개혁과 통치체제의 정비다. 이는 개혁·개방을 추진하기 위해 필요한 개혁이다. 셋째는 사회주의 이념의 변형과 새로운 통치이념의 모색이다. 공산당원과 국민이 개혁·개방을 지지하고 참여하도록 유도하기 위해서는 개혁·개방을 정당화할 이념이 필요했다.

(1) 공산당 개혁과 엘리트 정치의 안정화

1980년대 중국의 엘리트 정치는 불안정한 모습을 보여주었다. 덩샤오핑의 후계자로 지목되었던 후야오방(胡耀邦)과 자오쯔양의 실각이 보여주듯이, 공산당은 권력승계와 당 노선의 결정을 둘러싸고 정치적 갈등과 혼란을 겪었다. 그런데 1990년대에 들어 엘리트 정치는 점차 제도화되고 안정화되는 추세를 보였다. 2002년 공산당 제16차 전국대표대회(당대회)를 기점으로 장쩌민을 중심으로 한 '3세대 지도자'에서 후진타오를 중심으로 하는 '4세대 지도자'로 권력이 순조롭게 이양된 것은 이를 잘 보여준다. 2012년 공산당 제18차 당대회에서 시진핑(習近平)과 리커창(李克强)을 중심으로 하는 '5세대 지도자'로의 권력 이양도 마찬가지로 안정적으로 이루어졌다.

개혁기에 변화된 엘리트 정치는 두 가지 특징을 띠고 있다. 첫째, 덩샤오핑을 마지막으로 카리스마적 지도자가 퇴진하면서 특정 개인이나 파벌이 권력을 독점하는 현상이 사라졌다. 대신 복수의 통치 엘리트 또는 파벌이 권력을 분점하는 집단지도(集體領導, collective leadership)체제가 형성되었다. 둘째, 첫째 특징으로 인해 최고 통치 엘리트들이 협의와 타협을 통해 중요 정책과 인사 문제를 결정하는 당내 민주주의(黨內民主, intra-party democracy)가 확대되었다. 이렇게 되면서 권력승계나 당 노선의 결정이 전보다 안정적으로 이루어질 수 있었다.

이처럼 엘리트 정치에서 집단지도체제가 형성되고 당내 민주주의가 확대될 수 있었던 배경으로는 몇 가지를 들 수 있다. 먼저, 카리스마적 지도자의 퇴진이 중요한 요인이다. 장쩌민이나 후진타오는 마오쩌둥이나 덩샤오핑처럼 카리스마적 지도력을 발휘할 수 없었다. 따라서 이들은 타 세력을 인정하고 타협할 수밖에 없었다. 또한 공산당 개혁을 통해 엘리트 정치의 제도화가 진행되었다. '당헌(黨章)'에 입각한 각종 당 회의의 정기적인 개최와 의사 결정, 법과 절차에 입각한 당 운영, 임기제와 정년제 도입에 의한 통치 엘리트의 순조로운 세대교체는 이를 잘 보여준다. 그 밖에도 1990년대부터 공산당·정부·의회 등

각 기관의 역할을 강화하고, 각 기관의 주요 책임자에게 권한을 인정하는 체제가 형성되었다. 이렇게 되면서 주요 기관 간에는 권한이 분산되고 역할이 분담되는 관행이 자리 잡게 되었다.

(2) 국가개혁과 통치체제의 정비

개혁기 공산당 통치의 정당성은 사회주의 이념이 아니라 경제성장과 국민 생활수준의 향상에서 나왔다. 이는 중국이 개혁·개방을 성공적으로 수행했기 때문에 가능한 일이었다. 그런데 개혁·개방을 추진하기 위해서는 정치체제를 개혁해야만 했다. 계획경제 시대에 명령과 통제에 익숙한 정부구조로는 시장제도를 도입하고 운영할 수 없었던 것이다. 해외 직접투자를 유치하고 무역을 촉진하기 위해서도 마찬가지였다. 게다가 계획경제에서는 국가가 주택·교육·의료를 무상으로 제공했지만 시장경제에서는 그렇게 할 수 없다. 이에 따라 공공 서비스 제공과 관련된 국가 역할도 재조정되어야만 했다. 결국 이 모든 것은 국가체제를 정비하고 국가의 통치능력을 향상시킬 것을 요구했다.

실제로 중국은 지난 40년 동안 다양한 제도 개혁을 통해 변화된 사회 경제체제에 능동적으로 적응할 뿐 아니라, 국가의 통치능력을 향상시키기 위해 많은 노력을 기울였다. 이런 노력은 크게 네 가지로 정리할 수 있다. 첫째는 정부기구 개혁과 인사제도 개혁을 중심으로 한 행정개혁이다. 둘째는 국가 통치행위의 합리화를 목표로 추진된 의법치국(依法治國: 법률에 의거한 국가 통치) 혹은 법치(法治, rule of law)다. 셋째는 국가 규제기구의 강화로, 여기에는 재정 및 조세제도의 개혁, 은행·증권·국유자산 관리체제의 개혁, 회계·통계·세무 관리의 강화 등이 포함된다. 마지막은 중앙-지방관계의 재조정이다. 이 같은 개혁을 통해 중국은 소련 및 동구 사회주의 국가와는 달리 국가체제를 재정비하고 통치능력을 강화할 수 있었고, 이를 바탕으로 개혁·개방을 강력하게 추진하여 급속한 경제성장과 사회 안정을 달성할 수 있었다.

구체적으로 중국은 지금까지 모두 일곱 차례(1982, 1988, 1993, 1998, 2003,

2008, 2013)에 걸쳐 대대적인 정부기구 개혁을 단행했다. 개혁의 내용도 초기에는 단순한 정부기구 통폐합과 인원 축소에서 정부직능 전환과 그것에 근거한 기구 및 인원 재조정, 더 나아가서는 정부 운영방식의 전반적인 변화로 바뀌었다. 단적으로 1998년에 시작된 제4차 행정개혁을 통해 시장경제의 확대와 함께 불필요하거나 과도했던 정부의 경제 기능을 민간에 대폭 이양하면서 정부의 경제 관련 부서가 대폭 축소(국무원의 경우 22개에서 12개)되고 인원도 대규모로 감축(3만 2,000명에서 1만 6,000명)되었다. 2008년 3월에 시작된 소위 대부처제(大部門制) 개혁에서는 정부의 유사 기능을 통폐합하여 대규모 부서를 설치하고, 이를 정책 작성·집행·감독의 세 영역으로 분리하여 서로 견제하게 하는 행정체제를 수립하려고 시도했다. 이 밖에도 1994년에는 국가 공무원 제도가 도입되었다.

중국은 국가 통치행위의 규범화와 법제화를 위해서도 많은 노력을 기울였다. 의법치국의 실시는 대표적인 사례다. 의법치국은 말 그대로 국가의 모든 통치행위가 법률에 근거해야 하고, 공산당도 법률이 정한 범위 내에서 활동해야 한다는 방침이다. 사실 개혁·개방을 시작할 때부터 공산당은 '사회주의 민주'와 '법제(法制) 완비'를 중요한 과제로 제시했다. 다만 1980년대에는 경제를 중심으로 개혁·개방이 추진되면서 민주 확대와 법제 완비는 주목을 받지 못했다. 그러다가 1990년대에 들어 시장경제가 확대되면서 법제 완비가 다시 중요한 과제로 등장했다. 한마디로 '시장경제는 법치경제'라는 것이다. 1997년 공산당 제15차 당대회에서 의법치국이 국가방침으로 결정되고, 1999년 제9기 전국인민대표대회(전국인대) 제2차 회의에서 헌법 개정을 통해 서문에 "중국은 의법치국을 실시하여 사회주의 법치국가를 건설한다"는 문구가 명시된 것은 이 때문이다.

법제 완비와 의법치국을 위해서는 그것을 담당하는 국가기관의 개혁이 필수적이었다. 먼저 의법치국은 법률체제의 수립을 전제로 한다. 법률체제의 수립 없이는 법률에 근거한 통치는 어불성설이기 때문이다. 그래서 이전에는 유명무실했던 의회의 입법 역할이 강화되었다. 또한 정부의 엄격한 법률 집행과 준법 행정을 촉구하기 위해서는 합당한 제도적 장치가 필요했다. 의회의 정부 감독이 강화되고 법원의 행정 심판이 강화된 것은 이 때문이었다. 이 중에서 가장 큰 성과를 거둔 분야는 의회의 입법 및 감독 역할의 강화다. 예를 들어, 의회가 공산당의 사전 비준 없이 독자적으로 법안을 기초하고 심의할 수 있는 입법 자율성이 크게 신장되었다. 전국인민대표대회(전국인대)와 성급(省級) 지방인민대표대회(지방인대)의 입법 산출도 크게 증가하여, 1980년부터 2002년까지 전국인대는 총 440건의 법률, 지방인대는 모두 8,781건의 조례를 제정했다.

또한 1990년대 중반 이후에는 의법행정(依法行政: 법률에 의거한 행정)이 의법치국의 핵심 요소가 되었다. 국가 법률의 대다수를 집행하는 정부가 법률을 준수하지 않으면 의법치국은 실현될 수 없기 때문에 의법행정이 강조된 것이다. 의법행정은 1990년대 초부터 일부 지역에서 시험 실시되었는데, 국무원이 이를 종합하여 1999년 11월에 '의법행정의 전면적 추진 결정'을 하달하면서 전국적으로 확대 실시되었다. 2004년에는 이것을 확대 발전시킨 새로운 강령인 '의법행정의 전면적 추진 실시강요'를 제정했다. 광둥성 선전시(深圳市)에서 추진된 의법행정은 가장 대표적인 사례다.

한편, 1980년대 초부터 추진된 분권화(分權化, decentralization) 정책으로 중앙-지방관계도 변화했다. 단적으로 중앙이 독점하던 각종 권한이 지방으로 대폭 이전되었고, 그 결과 연해지방은 확대된 권한을 활용하여 개혁·개방을 적극적으로 추진할 수 있었다. 사실 분권화 정책은 마오쩌둥 시대에도 추진되었다. 그러나 엄격한 중앙집권적인 관료체제와 계획경제하에서 추진된 분권화 정책은 일관성이 없었다. 그뿐만 아니라 당시 정책은 지방의 자율성 확대와 경제 활성화보다는 정책 혼선 등의 부작용을 초래했다. 이런 경험을 거울삼아 중국은 지방이 적극적으로 개혁·개방에 참여할 수 있도록 유도하기 위해 각종 권한을 지방에 대폭 이양했다. 이는 국가 계획 범위의 축소, 재정 분권화〔특히

1994년 분세제(分稅制)의 실시], 경제 권한의 분권화(특히 투자의 분권화), 인사 권한의 분권화, 입법 권한의 분권화로 나타났다. 일관된 분권화 정책으로 인해 개혁기 중국은 마오쩌둥 시대의 '분권화 → 집권화 → 재분권화'의 악순환을 극복하고, 1990년대 무렵부터는 중앙-지방관계가 점차 제도화되는 추세를 경험했다.

(3) 통치이념의 변형과 모색

모든 국가에서 그렇지만 사회주의 국가인 중국에서는 통치이념(ideology)이 특히 중요하다. 통치이념은 공산당 내부적으로는 당원의 사상을 통일함으로써 당의 통합과 단결을 유지하고, 밖으로는 국민들에게 공산당 통치의 정당성을 주장하고 설득하는 중요한 수단이기 때문이다. 만약 당원이 동의하고 국민이 수용할 수 있는 통치이념이 없다면, 공산당은 끊임없는 사상투쟁으로 국론이 분열되고 국민의 불신과 외면에 시달릴 것이다. 이런 점에서 공산당은 지난 40년 동안 기존의 통치이념을 적절히 변형하고 새로운 이념을 끊임없이 모색함으로써 성공적으로 당의 통합과 단결을 유지했고, 이를 바탕으로 개혁·개방에 매진함으로써 국민의 지지를 얻을 수 있었다.

공산당이 정통 사회주의 이념을 고수하는 한 사적 소유제도와 시장제도의 도입을 핵심 내용으로 하는 개혁·개방을 추진할 수 없었다. 그렇다고 사회주의 이념을 폐기할 수는 없었다. 만약 그렇게 하면 공산당 일당제를 정당화할 이념이 사라지기 때문이다. 결국 사회주의 이념을 형식적으로는 고수하면서 내용적으로는 시장경제를 수용하는 방향으로, 더 나아가서는 사회주의 이념을 경제발전 이념으로 변화시키는 방향으로 변형을 시도했다. 1987년 제13차 당대회에서 체계화된 '사회주의 초급단계론'과 1992년 제14차 당대회에서 채택된 '사회주의 시장경제론'은 이런 노력의 결과물이다.

여기에 더해 공산당은 통치이념이 변화된 중국 현실을 반영하고 당의 개혁 정책을 정당화할 수 있도록 하기 위해 새로운 내용을 추가했다. 2002년 11월

제16차 당대회에서 공산당의 공식 지도이념으로 채택된 '삼개대표론'과 2007년 10월 제17차 당대회에서 채택된 '과학적 발전관'은 이를 잘 보여준다. 이에 대해 당내에서 반대가 없었던 것은 아니지만, 공산당은 당원을 대상으로 한 대규모 학습운동과 국민 선전 활동을 통해 극복해왔다.

변형된 사회주의 이념이 일반 국민에게 어느 정도 설득력이 있는지는 단정적으로 말할 수 없다. 국민들은 문화대혁명을 경험한 이후 사회주의 이념을 불신했고, 개혁·개방으로 시장경제가 도입되고 빈부격차가 확대되면서 이러한 경향은 더욱 강화되었기 때문이다. 그러나 변형된 사회주의 이념이 최소한 국민들에게 공산당이 중국을 어느 방향으로 이끌고 가는지를 제시하고 국민들의 동의를 구하는 데 일정한 역할을 한 것은 분명하다. 이것보다 더 중요한 점은 사회주의 이념의 변형을 통해 공산당이 당의 통합을 유지하고 당 노선을 정당화할 수 있었다는 사실이다. 이런 점에서 변형된 사회주의 이념은 국민 설득 수단보다는 공산당 내부 통합과 당 노선의 정당화를 위한 수단이라는 성격이 더 강하다.

1989년 톈안먼(天安門) 민주화 운동 이후 공산당은 서구사상의 유입을 막고 국민 통합과 단결을 유지하기 위해 새로운 통치이념을 모색해야만 했다. 그래서 민족주의가 통치이념으로 활용되었던 것이다. 즉, 공산당은 21세기에는 "중화민족의 위대한 중흥"을 이룩해야 한다는 민족주의 이념을 대대적으로 선전하면서 공산당 통치와 개혁·개방을 정당화했다. 1994년부터 5년 동안 전국적으로 추진된 '애국주의 교육운동'은 대표적인 사례다. 이런 노력의 연장선에서 2002년 제16차 당대회에서는 당헌 개정을 통해 공산당의 성격을 "노동자계급의 선봉대"이면서 동시에 "중국 인민과 중화민족의 선봉대"로 재규정했다. 즉, 공산당은 이제 계급정당이면서 동시에 민족정당이 되었다.

민족주의는 공산당의 노력만으로 다시 등장한 것이 아니었다. 1989년 톈안먼 민주화 운동 이후 중국의 지식인 사회는 급속히 보수화되었는데, 많은 지식인들이 마오쩌둥 사상, 신보수주의와 함께 민족주의에 주목했던 것이다. 일부 지식인은 사회 안정과 경제발전을 위해서는 국가권력이 강화되어야 한다는 국가 민족주의를 주장했다. 일부 지식인은 중국 문화의 우수성을 강조하고 서구의 문화침략을 비판하는 문화적 민족주의를 주장했다. 이렇게 해서 민족주의는 1990년대 중국 사회의 지배 담론이 되었다.

민족주의는 두 가지 면에서 공산당 통치와 개혁·개방을 정당화했다. 먼저, 공산당 일당제를 정당화하는 새로운 근거를 제시했다. 즉, 공산당이 중화민족의 선봉대가 됨으로써 중화민족의 중흥을 위해서는 공산당을 중심으로 단결해야 한다고 주장할 수 있게 되었다. 또한 민족주의는 개혁·개방에 필요한 동원이념이 되었다. 즉, 공산당은 평등과 같은 사회주의 이상의 실현이 아니라 중화민족의 중흥을 위해서 개혁·개방을 추진한다고 주장함으로써 공산당에 반대하는 국민이나 화교까지도 민족중흥의 대의에 공감한다면 개혁·개방에 적극 참여해야 한다고 주장할 수 있게 된 것이다.

그 밖에도 1990년대 말부터 유가사상이 통치이념의 새로운 요소로 등장했다. 장쩌민이 주장한 덕치론(德治論), 후진타오가 주장한 이인위본(以人爲本: 국민을 근본으로 함), 친민(親民: 국민에 다가감), 조화사회(和諧社會), 조화세계(和諧世界) 건설은 이를 잘 보여준다. 이런 과정을 거쳐 변형된 사회주의, 민족주의, 유가사상이 혼합된 기묘한 통치이념이 중국을 지배하게 되었다.

2) 정치 민주화로서의 정치개혁

앞에서 보았듯이, 정치 민주화는 자유로운 경쟁 선거를 통한 공직자의 선출과 국민의 정치참여 확대, 국민의 정치적·시민적 권리의 보장을 핵심 내용으로 하는 정치발전이다. 따라서 이 측면에 초점을 맞추어 중국의 민주화를 위한 정치개혁을 평가할 수 있다. 결론적으로 말해, 이 두 가지 측면 모두에서 정치개혁은 미진하게 추진되었다.

(1) 공직자 선출과 국민의 정치참여 확대

국민의 정치참여 확대와 관련된 정치개혁은 일정한 성과를 거두었다. 예를 들어, 1987년 '촌민위원회(村民委員會) 조직법(시행)'이 제정된 이후 촌민위원회의 민주적인 선거(구성)와 운영이 확대되었고, 이를 통해 농민의 정치참여는 전보다 증가했다. 그렇지만 촌민위원회를 통한 정치참여는 분명한 한계가 있다. 전국적으로 볼 때 일부 지역에서는 민주선거가 실시되지만 상당수 지역에서는 형식적으로만 선거가 실시되고 있다. 또한 촌민위원회는 국가기구가 아니라 대중 자치조직이기 때문에 촌민위원회가 아무리 민주적으로 선출된다고 해도 중국 정치가 민주화되었다고 말할 수는 없다. 그 밖에도 실제 운영을 보면 촌민위원회는 여전히 상급 정부와 공산당의 통제를 벗어나지 못하고 있다. 처음부터 촌민위원회는 기층 간부의 일탈과, 곡물 수매, 세금 징수, 가족계획 등 국가 정책에 대한 농민의 저항을 해결하기 위한 목적으로 실시된 것으로 농민의 자치권 보장과는 거리가 있었다.

선거 개혁도 유사한 문제를 안고 있다. 1979년에 중국은 현급(縣級: 한국의 시·군·구 단위) 지방인대 대표 선거제도를 개혁했다. 대표 선출 방식이 간접선거에서 직접선거로 바뀌었던 것이다. 또한 제한적인 경쟁 선거〔差額選擧: 정원보다 후보자 숫자가 일정 비율 이상으로 많게 하는 경쟁 선거〕가 도입되면서 유권자의 선택 폭이 확대되었다. 그 밖에도 공산당과 사회단체뿐만 아니라 유권자도 연명으로 후보를 추천할 수 있게 되었다. 그래서 1990년대에 들어 직접선거는 정치교육과 사회화를 통해 국민의 정권에 대한 정통성과 수용성을 높이려는 공산당의 동원 수단에서 벗어나 점차로 국민의 의지와 요구를 실현하는 정치참여 수단으로 발전했다.

그렇지만 모든 선거는 공산당 일당제하에 진행되고 있다는 근본적인 한계 외에도 몇 가지 문제가 있다. 단적으로 성급 지방인대 대표와 전국인대 대표 선거는 여전히 간접선거로 실시되고 있다. 즉, 지역 유권자가 아니라 하급 지방인대 대표가 상급 지방인대 대표를 선출한다. 또한 국가주석과 같은 중앙정부의 수장은 말할 것도 없고, 성장(省長)이나 시장(市長) 등 지방정부 수장도 모두 의회에서 간접선거로 선출된다. 즉, 국가기관의 인사권은 여전히 공산당이 독점적으로 행사한다.

1990년대 후반에 들어 지방선거의 새로운 실험이 진행되었다. 기층 정부 수장인 향장(鄕長: 한국의 면장)과 진장(鎭長: 한국의 읍장)에 대한 직접선거가 쓰촨성(四川省)과 광둥성(廣東省) 등 일부 지역에서 시험 실시된 것이다. 이런 실험은 보다 민주적인 정치개혁이 추진될 수 있다는 가능성을 보여주는 것으로 의의가 있다. 그러나 이것이 일부 지역에서만 아주 제한적으로 시행되었을 뿐만 아니라, 시진핑 시대에 들어서는 이마저도 사실상 중단되었기 때문에 이후의 변화에 대해서는 좀 더 지켜보아야 한다. 정리하면, 선거를 통한 공직자 선출과 국민의 정치참여는 전보다는 확대되었지만 여전히 많은 문제를 안고 있다.

(2) 국민의 정치적·시민적 권리의 확대

개혁기 사적 소유제와 시장경제가 도입됨으로써 직업과 생활 방식의 선택과 같은 사회 경제적 권리는 확대되었다. 그러나 언론·출판·결사·집회의 자유 등 정치적 권리는 여전히 제약을 받고 있다. 단적으로 공산당은 지금까지 자신의 통제에서 벗어난 어떤 정당이나 정치조직의 설립도 허용하지 않았다. 1998~1999년 전국적으로 수백 명이 참가한 중국민주당 창당을 탄압한 일,[8] 2008년 류샤오보(劉曉波) 등이 주도한 '08헌장 운동'을 탄압한 일은 이를 잘 보여준다.[9] 시진핑 정부에 들어서는 이런 탄압이 훨씬 심해졌다.

---

8 1998년에 전국적으로 약 200여 명이 공개적으로 중국민주당의 설립을 주도했다. 이들은 공산당과는 다른 독자적인 정당을 만들기 위해 주로 인터넷을 이용하여 창당발기문을 공개하고 정부에 정당 등록을 신청했다. 정부는 중국민주당의 등록 신청을 거부했다. 또한 국가전복죄 혐의를 적용하여 관련자를 체포하고 중형을 선고했다.

9 2008년 12월 303명의 중국 반체제 인사와 지식인은 유엔 인권선언 선포 60주년을 기념하여 '08헌장(憲章)'을 발표했다. 2010년 노벨평화상을 수상한 류샤오보(劉曉波)는 이 운동의 주도자였고, 국가전복 혐의로 구속되어 11년형을 선고받고 복역하다가 2017년 7월 간암으로

또한 노동조합(工會), 여성단체(婦聯), 소비자단체, 환경단체, 사영기업가 조직 등 여러 종류의 사회단체가 양적으로는 성장했지만 여전히 공산당과 국가가 허용하는 범위 내에서만 활동해야 한다는 한계가 있다. 일부 노동현장에서는 국가통제에서 벗어난 새로운 운동조직을 결성하려는 시도가 있었지만 정부의 강력한 탄압으로 번번이 실패로 끝났다. 해고 노동자, 토지를 빼앗긴 농민, 도시 빈민 등 사회적 약자를 지원하기 위해 변호사와 인권운동가들이 만든 민간기구나 사회단체도 정부의 탄압을 받아 해산되고 핵심 지도자는 구속되는 일이 빈번히 일어나고 있다.

3) 정치개혁에 대한 평가

이상에서 살펴본 중국의 정치개혁에 대해 기존 연구는 각자의 관점에서 다르게 평가한다. 일부 연구자들은 주로 정치 민주화의 관점에 입각하여 정치개혁을 비판적으로 평가한다. 공산당 일당제로 인해 국민의 기본권이 억압받고 국가의 통치능력이 저하되었다는 주장, 민주화 개혁이 지체되면서 정치체제가 심각한 국내 문제를 제대로 해결하지 못하고, 그 결과 중국은 취약하고 위험한 상황에 처해 있다는 주장, 민주화가 배제된 기형적인 정치개혁으로 인해 정실자본주의(crony capitalism) 현상이 확대되고 지방에 약탈국가(predatory state)가 등장했다는 주장이 대표적이다.

반면 일부 연구자들은 주로 정치 제도화의 관점에 입각하여 중국의 정치개혁을 높이 평가한다. 정치개혁을 통해 정치체제가 변화된 상황에 잘 적응했을 뿐만 아니라 국가의 통치능력도 크게 향상되었다는 주장, 중앙-지방관계에서 중앙이 여전히 통제능력을 보유하면서 지방을 잘 관리하고 있다는 주장, 지난

사망했다. 08헌장은 1977년 체코슬로바키아의 반체제 인사들이 발표한 77헌장(Charter 77)을 모방한 것으로, 공산당의 일당통치를 비판하고 자유와 민주를 요구하는 정치개혁을 주장했다.

정치개혁을 통해 중국 정치가 실제로 전과는 다르게 발전했다는 주장이 대표적이다. 참고로 일부 중국 학자와 중국 정부는 지난 정치개혁을 통해 '중국 특색의 민주주의'가 수립되었고 자랑하지만, 대부분의 외국 학자는 이에 동의하지 않는다.

우리는 종합적인 관점에서 중국의 정치개혁을 평가할 수 있다. 먼저, 정치제도화의 관점에서 볼 때 정치개혁은 많은 성과를 거두었고, 이 점은 높이 평가할 수 있다. 지금까지 중국 정치체제가 보여주었던 안정성과 적응성, 경제성장 추진 능력 등은 과거의 중국과 비교했을 때나 비슷한 처지의 다른 국가(예를 들어, 이전 소련과 동구 사회주의 국가)와 비교했을 때 결코 뒤지지 않기 때문이다. 그러나 정치 민주화의 관점에서 보면 성과보다는 문제가 더 많다. 정치 민주화가 지체되면서 국민의 정치적·시민적 권리가 제대로 보장되지 않았다. 또한 공산당으로 권력이 집중되면서 권력 남용과 부패 문제가 심각한 상황에 이르렀다. 따라서 중국은 정치개혁을 통해 이런 문제를 해결해야 한다.

4. '중국 특색의 민주주주'와 정치발전 논의

중국이 앞으로 어떤 방향으로 정치개혁을 추진할 것인지를 이해하기 위해서는 중국이 추구하는 민주주의 모델, 즉 '중국 특색의 민주주의'를 살펴볼 필요가 있다. 또한 중국 학자들이 향후의 정치발전을 어떻게 구상하고 있는지도 살펴볼 필요가 있다.

1) '중국 특색의 민주주의'

중국 정부가 주장하는 '중국 특색의 민주주의'는 민주주의의 보편성과 특수성을 동시에 강조한다. 2005년 10월에 국무원이 발간한 『중국의 민주정치 건설』(백서)에 의하면, 민주주의는 서구 사회의 전유물이 아니라 "인류 정치문명의 발전성과"이며, "세계 각국 인민의 보편적 요구"다. 2007년 2월에 원자바오(溫家寶) 전 총리는 언론 기고문을 통해 "사회주의 제도와 민주정치는 서로 배치되지 않고, 고도의 민주와 완비된 법제는 사회주의 제도의 내재적 요구이며, 성숙한 사회주의 제도의 중요한 지표"라고 주장했는데, 이도 민주주의의 보편성을 강조한 주장이다. "민주는 좋은 것이다"라는 유커핑(俞可平) 교수의 책도 마찬가지다. 이는 국민을 경제발전에 동원하기 위한 수단으로 민주주의를 이해하는 덩샤오핑의 도구적 민주관이 변화하고 있음을 보여준다.

그런데 『중국의 민주정치 건설』은 민주주의의 보편성과 함께 특수성도 옹호한다. "각국의 민주는 내부에서 생성되는 것이지 외부에서 강압적으로 부여되는 것"이 아니며, 민주주의는 각 국가가 처한 특수한 역사적·사회적 상황과 조건에서 발전해야 한다는 것이다. 결국 이 세상에서 유일하면서 보편적으로 적용될 수 있는 민주주의 모델은 없다. 특히 미국과 유럽의 민주주의는 모든 국가와 지역에 적용될 수 있는 보편적인 민주주의가 아니다. 앞에서 살펴본 원자바오 총리의 글과 유커핑 교수의 책도 이 점을 강조한다.

'중국 특색의 민주주의'의 내용과 특징을 보면, 『중국의 민주정치 건설』에서는 네 가지를 "중국적 사회주의 민주정치의 특징"으로 제시한다. 첫째, "중국의 민주는 중국공산당 영도(領導)의 인민민주다." 둘째, "중국의 민주는 가장 광범위한 인민이 정치의 주인이 되는 민주다." 셋째, "중국의 민주는 인민 민주 독재에 근거하고 보장하는 민주다." 넷째, "중국의 민주는 민주집중제를 근본적인 조직 원칙과 활동 방식으로 삼는 민주다." 이어서 이 백서는 중국 민주정치의 특징이 기본적인 정치제도, 즉 인민대표대회(人民代表大會) 제도,[10] 공산당

10 인민대표대회 제도〔인대제도(人大制度)〕는 삼권분립에 반대하는 중국의 정치제도다. 전국인민대표대회(전국인대)와 지방인민대표대회(지방인대)는 단순한 입법기관이 아니라 국가 권력기관으로 정부, 법원, 검찰에 대해 인사권, 정책 결정권, 감독권을 행사한다. 전국인대와 성급(省級)·지급(地級)·현급(縣級)·향급(鄕級) 등 4급의 지방인대가 있다.

영도의 다당합작(多黨合作) 및 정치협상 제도,[11] 민족구역 자치제도,[12] 도시와 농촌의 기층민주 제도(즉, 촌민위원회와 주민위원회 제도), 인권 존중과 보장을 통해 실현된다고 주장한다.

한편 2007년 11월에 국무원이 발간한 『중국의 정당제도』(백서)는 "중국 사회주의 민주의 특징"으로 좀 더 구체적인 민주주의 형태를 제시한다. 즉, "선거민주와 협상(協商)민주의 결합이 중국 사회주의 민주의 제일 큰 특징"이라는 것이다. 이 같은 주장은 촌민위원회 등 기층단위에서 경쟁 선거가 실시되고, 공산당과 정치조직 간에 일종의 정치협상 제도가 운영되고 있다는 상황을 반영한 주장이다. 일부 중국 학자들도 이런 주장을 한다. 예를 들어, 허쩡커(何增科) 교수는 중국의 바람직한 민주 모델로서 "선거민주, 협상민주, 자유민주"가 결합된 "혼합민주(混合民主)"를 제시한다. 리쥔루(李君如) 교수도 민주주의를 "선거민주, 담판(談判)민주, 협상민주"로 구분하고, 중국의 민주정치는 이 세 가지를 유기적으로 결합한 '혼합민주'라고 주장한다.

이상에서 보듯이, '중국 특색의 민주주의'에서 가장 기본이 되는 것은 그동안 중국이 고수해온 사회주의 정치원칙과 정치제도다. 이는 '중국 특색의 민주주의'가 덩샤오핑이 제시한 사항 기본 원칙(四項基本原則), 즉 사회주의의 길, 인

---

11 정치협상제도는 공산당이 주요 정치조직과 사회단체를 사회주의 혁명과 항일투쟁에 참여시키기 위해 만든 통일전선 제도다. 중국에는 공산당 이외에 '민주당파(民主黨派)'로 불리는 여덟 개의 정치조직, 즉 국민당 혁명위원회, 민주동맹, 민주건국회, 민주촉진회, 농공민주당, 치공당(致公黨), 구삼학사(九三學社), 대만민주자치동맹과 수십 개의 공인된 전국 단위의 인민단체가 있다. 인민정치협상회의〔정협(政協)〕는 공산당과 이들이 참여한 통일전선 조직으로, 중앙에는 전국정협과 지방(성급·지급·현급)에는 지방정협이 있다. 정협은 일종의 자문회의로서 정부와 공산당에 의견을 제시할 수 있지만 법적 강제력이 없기 때문에 공산당과 정부가 이를 집행해야 할 의무는 없다.

12 중국은 한족(漢族)과 55개의 소수민족으로 구성된 다민족국가다. 그래서 소수민족 밀집 지역에는 민족구역 자치제도를 실시한다. 현재 티베트(西藏), 신장(新疆) 위구르, 네이멍구(內蒙古), 닝샤(寧夏), 광시(廣西) 등 다섯 개 자치구(自治區: 성급 행정 단위)와 수백 개의 자치주(州) 및 자치현(縣)이 있다. 옌볜(延邊) 조선족 자치주는 그중의 하나다.

민 민주 독재, 공산당 영도, 마르크스·레닌주의와 마오쩌둥 사상의 견지라는 원칙에서 결코 벗어나지 않았음을 의미한다. 일부 학자들은 촌민위원회의 경쟁 선거와 공산당과 정치조직 간의 정치협상 제도를 추가한 혼합형 정치제도가 중국식 민주주의 모델이라고 주장한다. 하지만 이것은 현행 공산당 일당제를 보완하는 부수적인 제도이지 '중국 특색의 민주주의'의 성격을 규정짓는 핵심 요소는 아니다.

결론적으로 중국이 추구하는 '중국 특색의 민주주의'는 기존의 민주주의나 권위주의와 다른 그 무엇이 결코 아니다. 그것은 전체주의는 벗어났지만 아직 민주주의에는 도달하지 못한 '중국 특색의 권위주의'일 뿐이다.

2) 중국 학자의 정치발전 논의

1990년대에 들어 중국의 정치발전에 대해 다양한 구상이 제시되었다. 가오팡(高放), 왕귀슈(王貴秀) 교수 등이 주장하는 사회주의 민주, 동아시아 권위주의 국가의 경험을 참고한 허쩡커, 저우톈용(周天勇), 황웨이핑(黃衛平), 유커핑, 리쥔루 교수 등의 점진적 민주발전 구상, 싱가포르와 홍콩의 정치체제를 모델로 제시된 판웨이(潘維) 교수의 자문형 법치(諮詢型法治), 유가사상에 기반한 혼합정치 모델로 캉샤오광(康曉光) 교수가 제시한 협력주의 국가(合作主義國家), 쉬요우위(徐友漁), 류쥔닝(劉君寧) 교수와 차오스웬(曹思源) 등이 주장한 자유민주 구상 등이 있다. 이런 주장 중에서 사회주의 민주와 점진적 민주발전 구상이 주류의 견해라고 할 수 있다.

사회주의 민주를 주장하는 학자들은 마르크스·레닌주의와 중국의 혁명적 경험에 입각하여 자유 민주주의와 권위주의를 모두 비판한다. 동시에 이들은 정치권력의 과도한 집중이라는 현행 정치체제의 문제점을 극복하고 사회주의 민주를 발전시켜야 한다고 주장한다. 그런데 이들이 말하는 사회주의 민주는 공산당의 당내민주, 인민대표대회와 정치협상제도의 민주, 공산당 영도하의 다당합작 민주, 기층민주를 가리킨다. 이처럼 사회주의 민주가 주장하는 민주주의는 앞에서 살펴본 중국 정부의 주장과 유사하다.

반면 점진적 민주발전 구상은 동아시아 발전국가 모델을 수용하여 정치발전의 단계론과 점진주의를 주장한다. 이에 따르면, 한 국가의 민주화는 '전체주의 → 권위주의 → 민주주의'의 3단계로 진행되어야 하며, 이 과정에서 제1단계에서 제3단계로의 비약은 바람직하지 않다. 왜냐하면 민주주의 실현에는 시장경제의 발전과 국민소질의 향상과 같은 조건이 갖추어져야 하는데, 이를 무시하고 비약할 경우 정치 혼란과 사회 불안을 초래할 수 있기 때문이다. 또한 중국처럼 계획경제에서 시장경제로 이행하는 국가나 후발 자본주의 국가에서는 경제발전과 사회개혁을 위해 정치 안정과 강력한 지도력이 필요하며, 이를 위해서는 권위주의가 필수적이다. 마지막으로 중국은 궁극적으로 민주주의를 수립해야 하지만 그것은 중국의 상황에 맞는 '중국식 민주주의'여야 한다. 그리고 일부 중국 학자들은 앞에서 살펴본 '혼합민주', 즉 '선거민주와 협상민주의 결합'이 바로 '중국식 민주주의'의 중요한 특징이라고 주장한다.

이처럼 점진적 민주발전 구상을 제기하는 일부 중국 학자들이 협의(consultative) 민주주의 또는 심의(deliberative) 민주주의가 '중국식 민주주의'의 특징이라고 주장하는 것은 흥미롭다. 원래 협의 민주주의는 대의 민주주의(간접 민주주의)의 단점을 보완하기 위해 미국과 유럽의 일부 지역에서 시험 실시되는 직접 민주주의의 한 형태다. 예를 들어, 지역의 중요한 정책을 결정할 때 주민이 직접 심의 과정에 참여하여 의견을 제시하면 정부와 의회는 그것에 근거하여 정책을 결정한다. 단 소규모 지역에서는 몰라도 국가 차원에서는 이런 방식으로 정책을 결정할 수 없기 때문에 협의 민주주의는 대의 민주주의를 대체하는 대안이 될 수 없다. 그런데 중국처럼 대의 민주주의조차도 제대로 실시되지 않는 상황에서 협의 민주주의는 큰 의미를 가질 수 없다. 결국 그것은 '중국식 민주주의'라는 이름으로 자유 민주주의를 반대하고 공산당 일당제를 합리화하는 민주주의 반대론일 뿐이다.

이상에서 살펴보았듯이, 사회주의 민주나 점진적 민주발전 구상은 과거에 동아시아 발전국가가 추구했던 정치 제도화 우선 모델에서 벗어난 것이 아니다. 이는 다수의 중국 학자들이 여전히 정치 민주화보다 정치 제도화를 선호한다는 사실을 보여준다. 이에 근거하여 판단할 때, 가까운 미래에 중국이 정치 민주화를 추진할 가능성은 높지 않다. 그 대신 정치 제도화를 중심으로 하는 정치개혁, 공산당 일당제를 강화하는 정치개혁을 계속 추진할 것이다.

5. 중국의 정치 과제와 해결 방향

중국은 정치 제도화 중심의 정치개혁을 추진했다. 이를 통해 많은 성과를 거두었지만 동시에 심각한 정치적 문제를 안고 있는 것도 사실이다. 단적으로 이런 방식의 정치개혁은 두 가지 문제를 해결하지 못하는 근본적인 한계가 있다.

첫째 문제는 정치권력의 집중과 이에 따른 부패 및 정책 실패의 만연이다. 정치 제도화 개혁은 공산당과 국가 간의 결합을 인정한 상태에서 어떻게 하면 공산당이 국가를 효율적으로 통치할 것인가를 해결하기 위해 추진되었다. 이런 관점에서는 공산당으로 정치권력이 집중되는 것이 당연하다고 생각한다. 이런 정치 제도화 개혁의 특징 때문에 정치권력은 공산당으로, 이것은 다시 당정 간부로 집중하는 문제, 즉 권력 집중의 문제가 발생한다.

권력 집중으로 인해 중국 정치에서는 권력 남용과 부패가 만연하는 문제가 발생한다. 인사 청탁, 각종 사업의 인허가권을 둘러싼 일상적인 금전 거래와 정경유착이 바로 그것이다. 그 결과 당정 간부가 국가 권력을 마치 개인의 재산처럼 행사하는 가산제 국가(家産制國家, neo-patrimonial state) 현상이 발생한다. 또한 일부 지방에서는 국가가 국민을 상대로 이권을 다투고 재물을 빼앗는 약탈국가(predatory state) 현상마저도 나타난다. 이 두 가지는 아프리카나 라틴

아메리카의 개발도상국에서 자주 나타나는 현상인데, 중국에서도 이런 현상이 나타난다는 것이다.

또한 권력 집중으로 인해 광범위한 자원 낭비와 정책 실패가 발생한다. 당정 간부는 개인의 정치적 업적을 쌓기 위해 타당성이나 필요성이 없는 대규모 사업을 추진한다. 또한 부정 축재의 기회를 만들기 위해 각종 지역 개발 사업을 남발한다. 이렇게 되면서 심각한 국가 자원의 낭비가 발생하고, 지역 주민이 필요로 하는 교육이나 의료 서비스 제공에 쓸 돈이 부족해진다. 지방정부의 막대한 부채는 주로 이 때문에 발생한 것이다. 이와 같은 부패와 정책 실패에 대해 국민들은 강한 불만을 표시하고, 이것은 종종 대중 시위로 연결된다.

둘째로 정치 제도화는 국민의 정치참여를 제한하고, 이로 인해 시위와 폭동과 같은 길거리 정치(street politics)가 확산되는 문제가 있다. 중국과 같은 공산당 일당제에서는 국민이 정부의 정책 결정에 합법적이고 효과적으로 참여할 수 있는 방법이 거의 없다. 지방의회 선거와 촌민위원회 선거, 신방(信訪: 편지와 방문을 통한 민원 신청)이라는 일종의 옴부즈맨 제도가 있지만, 국민의 고충을 해결하는 데는 효과가 크지 않다. 그래서 주민들은 약탈적인 지역개발 정책이나 환경을 오염시키는 개발 정책이 발표될 때까지 모르고 있다가 그것이 발표되면 격렬한 반대운동을 전개한다.

중국 내에서 발생하는 각종 시위와 폭동, 소위 '집단소요 사건(群體性事件)'은 이런 국민 저항의 일부 사례다. 중국 정부는 2005년에 8만 7,000건의 집단소요 사건이 발생했다고 발표한 이후 지금까지 공식 통계를 발표하지 않고 있다. 그런데 한 비공식 자료에 의하면, 2010년에만 약 18만 건, 2011년에는 18만 2,000여 건의 집단소요 사건이 발생했다. 이는 매일 약 500건이 발생한 셈이다. 한마디로 중국은 현재 시위와 폭동이 일상화된 사회가 되었다. 만약 이 문제를 해결하지 않으면 중국은 정치 사회적 안정을 유지할 수 없다.

그렇다면 권력집중의 문제와 국민의 정치참여 제한을 해결하기 위해 어떻게 해야 할 것인가? 무엇보다 먼저 개혁은 '경제개혁 → 사회개혁 → 정치개혁'

순서로 진행되어야 한다는 단계론을 경계해야 한다. 이에 따를 경우 정치개혁은 무한정 뒤로 미루어질 수 있기 때문이다. 또한 현행 정치체제의 일부 장점만 강조하는 중국 정치 옹호론도 주의해야 한다. 예를 들어, 일부 학자들은 공산당 주도의 인사제도를 '선현임능(選賢任能)', 즉 현명하고 유능한 인재의 선임 방식이라고 강조하면서, 이것이 자유롭고 경쟁적인 선거보다 통치 엘리트를 충원하는 데 더욱 효과적이라고 주장한다. 그러나 이 방식으로는 민주주의의 기본 원칙인 주권재민의 원리를 실현할 수 없기 때문에 타당한 주장이라고 할 수 없다.

이런 점들을 고려하여 중국이 당면한 정치적 과제를 해결하기 위해서는 세 가지의 개혁을 추진해야 한다. 첫째, 정치 제도화 우선의 개혁 방침을 유지하되 정치 민주화를 위한 개혁에도 적극 나서야 한다. 중국이 당면한 권력 집중과 국민의 정치참여 제한은 정치 제도화만으로는 해결할 수 없다. 이 문제를 해결하기 위해서는 무엇보다 국민의 정치적 자유를 확대해야 한다. 예를 들어, 사상·양심·신앙의 자유, 언론·출판·집회·결사의 자유를 확대해야 한다. 이 중에서 언론의 자유는 특히 중요하다. 이를 통해 국민의 알 권리를 충족시킬 수 있을 뿐만 아니라 정부와 공산당의 권력을 감독함으로써 권력 남용과 부패를 완화할 수 있기 때문이다. 반면 시진핑 정부는 언론과 인터넷 통제를 매우 강화하고 있는데, 이는 시대의 흐름에 역행하는 것으로 정치문제의 해결에 결코 도움이 되지 않는다.

둘째, 권력 집중과 이로 인해 발생하는 권력 남용 및 부패 문제를 해결하기 위해 당정분리를 적극 추진해야 한다. 이 중에서 법원 개혁이 가장 시급하다. 지난 정치개혁을 통해 국가기관의 자율성과 통치능력은 증가되었다. 예를 들어, 의회개혁을 통해 전국인대와 지방인대는 입법권과 감독권을 좀 더 강력하게 행사할 수 있게 되었다. 정부도 몇 차례의 행정개혁을 통해 기구를 합리화하고 인사제도를 체계화하는 등의 성과를 거두었다. 반면 법원은 여전히 공산당과 정부의 통제하에 있다. 그 결과 법원은 독립적이고 공정하게 국민의 권익을 수호하는 법치의 최후 보루 역할을 제대로 수행하지 못하고 있다. 중국도 이를 알고 있기 때문에 1999년부터 현재까지 법원개혁을 추진하여, 재판제도의 개선과 법관의 전문화 면에서 성과를 거두었지만, 사법 독립과 사법 공정은 여전히 실현되지 않았다. 좀 더 철저한 개혁을 통해서만 법원은 국민 권익의 수호 기관으로 변신할 수 있고, 이럴 경우에만 부패와 사회불안을 해결하는 중요한 기구가 될 수 있다.

셋째, 국민의 정치참여 제한과 이로 인해 발생하는 길거리 정치 문제를 해결하기 위해 국민의 정치참여를 확대해야 한다. 지난 개혁을 통해 국민의 정치참여가 확대된 것은 사실이다. 촌민위원회의 민주 선거와 운영, 지방인대 대표의 직접 선거 확대, 공산당 기층 지도부의 직접 선거 확대 등이 대표적인 사례다. 그러나 이것만으로는 현재 당면한 문제를 해결할 수 없다. 따라서 국민이 지역의 중요한 정책 결정에 실질적이고도 효과적으로 참여할 수 있는 제도가 수립되어야 한다.

이와 관련하여 일부 지방에서 실험했던 향급(鄕級: 한국의 읍·면 단위) 공산당 지도부의 직접선거를 현급(縣級: 한국의 시·군·구 단위)까지 확대 실시할 필요가 있다. 향급 및 현급 공산당 위원회는 지역 주민과 밀접한 정책을 결정하는 기관이기 때문에 직접선거를 통해 주민의 요구가 정책에 반영될 수 있도록 해야 한다. 또한 지방정부가 주민 생활에 큰 영향을 미치는 정책을 결정할 때에는 주민의 의견을 반영하는 제도를 수립해야 한다. 요식행위가 아닌 실질적인 의미를 갖는 공청회의 개최, 언론을 통한 주민 의견의 수렴은 하나의 방법이 될 수 있다. 이런 노력을 통해 정책이 주민의 요구에 따라 결정될 때에만 길거리 정치가 해소되고 사회 안정이 유지될 수 있다.

추가 읽기 자료

김재철. 2002. 『중국의 정치개혁』. 서울: 한울.

서진영. 2008. 『21세기 중국정치』. 서울: 폴리테이아.

전성흥 편. 2010. 『체제전환의 중국정치』. 서울: 에버리치홀딩스.

정재호 편. 2002. 『중국의 개혁-개방의 정치경제 1980-2000』. 서울: 까치.

조영남. 2012. 『중국의 법치와 정치개혁』. 파주: 창비.

______. 2016. 『덩샤오핑 시대의 중국 1·2·3』. 서울: 민음사.

제**5**장

개혁·개방 시기 중국 소유제도의 변화

토지와 기업

강광문 | 서울대학교 법학전문대학원

1. 머리말

현재 우리가 알고 있는 중국은 1949년에 설립된 사회주의 중국 이른바 신중국(新中國)이다. 사회주의 중국의 역사는 1978년을 기준으로 크게 그 이전과 이후로 나눌 수 있다. 1978년 이전이 마오쩌둥(毛澤東, 1893~1976)의 시대였다면 그 이후는 덩샤오핑(鄧小平, 1904~1997)의 시대였고 개혁·개방의 시기였다. 1978년이 중요한 이유는, 그해에 중국의 개혁·개방 정책을 공식화한 중국공산당 제11기 3중전회〔第十一屆三中全會〕가 개최되었고 향후 20년간 중국의 실질적인 1인자 역할을 하게 될 덩샤오핑이 전면으로 등장했기 때문이다.

중국이 개혁·개방 정책을 시행한 지도 어느덧 40년의 시간이 흘렀다. 그 과정에 많은 우여곡절과 시행착오가 있었고, 이를 주도하고 있는 중국공산당과 중국 정부에 대해서는 평가가 엇갈리고 있으며, 중국의 미래에 대해서도 이런 저런 논쟁이 끊이지 않고 있다. 하지만 1978년 이후의 개혁·개방 시기가 근대 이후 중국 역사상 가장 역동적인 시기였고 적어도 경제발전의 측면에서 전무후무한 대성공을 거두었다는 점에 대해서는 이론의 여지가 없을 것이다. 이러한 성공을 바탕으로 자신감을 얻은 중국은 드디어 미국을 중심으로 한 기존 국제질서에 도전장을 내밀기 시작했고 아시아·태평양 지역 나아가서 세계의 중심 국가로 탈바꿈하려 하고 있다.

지금까지의 사회주의 중국의 역사 특히 1978년 이후 개혁기 중국 사회의 변화를 어떻게 볼 것인가? 개혁·개방 정책이 왜 성공했고 어떠한 과정을 거쳤으며 현재는 어떠한 문제를 안고 있는가? 이 과정에서 실제로 중국에서 변한 것은 무엇이며, 변하지 않고 여전한 것은 무엇인가? 이러한 질문들에 대해서는, 여러 가지 시각에서 여러 가지 방법으로 답할 수 있다. 예컨대 중국의 정치제도나 경제제도의 발전 과정을 거시적으로 검토할 수 있고, 중국의 사회시스템과 문화 현상에 대해 구체적으로 살펴볼 수도 있으며, 중국을 농촌과 도시로 또는 각각의 지역으로 구분하여 비교하거나 다른 나라의 경험과 비교하여 분석할 수도 있다.

본문은 이하에서 '소유(所有)'의 개념, 더욱 정확하게는 토지와 기업(국유기업)의 소유제도 변화를 통해 지금까지 중국 사회의 발전 과정을 검토하고자 한다. 이는 1978년 전후 중국 사회의 변화나 중국 개혁·개방 정책의 성공 원인 및 그 과정에서 나타난 여러 가지 문제점에 관해, '소유'를 키워드로 하여 살펴본다면 어느 정도 이해가 가능하리라는 생각에서 출발했다. '관중규표 가견일반(管中窺豹, 可見一斑: 대롱의 구멍을 통해 표범을 보면, 표범 전체가 보이지 않고 반점만 보인다)'이라는 말이 있듯이, 이러한 분석 방법은 중국 사회 전체를 보지 못하고 한 부분만을 가지고 전체에 대해 섣불리 판단하는 과오를 범할 위험성이 있다. 그러나 한편으로는 소유라는 한 조각(반점)을 정확히 이해함으로써 중국 사회 전체(표범)의 기본적인 특징을 파악할 수 있다는 장점도 있다.

본문은 우선 1978년 이전 중국 소유제에 대해 간단히 소개하고(2절), 그 이후 개혁기의 변화에 대해서는 토지에 대한 소유(3절)와 기업에 대한 소유(4절)로 구분하여 검토했다. 토지 소유와 기업 소유에 대한 검토는 구체적으로 1) 현재까지의 중국 소유제의 변천 과정과 2) 주요 특징 및 3) 현재 중국 소유제 개혁이 직면한 문제점으로 나누어 설명했다. 마지막 부분에서는 지금까지의 논의를 종합하고, 이러한 중국 소유제도의 변화 과정에서 누가 수혜자가 되었고 누가 소외되었는지를 간단히 살펴보았다(5절).[1]

2. 개혁·개방 시기 이전 중국의 소유제도: 이상과 실천

우리는 흔히 중국을 사회주의 국가라고 한다. 여기서 '사회주의'라 함은 여러 가지 의미를 내포하고 있다. 경제적 측면에서 보자면 사회주의는 일반적으로 사유제도에 대한 부정과 토지 등 생산수단에 대한 공유제를 그 주요 내용으로 한다. 사회주의의 이론적 토대는 19세기 중반 이후 마르크스(1818~1883)와 엥겔스(1820~1895)에 의해 체계적으로 만들어졌고 레닌(1870~1924)을 대표로 하는 러시아 혁명가들이 이를 실천에 옮겼다. 그 후 중국을 포함한 기타 사회주의 국가들의 제도 설계는 모두 이러한 마르크스주의 이론과 소련의 경험을 바탕으로 하고 있다.

마르크스는 일찍이 공산주의 이론을 한마디로 요약하자면 '사적소유의 폐지'라고 단언하고 자본을 더 이상 개개인의 재산이 아닌 사회의 공동재산으로 변화시켜야 한다고 했다. 이를 위해 구체적으로 개인이 소유한 토지를 몰수하여 지대(地代)를 국가 지출에 사용하고 상속권을 폐지하고 은행과 운수업, 공장 등을 국가소유로 해야 한다고 주장했다(『공산당선언』 1848년 초판). 특히 토지의 소유 문제에 관해 마르크스는 토지국유화는 불가피한 추세라고 하면서 국가가 모든 토지를 독점해야 한다고 주장했다. 다만 국가가 토지를 독점한 후

---

1 필자의 전공이 법학인 탓으로 본문은 주로 소유 관련 법제도와 법률 개념의 분석, 각종 법률 규정의 인용과 소개 등을 중심으로 전개되었다. 따라서 이러한 법제도의 실제 운용에 관련된 사회학적·통계학적 분석이나 논증은 이 글에서 다루지 않았다. 이 글은 「중국 심천경제특구 토지법제의 발전 과정에 대한 고찰」(『헌법과 통일법』, 2015)과 같은 필자가 이미 발표한 몇몇 연구논문을 참조하여 작성했다. 본문에서는 그 출처를 일일이 밝히지 않는다.

어떻게 다시 배분하고 이용해야 하는가에 대해서는 명확히 답하지 않았다. 레닌은 국유화한 토지에 대해서는 국가 정권이 그 이용에 대해 규정하고 지대를 받아야 한다고 역설했다.

1918년에 제정된 러시아사회주의 헌법에서는 토지문제에 관해 "토지의 사회화를 실현하기 위해 토지사유제를 폐지하고 모든 토지를 전체 인민의 재산으로 하며, 토지의 평등이용원칙에 따라 무상으로 노동자에게 배분한다"(제3조)[2]고 정했다. 그 외 각종 자연자원에 대한 국유화를 선언하고 공장, 광산, 철도, 은행 등에 대해 점차 국유화 조치를 취해나갈 것을 선언했다. 1936년의 '소비에트사회주의공화국연방헌법(기본법)'에서는 그동안 러시아와 기타 소비에트공화국의 경험을 토대로 사회주의의 소유제도에 관해 다음과 같이 명확히 했다. "소련의 경제 기초는, 자본주의경제제도를 타파하고 생산도구와 생산수단의 사적소유를 폐지하며 인간에 대한 인간의 착취를 소멸시킨 결과 확립된 사회주의경제제도 및 생산도구와 생산수단에 대한 사회주의적 소유이다", "소련의 사회주의소유제에는 두 가지 형식이 있다. 즉, 국가소유제(전 인민의 재산)와 협동조합 및 집단농장소유제(개개의 협동조합 및 집단농장의 재산)이다"(제4조, 제5조). 이 헌법에 따르면 농장 토지를 포함한 모든 토지, 공장, 은행, 광물 등 자연자원은 국가소유, 즉 전민(全民)의 재산이다. 다만 집단농장은 자신이 점유하고 있는 토지를 무상·무기한으로, 즉 영구적으로 사용할 수 있고 집단농장 내의 기업과 생산도구, 건물 등은 집단농장의 공유재산에 속한다. 전체 인민의 공동소유인 국가소유 이외에 집단농장 등 하급단체의 공동소유를 규정한 것은 당시 소련 각 지역의 실정에 맞추어 고안해낸 제도이긴 하나, 이러한 집단공동소유는 최종적으로 전민소유로 이전하게 될 과도적인 단계에 불과한 소

2 이 논문에서 러시아 및 소련 헌법 조문의 번역은 일본어 번역본과 중국어 번역본을 참조하여 필자가 재번역한 것이다. 일본어 번역본은 稲子恒夫, 『ソビエト國家組織の歴史』(日本評論社, 1964年)에 수록된 자료, 중국어 번역본은 http://www.marxists.org/chinese의 자료를 참조했다.

유 형태로 인식되었다.

사회주의공유제를 국가소유, 즉 전민소유와 집단소유(집단농장소유 또는 협동조합소유)로 구분하는 소련의 방식은 일부 변경을 거쳐 사회주의 중국에 도입되었다. 집단소유의 경우 중국에서는 이를 합작사소유제(合作社所有制) 또는 노동군중집체소유제(勞動群衆集體所有制)라고 명명했다. 다만 사회주의 중국이 설립된 초기에는 사회주의공유제와 더불어 노동자개인소유와 자본가소유도 동시에 인정하고 토지의 사유, 즉 토지에 대한 농민의 소유권을 인정했다(1954년 중국 헌법). 그 후 이른바 '사회주의개조(社會主義改造)'를 거치면서 기업과 도시 토지에 대한 국유화, 농촌 토지의 집체화가 완성되어 1970년대 말까지 이르게 된다. "중화인민공화국의 사회주의 경제 기초는 생산수단의 사회주의공유제이다. 즉 전민소유제와 노동군중집체소유제이다", "도시의 토지는 국가소유이다. 농촌과 도시 교외의 토지는 법률의 규정에 따라 국가가 소유한 경우 외에는 집체소유이다……"(1982년 중국 헌법 제6조, 제10조). 모든 토지를 국유화하고 농촌 토지의 사용권만을 집단농장에 각각 배분한 소련과 달리 중국에서는 적어도 형식상 토지에 대한 농민들의 집체소유권을 인정했다. 이는 사회주의개조 과정에서 농민의 오해를 불러일으키지 않고 농민들로 하여금 토지의 집체화(集體化)를 쉽게 받아들이게 하도록 위함이라고 알려져 있다. 토지 이외에 기업의 경우, 일부 농촌에 설립된 소규모의 집체기업 외에는 모두 국영기업〔國營企業. 1990년대 이후 국유기업(國有企業)으로 개칭〕에 속하고 국영경제, 즉 사회주의전민소유제경제는 국가 경제의 핵심으로 여겨졌다.

이러한 토지와 기업에 대한 사회주의 소유 형태의 특징을 당시 헌법과 기타 관련 정책 규정, 법규에 비추어 종합하면 다음과 같다.

1) 토지의 경우: ① 도시 토지는 국가소유이고 기업과 도시 주민들이 무상으로 이용함. ② 농촌 토지의 경우 공사(公社)나 생산대(生産隊)와 같은 농촌 집체경제조직에 소속된 농민들이 집체로 소유하고 집체로 이용함. ③ 토

지의 소유권은 물론 토지이용권의 유통, 양도, 처분 등이 금지되고 토지를 통한 수익활동이 불가능함. 한마디로 토지소유권과 토지사용권이 분리되어 있으나 토지사용권에 대한 엄격한 제한이 그 특징임.

2) 기업의 경우: ① 기업(국영기업)은 명의상 전민소유이고 실제로는 국가가 직접 경영함. ② 기업은 국가 말단에 위치한 경제단위(單位)로서 국가의 부속기관이고 대리인이며 국가를 대신하여 여러 가지 공적 기능을 수행함. ③ 기업은 국가의 경제계획에 따라 움직일 뿐 기업 경영이 기업의 수익이나 기업 경영진, 근로자의 성과와 직접 연계되지 않음. 즉, 기업에 대한 국가소유권과 경영권의 혼합 또는 미분리를 그 주요 특징으로 하고 있음.

자본주의의 사적소유제에 대한 비판을 통해 형성된 사회주의이론은 토지와 기타 생산수단에 대한 공유제 또는 국가소유라는 개념을 통해 미래 사회에 장밋빛 전망을 제시했다. 즉, '만악(萬惡)의 근원'인 사적소유제를 철폐함으로써 인간이 인간을 착취하고 억압하는 사회에서 벗어나고자 한 것이다. 그러나 이러한 이상은 현실에서 좌절하게 된다. 적어도 아직까지는 성공하지 못하고 있다.

위의 소유 형태는 여러 가지 문제점을 안고 있겠지만 가장 핵심적인 문제는 소유와 이용 주체의 불명확성 및 그에 따른 평등주의와 생산의 비효율성일 것이다. 예컨대 국영기업의 경우, 기업들은 모두 국가의 지령에 따라 움직이는 단위이므로 기업의 생산성, 기업 경영진이나 근로자의 노력 여부가 제대로 평가받지 못하게 되고 이는 필연적으로 노동 의욕과 생산 효율의 저하를 초래하게 된다. 또한 농촌의 경우, 비록 토지를 각각의 집체조직 구성원에 배분하여 집단으로 소유·이용하도록 했지만 집체 구성원들은 결국 자신의 땅이 아닌 집체의 땅을 경작하게 되고 그 수익도 집체 내에서 균등으로 배분하게 됨으로써, 노동 의욕이 크게 상실되고 토지에 대한 애착을 형성하기도 쉽지 않다. 그리고 도시 토지의 경우, 그 이용권이 엄격히 제한되어 부동산 시장이나 공장 건설과 같이 상품경제와 유통경제에 필요한 토지의 이용이 원활히 이루어지지 못하게 되었다.

1978년 이후 중국은 대외 개방과 더불어 국내 개혁을 시작했는데, 국내 개혁은 바로 이러한 경직된 소유제도에 대한 개혁과 밀접히 연관되어 있다. 중국 개혁·개방 정책의 성공 역시 보다 효율적인 소유제도로의 개혁에 기인한 바가 크다.

3. 개혁·개방 시기 중국의 토지소유제도: 소유권과 사용권

1) 토지제도의 개혁

(1) 도시의 토지제도 변화

1978년 이후 중국 토지제도의 변화는 도시와 농촌을 구분하여 살펴볼 수 있다. 도시의 경우, 토지사용제도는 크게 토지사용료〔土地使用費〕 지불, 토지사용권과 토지소유권의 정식 분리, 물권으로서의 토지사용권 확립 등 3단계로 발전해왔다.

① 토지사용료 지불(1978~1986년)

1978년 이전까지 중국은 토지공유제의 전제하에 토지소유권과 사용권의 양도나 토지의 유상 이용을 원칙적으로 인정하지 않았다. 그러나 개혁·개방 정책이 시행되고 외자 유치의 필요에 따라 우선 일부 경제특구에서 토지의 유상 이용을 인정하기 시작했다. 1979년에 제정된 '중외합자경영기업법'에서는 합자기업을 설립하는 중국 측 투자자는 '장소사용권〔場地使用權〕'으로 투자할 수 있고, 장소가 합자기업의 중국 측 투자의 일부분으로 간주되지 않을 경우 합자

기업은 장소사용료를 지불해야 한다고 규정했다. 또한 경제특구 설립을 위한 특별법에서는 경제특구 인민정부는 외국인투자자들을 위해 유기한〔有期〕을 전제로 토지를 제공할 수 있고 토지사용료를 받을 수 있다고 규정했다. 경제특구에서 우선적으로 실행된 이러한 토지의 유상이용제도는 그 후 다른 지역으로 확산되었고, 각 지방정부는 토지 유형에 따라 사용금액의 기준을 정하고 외국인투자자 등 토지이용자로부터 토지사용료를 징수하기 시작했다.

② 토지사용권과 토지소유권의 정식 분리(1986~2007년)

위와 같은 국유토지의 유상이용제도는 외국인투자자의 투자를 가능하게 하고 경제를 활성화하는 데 일조했지만 토지사용권이 상품으로서 유통되지 못하고 토지사용권자의 권리가 불투명한 등 한계가 있었다. 이러한 문제를 해결하고 토지 유통을 통해 지방정부의 재정수입을 늘리기 위해 중국 정부는 점차 국유토지의 사용권을 일시적으로 양도할 수 있다는 발상에 이르게 된다. 1986년 연말에 선전경제특구가 홍콩의 경험을 바탕으로 토지소유권과 토지이용권의 분리 및 토지사용권출양(土地使用權出讓)의 개념을 처음으로 제시했다. 1987년 말에 선전경제특구에서는 공개경매의 방식을 통한 국유토지사용권의 출양(出讓: 경매양도)이 처음으로 성사된다. 중국에서 토지이용시장화의 시발점으로 기록되는 이 국유토지사용권의 경매양도는 당시 중국 국내외 언론의 큰 주목을 받았다. 1988년 개정된 중국 헌법 조항에는 "토지사용권은 법에 따라 전양(轉讓: 권리양도)[3]할 수 있다"라는 내용이 추가되고, "토지를 임대할 수 없다"는 내용이 삭제되었다. 같은 기간 상하이 등 중국의 기타 도시들도 토지사용권의 양도에 관한 지방성법규를 제정하기 시작했고, 중국 토지법의 기본제도를 규정한 '토지관리법'이 개정된 헌법 내용에 따라 수정되어(1988) 토지의 유상

3 여기서 출양(出讓)과 전양(轉讓) 모두 토지양도의 형식이다. 전자는 사용자가 국가로부터 직접 유상으로 양도받는 경우이고 후자는 기타 토지사용권자로부터 양도받는 경우를 말한다.

이용 및 토지사용권의 양도가 정식으로 허용되었다.

③ 물권으로서의 토지사용권 확립(2007년 이후)

1978년 이후 중국은 오랫동안 통일된 민법전을 제정하지 않고 '민법통칙(民法通則)', '계약법(合同法)' 등 개별적인 민사법 법전을 차례로 입법하는 방식을 취했다(2017년 민법총칙 발효). 그 일환으로 1990년대 중·후반을 시작으로 물권에 관한 일반법 제정의 움직임이 시작되었고 2007년 3월에 '물권법(物權法)'이 전국인민대표대회에 의해 통과되었다.

'물권법'의 제정으로 국유토지의 사용권은 물권으로서의 지위를 획득하고 보다 명확한 법적 보장을 받게 되었다. 현행 '물권법'의 규정에 따르면, 건설용지사용권은 법률에 특별히 규정한 경우 이외에 전양(轉讓), 호환(互換), 출자, 증여, 저당 등 방식으로 유통되고, 토지의 사용권리자는 그 토지를 점유(占有),[4] 사용, 수익할 권리를 가지며 토지 위에 건축물 등 부속물을 건설할 권리를 가진다. 국가는 공공이익의 필요에 따라 사용기한 전에 해당 토지를 회수(收回) 할 수 있지만 정당한 보상을 해야 한다.

(2) 농촌의 토지제도 변화

농촌 토지의 경우 1978년까지의 집체소유, 집체경영의 체제가 한계에 이르게 된다. 1978년 11월 안후이성 봉양현 소강촌(安徽省鳳陽縣小崗村)의 농민들이 최초로 이른바 '분전도호 가정승포(分田到戶 家庭承包: 땅을 농민들에게 배분하고 각 가정이 도급하여 경영하는)' 모델을 도입했다. 즉, 토지는 여전히 집체소유이지만 각 가정이 독립적으로 땅을 경작하게 함으로써 농민들의 생산적극성이 향상되고 농촌생산력이 크게 증가했다. 중국 농촌개혁의 서막으로 기록된 이

4 점유(占有)는 물(物)에 대한 사실상의 지배를 말한다. 이는 물에 대한 법적인 지배의 개념인 소유와 구분된다. 따라서 소유권에 기초한 점유가 있을 수 있고 소유권에 기초하지 않은 점유도 있을 수 있다.

시도는 해당 지방정부와 중앙정부의 지지를 받아 점차 기타 농촌 지역으로 확산되었다. 1984년에 이르러 중국의 거의 모든 농촌 지역에서 이러한 토지승포경영제(도급경영제)[5]를 시행하게 된다.

처음에는 농지의 승포기간(承包期間)을 15년으로 했다가, 1999년에 시작된 2차 도급부터는 이를 30년으로 정했다(지역에 따라 차이가 있음). 즉, 농민들은 자신에게 배분된 땅을 30년 동안 꾸준히 경작할 수 있게 된 것이다. 농촌 토지에 대한 승포경영제도는 그 후 헌법에 의한 확인(1993), 전문법률〔농촌승포법(農村承包法)〕의 제정(2002)을 통해 국가 법률의 승인을 받게 되고, 농민의 승포경영권은 2007년 '물권법' 제정 이후 단순한 채권적 성격의 권리가 아닌 물권적 권리로서의 지위를 획득하기에 이른다.[6] 다만 농촌집단에 소속된 농민들이 집단으로 토지를 소유하고 각 농민 가정이 독립적으로 토지를 경작하는 토지소유제도는 1978년 이후 큰 변화 없이 현재에 이르렀다고 할 수 있다.

2) 중국 토지제도의 특징

(1) 토지소유·이용에 있어서 도시와 농촌의 이원화 구조

사회주의체제를 유지하고 있는 중국은 이른바 토지공유제를 시행하고 있는데 이러한 토지공유제는 도시와 농촌에서 서로 다른 형태로 운용되고 있다. 즉

---

5 여기서 승포(承包)를 도급으로 번역하기도 하는데 엄밀히 말하면 토지승포(土地承包)의 경우 한국에서 말하는 도급과 동일하지는 않다. 중국의 토지승포는 농촌 가정이 자신이 소속된 향(鄉), 촌(村) 등 농촌집체(農村集體)의 토지를 일정 기간 빌려서 경작하고 그에 상응하여 일부 비용을 납부하고 남은 이익은 자주적으로 처분하는 제도이다. 그에 비해 도급은 당사자 한쪽이 어떤 일을 완성할 것을 약속하고 그 상대방에서 보수를 지급받는 계약을 의미한다.

6 이른바 채권(債權)과 물권(物權), 양자의 관계 등은 민법에서 주로 논의되는 법학 개념들이다. 중국의 농촌토지제도와 연관해서 간단히 정리하자면, 농민들은 땅을 일정 기간 빌려서 경작할 수 있는 지위에서(채권), 해당 토지에 대한 이용뿐만 아니라 재승포〔轉包〕, 담보 등을 통해 수익을 내며 경우에 따라서는 처분할 수 있는 권리(물권)를 갖게 되는 것이다(다만, 각종 법 규정의 제약을 받음).

〈표 5-1〉 토지의 국가소유제와 집체소유제의 비교

구분	국가소유(도시)	집체소유(농촌)
범위	- 도시의 토지와 법이 규정한 일부 농촌과 교외의 토지	- 농촌과 교외의 토지, 농촌 택지〔農村宅基地〕, 자류지(自留地), 자류산(自留山)
권리행사 주체	- 국무원이 국가를 대표하여 행사 - 각급 정부의 토지행정 부서가 관리	- 향, 진, 촌의 집체경제조직 및 촌민위원회
구체적 권리	- 건설용지사용권 및 기타	- 토지승포경영권(土地承包經營權), 택지사용권〔宅基地使用權〕 및 기타
시장유통 가능성	- 토지사용권 등 권리의 비교적 자유로운 유통(전양, 상속, 증여, 임대 등)	- 토지승포경영권과 택지사용권의 유통 제한〔농촌 호구(戶口) 및 집체구성원 신분을 전제로 함〕

도시의 토지에는 국가소유제 또는 전민소유제(全民所有制)가, 농촌의 토지에는 집체소유제(集體所有制)가 적용된다.

이러한 이원구조체제하에서 도시 국유토지의 이용권은 시장에서 비교적 자유롭게 유통되고 있는 반면에 농촌 토지의 이용은 상대적으로 엄격히 제한되어 있어 농민들의 관련 권익이 상대적으로 보장받지 못하는 등의 문제점을 안고 있다.

(2) 국유토지의 소유권과 사용권의 분리 및 토지의 유상, 기간제 사용

중국 현행 헌법에서도 규정하고 있는 이른바 '사회주의시장경제(社會主義市場經濟)'는 '사회주의'와 '시장경제'라고 하는 일견 모순되는 두 개념의 결합이다. 사회주의제도를 포기하지 않는다는 전제하에 시장경제체제를 통해 경제를 발전시키고자 하는 중국공산당의 노력은 1980년대 이후 각종 새로운 개혁의 시도로 이어졌는데, 토지제도와 관련해 탄생한 것이 바로 토지(도시 토지) 소유권과 사용권의 분리이다. 간단히 말하자면 토지는 국가가 소유하지만(사회주의), 토지의 사용권은 시장에서 유통할 수 있다는 것이다(시장경제).

현행 '토지관리법'과 '물권법'에 따르면 ① 국유토지를 사용할 수 있는 권리인 건설용지사용권은 용익물권의 일종으로 인정되고, 토지사용권자는 국가소

유토지에 대해 점유(占有), 사용 및 수익의 권리를 가지고 해당 토지에 건축물 및 기타 부속물을 건설할 권리를 가진다. ② 토지사용권자는 전양, 호환, 출자, 증여 또는 담보의 방식으로 자신의 토지사용권을 유통시킬 수 있다. ③ 다만, 토지사용권자가 토지사용권을 전양, 호환, 출자 또는 증여하는 경우 그 토지에 부착된 건축물 및 기타 부속물은 함께 처분되어야 하고, 반대로 건축물 및 기타 부속물을 전양, 호환, 출자 또는 증여하는 경우는 해당 건축물 및 기타 부속물이 차지하고 있는 범위 내의 토지사용권은 함께 처분되어야 한다.

도시 국유토지사용권을 취득하는 방식은 일반적으로 출양, 전양, 획발(劃拔)의 세 가지로 구분된다. 여기서 출양은 국가에 일정한 출양금을 지불하고 일정 기간 내의 토지사용권을 취득하는 방식이고, 전양은 매매, 교환, 증여 등의 방식을 통해 기존의 국유토지사용권자로부터 다시 토지사용권을 취득하는 방식이다. 국가기관이나 군사시설 또는 국가의 공익사업 등을 위해 국가로부터 무상, 무기한으로 토지사용권을 취득하는 획발의 경우 이외에, 국유토지의 사용에 대해 중국 정부는 기한을 정하고 있다. 이에 따르면, 거주 용지의 경우에는 70년, 공업 용지의 경우에는 50년, 과학기술, 문화위생, 스포츠용지의 경우에는 50년, 상업, 관광, 여가 용지의 경우에는 40년, 기타 용지의 경우에는 50년으로 각각 그 사용기한이 구분되어 있다.

(3) 농촌 토지의 집체소유, 농지의 승포경영 및 택지의 '일호일택'

중국의 현행 제도에 의하면 농촌 토지는 그 지역 농민들이 집체로 소유한다. 이는 일종의 집체 구성원 신분을 전제로 하는 특수한 공동소유 형태라고 할 수 있다. 농민이 집체 구성원에 귀속되는지 여부는 일반적으로 호구(戶口)와 연동되고 호구는 쉽게 변경할 수 없다. 한편 중국 농촌의 집체소유는 민법에서 흔히 말하는 공동소유 형태와 달리, 토지소유자인 농민은 소유에 대한 분할청구권을 가지고 있지 않고 자신의 소유지분을 처분할 수도 없으며 구성원 신분의 상실에 따라 소유권을 상실하게 된다. 예컨대 농민이 도시로 진출하여 도시 호구를 가지게 되면 더 이상 그 지역 농촌 집체의 구성원이 아니기에 해당 토지에 대한 소유권 및 그와 관련한 각종 이용, 수익 권한을 가지지 못한다.

농민들이 실제로 농촌 토지에 관련하여 행사할 수 있는 물권적 권리에는 농지에 대한 토지승포경영권 외에 주택용 토지에 대한 택지사용권(宅基地使用權)이 포함된다. 현행 '승포경영법'과 '물권법'에 따르면 ① 농민들은 농지에 대해 30년을 기간으로 도급하여 경영할 수 있고 그 기간 내에 자신의 승포경영권을 재승포(재도급), 양도 등을 통해 유통시킬 수 있다. 다만 승포경영의 기간은 원 승포경영의 남은 기간을 초과할 수 없고 농민 일가가 모두 비농업 호구로 변경될 경우에는 승포경영권을 반납해야 한다. ② 승포경영권자는 해당 집체경제조직에 소속된 농민이어야 하고 그 집체조직 이외의 경영자에게 재승포할 경우 전체 구성원의 결정을 거쳐야 한다. 재승포의 경우 반드시 농업경영 능력이 있는 자에게 도급을 줘야 한다.

농지의 경작 이외에 농민들이 땅을 배분받아 집을 지어 살 수 있는 권리를 택지사용권(宅基地使用權)이라고 하는데 이 권리에도 역시 여러 가지 제한이 따른다. ① 이른바 '일호일택(一戶一宅)' 원칙이라고 해서 농민 한 가구는 반드시 한 곳의 택지만 이용할 수 있다. 농민이 자신이 살고 있던 농촌 주택을 매각, 임대 또는 증여한 후에는 다른 택지를 신청할 수 없다. ② 농지 이외의 농촌집체소유의 땅에 대해 농민들은 점유와 이용의 권한을 가지고 있으나 처분은 물론 이를 통한 수익 창출 등도 원칙적으로 금지되어 있다. 따라서 현행 중국 농촌의 토지소유와 이용제도는 신분관계(농민)와 소속관계(호구)를 전제로 한 일종의 특수한 소유권과 물권 형태라고 할 수 있다.

3) 중국 토지제도의 문제점

1978년 이후 중국의 토지개혁 정책에는 승포경영(承包經營)을 대표로 하는 농촌토지이용제도의 개혁과 도시 토지의 유상이용제도가 포함된다. 농촌의 경우, 농지 경영을 각 농민에게 맡기고 경영권의 안정성을 보장함으로써 농민들의 적극성과 농촌의 생산력이 크게 향상되는 효과를 초래했고, 이로써 중국은 1980년대에 전 국민의 '먹고 입는 문제(溫飽問題)'를 기본적으로 해결했다. 중국 농촌 경제가 급속하게 발전한 시기도 이때였다.

도시의 경우, 기존의 경직된 토지이용제도를 타파하여 국유토지사용권을 소유권에서 분리시켜 시장에 유통시킴으로써, 외자 유치는 물론 부동산 경제를 활성화시키고 토지사용권이 상품으로서의 가치를 획득하게 되었다. 이는 그 후의 사회주의시장경제 발전의 기반을 마련하게 된다. 하지만 중국의 이러한 토지소유와 이용제도 역시 여러 가지 문제점을 안고 있어 중국의 향후 더 높은 도약을 위해 반드시 해결해야 할 과제로 남아 있다.

토지소유권을 포함한 물(物)에 대한 소유권은 법학적으로 물권의 일종이다. 물권이라 함은 특정의 물(物)을 직접적·배타적으로 지배함으로써 이를 통해 각종 이익을 취득할 수 있는 권리다. 특히 소유권의 경우 물(物)에 대한 이용, 수익, 처분의 권한이 포함되어야 한다. 물권이 성립되기 위해서는 물(物)의 주체와 객체, 즉 물건이 특정되어야 하고, 하나의 독립된 물건에는 하나의 특정한 물권이 형성되어야 한다는 이른바 일물일권주의(一物一權主義)가 기본 원칙이다. 이러한 이론을 토대로 현행 중국의 토지소유제도의 문제점을 살펴보면 다음과 같다.

(1) 도시의 경우

"도시의 토지는 국가가 소유한다"고 하지만 여기서 국가가 어떠한 의미에서 소유권의 주체이고 나아가 추상적인 국가가 어떻게 소유권을 행사하는지는 명확하지 않다. 국가가 소유권의 주체라고 하지만 실제로 소유권를 행사하는 기관, 즉 땅 – 정확하게는 토지사용권 – 을 1차적으로 매매하고 그를 통해 이익을 취득하는 곳은 지방정부이다. 실제로는 토지관리국(土地管理局)이 지방정부를 대표하여 도시의 토지사용권시장을 독점하고 있고, 각지의 부동산개발회사들은 지방정부로부터 토지를 양도받아 주택 건설, 상업시설 건설 등을 시행한다. 1990년대 이후 중국 각 지방정부 재정의 적지 않은 부분은 토지사용권을 매각한 돈으로 충당되어왔다고 한다. 개발에 필요한 도시 토지가 부족한 경우 지방정부는 토지 징수(徵收)의 방식으로 농촌 토지를 국유 토지로 전환시킨 후 이를 다시 양도한다. 지방정부의 토지관리부서는 토지 관리를 위한 행정부서인 동시에 토지의 매매자인 셈이다.

중국에서는 이러한 경제를 '토지 경제' 또는 '토지를 통한 발전 모델'이라고 한다. 지방정부는 가능한 낮은 가격으로 도시 부근의 농촌 토지를 징수하여 부동산개발회사에 매각하고 건설회사, 부동산개발회사는 지방정부로부터 토지를 양도받아 개발한 후 시장에 유통시킨다. 한때 중국의 일부 지역에서는 부동산 붐이 일어나 집값이 천정부지로 솟아오른 적이 있다. 지방정부의 입장에서는 중앙정부가 예산을 충분히 제공하지 않기 때문에 토지대금으로 예산 부족을 해결하고 지역경제를 발전시킬 수밖에 없는 어려움도 있다.

그 과정에서 가장 큰 이익을 본 곳은 지방정부와 부동산개발회사, 은행 등 부동산 관련 업체들일 것이다. 이러한 체제하에서 도시 토지는 명의상 전민소유이지만 그 혜택은 모든 시민들에게 미치지 않고, 집이 필요한 일반 주민들은 오히려 거액의 돈을 지불할 수밖에 없다. 또한, 오로지 경제성장만을 추구하는 지방정부의 정책으로 인해 토지의 난개발과 토지 오염, 토지 징수에 의한 농경지 감소 등의 문제가 생기게 되었고, 토지 징수에 반대하는 농촌 지역 주민들의 반발도 거세게 일어나게 되었다. 즉, 중국에서는 국가가 모든 도시 토지를 소유한다고 하지만 결국 토지의 주인이 불명확하고, 토지는 지방정부 및 관련 사업체가 토지 매매와 개발을 통해 거액의 이익을 얻을 수 있는 상품으로 변질되었다.

(2) 농촌의 경우

농촌 토지의 경우 이른바 '집체소유'의 의미가 무엇인지 명확하지 않다. 우선 '단체'로서의 집체가 토지를 소유하는지 아니면 단체 구성원이 '집체'로 토지를 소유하는지가 문제된다. 현재 통설은 후자의 입장을 취하고 있으나, 그럼에도 농민들은 토지에 대한 분할청구권이나 지분처분권을 행사할 수 없다. 또한, 실제로는 촌민위원회나 촌의 관리들이 농촌 토지에 대한 각종 권리를 행사함으로써 농민들의 이익이 침해되어 농민들의 권익이 제대로 보장받지 못하는 경우가 종종 있다. 즉, 소유권자인 농민들이 실제로 소유권을 행사하지 못하고 있는 것이다.

나아가서 농지 승포경영권의 유통은 많은 제한을 받고 있고 그것마저도 호구와 연계된 신분을 전제로 하고 있다. 택지의 이용도 마찬가지로, 건물과 함께 토지사용권이 자유롭게 유통되는 도시와 달리, 농촌의 경우 일호일택의 원칙에 따라 거주를 위해 일부 토지를 이용할 수는 있지만 담보나 매매 등을 통한 수익창출 활동에는 제한이 있다.

1978년 이후 농촌 경제의 활성화와 농민 수입의 증가는 승포경영의 도입으로 상징되는 농촌토지개혁의 성과이나, 다른 한편으로 1990년대 이후 도시에 비해 농촌 경제가 쇠퇴하고 농업 경제가 다시 침체기에 진입하게 된 것은 위와 같은 토지 소유와 이용의 제한에 기인한 것이라고 할 수 있다. 이른바 삼농문제(三農問題, 농촌, 농민, 농업이 상대적으로 낙후되고 발전하지 못하는 문제)를 해결하여 농촌 경제를 활성화시키고 농촌과 도시의 경제수준 차이를 없애기 위해서는, 향후 농촌 토지의 소유와 이용제도를 일부 고쳐나가야 할 것이다.

4. 개혁·개방 시기 중국의 기업소유제도: 소유권과 경영권

1) 중국 국유기업제도의 개혁

1978년 이후 중국의 개혁은 토지제도개혁과 더불어 기업, 그중에서도 중국 경제에서 절대적인 지위를 차지하고 있는 국유기업(1990년대 이전에는 국영기업)에 대한 개혁의 과정이라고 할 수 있다. 국유기업 개혁은 아직 미완성에 머물러 있으나 지금까지의 개혁 과정을 간단히 되돌아보면 다음과 같다.

(1) 국유기업 소유권과 경영권의 분리(1978~1992년)

기업이 독립적인 경제 주체가 아닌 국가의 부속기구로서 오로지 정부의 계획에 따라 생산이 결정되고, 경영이 이루어지는 체제하에서 기업의 생산성이나 효율성을 기대하기는 쉽지 않다. 국유기업에 대한 개혁은 우선 '기업에 권리와 이윤을 돌려주는 정책(放權讓利)'에서부터 시작했다. 기업에 보다 큰 경영자주권을 부여하고 정부의 과도한 간섭을 자제함으로써 기업이 차츰 국가계획만이 아닌 시장에도 적응할 수 있는 주체로 나아가게 하는 것이다.

그 후 일부 기업에 대해 '기업승포(企業承包: 기업을 수급인에게 도급하고 수급인은 일정한 금액이나 이익의 일부를 국가에 지급)'와 '국가에 대한 이윤 상납에서 세금 납부로 변경(利改稅)'하는 등의 개혁을 시도함으로써 기업의 독자적 지위를 강화했다. 1980년대 말에 이르러 중국 정부는 국유기업에 대해 '정부와 기업을 분리(政企分開)'하고 기업의 소유권과 경영권을 분리함으로써, 국유기업 스스로 경영하고 이익과 손실에 대해 책임을 지며 독립적으로 회계처리를 하는 법인으로 인정하기에 이른다.

당시 국유기업을 법인으로서 국가나 정부로부터 독립시키는 조치가 사회주의공유제 원칙에 위배되는지 여부에 대한 논의가 있었는데, 이를 해결하기 위해 고안한 것이 — 소련의 기업법 이론을 도입해 만든 — 소유권과 경영권의 분리 이론이다. 구체적으로 기업의 재산은 전민소유, 즉 국가소유이지만 경영권이 기업에 부여됨으로써 국가 재산에 대한 경영권과 관리권을 각 기업이 가지게 되는 것이다. 여기서 기업경영권이라 함은, 기업이 국가가 자신에게 경영하도록 부여한 재산에 대해 점유, 사용 및 법에 따라 처분할 권리를 말한다. 다만 기업은 국가 재산을 유효하게 경영·관리하고 재산을 증식할 의무를 지니게 된다. 이로써 기업은 명의상 국가소유이지만 소유권과 관련된 각종 권한은 결국 법인으로서의 기업이 독자적으로 행사하게 되는 것이다.

(2) 국유기업의 회사화(1992년 이후)

1992년 덩샤오핑의 남순강화(南巡講話)[7]와 함께 중국은 사회주의시장경제노선을 확정하고 기존의 개혁·개방 정책을 확대해나갈 것을 결정한다. 그동안의 국유기업개혁은 사회주의에 반하지 않을 뿐만 아니라, 오히려 개혁을 더욱 추진하여 국유기업을 시장경제의 진정한 주체로 발전시킬 필요가 있다는 결론에 이른 것이다. 이를 위해서는 이른바 선진적인 현대기업제도(現代企業制度)를 도입하여 국유기업을 개혁해야 한다는 것이다. 즉, 국유기업을 '회사화〔公司改制〕' 하는 것이다. 1993년에 사회주의 중국의 첫 '회사법'이 통과되었다.

중국 '회사법'은 회사의 형태를 유한책임회사와 주식회사〔股份有限公司〕로 구분하고, 회사를 독립적인 재산을 가지고 회사의 전 재산으로 회사 채무에 대해 책임을 지는 기업법인으로 정의했다. 1995년 중국 중앙정부는 100여 개의 대형 국유기업을 선정하여 회사로 체제 전환을 하고, 그 이듬해에는 6,000개 정도의 국유기업에 대한 회사화를 마무리했다. 또한, 일부 중소형 국유기업에 대한 민간자본의 참여를 허가하고 국유자본과 민간자본의 교차투자, 교차지분소유를 장려하여 이른바 혼합소유제 형태의 경제제도의 발전을 도모하게 된다. 이로써 국유기업은 점차 국가투자회사로 변경되었고, 국가가 기업과 기업 재산을 직접 지배하는 소유 형태로부터 단지 회사의 출자자로서의 권리를 행사

7 여기서 남순강화(南巡講話)라 함은 1992년 연초에 덩샤오핑이 선전 등 중국 남부 지역을 시찰하며 진행한 일련의 강연활동을 말한다. 당시 구소련과 동구권 사회주의 국가의 몰락, 1989년의 톈안먼 사태로 인해 중국에서는 기존의 개혁·개방 정책에 대한 회의가 생기게 되고 시장경제체제가 사회주의에 위반되는지 여부가 쟁점으로 부상했다. 이러한 문제에 관해 덩샤오핑은 경제발전이야말로 가장 중요한 진리이고 사회주의냐 자본주의냐의 논쟁은 큰 의미가 없으며, 기존의 개혁·개방 정책을 더욱 과감히 추진해나갈 것임을 국내외에 천명했다. 이 남순강화는 중국 개혁·개방 시기의 중요한 전환점으로 기록되고 있다.

하는 체제로 전환하게 되었다. 구체적으로 출자자로서의 권리를 행사하는 기관으로 국무원에 국유자산감독관리위원회(國有資産監督管理委員會)를 설립하여 중앙정부 소속의 대형 국유기업을 관리감독하고, 각 지방정부에는 지방 국유자산감독관리위원회를 설립하여 지방정부 소속 국유기업에 대한 출자자 권리를 행사하게 했다. 물론 국유기업의 회사화 과정에서 일부 민간자본의 참여를 허용하고 있지만 국가가 대부분의 국유회사에서 주도적 지위에 놓여야 한다는 점은 변함이 없다. 따라서 중국에서 말하는 국유기업의 회사화는 민영화를 의미하지는 않는다.

이러한 국유기업의 회사화와 민간자본 참여의 허용은 기업의 적극성과 창의성을 유발하게 되고, 중국 경제의 활성화와 시장경제체제의 수립을 위한 제도적 기반을 마련하게 된다. 특히 주식회사로 변경된 국유기업들은 중국 국내외 주식시장에 상장하기에 이르러 각종 형식의 자금 조달이 가능하게 되었고 글로벌 시장에서 경쟁력이 있는 대형 회사집단으로 발전했다. 그러나 국유기업의 회사화 과정은 동시에 여러 가지 문제점을 야기하게 된다. 예컨대 국유자산의 유실 문제, 국유기업의 자원 독점으로 인한 폐해 및 경영권 주체의 불명확성 문제 등이 심각하게 대두되었다.

시진핑체제(2012)가 들어선 후 국유기업 개혁에 대한 중국공산당의 새 지도사상(『中共中央、國務院關於深化國有企業改革的意見』, 2015)이 반포되어 각종 새로운 개혁 방안이 모색되는 중이다. 그중 가장 중요한 내용은 국유기업을 일률적으로 회사화, 상업화시키는 기존의 모델을 바꾸어, 국유기업을 기능에 따라 상업형 국유기업과 공익형 국유기업으로 구분하고 두 유형의 기업을 서로 다른 이념과 방향에 따라 개혁하는 것이다. 모든 국유기업을 단순히 효율과 이익을 추구하는 경쟁의 주체로 인식하지 않고, 예컨대 공익형 기업에 대해서는 기존의 '정부와 기업의 분리'가 아니라 오히려 정부의 간여를 강화하는 등의 새로운 모델을 적용하는 것이다. 이러한 개혁 조치가 어떠한 결과를 초래할지는 향후 좀 더 두고 봐야 할 것이다.

2) 중국 국유기업제도의 특징

소유의 관점에서 보자면 현행 중국 국유기업은 우선 회사(유한책임회사와 주식회사)로 변경된 국유기업과 기존의 국유기업의 두 가지 형태로 구분할 수 있다. 전자의 경우 국가는 회사 재산에 대해 직접적인 소유권을 가지고 있지 않고 출자자로서의 권리를 행사할 뿐이다. 기업은 회사로서 스스로 경영권은 물론 회사 재산에 대해 법인소유권을 가지게 된다. 이러한 회사는 국가자본의 지분 구성에 따라 다시 국유독자회사(國有獨資公司), 국유자본지배회사(國有資本控股公司), 국유자본참여회사(國有資本參股公司) 등으로 나뉜다.

국유독자회사를 예로 들어 기업의 지배구조를 살펴보자면, 국무원 및 각급 지방정부의 국유자산감독관리위원회가 일반 회사의 권력기구인 주주회의의 기능을 담당하고, 회사의 주주회의는 별도로 설치되어 있지 않다. 회사의 집행기구인 이사회의 구성원은 국유자산감독관리위원회에서 파견한다. 대형 국유기업의 경우, 회사 이사회뿐만 아니라 회사의 기타 고위 경영진 역시 모두 정부에서 파견하거나 결정한다. 유한회사가 아닌 주식회사 형태의 기업에서는 국유자산감독관리위원회가 주식소유자로서 회사의 경영에 참여하게 되므로 그 지위나 영향력은 국가가 회사 전체 주식에서 차지하는 지분에 의해 결정된다. 물론 국가 경제의 핵심적 위치에 있는 국유회사들, 예컨대 중국공상은행, 중국석유회사, 대형 철강회사들은 비록 이미 상장하여 민간자본의 참여를 허용하고 있지만, 주식의 절대다수는 여전히 국가가 가지고 있다.

아직 회사로 변경되지 않은 국유기업의 경우 기존의 소유권과 경영권 분리의 원칙이 그대로 적용된다. 즉, 국가가 기업과 기업 재산을 소유하고 있지만, 경영은 기업에 위임되어 있다. 기업은 자신이 수임한 기업 재산에 대해 점유, 사용 및 법에 따른 처분을 할 권한을 가지고 독립적인 법인으로서 생산, 경영 활동을 진행한다. 구체적으로 기업은 생산경영결정권, 제품판매권, 물자구입권, 수출입권, 투자결정권, 유치자금사용권, 자산처분권, 연합경영 및 합병권,

노동인사권, 임금과 상여금 배분권, 내부기구 설치권 등을 독자적으로 행사할 수 있다. 향후 이러한 국유기업을 모두 회사로 변경할 것인지에 대해서는 아직 결론이 나지 않은 상태이다.

3) 중국 국유기업제도의 문제점

근대 자본주의의 발전은 회사의 탄생과 밀접하게 연관되어 있다. 회사가 법인으로서의 권리 주체성을 인정받음으로써 자연인은 회사라는 가면을 이용하여 대규모 투자를 감행할 수 있고 한편으로 그에 따른 책임과 리스크를 감소시킬 수 있었다. 회사의 소유권과 경영권이 분리됨에 따라, 투자자로서의 자연인이 회사를 직접 소유·경영하는 단계에서 회사에 대해 주주권만을 행사하고 경영은 전문 경영인에 맡기는 단계로 발전하게 되었다. 또한, 회사는 독립적인 법적 주체로서 자신의 법인 재산에 대해 소유권을 가지게 되었다. 따라서 현재 각국의 회사법제도하에서 '누가 회사를 소유하고 있는가'라는 물음에 대해 답하기는 쉽지 않다. 여기에는 출자자의 주주권, 경영자의 경영관리권과 회사 구성원들의 사원권, 회사가 법인으로서 가지고 있는 재산소유권 등의 권리가 중첩되어 있다. 이러한 회사이론을 전제로 현행 중국 국유기업제도를 살펴보면 다음과 같은 문제점이 보이게 된다.

우선, 소유권과 경영권의 분리 원칙에 따라 기업 재산을 회사에 위임하여 경영하도록 하고 나아가 기업 재산의 소유권자를 회사로 변경하는 과정에서, 소유권의 불명확성으로 인한, 이른바 '국유자산의 유실(國有資産流失)' 문제가 심각하게 나타났다. 비록 국가가 소유자라고는 하지만 국가는 결국 추상적인 존재이고 각급 정부 관료와 그들이 파견한 경영진이 기업에 대한 전권을 행사하게 된다. 국유기업의 경영자들이 실제로 기업 형태의 변경, 합병과 분리 등 여러 가지 '합법적 형식'을 통해 국유기업의 자산을 자신의 측근이나 기타 이해관계자에게 빼돌리는 현상이 빈번하게 일어났다. 반대로 국유기업의 경영 부실이나 자본 잠식에 대해서는 실제로 책임지는 사람이 없다. 이는 정부 관료와 경영진의 부패문제와 직결된다.

또한, 기업이 국가소유, 즉 전민(全民)의 소유라고 하지만 국유기업이 창출한 이익은 전체 인민이 향유하지 못하는 문제가 발생한다. 이윤을 창출한 국유기업은 그 이윤을 국가에 환원하기보다는 기업 내부에서만 배분하는 것을 선호한다. 중국에서 이른바 잘 나가는 국유기업과 그렇지 못한 기업 간의 임금, 복지 혜택의 차이가 큰 이유가 여기에 있다. 그뿐만 아니라 자본을 독점한 일부 국유기업은 자신의 독점적 시장 지위를 이용하여 소비자가격을 높임으로써 소비자로서의 일반 국민은 오히려 불리한 위치에 처하게 된다. 중국에서 휘발유 가격이나 고속도로 통행료가 실제 경제수준에 비해 월등히 높은 원인 중 하나는 이러한 체제에서 찾을 수 있을 것이다. 즉, 기업은 전체 인민의 소유이지만 전체 인민은 그 기업의 혜택에서 소외되는 현상이 나타나는 것이다.

중국의 국유기업개혁은 현재까지 기업의 소유권과 경영권을 분리시키고 경영권을 자율화시킴으로써 기업의 생산성과 효율성을 높이고 이윤을 최대한 창출하는 방향으로 발전해왔다고 할 수 있다. 하지만 이러한 개혁의 방향과 노선이 한계에 부딪히기 시작했다. 현재 진행되고 있는 국유기업개혁의 성공 여부가 앞으로의 중국 경제의 운명을 결정짓는다고 하여도 과언이 아닐 것이다. 사회주의의 징표인 생산수단의 공유제, 즉 기업에 대한 국가의 소유 — 기존 국유기업에 대한 직접적인 소유와 회사화한 국유기업에 대한 국가의 지분통제〔控股〕— 를 포기하지 않는 전제하에서, 기업의 자주성과 독립성을 보장함으로써 자원 이용, 생산성 제고, 이윤 배분 등의 최적화를 이루기는 쉽지 않다. '사회주의'와 '시장경제'가 이 점에서 다시 근본적으로 충돌하게 되는 것이다. 이 밖에도 국유기업을 단순히 시장 주체로 볼 것인지, 공익 등 기타 사회적 기능을 국유기업에 어느 정도로 요구해야 하는 것인지 등도 — 이는 한국 등 자본주의 국가에서도 마찬가지로 직면해 있는 딜레마이다 — 아직 최종적으로 해결하지 못하고 있는 과제이다.

5. 맺음말

위와 같이 소유제도의 변화를 통해 1978년 이후 중국의 역사를 돌이켜보면 개혁·개방 정책의 성과와 문제점 및 당면한 과제가 어느 정도 보인다. 우선 농촌의 경우 승포경영제를 통해 농경지 사용권을 농민 각자에게 배분시킴으로써 한때 식량생산량의 증가 등 농업 경제의 급속한 발전을 가져왔다. 그러나 이러한 '집체소유, 승포경영'체제는 1990년대 이후 한계에 직면하게 된다. 농민 신분과 호구제도를 전제로 한 집체소유권과 승포경영권 및 택지사용권은 그 매매, 양도, 담보를 통한 융자 등 유통 과정에서 여러 가지 한계를 지니고 있고, 이는 농민들의 생활수준 향상과 농촌 경제의 활성화를 저해하는 제도적 요인으로 작용하게 된다.

도시 토지의 경우 소유권과 사용권의 분리 및 토지사용권의 상대적 자유로운 유통은 외자 유치, 건설과 부동산 경제의 활성화 등 중국식 사회주의시장경제 발전을 위한 토대를 마련했다. 한편으로 추상적인 국가를 대표하여 토지에 대한 각종 권리를 행사하는 지방정부와 관련 기업들의 자원 독점은 전체 인민의 소유로 되어 있는 토지자원의 혜택이 실제로는 인민들에게 돌아가지 못하는 등의 문제점을 야기했다.

마지막으로 중국 경제에서 절대적인 지위를 차지하는 국유기업의 경우 소유권과 경영권의 분리 및 이에 따른 기업경영자주권의 보장은 애당초 큰 성공을 거두었다. 그 후 이어진 국유기업의 회사화, 민간자본의 참여, 여러 가지 형태의 혼합경제 모델 역시 중국 경제를 활성화시키는 데 큰 역할을 했다. 하지만 국가가 기업을 절대적으로 소유하거나 지배해야 하는 체제가 지속되는 이상 국유기업 개혁은 그 한계에 부딪히게 될 수밖에 없다. 그렇다고 국가가 기업의 지배에서 한 걸음 물러나거나 국유기업을 궁극적으로 민영화시키는 조치는 사회주의공유제를 부정하고 경제에 대한 중국공산당과 정부의 통제를 무력화시키는 결과를 초래할 위험이 있기에 쉽게 시도할 수도 없다.

즉, 사유제에 대한 비판을 전제로 성립된 공산주의이론과 사회주의체제는 결국 토지와 주요 기업에 대한 공유제를 포기할 수 없을 것이다. 따라서 향후에도 중국에서는 전체 인민과 집체 인민의 소유라는 미명하에 정부가 토지와 같은 중요한 생산수단을 소유하고 그 이용 과정에서 주도적 지위를 차지할 것이다. 그러한 의미에서 중국 정부 및 그 배후에 있는 중국공산당은 가장 광범위한 자원을 독점하고 있고 그에 따른 가장 강력한 권력을 가지고 있다고 할 수 있다. 이는 현재 중국에서 국가와 사회의 영역 구분, 중국 정부와 공산당의 통제력, 관과 민의 관계 등의 문제를 분석하는 데 있어서 중요한 전제 중 하나이다.

한편으로 국가소유라고는 하지만 구체적인 행위자는 결국 인간이기에 소유제 개혁 과정, 즉 그 이익 배분 과정에서 수혜자와 소외당한 자가 생기게 되고 웃는 자와 그렇지 못한 자가 갈리게 된다. 이로써 빈부격차가 생기고 그것이 심하면 사회 불안정이 뒤따르게 된다. 이는 사회주의 중국뿐만 아니라 모든 시기, 모든 사회에서 마찬가지다. 국가를 대표하여 권력을 행사하면서 부를 축적해온 일부 정부 관료와 공산당 간부, 도시와 농촌의 소득 격차, 몇몇 대형 국유기업 경영진과 구성원이 중국 사회에서 차지하고 있는 우월적 위치, 토지자원의 재분배 과정에서 이익을 본 지방정부, 건설사와 은행 등을 보면 그렇다.

"지금까지의 모든 역사는 계급투쟁의 역사이다"(『공산당선언』 1848년 초판). 이 문구에 빗대어 말하자면, 1978년 이후의 개혁·개방 시기 중국 사회의 발전사는 소유제도의 변화 과정에서 상대적으로 이득을 본 자와 그렇지 못한 자 사이의 투쟁과 부침의 역사라고 할 수 있겠다.

추가 읽기 자료

강광문·김영미. 2017.『중국법 강의』. 서울: 박영사.

김건식 외. 2018.『중국회사법』. 서울: 박영사.

김건식. 2016.「중국 국유기업의 민영화」.『중국법 연구』26, 129~167쪽.

신위성. 2013.「중국 도시와 농촌 토지권리의 이원화 구조 개혁에 관한 연구」.『법학연구』51, 63~108쪽(중국어 원문 및 한국어 번역문).

제6장

추격이론에서 본 중국 경제의 과거, 현재, 미래

지난 40년 평가와 최근의 구조 변환

이근 | 서울대학교 경제학부

1. 머리말

경제에서 '추격'이란 후발국이나 후발 기업이 선발국이나 선발 기업을 따라잡거나 넘어서는 것이다(이근, 2014). 국가 차원의 경제추격의 정도를 나타내기 위한 두 가지 대표 지표로는 우선 미국 대비 1인당 소득 수준이 있고, 그다음으로는 국민 경제의 상대적 규모 – 즉, 세계 전체에서 차지하는 크기 혹은 미국 대비 크기 – 가 있다.

개혁·개방 이후 중국 경제의 성과도 이 두 가지 지표의 관점에서 논의될 수 있다. 가령, 언제 중국이 미국을 추월하는가를 둘러싼 논란이 그것이다. 실제로 미국 대비 중국 경제의 크기는 2000년에 10%에 불과했으나 10년이 지난 2010년에 40%가 되었고, 2014년에는 60%까지 추격했다. 그 후 중국은 2015년에 미국 대비 경제규모가 62.2%에 도달한 이후, 2016년에 60.4%로 처음으로 하락세를 보였다. 중국 경제는 최근 하락세를 보이기는 했지만, 규모 면에서 대단한 추격이라고 하지 않을 수 없다.

그러나 경제추격의 정도를 나타내는 또 다른 지표인 1인당 소득 수준에서 볼 때, 중국은 이제 막 미국의 30% 수준에 도달했다. 이것도 대단한 성과이지만, 2010년대에 들어 중국 경제의 성장률이 점차 하락하고 급기야 2017년에는 7% 밑으로 떨어지면서 중국의 중진국 함정 가능성에 대한 논의가 많아졌다. 세계은행의 정의에 따르면 중진국 함정이란 미국 대비 소득이 20~40% 구간에서 몇십 년간 머물러 있는 경우를 말하는 것이다(World Bank, 2010). 멕시코, 브라질, 남아공, 인도네시아 등 많은 나라가 중진국 함정에 빠져 있다. 중국은 2010년에 미국 대비 20% 수준에 도달했고, 현재는 30% 수준이 되었다. 중국은 다른 중진국보다 가파른 추격세를 나타내고 있어 미국 대비 40% 수준을 돌파할 것으로 보이지만, 최근 이런 추세가 더디어져 아직 중국이 중진국 함정에서 완전히 자유롭다고 보기엔 조심스럽다(Lee and Li, 2014).

이번 장에서는 지난 40년의 중국의 경제추격을 이런 관점에서 논하되, 중국을 동아시아 모델(East Asian Model), 베이징 공식·베이징 컨센서스(Beijing Consensus), 워싱턴 컨센서스(Washington Consensus) 등의 시각에서 비교·분석한다(Lee et al., 2011). 중국의 지난 40년을 보면, 초기에는 체제의 개혁·개방이 진행되었고, 그 과정에서 동아시아 모델식의 성장 부분과 중국 특수적인 베이징 공식·베이징 모델식 성장 부분이 혼합적으로 진행되다가, 2008년 글로벌 금융 위기 이후 세계경제의 침체에 따라 성장률이 뚜렷하게 하락했고, 이는 중진국 함정이라는 키워드가 나오는 계기가 되었다.

이번 장에서는 이러한 중국 경제의 동적인 변화를 경제추격론의 시각에서 해석한다. 구체적으로 경제추격에 대한 세 가지 역설의 관점이 채용된다(이근, 2016). 추격의 첫 번째 역설은 '같아지기 위해서는 달라져야 한다'는 것이다. 즉, 중국이 미국과는 새로운 모델을 추구해야만 미국을 넘을 수 있다는 것이다. 두 번째 역설은 '빨리 가려는 자가 오히려 늦게 된다'는 것이다. 이는 빨리 추격하려고 고속도로로 가다가는 종종 교통 정체를 맞아 오히려 늦어지기 때문에, 교통량이 적은 산길과 같은 우회 전략이 필요하다는 것이다. 이 글에서는 기술혁신 전략 면에서 우선 IT 같은 단주기(short cycle) 산업을 먼저 하고 나중에 제약 등 장주기(long cycle) 산업으로 가는 우회 전략을 다룬다. 다른 세 번째 추격의 역설은 '후발자는 새로운 기회의 창을 통해서 비약할 수도 있고 잘못하면 추락할 수도 있다'는 것이다. 중국의 경우 기회의 창이란 금융 위기 등 서방 자본주의의 침체 및 4차 산업혁명과 같은 새로운 기술 패러다임의 등장이다.

이 장의 구성은 다음과 같다. 우선 2절에서 베이징 모델과 중진국 함정을 다루고, 3절에서는 2008년 이후의 구조 전환과 당면 문제를 다룬다. 그리고 4절에서 중국의 미국 추격 추월에서 대해 논의하고, 5절에서 요약과 결론을 제시한다.

2. 베이징 컨센서스(베이징 공식)에서 중진국 함정으로

중국 경제의 지난 40년은 초기 20년 동안의 시장경제로의 체제 전환과 동아시아 모델형 성장, 2000년대 초반의 베이징 모델형 성장, 그리고 2008년 글로벌 금융 위기 이후의 성장 둔화와 구조전환기으로 요약될 수 있다(〈그림 6-1〉 참조). 즉, 중국은 1997년 이후 아시아 금융위기에도 불구하고 WTO 가입 등을

〈그림 6-1〉 중국 경제의 지난 40년의 시기 구분 (단위: %)

자료: World Bank national accounts data; OECD National Accounts data.
주: GDP 증가율(3년 이동 평균)은 저자 추산.

계기로 무역의존도가 30% 초반대에서 65%로 치솟는 등 소위 동아시아 모델형 개방형 고속성장을 했으나, 10년 만인 2007년 이후 성장의 둔화 사이클로 진입했다.

중국의 추격을 바라보는 세 가지 시각에는 미국식 워싱턴 컨센서스, 동아시아 모델, 베이징 공식이 있다.

세계은행과 IMF가 제시한 워싱턴 컨센선스는 대략 10개 정책 ― 즉, 환율 자유화, 사적 재산권 보호, 규제 완화, 무역 자유화, 민영화, 금융 자유화 등등 ― 을 의미하며, 이러한 정책들을 잘 시행해야만 후발국이 잘 성장할 수 있다는 것이다. 그러나 워싱턴 컨센서스를 충실히 따라한 남미 국가들의 성과가 좋지 않음에 따라 이 처방은 이제 영향력이 떨어져 거의 폐기 처분되는 상태에 이르렀다. 따라서 이 처방과는 다른 길을 선택하여 성과를 낸 소위 동아시아 모델이라고 할 수 있는 한국이나 중국의 추격 전략이 관심을 받고 있다.

동아시아 모델이란 두 가지 핵심적인 내용을 뜻한다. 첫째, 워싱턴 컨센서스에서 언급한 것들을 시행하되 점진적이어야 한다는 것이다. 둘째, 워싱턴 컨센서스에서 제외된 세 가지 정책들 ― 즉, 수출 장려와 수입 보호, 기술 혁신, 고등교육 ― 을 전략적으로 추진한 것이 남미와 다른 동아시아의 성공 요인이라는 것이다. 중국도 워싱턴 컨센서스가 제안하는 열 가지 정책을 점진적으로 추진함과 동시에 동아시아 모델의 특징인 세 가지 정책라인을 열심히 따라가고 있다는 측면에서, 동아시아 모델적인 형태를 보이고 있다고 할 수 있다.

그런데 중국은 '베이징 공식'이라고 명명할 수 있을 정도로 동아시아 모델과는 또 다른 모습을 보인다. 즉, 중국은 서구적인 민주주의, 대규모 민영화 없이도 성장하고 있고, 공산주의 혹은 권위주의체제 속에서도 성장하고 있으나, 한국, 대만과 달리 1) 대학 연구소 지식의 빠른 상업화, 2) 외국 기업들의 인수 합병을 통한 브랜드 및 기술 확보 등을 통해 추격 시간을 단축, 3) 외국 기업을 유치하고 그들을 통해 배움으로써 결국 토착 기업을 육성하는 수평적 학습 전략이라는 세 측면의 차별성을 가지고 있는 것이다. 이러한 특수성 때문에 중국은 한국이나 대만과는 다른 모델, 즉 '베이징 공식'이라고 할 수 있다.

그러나 최근에 중국의 성장이 정체되면서 중진국 함정에 빠질 가능성에 대한 논란이 제기되었는데, 이에 대해 기술혁신, 초우량 대기업의 수, 분배의 형평성이라는 세 가지 관점에서 검토할 수 있다(Lee and Li, 2014). 우선 이 기준에서, 기술혁신을 중시하는 이유는 선진국형 성장으로 가기 위해서는 결국은 혁신이 성장의 요인으로 등장해야 하기 때문이다. 즉, 중국이 얼마나 혁신적인지를 봐야 한다는 것이다. 실제로 서방학자들은 중국식 권위주의체제와 혁신은 양립 불가능하다는 예측이 있었는데, 최근 중국은 권위주의체제를 유지하면서도 매우 혁신적인 성과를 내고 있어 이런 예측을 무색하게 하고 있다. 다음으로 중국이 세계 초우량 기업의 기준인 ≪포춘(Fortune)≫ 선정 500대 기업을 얼마나 갖고 있는지도 중요하다(Lee et al., 2013). 중진국 함정에 빠진 많은 나라들은 세계 초우량 기업을 거의 보유하고 있지 않는데, 그에 비해 중국은 이미 100개 이상을 창출하여 이 부분에서도 매우 양호한 편이다. 마지막으로 분배 면에서 성장과 분배의 양립 가능성이 중진국을 넘어서는 하나의 기준이라고 할 수 있는데, 중국은 분배 측면에서도 최근 희망적 패턴을 보이고 있다. 다음부터 이 세 가지 측면에서 좀 더 자세히 살펴보도록 하겠다.

첫 번째로 중국의 혁신 정도를 측정하는 기준은 GDP 대비 R&D 투자비율(R&D to GDP ratio)이다. 이 비율에서 중국은 같은 소득수준 국가들에 비해 높은 비율을 보이고 있다. 한국도 마찬가지로 높은 GDP 대비 R&D 투자비율을 보이고 있는데 이는 혁신을 많이 하고 있다는 것을 나타낸다. 자료를 보면 중국은 미국에 출원한 특허 수가 가파르게 상승하고 있다. 미국과 일본을 제외하면 한국, 독일, 대만, 중국 순으로 미국 특허 수가 많은데 중국이 곧 대만을 넘어설 것으로 보인다. 중국과 같이 미국 특허 수가 가파르게 상승한 나라는 남미 중진국에는 없다. 중국이 세계에서 가장 높은 미국 특허 수 증가율을 보인다고 할 수 있다. 아직 절대적인 특허 수는 한국이나 대만에 비해 적지만 증가율 면에서 세계에서 가장 높은 수치를 보이기 때문에 중국은 혁신적인 국가 되었다고 말할 수 있다.

혁신 정도를 가늠하는 또 다른 지표는 그 나라에서 특허를 출원한 사람들이 외국인인지 내국인인지 여부이다. 한국도 1990년대 초까지는 특허의 대부분이 외국 사람들이 한국에서 출원한 것이었지만, 1993년이 되어서야 한국의 토착 기업이 낸 특허 수가 외국인이 출원한 특허 수보다 많아졌다. 이는 상당히 중요한 추격의 지표이다. 중국도 2005년쯤에 중국 내 기업이 출원한 특허 수가 외국인이 중국 내 출원한 특허 수보다 많아졌다.

또한 어떤 기술 분야로 특화하는지가 중요한데, 한국의 경우 1980년 중반부터 기술 수명이 짧은 IT와 같은 단주기 기술 분야로 특화한 것이 상당히 중요한 추격의 비밀이었다(Lee, 2013). 단주기 기술이 중요한 이유는 이것이 후발국의 틈새이기 때문이다. 사이클이 짧은 기술 분야에서는 기술이 자주 빨리 변하기에, 기존 선진국이 갖고 있는 기술의 우위성이 금방 없어져서 후발국한테 진입장벽이 낮은 기술들이다. 따라서 이런 분야가 후발국 기준에서 보면 틈새인데 중국도 역시 한국과 마찬가지로 특허의 평균 수명이 계속 짧아지고 있다. 중국이 한국과 15년 격차를 두고 단주기 기술 분야로 집중하고 있는 것으로부터, 중국이 한국과 똑같은 전략을 진행하고 있다는 것을 확인할 수 있다.

한국은 1990년대 말까지는 IT와 같은 단주기 분야에 집중하다가 2000년대부터는 제약·기초과학 분야로 옮겨갔는데, 바로 선진국의 주력산업인 장주기 기술 분야이다. 그래서 추격 단계에서는 단주기 분야로 가고 탈추격(post catch-up) 단계에서는 선진국과 똑같은 장주기 기술 분야로 가야만 선진국 대열에 안착할 수 있다. 장주기 분야란 제약 부문과 같이 진입 장벽이 높고 추격하기에 시간이 오래 걸리는 분야를 말한다. 즉, 핸드폰만 가지고는 선진국이 되기 어렵다. 핸드폰 기술은 추격하기도 쉽고 추격을 당하기 쉽기 때문이다. 삼성이 장주기 기술 분야인 바이오 시밀러(biosimilar, 특허가 만료된 생물의약품에 대한 복제약) 등 신흥 제약 분야에 투자하는 것도 진입 장벽이 높은 분야로 가려 하는 것이다.

중국도 마찬가지로 최근에 장주기 분야로 가고 있다. 바로 이것이 추격의 우회 전략이다. 선진국이 이미 선점하고 있는 장주기 분야로 처음부터 들어가기보다는, 처음에는 단주기 분야에서 기술을 축적한 후에 장주기 분야로 가는 전략이 바로, '빨리 가려는 자가 늦게 간다'는 역설로 표현되는 우회 추격 전략이다. 중국에서 나타나는 이러한 패턴을 볼 때, 기술 추격 면에서 중국은 상당히 성공적인 것으로 보인다.

우회의 역설을 간단히 설명하면 다음과 같다. 우리가 어떤 지점에서 출발해서 목표 지점까지 자동차로 운전해서 가려고 할 때, 일반적으로 고속도로가 제일 짧은 경로이다. 그러나 모든 자동차가 그 길로 간다면 교통체증이 생겨서 목표 지점까지 도달하는 데 오히려 시간이 더 오래 걸릴 수 있다. 따라서 우회 전략을 쓸 수 있는데, 예컨대 사람이 없는 산길로 가는 것이다. 산길에는 자동차가 적어서 오히려 더 빨리 갈 수 있다. 단, 산길로 가려면 운전 실력이 좋아야 하는데, 그 운전 실력이 바로 기술 혁신 능력이다. 혁신 능력이 있는 자만이 단순 저부가가치 제조업이 아니라 고급 산업까지 나아갈 수 있다. 한국은 지금까지 그러한 선택을 해온 것이고 중국도 혁신 능력을 높임으로써 단순 가공형 제조업에 머무는 것이 아니라 고부가가치 산업까지 확장해가고 있는 것이다.

두 번째 기준인 세계 초우량 대기업 수는 ≪포춘(Fortune)≫ 선정 500대 기업을 얼마나 가지고 있는가 하는 것이다. 미국의 경우 가장 전성기인 2000년대 초반에 200개 정도였고, 지금은 130개까지 하락했다. 일본의 경우 (1990년대 중반 이후) 소위 '잃어버린 20년' 동안에 그 수가 1990년대 중반의 150개에서 반 이하로 줄어든 반면, 중국은 그 사이에 미국에 버금가는 100개 이상의 초우량 기업을 가시게 되었다. 중국은 1994년에 세 개밖에 없었던 초우량 기업이 2016년에는 103개에 이르게 되었다. 반면, 중진국 함정에 빠진 터키나 태국과 같은 나라들은 초우량 기업이 한 개이거나 없거나 한 상황이다. 반면 BRICS[1]가 갖고 있는 초우량 기업의 수는 계속 증가하고 있고, 유럽 선진국은 30~40개

정도 된다. 당연히 나라가 규모가 크면 초우량 기업이 많을 수밖에 없지만, 그 나라 규모에 비례해 더 많은 수의 초우량 기업을 창출한 나라가 바로 중진국 함정을 넘어서 고소득 경제(high-income economy)로 갈 수 있는 것이다. 한국도 15개 정도의 초우량 기업을 가지고 있고 대만도 중소기업 중심 경제가 아니라 여덟 개의 초우량 기업을 창출하여 고소득 경제가 된 것이다.

마지막 기준은 분배이다. 분배를 나타내는 기준은 루이스 터닝 포인트(Lewis turning-point)와 쿠즈네츠 커브(Kuznetz Curve)이다. 쿠즈네츠 커브는 성장 초기에는 분배가 악화되다가 나중에 분배가 호전된다는 가설인데 지니계수로 보면 역 U자 가설이라고 볼 수 있다. 한국은 1970년대까지 지니 계수가 0.4를 넘어 분배가 악화되었다가, 1970년대 이후부터 경제성장이 임금을 계속 상승시켜 외환위기 전까지 꾸준히 지니 계수가 하락하는 분배 호전형 성장을 달성했다. 즉, 지니 계수가 호전되어 성장과 분배가 함께 가는 모범적인 성장을 보여줬다. 중국도 현재 분배 문제가 계속 악화되고 있는데 이제 정점에 도달한 것으로 보인다. 한국의 경우, 초기에는 사람들이 농촌에서 도시로 이동하여 도시로 이주한 사람과 농촌에서 나간 사람들 사이에 큰 격차가 나타났다. 하지만 1970년대 이후 사람들이 전부 도시로 이주해 중산층이 되고 임금이 상승하면서 이에 따라 분배도 호전되었던 것이다. 이것이 바로 쿠즈네츠 가설이다.

한국의 경우엔 이 가설을 정확히 재현한 국가이고 중국도 계속 악화되다가 이제 그 과잉 인구가 많이 흡수되어 도시로 이전해 오면서 분배가 호전되기 시작하는 것으로 보인다. 실제로 중국의 연해 부근은 이미 과잉 인구가 마이너스, 즉 노동인구가 부족하다. 중국 연해 지역의 경우 임금이 매년 20% 상승하고 있고, 이 때문에 분배가 호전되는 것이다. 실질적으로 농촌과 도시 격차가 내륙에서는 더 높고 연해 부근이 가장 작게 나타난다. 한국의 경우엔 인구 과

1 BRICS는 2010년부터 급속한 경제성장을 이루고 있는 다섯 개의 신흥경제국인 브라질(Brazil), 러시아(Russia), 인도(India), 중화인민공화국(China), 남아프리카공화국(South Africa)를 통칭하여 부르는 명칭이다.

잉에서 인구 부족 나라로 가는 터닝 포인트가 1970년대 초반이었는데, 중국도 이미 최소한 연해 지방에서는 이 터닝 포인트를 지나고 있는 것으로 보인다. 중국도 이미 지니 계수가 2009년부터 감소하기 시작했다. 아직 두고 봐야 하겠지만 중국도 이제 분배가 더 이상 악화되지 않은 지점에 도달했다는 통계가 나오고 있다.

3. 2008년 이후의 구조 전환과 당면 문제

중국 경제 구조를 보면 2008년 부근이 하나의 터닝 포인트로서 이때부터 계속해서 새로운 현상이 나타났다.

첫째, 성장률이 전반적으로 감소하는 추세가 보이는 가운데, 주목해야 할 점은 과거에는 연해 지역이 성장을 주도했지만 이제는 연해 쪽의 성장이 내륙보다 떨어지는 성장의 역전 현상이 2008년에 발생했다는 점이다(〈그림 6-2〉). 아무도 이러한 역전을 예측하지 못했으나 정부의 서부 대개발 등 의도된 정책

〈그림 6-2〉 중국의 3대 지역별 경제성장률: 연해 대 내륙 지역의 역전 (단위: %)

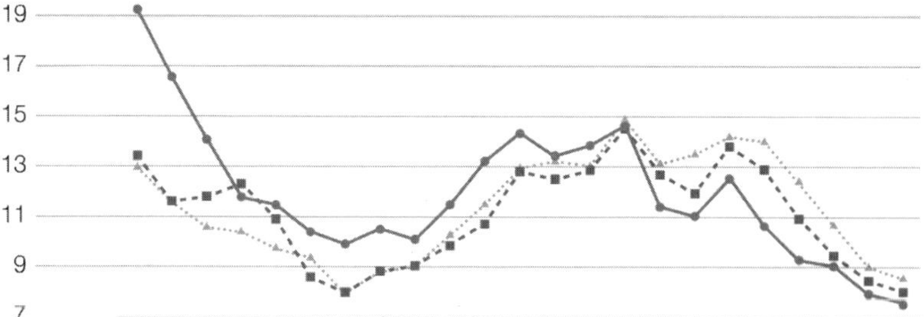

	1993	1994	1995	1996	1997	1998	1999	2000	2001	2002	2003	2004	2005	2006	2007	2008	2009	2010	2011	2012	2013	2014	2015
동부	19	17	14	12	11	10	9.9	11	10	12	13	14	13	14	15	11	11	13	11	9.3	9.1	8	7.6
중부	13	12	12	12	11	8.6	8.1	8.8	9.1	9.8	11	13	12	13	14	13	12	14	13	11	9.5	8.4	7.8
서부	13	12	11	10	9.8	9.5	8	8.8	9	10	12	13	13	13	15	13	14	14	14	12	11	9.1	8.6

자료: 『중국통계연감』 자료를 이용하여 필자 작성.

의 결과로 발생했다. 이제 바로 성장의 주축 지역이 연해에서 내륙 지방까지 넓게 퍼지고 있다는 것을 의미하고, 이것으로 인해 분배 악화도 통제되어 호전되기 시작한 것으로 보인다.

둘째, 중국은 과거에 외국 자본에 의지하여 성장했지만, 2008년부터 외국 자본 의존도가 하락하고 있다. 즉, 중국이 외자 의존도를 줄이고 있고 토착 기업을 창출하고 있는 것이다. 무역 의존도도 2007년을 정점으로 65%에서 40%로 거의 절반 가까이 줄었다. 중국이 이제 무역보다 내수 위주 성장으로 가고 있는 것이다.

셋째, 과거 성장의 주역인 투자에서 소비로 바뀌고 있다. GDP 대비 투자비율이 40%대로 상당히 높은데, 이 비율이 떨어지고 소비 비율이 조금씩 늘어나는 현상이 나타나고 있다.

필자는 다른 논문에서 중국의 성장과 분배의 상호관계가 어떻게 되는가를 계량 분석해보았다(Jin and Lee, 2017). 그 결과를 간략히 설명하면, 1997년을 기준으로 그 이전 성장의 주요인은 수출과 외국인 직접투자(FDI=foreign direct investment by Multinational companies)였다. 그리고 그 이후 단계인 1998년부터 2007년까지는 성장의 주요인이 수출, 교육, 기술 혁신으로 바뀌었다. 분배 면에서는 도농 격차의 주요인이 수출과 외국인 투자였으나, 1998년 이후에는 그 영향이 줄어들고 교육의 기회 불균형과 같은 요인들이 격차를 발생시키는 새로운 원인으로 등장하고 있다. 즉, 1997년까지 성장의 동인은 도시화, 개방 등이었고 그 이후에는 교육 및 기술 진보가 영향을 주고 있다. 2008년 이후에는 내륙과 연안 간 격차가 줄어들고 있다. 불평등의 원천은 초기에는 성장과 개방이었으나 후반기에는 성장이 분배 불평등을 줄이는 효과가 나타나고 있다. 지역 간 균형적인 성장과 정부 지출의 증가와 같은 것이 분배 악화를 통제하고 있는 요인으로 손꼽히고 있다. 따라서 노동 공급이 충분하다가 부족해지는 소위 루이스(lewisian) 터닝 포인트에 중국도, 최소한 연해 지역을 중심으로, 2000년대 후반에 도달했다고 볼 수 있다. 이것을 통해 중국도 쿠즈네츠 가설처럼 경제성장 초기에는 분배가 악화되다가 나중에는 분배가 호전되는 현상이 나타나는 조짐을 보이고 있다고 할 수 있다.

반면에 중국의 새로운 리스크는 부채비율이다. GDP 대비 부채비율이 계속 상승하고 있고, 특히 그중에서도 기업 부채가 160%까지 증가했다. 이는 한국보다 상당히 높은 수치이다. 즉, 한국은 가계부채가 문제이지만 중국은 가계부채는 작고 기업부채가 많은 것이 특징이다. 과거 한국의 1990년, 즉 외환위기 직전 상황과 비슷하다. 현재 기업부채 비율이 중국은 167%이지만 한국은 105%이고 선진국들은 이의 절반 정도 된다. 바로 이것이 최근에 무디스가 거의 30년 만에 처음으로 중국의 신용등급을 떨어뜨린 이유이다. 이에 반해 중국의 정부 부분 부채는 낮은 편이다. 정부 부분은 지방정부가 대부분 적자인 반면 중앙정부는 흑자를 보이고 있어서 종합하면 2~3% 정도가 적자이다. 따라서 관점에 따라 정부 재정이 좋다고 판단할 수도 있고 나쁘다고 판단할 수도 있는데, 간단히 말하자면 지방정부가 방만하게 지출하고 있는 것이라고 볼 수 있다.

4. 중국은 언제 미국을 추월하는가: 추격의 역설

마지막으로 중국과 미국의 이야기로 돌아가 보면, 현재 미국 대비 중국의 GDP 크기가 60% 정도 되는데 계속 5년마다 10%씩 증가하다가 지금은 그 추세가 꺾이거나 정체되어 있다(〈그림 6-3〉). 즉, 이 비율이 하락하는 현상이 최근에 최초로 나타났다. 2015년에 62%를 넘었다가 그 이후 하락하여 60%까지 하락했다. 지금까지 이런 현상이 나타난 적이 없기 때문에 매우 의미 있는 현상이다.

미국이 영국보다 경제규모가 커진 시기가 1872년이다. 만일 여러 곳에서 예상한 대로 2030년에 중국의 경제규모가 미국을 추월한다면, 150년 만에 세계

〈그림 6-3〉 미국 대비 각국의 GDP 비율 (단위: %)

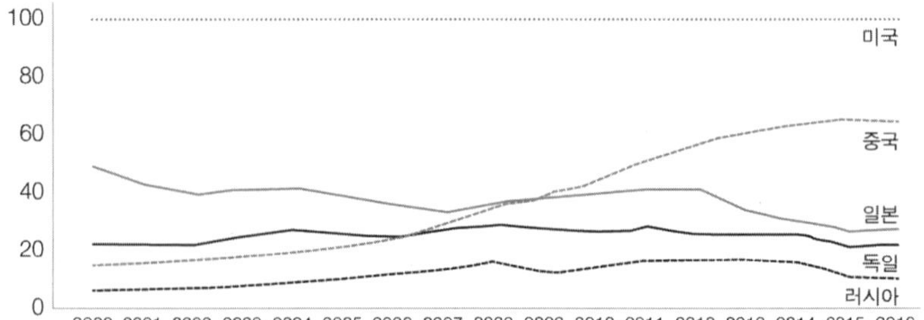

	2000	2001	2002	2003	2004	2005	2006	2007	2008	2009	2010	2011	2012	2013	2014	2015	2016
미국	100	100	100	100	100	100	100	100	100	100	100	100	100	100	100	100	100
중국	11.8	12.7	13.5	14.5	16.0	17.6	20.0	24.7	31.3	35.5	40.5	48.5	53.0	57.7	60.6	62.2	60.4
독일	19.0	18.4	19.0	21.8	23.0	21.9	21.7	23.8	25.6	23.8	22.9	24.2	21.9	22.5	22.3	18.7	18.7
일본	46.2	39.3	36.4	37.5	38.1	35.1	31.6	30.2	33.0	35.0	36.9	38.2	37.0	29.5	26.5	22.9	23.9
러시아	2.7	3.1	3.4	4.0	5.2	6.3	7.7	9.6	12.1	9.1	10.9	13.1	13.4	13.4	11.9	7.6	6.9

자료: IMF통계를 이용하여 필자 작성.
주: 미국 GDP 대비 중국의 크기=60%, 2016년 이후 감소 시작.

1등 국가가 바뀌는 셈이다. 단, 최근의 정체 현상 때문에 그 추월 시기가 최소 10년 정도 늦춰질 것으로 예상된다. 그런데 만일 최근처럼 중국의 상대적 규모 하락 추세가 유지되거나 미국의 규모가 계속 커진다면 중국이 영원히 미국을 넘어서지 못할 수도 있다.

또한 미국이 영국보다 경제규모가 커진 이후 그 차이가 압도적으로 커지는 데 50년 정도의 추가 시간이 걸렸음을 고려하면, 중국이 실제로 막강한 제일대국으로 되기까지는 엄청나게 긴 세월이 필요하고, 그렇다면 당분간은 양대국 체제가 유지될 것으로 예상할 수 있다. 즉, 실제로 미국의 정치 및 경제적 힘이 영국을 넘어서 완전히 세계 1등으로 바뀌게 된 것이 1944년 이후이기 때문에, 단순히 경제규모의 순위가 바뀐다고 해서 중국이 바로 세계 1등 국가가 된다고 볼 수는 없다. 경제규모 차이가 매우 크게 나야만 팍스 차이나(Pax China)로 나아갈 수 있는데, 그러기 위해서는 더 많은 시간이 필요할 것이다. 규모 면에서 2040년에 1등 국가가 바뀌더라도 영향 측면에서는 한참 더 시간이 걸릴 것이라고 예상할 수 있다.

그리고 중국이 최근에 급속히 미국을 추격한 이유 중에 하나는 중국의 환율이 30% 정도 평가절상 되어 미국 달러로 계산한 중국의 GDP 크기가 크게 평가되었기 때문이다. 환율절상과 성장이 동시에 일어나는 것은 쉬운 일이 아니다. 과거 한국을 포함하여 보통 개도국들은 환율을 절하하여 수출경쟁력을 높이는 방식으로 성장하는데, 중국은 초기에만 그랬고 나중에는 환율이 안정적이거나 오히려 절상되면서도 성장했다. 이는 매우 특이한 현상이다. 한국도 물론 1990년대에 들어서는 환율이 절상되면서 성장했으나 그 끝에 외환위기를 맞이했다. 중국도 최근에 환율이 등락하는 현상이 나타나고 있는데, 다시 평가절하 현상이 나타나면, 달러로 표시한 GDP 크기의 관점에서 미국 추격 속도가 그만큼 떨어지게 될 것이다.

또한 미국 경제의 상대적 크기가 그동안 계속 감소하다가 2010년부터 다시 커지는 것에 주목해야 한다. 이는 글로벌 금융 위기 이후, 유럽이 상대적으로 하락세가 오래 지속된 반면, 미국은 높은 경제 유연성으로 인해 좀 더 빠른 회복세를 보이는 것으로 해석할 수 있다. 세계에서 차지하는 미국의 비중은 2000년대 초반 30% 정도였으나, 2010년 부근에 20%까지 하락하다가 그 이후 회복하여 지금은 25%에 도달했다. 즉, 그 사이 약 5% 포인트를 다시 회복했다.

반면 1인당 소득 면에서 독일과 일본이 미국을 추월할 것이라 예상했는데 미국을 추월하지 못하고 그 차이가 계속 유지되고 있다. 1990년대 초·중반에 독일과 일본이 미국 대비, 각각 90%, 80%까지 도달했으나, 그 이후 다시 격차가 확대되어 독일은 미국 대비 80%, 일본은 70% 정도로까지 추락했다. 반면 한국은 일본 추격에 거의 성공하여 일본과의 1인당 소득 격차가 5% 내외에 불과하고, 대만도 실질소득 수준은 일본을 추월했다. 왜 일본과 독일이 미국을 1인당 소득 면에서 넘어서지 못하고 있는가는 또 하나의 재미있는 이슈이다. 그리고 1인당 소득 면에서 보자면, 중국은 아직 미국 20%밖에 안 되기 때문에 실제로 굉장히 많은 격차가 있다.

이러한 각국의 추격 성과를 이해하는 데에는 제논(Zenon)의 역설이 유용하다. 제논의 역설이란, 그리스의 유명한 마라토너인 아킬레스(Archilles)가 자기 100미터 앞에서 출발한 거북이를 영원히 추월할 수 없다는 것이다. 거북이가 있던 지점에 아킬레스가 도착하면 그 사이 거북이는 좀 더 앞에 가 있고, 또 그 지점에 도착하면 거북이는 이미 좀 더 앞에 가 있기 때문에, 아킬레스는 영원히 거북이를 추월하지 못한다는 것이다. 이는 후발자는 선발자의 뒤만 계속 쫓아가서는 영원히 추월을 못 한다는 것을 의미한다. 후발자가 선발자를 추월하기 위해서는 선발자와는 다른 길로 가야 된다는 것이다. 비슷한 이야기로, 우리가 달을 향해 로켓을 쏘는데 현재 달의 위치를 보고 쏘면 그 달에 도달할 수 있을 것인가? 달의 위치는 끊임없이 바뀌기 때문에 현재 달의 위치를 목표로 하여 로켓을 쏘아 올린다면 실패하게 될 것이다. 달에 도달하기 위해서는 그 달의 예상 도달 지점을 향해서 쏘아야 한다. 이런 생각이 바로 추격 이론의 핵심 명제 중의 하나이다.

위에서 설명한 대로, 중국이 미국을 추월하려면 미국을 똑같이 모방해서는 영원히 추월하지 못한다. 미국과 다른 체제나 전략으로 — 즉, 다른 게임으로 — 접근해야지, 똑같은 게임, 미국이 잘하는 게임에서는 미국을 못 이긴다는 말이다. 그런 면에서 추격의 핵심은 초기에는 선발자의 것을 모방하지만, 결국 새로운 혁신을 하지 않고서는 추격을 못한다는 것이다. 즉, 추격만 해서는 추격할 수 없다는 것이고, 이것이 추격의 역설이다. 영어로 하면, "You cannot catch up if you just keep catching-up"이다. 앞의 추격은 추월이란 의미이고 뒤에 추격은 모방한다는 얘기이다. 모방만 해서는 추격할 수 없다는 것이다. 결국은 중국도 미국과 다른 체제, 다른 무언가를 창출해야만이 미국을 추월할 수 있다.

시진핑 주석은 이것을 깨달은 것 같다. 이에 따라, 뉴노멀(New Normal)이라는 것을 통해 미국을 단순히 쫓아가지 않고 중국 특색의 사회를 건설하겠다는 것을 선언한 것으로 보인다. 그러나 앞으로의 최대 불확실성은 중국이 과연 서구식 민주주의와는 다른 자기만의 민주주의 모델을 창출할 수 있는가이다. 결국 민주화가 중국에게 남은 최대 불확실성이자 핵심 이슈가 될 것이다.

5. 맺음말

추격론 관점에서 중국의 지난 40년을 요약하자면, 1978년 개혁·개방 선포 이후 중국은 초기 동아시아 모델을 거쳐서, 베이징 모델을 창출했다. 즉, 이 시기 중국은 동아시아 모델에 추가하여 베이징 공식이라는 중국 특유의 요소를 투입하는 경로 창출, 새로운 경로 창출을 통한 추격에서 성공 요인을 찾을 수 있다. 기술 측면에서 보면 한국과 마찬가지로 단주기 기술을 통해 추격을 해왔고, 이제 장주기 기술로 이전하고 있다는 측면에서 중국도 우회(detour) 전략을 취하고 있다고 볼 수 있다.

2008년 이후 시기의 성장 메커니즘은 이전과 다른 것으로서, 성장의 둔화, 분배의 호전, 연안보다 빠른 내륙 지방의 성장, 지방정부 적자와 중앙정부 흑자 등을 특징으로 한다. 성장의 둔화는 일면 중국의 중진국 함정 가능성을 시사할 수 있으나, 중국의 성장 둔화는 이미 무역의존도가 높은 중국이 국제금융위기 이후 전 세계적 경기 둔화와 무역 감소에 영향을 받은 것으로 보이기 때문에, 세계경제가 회복된다면 성장 둔화가 더 심화되지 않고 안정될 것으로 볼 수 있다. 더구나 중국은 산업의 혁신성, 토착 기업의 성장세, ≪포춘(Fortune)≫ 선정 500대급 초우량 대기업 수 등에서 다른 중진국과는 질적·양적 차별성을 보이고 있고, 악화되던 분배도 일정 수준 통제되는 양상을 보이고 있다. 성장이 둔화됨에도 분배가 더 이상 악화되지 않는 것은 내륙 지역의 성장세, 지방정부의 재정 투입, 임금 상승 등이 그 요인으로 보인다.

한편, 2008년 서구의 금융위기와 4차 산업혁명이라는 두 가지 기회의 창을 잘 활용한다면 중국은 도약할 수 있는 반면에, 이 기회를 잘못 관리한다면 추락할 수도 있다. 긍정적 시나리오에 따르면, 중국은 비약의 기회를 맞고 있다. 그 관전 포인트는 중국이 미국 경쟁력의 핵심인 분야, 즉 추격이 불가능하다고 여겨지던 4대 산업인, 국방, 오락·영화, 금융, 교육에서의 추격도 시도할 수 있는 기회를 맞이하고 있다. 대표적으로 월가가 미국 자본주의의 핵심인데 월가(Wall Street)의 금융 산업은 오프라인 뱅킹이 기반인 반면, 중국은 모바일 뱅킹, 핀테크 등 기존 월가의 방식이 아닌 새로운 방식의 금융 산업을 주도하고 있다.

그러나 중국이 과거 독일이나 일본과 같이, 미국 추격에 실패하지 않기 위해서는, 결국 미국 모델(영미식 자본주의와 서구식 민주주의)과 다른 중국 특색의 개방경제 모델을 창출해야만 한다. 그 내용은 무역은 개방하되 금융위기를 회피할 수 있도록 자본이동성은 제한을 두는 경제체제일 것이고, 서구식 민주주의와 다르면서도 정당성을 확보할 수 있는 동양식 민주주의 모델을 창출해야 할 것이다. 그런데 현재 시진핑 체제의 권위주의성으로 인해 중화민족주의로 흐르는 경향이 나타나는 것으로 보아 소프트 파워 측면에서 안착할 수 있을지는 매우 불확실하다.

이상을 종합할 때, 중국이 미국을 규모 면에서 추월하는 것은 기존 예상보다 10년 이상 늦은 2040년 이후에 가능할 것이고, 1인당 소득 면에서 추격은 중국에게 주어진 기회의 창을 잘 활용해야 가능한데, 현재 경제가 정치적 요소 때문에 추락 내지 정체할 가능성도 배제할 수 없고, 단기적으로는 기업 부채가 금융권 부실로 연결되는 대내적 경제혼란 가능성도 존재한다고 할 수 있다.

추가 읽기 자료

이 근. 2014.『경제추격론의 재창조』. 서울: 오래.

______. 2016.「삼단계로 재구성한 '통합적 경제추격론'」.『학술원논문집(인문사회과학편)』55(1), 509~525쪽.

Lee, Keun, Mansoo Jee, and Jonghack Eun. 2011. "Assessing China's Economic Catch-up at the Firm-Level and Beyond: Washington Consensus, East Asian Consensus and the Beijing Model." *Industry & Innovation*, 18(5), pp.487~507.

Lee, Keun. 2013. *Schumpeterian Analysis of Economic Catch-up: Knowledge, Path-Creation, and the Middle-Income Trap*. Cambridge: Cambridge University Press.

제 7 장

중국 이동통신 산업 및 기술 발전과 한-중 협력

이재홍 | 서울대학교 전기·정보공학부

1992년 한국과 중국의 대사급 수교 이후 산업 협력과 교역에 있어서 가장 두드러진 성과를 거둔 분야 중 하나가 이동통신 분야이다. 수교 당시 중국은 이동통신 산업과 기술이 낙후된 상태였고 한국은 CDMA 이동통신 개발 중이었으나 아직 사업 실적이 미미한 이동통신 후발국이었다. 따라서 40여 년간의 교류 단절 이후 수립된 외교 관계만으로 양국 간에 이동통신 분야 협력이 쉽게 이루어질 상황이 아니었는데 어떻게 이것이 가능했는지 이 장에서 살펴보고자 한다.

중국의 이동통신 산업은 1970년대 말 개혁·개방 초기에 통신이 매우 낙후된 상태에서 2000년대 이후 빠르게 성장하여 2017~2018년경 세계 선두권에 도달했다. 이동통신 산업은 이동통신 서비스 산업, 단말기(이동통신 전화기) 제조 산업 및 시스템(이동통신 기지국) 제조 산업의 세 가지로 크게 나누어진다.[1] 가입자에게 서비스를 제공하는 이동통신 서비스 산업은 2019년 현재 중국이 가입자 및 매출액 세계 1위, 가입자에게 이동전화기를 공급하는 단말기 제조

1 이동통신과는 별도로 분류되는 부가가치 서비스(value-added service) 산업은 여기서 다루지 않는다.

산업은 판매 대수 기준 세계 1위, 이동통신 서비스 사업자에게 기지국 장비 및 교환기를 공급하는 시스템 제조 산업은 매출액 기준 세계 1위이다. 이와 같은 중국의 이동통신 산업의 고속 성장의 비결은 1990년대 중반 이후 중국 정부의 공격적인 정보통신 산업 정책과 이를 뒷받침한 기술 개발 및 인력 양성 정책이 있었기 때문이다. 공격적인 산업 정책과 기술 개발 및 인력 양성 정책이 중국 산업의 고속 성장의 원동력이 된 것은 철강, 조선과 같은 다른 주요 산업에서도 마찬가지이다. 그런데 유독 이동통신 산업이 다른 산업에 비해 일찍 성장을 시작할 수 있었던 원인과 계기는 무엇이었을까?

한편 한국은 1982년 세계 10번째로 국산 전전자교환기(electronic switching system) 개발에 성공하고 1996년 세계 최초로 CDMA 이동통신 시스템의 상용화에 성공함으로써 유선 및 이동 통신 양쪽의 기술 국산화를 달성하고 이에 따른 장비 가격 하락으로 보편적 유선 및 이동 통신 전화 보급이 가능하게 되었다. 1990년대 말 이동통신 전화기의 급속한 수출 증가를 달성했고 이것이 이동통신 기술 개발 투자의 확대로 이어졌다. 기술 개발에 의한 제품 경쟁력 강화가 다시 수출 확대로 이어지는 선순환을 통해 이동통신 단말기 제조 산업은 폭발적으로 성장하여 2000년대 이동통신 전화기가 주요 수출 품목의 반열에 오르고 2012년 세계시장 점유율 1위를 달성했다. 특히 한국의 이동통신 전화기가 세계 시장에서 인정받고 수출을 확대할 수 있게 된 것은 1990년대 말 중국 시장에 대한 성공적 진출이 계기가 되었다. 그렇다면, 당시 이동통신 기술이 세계 수준에 크게 못 미쳤던 한국으로서 어떻게 이것이 가능했던 것일까?

이러한 질문들에 대해, 이 장에서는 한국과 중국의 이동통신 분야 교류와 협력 과정을 구체적으로 살펴봄으로써 답해보고자 한다.

1. 중국의 이동통신 서비스 산업

1980년대 중반까지 세계 거의 모든 국가에서 통신 서비스 사업은 국가 안보와 직결된 전략 산업이라는 이유로 전국 통신망을 정부기관 또는 한 개의 공기업이 독점 운영하거나, 민영화된 경우 한 개의 민간사업자가 독점 운영했다. 미국에서는 반독점법(Antitrust Act) 적용의 예외로서 통신 서비스 사업은 AT&T가 독점하고 있었다. 이 독점에 반대하는 연방 소송 중 1982년 조정의 결과로 1984년에 AT&T가 일곱 개의 지역 운영회사와 한 개의 장거리통신·제조 회사로 해체됨에 따라 경쟁체제가 도입되었다. 이와 비슷한 시기 세계 많은 국가에서 통신 서비스 사업의 민영화 및 복점화(複占化, duopoly)가 진행되었다. 한국의 경우 1981년 체신부[2] 전화국에서 수행하던 통신 사업이 체신부로부터 분리되어 한국통신공사(현재의 한국통신, KT)가 설립되고 1984년 다시 한국통신공사로부터 이동통신 서비스 사업이 분리되어 한국이동통신(현 SK텔레콤)이 자회사로 설립되었다. 한편 냉전 시기 북미, 유럽, 일본 등 자유 진영에서는 전화 보급률과 기술 수준이 높았던 반면 소련, 동구, 중국 등 공산 진영에서는 정치적·경제적 이유로 전화 보급률과 기술 수준이 낮았다.

중국은 통신 산업 주무 부처가 1998년까지 우전부(郵電部)[3]였는데 1998년 우전부가 전자공업부(電子工業部)와 통합하여 신식공업부(信息工業部)[4]로 개편되고 2008년 신식공업부가 공업및신식화부(工業和信息化部)[5]로 다시 개편되었다. 1949년 중국 정부 성립 후 우전부 주관으로 국가 통치 및 군사 목적의 통

---

2 체신부는 1994년 정부조직 개편에서 상공부의 정보통신 산업 기능의 일부를 이양받아 정보통신부로 개편되었다.

3 MPT: Ministry of Posts and Telecommunications. 기관 및 도시의 한자 명칭은 한글 발음으로 표기한다.

4 MII: Ministry of Information Industry.

5 MIIT: Ministry of Industry and Information Technology.

신 선로를 가설하여 베이징(北京)을 중심으로 대도시들을 연결하기 시작했다. 1963년까지 대체로 베이징과 성·시·자치구 소재지 및 주요 대도시 간의 유선 통신 선로가 건설되었다. 1971년에서 1975년까지 4차 5개년 계획 중 통신 개발 사업의 일환으로 마이크로파 전국망을 건설함으로써 핵 공격에 대해 회복력이 있는 무선 통신망을 갖게 되었다. 1984년 시험 통신위성을 보유하게 되었으나 이후 위성통신이 중국 통신에서 차지하는 비중은 낮았다. 1987년 개혁·개방 전까지 전화와 전신의 전국망을 구축했으나 통신의 가입자 수와 시설 및 장비 수준은 매우 낮았다. 기술 수준이 높은 서방국가로부터 장비를 구매할 경제적 여력이 없기도 했지만, 설사 구매하고자 했더라도 첨단 통신 기술과 제품은 당시 CoCOM[6]에 의해 대(對)공산권 수출 금지 품목으로 지정되어 있어 획득이 불가능했다. 1987년 개혁·개방 이후 광케이블 설치에 의한 장거리 통신망의 확장이 시작되었다.

이동통신 서비스를 위해서는 정부가 보유·관리하는 공공재인 전파를 사용해야 한다. 전 세계 다른 나라에서와 마찬가지로 중국에서도 전파의 사용은 정부의 면허 대상이고 전파의 사용 방식은 정부의 표준화 대상이다. 중국 정부가 결정한 이동통신 방식의 국가 표준은 1세대와 2세대 이동통신의 경우에는 해외 국가 표준들 중에서, 3세대부터는 국제적 산업 협의체가 정한 국제 표준들 중에서 선택했다.

1세대 및 2세대 이동통신에서는 중국 국가 표준으로 미국 표준보다는 유럽 국가 또는 유럽의 표준을 우선적으로 채택했고 중국이 이동통신의 국가 표준으로 독자 표준을 채택한 것은 3세대 이동통신부터이다. 1세대[7] 아날로그 이

---

6 CoCOM(Coordinating Committee for Multilateral Export Controls)은 냉전 시기 서방 진영에 의한 공산권(Comecon: Council for Mutual Economic Assistance) 국가에 대한 무기 수출 금지 기구로서 1994년 그 기능이 종료되었으며 1996년 재래식 무기 및 이중용도 품목 국제 수출통제체제(Wassenaar Arrangement)로 계승되었다.

7 IMT-2000이 3세대(3G) 이동통신으로 정의되면서 아날로그 이동통신은 1세대(1G) 이동통신

동통신 표준으로는 TACS[8]를, 2세대(2G) 디지털 이동통신 표준으로는 먼저 GSM[9] 그리고 나중에 CDMA[10]를, 3세대(3G) 이동통신 표준으로는 CDMA2000,[11] W-CDMA[12] 및 중국이 주도한 TD-SCDMA[13]를, 4세대(4G)[14] 이동통신 표준으로는 중국이 개발에 깊이 관련한 LTE-TDD[15]를 각각 채택했다.

구체적으로 살펴보면, 1987년 1세대 아날로그 이동통신 방식으로 TACS를 채택하고 외국에서 수입한 기지국 장비와 이동전화기를 사용하여 이동통신 서비스를 시작했다. 1991년 가입자 수가 4만 7,544인 데서 보듯이 가입자 수는 매우 느리게 증가했다. 이는 당시 고가이던 기지국과 이동전화기를 전량 수입에 의존한 것과 관련이 있는 것으로 보인다. 1994년 2세대 디지털 이동통신 표준으로 GSM을 채택하여 서비스를 시작한 후, 1996년 CDMA 이동통신의 시범 서비스를 거쳐 6년 뒤 2002년 CDMA 상용 서비스를 시작했다. 비록 2세대 이동통신 방식으로 분류되지는 않지만 단거리 무선전화기(cordless telephone)인 PHS[16]가 1998년부터 2013년까지 운용되었다.

으로, 디지털 이동통신은 2세대(2G) 이동통신으로 각각 불리게 되었다.

8 Total Access Communication System. 영국의 아날로그 이동통신 표준으로 북미 표준 AMPS(Advanced Mobile Phone System)의 변형이다.

9 Global System for Mobile Communications. 유럽의 2세대 디지털 이동통신 표준이다.

10 Code Division Multiple Access(부호 분할 다중 접속). 북미의 디지털 이동통신 표준 중 하나이다.

11 국제적 산업 협의체인 3GPP2(3rd Generation Partnership Project 2)가 개발한 동기식 3세대 이동통신 표준이다.

12 Wideband Code Division Multiple Access. 국제적 산업 협의체인 3GPP(3rd Generation Partnership Project)가 개발한 비동기식 3세대 이동통신 표준이다.

13 Time Division Synchronous Code Division Multiple Access. W-CDMA의 대안으로 중국 주도로 개발한 3세대 이동통신 표준이다.

14 UN 산하 국제기구인 ITU-R에서는 LTE를 3.5세대로, LET-Advanced를 4세대 IMT-Advanced로 분류하는 데 비해 중국에서는 LTE부터 4세대로 분류한다.

15 Long-Term Evolution Time-Division Duplex. 중국 회사들이 중심이 되어 개발한 LTE의 변형 표준이다.

16 Personal Handy-phone System. 일본 NTT(일본전신전화)가 개발했다.

〈그림 7-1〉 중국의 이동전화와 고정전화의 보급률 (단위: %)

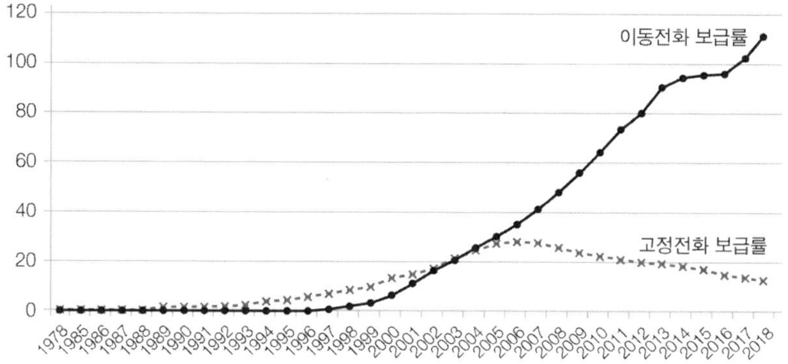

자료: 중국 공업및신식화부(工業和信息化部) 웹사이트(http://www.miit.gov.cn).

중국의 이동전화 보급 현황을 살펴보면 1995년 가입자 362만 9,000, 보급률(인구 1인당 평균 이동전화 가입자 수를 백분율로 표시) 0.3%, 2000년 가입자 8,453만, 보급률 6.77%, 2005년 가입자 3억 9,342만, 보급률 30.3%, 2010년 가입자 8억 5,900만, 보급률 64.4%, 2015년 가입자 13억 573만, 보급률 95.5%, 2018년 가입자 15억 6,610만, 보급률 112.2%이고 이 중 3G 가입자가 1억 4,018만, 4G 가입자가 11억 6,546만이다. 이동전화 가입자 수는 1990년대 말부터 급속히 증가하여 2001년 1억 4,990만으로 가입자 수 세계 최대 국가가 되었다. 2013년 가입자 수가 전년 대비 1억 2,489억 증가한 9억 9,659만으로 가장 큰 폭으로 증가했고, 2000년 가입자 수가 전년 대비 95.2% 증가한 8,453만으로 1,000만 가입자 달성 이후 가장 큰 증가율로 증가했다. 이 같은 이동통신의 고속 성장을 중국 정부가 미리 예견할 수 없었으므로 주무 부처인 우전부는 이동통신 서비스 산업 발전 계획을 지속적으로 수정했다.

중국의 고정선화 보급 현황을 보면 1985년 보급률 0.6%, 1990년 보급률 1.11%, 1995년 보급률 4.36%, 2000년 가입자 1억 4,482만, 보급률 13.3%, 2005년 가입자 3억 5,043만, 보급률 27.0%, 2010년 가입자 2억 9,438만, 보급률 22.1%, 2015년 가입자 2억 99만, 보급률 16.9%, 2018년 가입자 1억 8,225

〈그림 7-2〉 중국의 이동전화 가입자 중 광대역(3G 및 4G) 이동전화 가입자 비율 (단위: %)

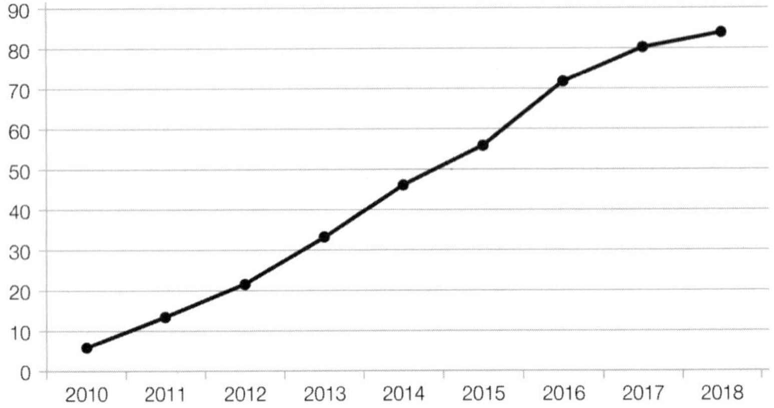

자료: 중국 공업및신식화부(工業和信息化部) 웹사이트 http://www.miit.gov.cn)에 제시된 데이터를 도표화해 저자 작성.

만, 보급률 13.1%였다. 고정전화 가입자 수는 1990년대 초부터 급속히 증가하여 2006년 가입자 3억 6,781만, 보급률 28.1%로 정점에 도달한 이후 지속적으로 하락했다.

이동전화는 고정전화에 비해 비록 늦게 보급이 시작되었으나 가입자 수는 더 빨리 증가하여 2003년 가입자 수 2억 6,869만, 보급률 21.1%로 고정전화의 가입자 수 2억 6,330만, 보급률 20.0%를 추월한 후 둘 사이의 격차가 계속 확대되고 있다(〈그림 7-1〉을 참조).[17] 그중에서 광대역(3G 및 4G) 이동전화 보급 현황을 보면, 전체 이동통신 가입자 수에서 이들이 차지하는 비율이 2010년 5.5%에서 2018년 83.4%로 빠르게 증가했다(〈그림 7-2〉를 참조).

성·시·자치구별 이동전화 보급 현황을 보면 2018년 전국 평균 보급률이 112.2%인데 31개 성·시·자치구 중에서 베이징(北京, 184.7%), 상하이(上海,

17 모두 중국 공업및신식화부(工業和信息化部) 웹사이트에 기록된 수치이다. 만약 이동전화 가입자 수와 고정전화 가입자 수가 맞다면 계산상 보급률의 격차는 약 0.4%가 되어야 하는데 웹사이트에 기록된 보급률의 격차는 0.1%로 수치에 오류가 있다.

153.9%), 광둥성(廣東省, 150.6%), 저장성(浙江省, 146.9%)의 4개 성·시의 보급률이 140%를 상회하고 장시성(江西省, 87.5%), 안후이성(安徽省, 88.5%), 후난성(湖南省, 91.9%), 시짱자치구(西藏自治區, 92.6%), 후베이성(湖北省, 94.4%)의 5개 성·자치구의 보급률이 95%에 미달하는데 이는 성·시·자치구별 도시화, 산업화의 정도 및 지역적 특수성에 따른 현상으로 볼 수 있다.

중국 통신 서비스 산업의 운영 주체를 살펴보면 1949년 건국 초기부터 우전부가 통신 사업을 독점 운영했으나 1994년 중국연통(中國聯通, China Unicom)이 설립되어 GSM 방식 이동통신 서비스를 제공함으로써 이동통신 사업에 경쟁 체제가 도입되었다. 1995년 우전부로부터 유선 및 무선통신 사업을 분리하여 중국전신(中國電信, China Telecom)을 설립했다. 1999년 우전부의 후신인 신식공업부가 1차 통신 산업 개편에서 중국전신(中國電信)으로부터 이동통신 사업과 위성통신 사업을 분리하여 각각 중국이동(中國移動, China Mobile)과 중국위성통신(中國衛星通信, China Satcom)을 설립함으로서 중국전신은 유선통신 사업자로 변신했다. 2000년 철도부(鐵道部)로부터 통신 사업을 분리하여 중국철통(中國鐵通, China Tietong)을 설립했다. 2002년 신식공업부가 2차 통신 산업 개편에서 중국전신(中國電信)의 북부 유선 통신망을 분리하여 중국망통(中國網通, China Netcom)을 설립했다. 2008년 신식공업부, 국가발전및개혁위원회(國家發展和改革委員會) 및 재정부(財政部)에 의한 3차 통신 산업 개편에서 중국전신이 중국연통으로부터 CDMA 이동통신 사업을, 중국위성통신으로부터 위성통신 산업을 각각 분리 인수하고, 중국연통이 중국망통을 인수 합병하고, 중국이동이 중국철통[18]을 자회사로 인수함으로써 기존 여섯 개 통신 사업자가 세 개의 유·무선 통신 사업자로 정리되었다. 또한 개편 후 신식산업부가 이들 세 개 사업자에게 3G 이동통신 사업 년허를 부여하여 중국전신은 CDMA2000 방식으

18 중국철통은 2008년 중국이동에 인수된 후 중이철통(中移鐵通, China Mobile Tietong)으로 개명했다.

로, 중국이동은 TD-SCDMA 방식으로, 중국연통은 WCDMA 방식으로 각각 3G 이동통신 서비스를 시작했다. 현재 외국 기업에게 제한된 범위의 지분 참여를 허용하고 있으나 이동통신 서비스 사업에의 직접 진입을 허용하지 않고 있다.

2. 중국의 이동통신 기술 개발 및 제조 산업

이동통신 서비스 산업에서는 이동통신 사업자가 이동통신 시스템 제조 회사에서 공급한 기지국 장비로 통신망을 구성하고 가입자에게 통신 서비스를 제공하므로 통신 사업자의 연구개발은 통신망 운용과 서비스 기술 개발에 집중된다. 이에 비해 이동통신 단말기 제조 산업과 시스템 제조 산업에서는 제조 회사가 가입자에게 단말기를, 이동통신 사업자에게 기지국을 각각 공급하므로 이들 회사의 연구개발은 각각 단말기와 기지국 개발 및 성능 향상에 집중하게 된다.

이동통신 방식이 정부의 표준화 대상인만큼 이동통신 기술은 나라마다 정도의 차이는 있지만 개발 단계에서부터 정부의 주무 부처가 관여하게 된다. 중국에서는 정부의 공업및신식화부와 과학기술부(科學技術部)가 이동통신 기술 개발과 제조 산업에 깊이 관여하고 있다.

1) 중국의 이동통신 기술 개발 정책 및 사례

중국에서 통신 기술을 포함한 과학기술의 연구개발을 담당하는 정부 부처는 1958년부터 1998년 3월까지 국가과학기술위원회(國家科學技術委員會)였고 1998년 3월 과학기술부로 다소 격하되었으나 과학 기술 연구개발 지원 예산은 증가했다.

중국이 개혁·개방 이후 추진한 과학기술 개발 정책 중에서 1986년 3월 시작된 863계획(863計劃)[19]은 정부가 지원하고 관리하는 첨단 기술 개발 프로그램이다. 1986년 생물기술(生物技術, biotechnology), 항천기술(航天技術, space technology), 신식기술(信息技術, information technology), 격광기술(激光技術, laser technology), 자동화기술(自動化技術, automation technology), 능원기술(能源技術, energy technology), 신소재(新材料, new materials) 등 일곱 개 영역으로 시작한 후 1996년 해양기술(海洋技術, marine technology)이 추가되었다.

863계획의 신식기술(信息技術) 영역은 지능형 컴퓨터 시스템, 광전자 소자 및 마이크로전자/광전자 집적 기술, 정보 획득 및 처리 기술, 통신기술의 네 개 분야로 구성되었다. 덩샤오핑(鄧小平) 주석이 남순강화(南巡講話, 1992)를 하던 시기인 8차 5개년계획['八五'階段] 기간의 통신기술 분야 목표는 다음과 같다. 2000년까지 광대역 지능형 개인화된 종합정보통신망(ISDN: Integrated Services Digital Network)의 핵심 기술을 개발한다는 전략적 목표 아래 통신망 및 교환 기술, 광통신 기술, 개인 통신망 기술, 멀티미디어 통신 단말 및 시스템 기술의 네 개 항목을 설정했는데 실제로는 이 중에서 앞 세 개 항목에 치중했다. 이동통신을 의미하는 개인 통신망 기술 항목에서는 "양방향 전화 걸기 기능과 핸드오버(hand-over) 기능을 가졌으며 중국의 미래에 적합한 개인 휴대 통신망(PCN: Personal Communications Network)의 시험 망(잠정적 명칭 CDCT: China Digital Cordless Telephone) 연구 및 구현, CDMA 개인 휴대 통신망의 핵심 기술 연구의 완성, 위성 이동 통신의 모의 실험 연구 및 시스템 평가를 목표"로 했다.

863계획의 주요 사업 중 하나가 국가중점실험실(國家重點實驗室, State Key Laboratory) 지원 사업인데, 저자가 대학 소재 국가중점실험실 책임자 한 명과 나눈 대화에 따르면 2016년 말 당시 신식기술(信息技術) 영역의 국가중점실험실은 31개였다. 5년마다 국가중점실험실을 평가 심사하여 한두 개를 탈락시키

19 국가고기술연구발전계획(國家高技術研究發展計劃, State High-Tech Development Plan)의 별칭이다. 고기술(高技術)은 첨단 기술을 의미한다.

고 심사를 통과한 나머지 실험실에 대해서는 5년간 지원을 연장한다. 지원 연장 횟수에 제한이 없어서 수십 년간 계속 지원받는 것이 가능하다. 국가중점실험실 한 개당 연구 경비로 매년 미화 약 1,000만 달러를 지원하고 신청에 따라 연구 장비 구입비로 미화 2,000만~3,000만 달러를 추가로 지원한다. 국가중점실험실 한 개당 참여 교수는 약 50명이다.

1997년 3월 시작된 973계획(973計劃)[20]은 863계획보다 한 단계 높은 수준의 기술 개발 프로그램으로 중국 과학기술부가 관리하고 중국자연과학기금(中國自然科學基金)이 연구를 조정한다. 경제 및 사회 발전에 연계하여 기술과 과학 분야에서의 전략적 우위 달성을 목표로 하는 기초 연구 프로그램으로 특히 희토류(稀土類, rare earth elements) 산업 발전 달성과 같은 구체적 목표를 추구한다. 현재까지 농업, 건강, 신식(信息), 에너지, 환경, 자원, 인구, 소재 등의 영역을 지원한다. 973계획의 주요 사업이 국가실험실(國家實驗室, State Laboratory) 지원 사업인데 2016년 말 현재 신식(信息) 영역 분야 국가실험실은 청화대학〔淸華大學, 베이징(北京)〕의 신식과학및기술국가실험실(信息科學與技術國家實驗室, National Laboratory for Information Science and Technology) 한 개뿐이다. 국가실험실에 대한 지원 규모는 국가중점실험실의 5~10배 수준인 것으로 알려져 있다.

중국에서 상용의 무선 음성통신 기기의 개발을 처음으로 시도한 것은 863계획 신식기술 영역의 통신기술 분야의 개인 통신망 기술 항목에서 개발한 CDCT로 이는 국제적으로 CT2+(CT2 Plus)로 알려진 시스템이다. 1990년대 초 영국(1992)과 프랑스(1991)에서 음성 전용 디지털 무선전화기(digital cordless telephone)[21]인 CT2가 이동통신의 값싼 대체재로서 단거리 저기능 통신 서비스

20 국가중점기초연구발전계획(國家重點基础研究發展計劃, National Basic Research Program)의 별칭이다.

21 탁상형 고정전화에 무선으로 연결된 송수신 장치 등 무선으로 연결된 디지털 전화기를 지칭하는 포괄적 명칭이다.

를 제공했다. CT2는 단말기에 착신 기능이 없고 기지국에 근접해야만 발신이 가능한, 즉 이동성에 제한이 있는 저기능 시스템이지만 단말기 및 시스템 가격이 저렴하다는 이점이 있었다. CT2 단말기에 착신 기능을 추가하여 양방향 걸기가 가능한 CT2+가 제안되었으나 당시 CT2+ 상용화를 위해 본격적 개발을 시도한 선진국 회사나 연구소는 없었다. 그러나 중국은 이동통신에 비해 저가인 CT2+가 중국 경제 여건에 적합하다는 판단 아래 CT2+에 CDCT라는 이름을 붙이고 8차 5개년계획 기간에 863계획으로 대규모 예산을 지원하여 자력 개발을 추진했다. 칭화대학이 기지국, 베이징우전대학(北京郵電大學, BUPT)이 교환기, 우전부 제4연구소〔시안(西安)〕가 단말기를 각각 분담 개발했다. 그러나 개발한 CT2+ 시스템에 과부하가 발생하여 당초 기대했던 통신 성능을 달성할 수 없음이 판명됨에 따라 상용화하지 못했다. 애초에 저기능으로 설계된 시스템에 복잡한 착신 기능을 추가했을 때 시스템에 과부하가 발생하여 성능이 저하된다는 어쩌면 당연한 논리를 간과한 결과로 볼 수 있다. 국가적 첨단 기술 개발 사업으로 추진된 CDCT의 사례에서 보듯이 1990년대 전반 중국은 이동통신 기술의 연구 개발에 대한 원대한 목표와 노력은 있었으나 기술개발 역량, 특히 기술 정책상의 판단과 기획 능력은 국제적 수준과의 격차가 적지 않았다.

1984년 중국 국무원이 제출한 이후 확립된 '시장을 기술로 교환한다〔以市場換技術〕'는 과학 기술 정책은 1990년대 후반 이동통신 분야의 기술 획득에 대단한 위력을 발휘했다. 이 정책을 통해 중국은 외국 선진 기업으로부터 기술을 획득함으로써 낙후되어 있던 기술 수준을 획기적으로 끌어올렸다. 이러한 중국 정부 정책의 일환으로 1990년대 후반 루슨트(Lucent Technologies, 미국),[22] 모토롤라(Motorola, 미국), 에릭슨(Ericsson, 스웨덴), 노키아(Nokia, 핀란드), 삼성전자(한국) 등 당시 세계 주요 통신 제조 회사들은 각각 중국 연구기관 또는 회

22 Lucent Technologies. 1996년 미국 AT&T로부터 분사된 통신 제조 회사로 2006년 프랑스의 통신 제조 회사 알카텔(Alcatel)에 인수 합병되어 알카텔-루슨트(Alcatel-Lucent)가 되었다. 벨(Bell) 연구소를 자회사로 두고 있었다.

사와 이동통신 기술 공동 개발을 위한 공동 연구센터(研究中心)를 중국 내에 설립했다. 저자가 공동 연구센터 두 곳(노키아, 에릭슨과 중국 연구기관과의 공동 연구센터)을 직접 방문해서 관찰한 바에 따르면, 연구 역량과 경험 면에서 중국 연구기관·회사 측 연구자는 외국 회사 측 연구자에 크게 못 미쳤으며 연령 또한 중국 측 연구자가 훨씬 낮았다. 이러한 점으로 미루어 볼 때, 이들 공동 연구센터에서 양측이 공동으로 기술을 연구개발했다기보다는 외국회사 연구자로부터 중국 연구자에게로 사실상 기술 및 노하우의 일방적 전수가 이루어졌을 것으로 추정된다. 이와 같이 '시장을 기술로 교환한다'는 정책에 의해 획득된 기술 및 노하우와 그 과정에서 향상된 중국 측 연구자의 연구개발 역량은 이후 중국 이동통신 시스템 및 단말기 기술과 산업의 발전에 크게 기여했다.

2000년대 중국은 3세대 이동통신 국제 표준인 CDMA2000과 W-CDMA를 중국 3세대 이동통신 표준으로 채택했다. 이와 동시에 중국은 3세대 이동통신 국제 표준화 회의에서 지멘스(Siemens, 독일)와 함께 개발한 TD-SCDMA를 국제 표준에 반영시키고 이를 중국 3세대 이동통신 표준의 하나로 채택했다. 거대 규모로 성장한 중국 이동통신 서비스 시장과 이동통신 시스템 제조 산업을 바탕으로 2000년대 중반 이후 중국은 이동통신 기술의 국제 표준화 과정에서 영향력을 행사했다. 즉, 중국이 노키아, 퀄컴(Qualcomm, 미국), 삼성전자, 에릭슨 등 해외 기업과 공동으로 개발한 LTE-TDD를 LTE 표준에 반영시키고 이를 중국 4세대 이동통신 표준으로 채택했다. 2020년대 세계적으로 본격적인 서비스가 예상되는 5세대(5G) 이동통신 기술을 선점하기 위해 중국은 기술 개발에 대규모 물적·인적 자원을 투입하는 한편 5세대 이동통신 국제 표준화 과정에 더욱 적극적으로 참여하여 국제 표준에 자국이 개발한 기술을 반영시켰다.

중국의 과학 기술 연구개발 역량이 향상됨에 따라 2010년대 중반 중국 과학기술부는 과학 기술 연구개발 전략의 수정을 통해 오로지 미국만을 따라잡아야 할 그리고 필요 시 협력해야 할 대상으로 설정했다. 일부 예외를 뺀 모든 분야에서 한국뿐만 아니라 일본, 독일 등 기술 선진국조차도 협력 대상에서 제외되었는데, 이동통신 분야도 예외가 아니다. 이러한 중국 과학 기술 정책의 수정에 따라 미국을 제외한 나머지 외국과의 기술 교류 및 협력은 질적으로 후퇴했으며, 기술 교류를 하는 경우 상대측에 비해 한두 단계 낮은 중국 측 인사가 교류 상대자로 나오고 있다. 한국의 경우 대체로 두 단계 낮은 중국 측 인사가 교류 상대자로 나오고 있는 실정이다. 미국, 유럽, 일본 등 전통적 기술 선진국들은 과거 외국과의 기술 교류에서 이러한 모습을 보여주지 않았는데, 중국이 보여주고 있는 이러한 모습은 중국이 과연 세계 지도적 국가가 될 자질을 갖추었는가 하는 비판을 여러 나라 연구자들이 제기하는 근거가 되고 있다.

2) 중국 이동통신 제조 산업

전 세계 다른 나라에서와 마찬가지로 중국에서 이동통신 방식은 정부의 표준화 대상이고 이동통신 시스템(기지국 및 교환기 등)과 이동통신 단말기는 정부의 형식 승인을 받아야 시장 판매가 가능하다. 이러한 기제를 통해 중국 정부가 이동통신 시스템 및 단말기 제조 산업을 통제한다.

중국의 이동통신 제조 산업은 1990년대 초 전량 수입하던 시기에서 출발하여 2018년 이동전화기 제조 산업은 판매 대수 기준 세계 1위, 이보다 규모가 작은 이동통신 시스템 제조 산업은 매출액 기준 세계 1위로 도약했다. 〈그림 7-3〉에서와 같이 이동통신 전화기 생산은 2004년 2억 3,344만 대에서 2015년 18억 1,262만 대로 지속적으로 고속 성장했으며 2016년부터 2018년까지 생산이 감소했다. 이동통신 제조 산업의 비약적 성장은 정부의 공격적인 기술 개발 정책 및 산업 지원 정책에 힘입은 바 크다. 앞서 살펴본 '시장을 기술로 교환한다'는 정책 외에도 중국 정부는 기술 개발 정책의 일환으로 대학 및 국가 연구소에 막대한 연구개발 자금을 지원하고 해외 고급 기술인력 유치에도 막대한 자금을 지원한다. 또한 중국 정부의 산업 지원 정책의 일환으로 일부 선택된 이동통신 제조 기업은 생산 시설 건설, 해외 기술 도입, 해외 기업 인

〈그림 7-3〉 중국의 이동통신 전화기 생산 대수 (단위: 억 대)

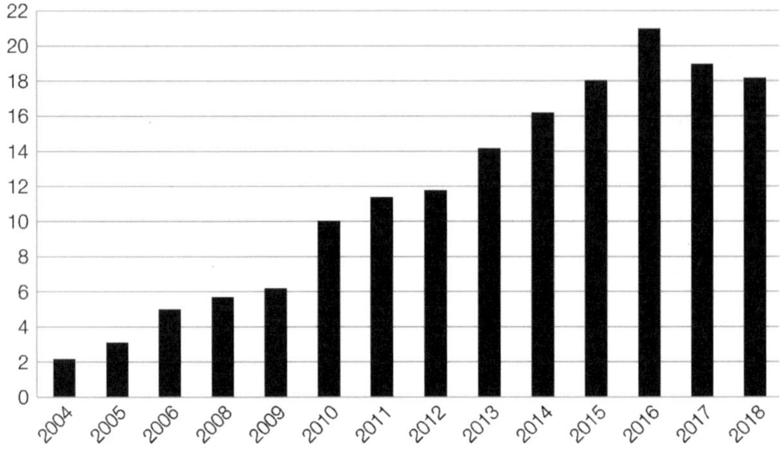

자료: 중국 공업및신식화부(工業和信息化部) 웹사이트(http://www.miit.gov.cn)에 제시된 데이터를 도표화 해 저자 작성.[23]

수, 해외 마케팅의 소요 자금을 금융 기관으로부터 매우 유리한 조건으로 지원받는 것으로 알려져 있다. 이러한 자금 지원을 세계무역기구(WTO: World Trade Organization)에 규정 위반으로 제소한다고 하더라도 중국 정부의 비협조와 정보의 불투명성으로 인해 위반 혐의를 입증하기는 매우 어렵다. 또한 판결까지 긴 시간이 소요되어 설사 위반 판정이 나온다 하더라도 시장이 확대되고 있는 세계 이동통신 제조 산업의 특성상 제제의 실효성이 제한될 수밖에 없다.

중국 이동통신 제조 산업의 주체를 살펴보면 1979년 개혁·개방의 전까지는 기본적으로 정부 산하 기관 또는 국유기업이 담당했다. 1990년대 초까지 중국 우전부 산하에 있는 '창(廠)'으로 불리는 공장들이 이동통신 제조 산업을 담

23 중국 공업및신식화부(工業和信息化部) 웹사이트에 이동통신 전화기 생산 대수가 2016년 21억 대, 2017년 19억 대로 전년 대비 1.6% 증가했다고 기록되어 있어 수치가 상호 모순된다. 만약 연도별 생산 대수 수치가 맞다면(월별 생산 대수 데이터를 보면 맞는 것으로 보인다) 2017년 생산 대수가 전년 대비 9% 정도 감소했다고 했어야 한다. 2018년은 생산 대수의 수치 없이 전년 대비 4.1% 감소했다고만 기록되어 있어 이를 수치화해 도표에 반영했다.

당했다. '창'에는 생산 기능만 있고 연구개발 기능은 없었다. 당시 이동통신 분야 연구개발은 우전부 제4연구소, 기계전자공업부 제7연구소〔廣州通信研究所로도 불림, 광저우(廣州)〕 등 정부 연구소와 우전부 산하 베이징우전대학 연구소, 청화대학 연구소, 동남대학〔東南大學, 난징(南京)〕 연구소 등 대학 연구소가 담당했다.

현재 세계적으로 알려진 중국 이동통신 제조 회사들은 그 출발에 따라 1990년대 정부 연구소 등 정부기관에서 분리되어 나온 회사, 1980년대 설립되어 대기업이 된 기업 회사, 이 회사들로부터 2000년대 이후 파생된 회사 및 독립적으로 설립된 벤처 회사들로 구분된다.

먼저 정부 연구소에서 분리된 회사의 예로서 대당전신(大唐電信, Datang Telcom)을 들 수 있다. 1990년대 중반 중국의 정부 연구소 회사화 정책에 따라 우전부 제4연구소를 인적 분할하여 일부는 제4연구소로 잔류시키고 다른 일부는 우전부 전신과학기술연구원(電信科學技術研究院, China Academy of Telecommunications Technology) 직할로 소속을 변경했다. 이후 1998년 전신과학기술연구원 소속의 이 조직이 대당전신으로 탈바꿈하여 상하이증권교역소(한국의 한국증권거래소에 해당)에 상장되고 전신과학기술연구원은 그 지주회사가 되었다. 기계전자공업부 제7연구소도 이와 유사한 방식으로 회사로 탈바꿈하여 증권교역소에 상장되었다. 2007년 대당전신은 TD-SCDMA망 장비를 중국이동에 납품했으며 2012년 TD-SCDMA용 칩 세트(chip set) 제조 회사인 연심과기(聯芯科技, Leadcore Technology) 등을 인수한 후 칩 세트 제조 회사로 변모했다. 2017년 대당전선은 경영 악화로 상하이증권교역소로부터 상장 폐지되었으나 2018년 퀄컴과 칩 세트 관련 합작 법인의 설립에 합의하고 중국 정부의 승인을 기다리는 중이다.

1980년대 설립되어 대기업이 된 기업의 예로서는 ZTE로 더 잘 알려진 중흥통신(中興通訊)과 화웨이(華爲技術, Huawei)를 들 수 있다. ZTE는 1985년 광둥성 선전(深圳)에서 설립된 후 1993년 '국유 민영기업'으로 탈바꿈했다. CDMA2000,

W-CDMA, TDS-CDMA와 같은 CDMA 장비, 전송 장비, 교환기, 단말기 등을 사업 영역으로 한다. ZTE는 이동통신 장비를 중국이동, 중국연통, 중국전신 등 중국 3대 이동통신 사업자에게 공급하고 남미, 아시아뿐 아니라 보다폰(Vodafone, 영국), 텔러스(Telus, 캐나다), 텔스트라(Telstra, 호주), 프랑스 텔레콤(France Telecom, 프랑스) 등 해외 이동통신 서비스 사업자에게 공급하는 등 2018년 세계 이동통신 장비 시장 점유율이 4위 회사이다. ZTE는 중국 이동통신 전화기 시장에서도 점유율 상위 5위 전후를 차지하고 있다. ZTE의 지주회사 지분 전량을 중국 기관과 기업들이 보유하고 있는데 경영은 정부기관이 아닌 민간이 하고 있다.

화웨이는 1987년 중국 인민해방군 장교 출신이 광둥성 선전에서 설립한 회사로 8만여 명의 연구개발 인력을 포함해 20만여 명의 직원을 두고 있는 세계 최대 통신 제조 회사이다. 이동통신 장비, 교환기 등 통신 장비의 생산과 판매에서 세계 수준에 이른 후 생산 품목을 통신 단말기에로 확대했다. 화웨이는 남미 국가에 파격적 조건과 낮은 가격으로 이동통신 기지국 장비를 공급한 것을 시작으로 해외 시장을 개척하여 남미, 아시아뿐 아니라 보다폰(영국), 브리티시 텔레콤(British Telecom, 영국), 텔러스(캐나다), 텔리아소네라(TeliaSonera, 노르웨이) 등 유럽과 캐나다에 기지국 장비를 공급했다. 2018년 화웨이는 세계 이동통신 기지국 시장 점유율 1위 회사이며 북미, 유럽, 일본 등 해외 여러 나라에 연구개발 거점을 구축하고 이들 나라 대학에 연구 프로젝트를 지원하는 등 공격적인 연구개발과 영향력 확대를 추진하고 있다. 화웨이는 세계 이동통신 기지국 시장뿐만 아니라 세계 이동통신 전화기 시장에서도 일정한 점유율을 차지하고 있다. 화웨이는 기지국 장비 및 이동통신 전화기 제조를 위해 한국 등으로부터 메모리 반도체를, 미국 등 선진국으로부터 비메모리 반도체를 다량 구매하고 있다. 반도체에 대한 해외 의존도를 줄이고 나아가서 독립하기 위해 화웨이는 반도체 연구개발과 함께 해외 반도체 기업에 대해 공격적 인수 합병을 추진하고 있다. 화웨이는 공식적으로 종업원 지주회사로 종업원이 퇴사하면 종업원 보유 지분은 보상 후 회사로 귀속되며 지분에 따른 종업원의 경영 참여는 인정되지 않는다.

2000년대 이후 설립된 회사의 예로 오포(Oppo)와 샤오미(小米, Xiaoimi)를 들 수 있다. 오포는 2001년 설립되어 2016년 중국 스마트폰 시장에서 점유율 1위를 달성했고 샤오미는 2010년 설립되어 2014년 중국 스마트폰 시장에서 점유율 1위를 달성했다. 다양한 설립 배경을 갖는 이들 회사가 중국의 이동통신 제조 산업을 경쟁적으로 견인하는 데 기여하고 있다.

이동통신 단말기 산업은 이동통신 전화기 제조 회사가 소비자에게 직접 제품을 공급하는 산업으로 마케팅이 중요한 역할을 하고 소비자의 선호에 따라 시장 점유율이 결정된다. 이에 비해 이동통신 시스템 산업은 기지국 제조 회사가 이동통신 서비스 사업자에게 제품을 공급하는 산업으로 진입 장벽이 높고 구매자에 대한 금융의 조달 능력이 요구된다. 이와 같은 이동통신 시스템 산업의 속성을 고려할 때, 자국 이동통신 시스템 산업에 대한 중국 정부의 정책 및 금융 지원이 지속되는 한 세계 이동통신 기지국 시장에서의 중국 기업의 우위는 쉽게 변하지 않을 전망이다. 그러나 2018년에 미국, 영국 등 영미협정(UKUSA: United Kingdom-United States of America Agreement)[24] 당사국과 일본, 인도 등이 보안성 문제를 이유로 화웨이 통신 장비의 자국 내 사용을 금지하고 몇몇 유럽 국가들이 이에 동조했는데 이들 국가의 영향력이 큰 만큼 그 추이가 중국 이동통신 시스템 산업의 미래 성장에 변수가 될 전망이다. 한편 이동통신 단말기 산업에 대한 중국 정부의 집중적이고 선별적인 정책 지원에 힘입어 중국 이동통신 전화기 제조 회사들의 세계 시장 점유율이 지속적으로 증가하고 있다. 2019년 현재 중국 시장에서는 중국 정부의 자국 산업 우선 정책과 중국 제품의 제품 경쟁력 향상으로 한국, 미국 등 외국산 이동통신 전화

---

24 1946년 체결된 신호 정보의 공동 협력을 위한 다자간 협정으로 당사국인 호주, 캐나다, 뉴질랜드, 영국 및 미국이 정보 작전 동맹 '파이브 아이즈(Five Eyes)'를 구성한다.

기의 입지가 점차 좁아지고 있다.

중국 경제가 고속 성장을 지속하는 한 중국 정부의 자국 이동통신 산업에 대한 지원이 축소될 가능성은 별로 높아 보이지 않는다. 설사 중국 정부의 지원이 축소된다고 하더라도 중국 이동통신 제조 산업은 성장을 지속할 수 있는 경쟁력을 이미 확보했다고 보는 시각도 있다. 그러나 중국 정부의 지원이 축소된다면 적어도 지금과 같은 압도적 비교 우위를 유지할 수 있을지는 의문이다.

3. 한국의 중국 이동통신 시장 진출 및 협력

1992년 8월 24일 한국과 중국의 대사급 수교에 이어 1993년 7월 24일 한-중 우편 및 전기통신 분야 협력에 관한 협정이 한국 체신부 장관과 중국 우전부 부장 사이에 체결되었다. 이로써 한국과 중국 사이에 통신 분야 교류 및 협력을 위한 제도적 기반은 마련되었으나 1990년대 초·중반 다른 분야와 마찬가지로 이동통신 등 통신 분야 교류와 협력은 피상적 탐색 또는 한국 측의 일회성 진출에 머물렀고 상호 이해와 신뢰에 기반한 장기적·호혜적인 교류와 협력은 드물었다. 이것은 중국과의 교류가 40여 년간 단절되었던 관계로 중국의 통신 산업 실상에 대한 이해가 절대적으로 부족한 데다 언어 장벽과 함께 자료 획득이 어려웠고 인적 교류망 또한 매우 빈약하여 중국과의 사업적 교류가 주로 홍콩 소재 대리인(agent)의 도움을 받아 이루어지는 수준이었기 때문이다.

중국에 대한 통신 분야 사업으로서 전자교환기(한국의 TDX 교환기)를 중국에서 생산 공급하는 사업, 광케이블 생산 및 건설, 소규모 이동통신 장비 공급 및 서비스 사업 등이 추진되었다. 1994년 한-중 정상회담과 이에 따른 한-중 통신 장관 회담의 합의에 따라 삼성전자가 시범적으로 현지 합작법인을 설립하고 전자교환기 조립 생산 사업을 추진했다. 그러나 현지 공장 건설 및 생산과정을 통해 중국 측이 기술을 학습 파악한 이후 중국 측으로부터 주문이 줄어들어 결국 사업이 중단되었다. 이는 국산 전자교환기에 사용한 집적회로(IC) 칩이 대부분 전용 칩이 아닌 범용 칩이라 기술 복제가 용이했던 까닭으로 분석된다. 대한전선이 현지 합작법인 설립을 통해 추진한 광케이블 생산 사업과 한국산 광케이블을 사용한 삼성전자와 금성정보통신(현 LG전자)의 도시 간 장거리 선로 건설 사업은 후일 중국이 광케이블의 독자적 대량 생산 능력을 확보할 때까지 지속되었다. 대우통신이 현지 설립 합작법인을 통해 추진한 외국산 이동통신 장비 및 운용 노하우 공급 사업은 대규모 사업으로 발전하지 못했다.

한국과 중국의 이동통신 협력은 1996년 중국이 CDMA 이동통신 시범 서비스를 실시하면서 새로운 전기를 맞게 되었다. 1996년 4월 초 중국 우전부가 CDMA 이동통신 시범 서비스 계획을 발표했다. 시범 서비스 대상 도시로 베이징, 상하이, 광저우, 시안의 네 곳을 선정하고, 시범 서비스 참여 회사로 AT&T(미국), 모토롤라(미국), 노텔(Nortel, 캐나다), 삼성전자(한국)의 네 개 이동통신 시스템 제조 회사를 선정했다. 네 개 도시에 대한 참여 회사 배정은 추후 결정할 계획이라고 발표했다. 당시 삼성전자의 기술 수준이 세계 선두 기업인 다른 세 회사에 훨씬 못 미쳤음을 고려할 때 이는 매우 파격적인 것으로 평가되었다. 이때 선정에 들지 못한 퀄컴(미국)과 금성정보통신(한국)이 중국 우전부에 참여 기회 부여를 요청하자 우전부는 이들 두 회사를 후보로 지정했을 뿐 결국 참여 기회를 주지 않았는데 이러한 말뿐인 대응은 중국의 외교적 관리 수완을 잘 보여주는 사례이라 하겠다.

중국 우전부의 CDMA 시범 서비스 계획 발표 두 달 뒤인 1996년 6월 1일 예정된 날에 한국은 CDMA 이동통신 시스템[25] 상용 서비스를 성공적으로 개통했다. 개통 성공에 대한 국내외 보도가 있은 지 두 달 뒤인 1996년 8월 초 중국 우전부가 CDMA 이동통신 시범 시비스 도시에 대한 회사 배성을 발표했는데

25 한국은 체신부(1994년 이후 정보통신부) 주도로 1991년 CDMA 원천 기술을 보유한 퀄컴과 공동 기술 개발 협약을 맺고 한국전자통신연구소(ETRI)와 삼성전자, 금성정보통신, 현대산업전자, 맥슨전자 등이 참여하여 CDMA 이동통신 시스템을 개발했다.

삼성전자를 베이징에 이어 두 번째로 유리한 도시인 상하이에 배정했다.[26] 상하이에서 자사의 CDMA 시범 서비스가 중국 우전부로부터 기술 역량을 인정받을 수 있는 절호의 기회로 판단한 삼성전자는 당시 통신부문 매출 규모에 비추어 볼 때 상당히 큰 금액인 300여억 원을 투입하여 이동통신 기지국 장비 및 전화기를 상하이에 설치하고 이후 3년여 동안 지속적인 기술 지원을 제공했다. 그러나 중국의 CDMA 시범 서비스가 상용 서비스로 바로 연결되지 않아서 당초 기대했던 CDMA 장비 및 전화기 수출은 발생하지 않았고, 장기간 물적·인적 투자가 요구됨에 따라 피로감이 누적되었다. 그러나 이러한 어려움은 1997년 삼성전자, 금성정보통신 등의 한국산 GSM 방식 이동통신 전화기의 중국 수출이 폭증함으로써 완전히 해소되었다. 이때 중국에 대한 이동통신 전화기 수출이 매년 수십 퍼센트에서 백 수십 퍼센트 증가했다. 이러한 수출 호조는 한국 이동통신 단말기 제조 산업이 세계 시장에 대한 본격적 진출의 기반을 마련하는 계기가 되었다. 수출 폭증에 따른 이익 증대가 연구개발 확대로 이어지고 확대된 연구개발이 기술 및 제품 경쟁력을 향상시키고 향상된 제품 경쟁력이 다시 수출을 증가시키는 선순환 고리가 형성되었다. 이 선순환 고리가 세계 이동전화기 시장에서 삼성전자가 판매 대수 기준으로 2008년에 2위, 2012년에 1위에 올라 2018년 말 현재까지 이를 유지해오고, LG전자가 2009년에 3위에 올라 2011년까지 이를 유지할 수 있었던 원동력이 되었다.

삼성전자가 상하이에서의 CDMA 시범 서비스에 참여한 것과는 별도로 한국 통신 사업자들이 중국 이동통신 서비스 사업에 진출을 시도했다. 1997년 한국의 KT가 중국연통과 합작하여 안후이성 허페이(合肥)에서 GSM 방식 이동통신 서비스 사업을 시작했다. KT와 중국연통이 각각 지분의 49%와 51%를 투자하는 합작회사 안후이쌍륜집단(安徽雙輪集團)을 중중외(中中外)[27] 방식으로 설

---

26 베이징에 AT&T〔1996년 9월부터는 AT&T의 통신 제조 부문이 분사하여 설립된 루슨트 테크놀로지(Lucent Technologies)〕, 상하이에 삼성전자, 광저우에 모토롤라, 시안에 노텔을 배정했다.

립하고 지분의 대가로 KT는 장비와 기술을 제공하고 중국연통은 이동통신 사업권과 건물 등 시설을 제공했다. 이 합작 회사가 허페이, 우후(芜湖), 벙부(蚌埠) 지역에서 이동통신 서비스 사업을 수행했다. KT와 중국연통의 협력 관계는 2000년 중국연통이 상하이증권교역소에 상장되는 것을 계기로 종료되었다. 즉, 중국연통이 출자회사인 안후이쌍륜집단에 대한 투자 관계를 포기함으로써 안후이쌍륜집단은 이동통신 사업권을 상실하게 되었고 KT는 그동안 투입한 장비의 철수와 현금 보상 중 하나를 선택하도록 요구받았다. 이때 KT뿐만 아니라 중국 이동통신 사업자들과 중중외 방식으로 이동통신 서비스 사업에 합작 투자하고 있던 다수 외국 기업들이 2000년 합작 파트너가 중국 증권시장에 상장되는 것을 계기로 이동통신 사업권을 박탈당했다.

중국연통이 2002년 CDMA 방식 이동통신 상용 서비스를 시작한 후 한국의 SK텔레콤이 중국연통과 CDMA 방식 이동통신 사업에 대한 합작 투자에 합의하고 투자 규모를 지속적으로 증가시켜 누적 투자 금액이 1조 원 규모에 이르렀다. SK텔레콤과 중국연통의 협력 관계는 2008년 11월 중국의 3차 통신 사업 개편의 일환으로 중국연통이 CDMA 이동통신 사업을 중국전신에 매각함에 따라 종료되었다. CDMA 사업을 인수한 중국전신은 중국연통과 SK텔레콤 간에 있었던 합작 투자 관계의 인수를 거부했다. 이로써 SK텔레콤의 중국연통과의 합작 투자는 물거품이 되었으며 이후 투자 금액을 보상받기는 했으나 CDMA 운용 노하우를 중국 측에 제공하는 등 장기간 공들인 기술적·인적·시간적 손실은 보상받을 길이 없었다.

한국 이동통신 시스템 제조 회사들은 화웨이 등 경쟁하는 중국 기업의 우월적 시장 지배력으로 인해 전체 시스템을 중국에 수출하는 기회를 얻지 못했다. 그 대신 중견기업과 중소기업들이 와이파이 등 독립형(stand-alone) 무선통신

---

27 중국 회사와 외국 회사가 합작하여 중국에 회사를 설립하고 이 회사가 사업을 수행하게 하는 투자 방식으로 대체로 중국 회사가 외국 회사보다 더 많은 지분을 보유했다.

장비와 이동통신 기지국 장비에 들어가는 모듈을 중국의 시스템 제조 회사에 납품했다.

한국의 이동통신 단말기 제조 회사들은 생산원가 절감과 중국 소비자에 대한 접근성 개선을 위해 현지에 생산 공장을 건설함으로써 중국에서 피처폰과 스마트폰의 시장 점유율을 높여나갔다. 그러나 2010년대 중반 중국 정부의 이동통신 산업 정책이 자국 기업을 우선적으로 배려하고 한국과 중국의 이동전화기 제조 회사들 간의 기술 격차가 좁아짐에 따라 2019년 현재 한국의 이동통신 전화기 제조 회사들은 중국 시장에서 입지가 위축되고 있다.

4. 이동통신 분야 한-중 협력 성공 사례 및 파급 효과

1992년 과학기술협정이 한국 과학기술처 장관과 중국 국가과학기술위원회 위원장 사이에 체결됨으로써 한국과 중국 간에 과학기술 교류를 위한 제도적 기반이 마련되었다. 그러나 1990년대 중반까지 다른 분야와 마찬가지로 이동통신 분야 교류는 탐색 수준에 머물렀고 실효성 있는 교류는 드물었다. 이는 중국의 이동통신의 실상에 대한 이해가 절대적으로 부족한 데다 인적 교류망 또한 거의 없는 수준이었기 때문이다.

중국의 이동통신 분야의 발전에는 한-중 학자 간 상호 교류가 중요한 역할을 했다. 저자 본인이 직접 관여했던 일이기에 여기서 진행 과정을 구체적으로 소개하고자 한다. 1992년 한-중 과학기술협정의 체결에 따른 사업으로 한국의 한국과학재단(현 한국연구재단)과 중국 측 자매기관인 중국자연과학기금(中國自然科學基金)이 공동으로 연구자들의 단기 방문 연구에 대한 지원을 시작했다. 이 프로그램으로 저자는 1994년 7~8월 1개월간 청화대학 마이크로파및디지털통신국가중점실험실(微波與數字通信國家重点實驗室)을 방문했다. 중국에 관한 정보가 매우 부족하고 학술적 교류 관계도 아직 없던 시기였는데 저자는 중국어 해독 능력에 힘입어 방문 연구를 위한 대상 기관과 책임자를 어렵사리 찾을 수 있었다.

청화대학 방문 기간 중, 저자는 베이징에서 베이징우전대학 등 대학, 베이징화환전자유한공사(北京華環電子有限公司), 베이징광파기재창(北京廣播器材廠) 등 국영기업, 학술단체인 중국전자학회(中國電子學會) 등을 방문했다. 방문 대학의 연구소 소장들은 하나같이 CDMA 이동통신이 이론적으로 구현 가능하다고 보는지, 한국이 왜 CDMA 기술의 상용화 개발에 다 걸기를 하는지에 큰 관심을 표시했다.[28] CDMA 이동통신 시스템은 군사기술인 확산대역(spread-spectrum) 기술에 기반한 복잡한 시스템인데 이들 기술에 대한 접근이 부족했던 중국은 CDMA 이동통신 시스템에 대한 이해가 상당히 부족했다. 이어서 청화대학 마이크로파및디지털통신국가중점연구실 소장의 주선으로 시안, 광저우, 상하이, 난징을 차례로 방문하고 우전부 제4연구소(시안), 시안전자과기대학(西安電子科技大學, 시안), 기계전자공업부 제7연구소, 화남이공대학(華南理工大學, 광저우), 우전부 제1연구소(상하이), 상하이교통대학(上海交通大學, 상하이), 복단대학(復旦大學, 상하이), 상하이과학기술대학(上海科學技術大學, 상하이), 동남대학(난징) 등 다수 이동통신 연구 기관과 회사들을 방문했다. 이들 국책 연구소와 대학 연구소 소장 일부는 중국 이동통신 기술 정책을 기획하는 핵심 내부 집단의 구성원이었는데 방문 시 이들은 베이징에서와 마찬가지로 CDMA 기술의 성공 가능성과 한국의 CDMA 이동통신 상용화 개발에 깊은 관심을 표시했다.

방문 연구 다음 해인 1995년 4월 저자는 한국과학재단과 중국자연과학기금이 공동으로 지원하는 공동 세미나 프로그램을 이용하여 중국의 이동통신 핵

---

28 저자는 2년 뒤인 1996년 1월 청화대학 방문 시 제공받은 문건을 통해 중국 863계획의 정보기술 영역 중 통신기술 분야의 개인 통신망 항목의 목표에 "CDMA 개인 휴대 통신망의 핵심 기술 연구의 완성"이 들어 있음을 알게 되었다. 그때까지 863 계획 정보기술 영역의 세부 내용을 알고 있는 한국의 정부 기관, 국책 연구소 또는 회사는 없었던 것으로 파악되었다. 당시 중국의 폐쇄성과 한국의 정보 수집 능력의 정도를 짐작할 수 있다.

심 전문가들을 한국에 초청했다. 방문단은 청화대학 마이크로파및디지털통신 국가중점연구실 소장, 동남대학 이동통신국가중점연구실 소장〔당시 863계획 통신 기술 전가영도소조(專家領導小組) 구성원〕, 우전부 제4연구소 소장, 기계전자공업부 제7연구소 부소장 등 7인으로 구성되었다. 중국 측 방문단은 한국 방문 기간 중 서울대학교에서 개최된 한-중 이동통신 공동 세미나에 참석했다.[29] 또한 저자의 주선으로 금성정보통신 연구소(경기도 안양), 삼성종합기술원(경기도 기흥), 삼성전자 통신연구소(경기도 기흥 및 서울 가락동), 한국이동통신 중앙연구소(대전), 한국전자통신연구소(ETRI, 대전), 한국통신 연구개발원(서울 우면동) 등을 차례로 방문하여 CDMA 이동통신 상용화 개발 현황을 목격하고 고위 책임자들과 의견을 교환했다. 출국 전 정보통신부 통신정책실장을 방문 면담한 자리에서 중국 측 방문단은 한국의 CDMA 이동통신 기술 수준과 한국전자통신연구소를 중심으로 한 CDMA 개발 현황에 깊은 감명을 받았음을 토로하고 한국이 중국과 이동통신 산업에서 협력할 수 있는지, 또한 이동통신 분야 기술 협력을 할 수 있는지를 묻기에 이르렀다. 이 당시 한국 정책 당국과 CDMA 기술 개발 참여 기업들은 비록 해외 진출에 대한 의욕과 진취적 자세를 갖고 있었으나 아직 사업 실적이 미미한 데다 기한이 목전에 임박한 CDMA 기술 개발 완성에 전력 매진하고 있어서 적극적으로 해외 진출을 추진할 형편이 아니었다.

방문단은 1995년 5월 중국 우전부에 제출한 한국 방문 보고서에서 다음과 같은 두 가지를 건의했다. 즉, 첫째로는 CDMA 이동통신 기술은 상용화 가능한 기술이라는 것, 둘째로는 한국의 정책 당국이 중국과 이동통신 기술 협력 및 산업 협력을 할 의사가 있는데 이 협력은 중국이 선진국으로부터의 CDMA를 비롯한 이동통신 기술 획득에 매우 유용하며 중국 국익에 부합한다는 것이

29 1997년부터는 명칭을 '한-중 이동통신 공동 심포지엄'으로 변경하고 저자를 한국 측 대회장으로 하여 1995년부터 2001년까지 격년으로 한국에서 3회, 중국에서 1회, 계 4회 개최되었다.

다. 이는 중국과의 기술 격차가 매우 큰 선진국 기업과 협상하는 데 한국 기업을 지렛대로 활용할 수 있다고 판단한 때문이었던 것으로 보인다. 이러한 건의 후 중국 우전부는 한 달 뒤인 6월에 CDMA 기술 개발을 위한 국책 연구개발 프로젝트를 추가로 만들고, 다시 두 달 뒤인 8월에 CDMA 기술 개발을 전담하는 연구소를 설립함으로써 한국 방문 보고서가 우전부에 엄청난 충격을 주었음을 여실히 드러냈다. 나아가 11월 우전부 산하 기관이 한국 측을 접촉하여 12월 베이징에서 한국 CDMA 기술을 소개할 세미나 개최 계획을 밝히고 발표자 파견을 요청하기에 이르렀다. 당시 외국 통신 제조 기업이 중국에서 자사 기술 소개와 홍보를 위한 기술 세미나를 개최하자면 먼저 우전부의 허가를 받아야 했는데 우전부는 이를 매우 선별적으로 허가했다. 이와는 대조적으로 한국 측에서 요청도 하지 않았던 1995년 '한국 CDMA 기술 세미나'는 발표자만 보내주면 중국 측이 모든 준비를 하겠다는 전례 없이 파격적인 조건이었다. 12월 7~8일과 12월 27~30일 두 차례에 걸쳐 베이징에서 개최된 한국 CDMA 기술 세미나에 한국전자통신연구소(ETRI) 및 제조 기업들로부터 발표자와 함께 단장 및 사장급 사업 책임자가 다수 참석했다.

이어서 다음 해인 1996년 8월 앞서 언급한 바와 같이 삼성전자가 중국의 CDMA 이동통신 시범 서비스에 참여 기업으로 선정되어 상하이에서 시범 서비스를 시작했으나 이것이 상용 서비스로 바로 연결되지 않아서 매출 발생 없이 비용만 발생되었는데 1997년부터 한국산 GSM 방식 이동전화기의 중국 수출이 폭증해 이 어려움이 완전히 해소되었다. 당시 중국의 이동전화기 시장은 모토롤라(미국), 에릭슨(스웨덴), 노키아(핀란드) 3사가 76%를 점유하고 지멘스(독일), NEC(일본), 소니(일본)가 나머지 24%를 점유하고 있었다. 당시 한국산 이동전화기의 품질 수준은 이들 선신 기업 제품에 비해 큰 격차가 있었는데 어떻게 수출 폭증이 가능했을까? 그 답은 이동통신 전화기의 중국 내 판매에 필요한 제품 형식 승인의 과정에서 찾을 수 있다. 다른 외국산 이동전화기의 경우 중국에서의 제품 시험 등 형식 승인 과정의 소요 기간이 평균 6~7개월이었는 데 비해 한국산 이동전화기의 경우 소요 기간이 불과 1개월이었다. 당시 이동전화기 제조 회사들이 4~6개월마다 새로운 기능이 탑재된 신제품을 출시했던 점을 고려할 때 이와 같은 형식 승인 소요 기간의 격차는 중국 시장에서 한국산 최신 모델 이동전화기로 하여금 다른 외국 회사의 철 지난 모델 이동전화기와 경쟁하게 만들었다. 중국 정책 당국의 의도적 배려로밖에 설명할 수 없는 이 조치로 인해 한국산 이동전화기가 중국 시장에서 강력한 제품 경쟁력을 갖게 되었다. 다른 외국 제품은 우수한 통화 품질과 신뢰성이라는 장점이 있었고 한국 제품은 새 모델이 갖는 새로운 기능과 저렴한 가격이라는 장점이 있었다. 중국 이동통신 가입자 수가 급증하던 시기에 한국산 이동전화기에 대한 중국 소비자의 열렬한 호응으로 수요가 가히 폭발적으로 증가했다.

1994년 7월부터 1997년까지 있었던 CDMA 기술 관련 한국과 중국 간의 교류 성과에 대해 다음과 같이 평가할 수 있다. 한-중 과학기술협정의 체결이라는 시대적 배경 아래 아직 교류가 미약하던 시기에 일개 대학 교수가 중국 방문 연구를 통해 중국 이동통신 연구개발의 핵심 담당자들과 대화를 나누고 연구개발 및 산업의 실상을 살펴보는 과정에서 한국이 중국에게 매력적인 이동통신 제품 공급자가 될 수 있겠다는 가능성을 발견했다. 중국 방문 연구 다음 해에 중국 이동통신 기술 핵심 인사들을 한국에 초청하여 CDMA 기술 개발 현장을 방문시키고 국책 연구소 및 회사 연구소 소장들과 면담하게 함으로써 방문단으로 하여금 한국이 가진 이동통신 제품 공급자로서의 매력을 직접 느끼게 만들었다. 또한 담당 정부 부처 고위 관료와의 면담을 주선함으로써 방문단으로 하여금 한국 정부 고위 관료에게 산업 및 기술 협력 가능성을 직접 타진하도록 유도했다. 이들이 중국에 귀국하여 제출한 한국 방문 보고서를 바탕으로 중국의 정보통신 정책 당국(우전부)은 한국과의 협력이 중국이 지향하는 이동통신 기술 획득 및 산업 발전이라는 목표 달성에 유익하고 따라서 국익에 부합한다는 결론에 도달했다. 중국 정책 당국이 정책적 수단을 통해 한국 기업들에게 중국 시장에 대한 우선적 접근을 허용함으로써 한국 기업들은 중국 시장에서 언감생심 꿈도 꾸지 못했던 예상 밖의 대성공을 거두게 되었다. 한국 기업들이 중국 시장에서 선전하는 상태에서 중국 당국은 한국 기업들의 존재를 지렛대로 삼아 선진국 통신 기업들과의 기술 협상에서 유리한 조건으로 원하는 바를 얻을 수 있었다. 중국에서 이동통신 산업이 막 태동하던 시기에 한국과 중국이 상호 득을 보는(win-win) 상황이 조성된 것이다.

현재의 시점에서 결과론적 관점으로 중국의 이동통신 산업이 지나온 경로를 조망하자면 비록 협력 상대자로서 한국이라는 존재가 없었더라도 중국의 이동통신 산업은 중국의 다른 산업과 마찬가지로 결국 크게 발전했을 것이다. 그러나 그 과정, 양상과 속도는 한국이라는 존재가 있었던 경우와는 매우 달랐을 것으로 보인다. 1990년대 후반의 한국의 이동통신 산업을 되돌아보면 이동통신 후발국이었던 한국은 CDMA 이동통신 상용화에 막 성공했으나 아직 실적이 미미한 상태에서 세계 시장 진출을 희망하고 있었다. 이 시기에 만약 중국이 한국 기업에게 중국 시장에 대한 우선적 접근을 허용하지 않았더라면 과연 한국의 이동통신 산업이 지금과 같이 세계 최고 수준에 도달해 있었을지는 매우 의문스럽다. 참고로 당시 중국은 정부의 기술 개발 정책의 원대한 목표와 노력에도 불구하고 거의 모든 산업 분야에서 낙후된 독자 기술 개발과 지지부진한 선진국으로부터의 기술 획득으로 인해 돌파구를 찾지 못하던 시기에 유독 이동통신 분야만이 선진국으로부터의 기술 획득에서 빛나는 성과를 거둠으로써 이동통신 분야 기술 획득을 위한 접근 방식이 다른 분야 산업에게 본받아야 할 성공 모델이 되었다. 한국과의 이동통신 교류 초기에 참여했던 중국 인사들이 그들의 성취에 걸맞은 대우와 역할을 부여받은 것이 그것을 반증한다.[30]

일개 대학교수의 개인적 열정에서 비롯된 방문 연구가 가히 한국과 중국의

30 1995년 서울대에서의 한-중 이동통신 공동 세미나에 참석한 중국 방문단의 젊은 교수가 1999년 청화대학 최연소 국제협력담당 부총장이 되었다.

이동통신 산업의 역사를 바꾸는 역할을 했다고 하겠다. 이는 비유하자면 해군 함정들이 바다에서 흔들리는 함정들 간에 무거운 장비와 무기를 주고받는(cross-deck) 과정과 비슷하다고 하겠다. 첫 단계로 노끈을 매단 화살을 상대 함정으로 쏜 후, 그 노끈에 밧줄을 연결하고 그 밧줄에 다시 쇠사슬을 연결하고 마지막에 굵은 쇠사슬을 연결하여 당김으로써 두 함정을 단단히 결박할 수 있게 되는데 저자에 의한 청화대학 방문 연구와 이동통신 기술 공동 세미나는 맨 처음 쏜 화살의 역할을 했다고 볼 수 있다. 작은 화살이 물고를 터서 큰 결실을 거둘 수 있었던 것은 당시 한국 정부의 강력한 정보통신 기술 개발 정책과 국책 연구소, 기업, 연구자들의 열정과 노력이 하나가 되어 CDMA 이동통신 개발에 막 성공했다는 시대적 배경과 함께 해외 시장 개척에 대한 정책 당국과 기업들의 진취적인 자세가 있었기 때문이다.

한국 기업이 중국의 CDMA 이동통신 시범 서비스에 참여하게 된 사실이 당시 중국 시장 진출 기회를 찾기 위해 장기간 공들여온 일본에 큰 충격을 주었다. 일본은 우정성(郵政省)이 선단(船團)의 선두에 서고 NTT와 NTT이동통신(NTT DoCoMo) 등 통신 사업자, 다수의 대학, NEC 등 장비 제조 회사, 파나소닉, 도시바 등 단말기 제조 회사들이 참여하는 선단식(船團式)으로 일본형 디지털 이동통신 기술을 개발했다. 그 결과 1993년 NTT이동통신이 디지털 이동통신 표준인 JDC[31]를, 1995년 NTT가 단거리 무선전화기(cordless telephone) 표준인 PHS(1995)를 각각 개발하고 서비스를 시작했다. 일본은 이들 방식이 중국의 이동통신 표준으로 채택되도록 많은 노력을 기울였으나 결실을 보지 못했다. 그러던 중 1996년 일본 기업들은 자신들과는 현격한 기술 격차가 있다고 믿고 있던 후발 한국 기업 삼성전자가 중국의 CDMA 이동통신 시범 서비스에 참여한다고 하는 충격적인 상황에 마주치게 되었다. 이에 일본은 한국의 중국

31 Japanese Digital Cellular. 북미 방식인 US TDMA 셀룰러 시스템과 유사하며 이후 PDC (Pacific Digital Cellular, 나중에 Personal Digital Cellular)로 개칭했다.

에 대한 CDMA 이동통신 분야 협력 성공 사례를 조사 분석하고 이를 모방했다. 즉, 1996년 일본 동경대학이 중심이 되어 중국의 이동통신 분야 주요 정부 연구소 및 대학 연구소 소장들을 일본에 초청하여 공동 기술 세미나를 개최하고 일본 기업들의 연구개발 성과를 소개했다. 이러한 노력의 결과로 1997년 중국 우전부는 일본 기술 전문가를 베이징에 초청하여 PHS 이동통신 기술 세미나를 개최했다. 이어서 중국 우전부는 베이징의 청화대학 캠퍼스에서의 PHS 시험 서비스 실시를 허가했다. 이상의 과정은 한국과 중국의 이동통신 분야 협력 초기에 있었던 과정과 흡사하다. 즉, 한국이 중국의 주요 정부 연구소 및 대학 연구소 소장들을 한국에 초청하여 공동 기술 세미나 개최하고 국책 연구소와 산업체를 방문시키고 연구개발 성과를 소개한 것이 결국 한국 기업의 중국 CDMA 시범 서비스에의 참여로 이어졌음을 발견한 일본이 이를 압축적으로 모방·답습한 것이라 할 수 있다. 청화대학에서의 PHS 시험 서비스 다음 해인 1998년 중국망통이 PHS 상용 서비스를 시작했다. 2008년 11월 중국의 통신 사업 개편의 일환으로 중국연통이 중국망통을 인수함에 따라 중국망통의 PHS 서비스 사업은 중국연통으로 넘어갔고 PHS 서비스는 2013년 9월 가입자 수 감소에 따라 서비스가 종료될 때까지 지속되었다.

5. 맺음말

중국은 서비스 산업, 단말기 제조 산업, 장비 제조 산업으로 분류되는 이동통신 산업의 전 분야에서 1990년 초 낙후된 상태로부터 2010년대 세계 최상위 국가로 성장했다. 중국의 이동통신 산업이 초기 단계에서 신속히 기술을 확보하고 제품 경쟁력을 확보할 수 있었던 데는 한국 기업을 지렛대로 사용하여 선진국 기업들로부터 기술을 획득한 것이 중요한 성공 요인으로 작용했다. 이 과정에서 한국 기업들은 중국 이동통신 전화기 시장에 대한 우선적 접근이 허용되어 수출을 급속히 증대한 수 있었다. 중국 시장에서의 선전은 한국 이동통신 제조 기업들로 하여금 기술 개발을 통해 이동전화기 제품 경쟁력을 강화하고 세계 시장에 본격적으로 진출하는 계기가 되었다. 이와 같이 한국과 중국 두 나라의 이동통신 분야에서 상호 덕을 본 윈-윈 협력은 양국 대학 간의 교류로부터 시작되었는데 이는 한 개인의 열정이 양국 이동통신 산업의 진로와 역사에 큰 영향을 미친 사례로 지적될 수 있다.

추가 읽기 자료

863 계획 통신기술 분야(317). 1993.12. 中國高技術研究發展(863)計划 通信技術主題 介紹.

Department of Basic Research and High Technology of State Science and Technology Commission. 1995(추정). Information Technology of 863 Hi-Tech R&D Program.

중국 공업및신식화부(工業和信息化部) 웹사이트 http://www.miit.gov.cn.

한국전자정보통신산업진흥회 통계자료.

한국공학한림원. 2004.「중국의 기술추격」.

제III부

생활구조와 사회적 실천 속의 중국

제8장 개혁기 중국의 개발다원주의와 차등적 시민권 _ 장경섭

제9장 개혁기 중국의 혼인과 가족 _ 이현정

제10장 중국 농민공 문제의 변화와 지속 _ 정종호

제11장 중국 사회보장제도의 변천과 전망 _ 조흥식

제8장

개혁기 중국의 개발다원주의와 차등적 시민권

장경섭 | 서울대학교 사회학과

1. 중국의 실용주의 개혁: 개발다원주의의 정치경제

덩샤오핑(鄧小平) 주도로 1970년대 말부터 시작된 중국의 개혁은 그 종합적 양상에 의거해 점진적인 실용주의 개혁으로 불리어져 왔다. 이때 실용주의란 이념·정치적 원칙에 얽매이지 않고 경제문제를 해결하는 데 도움이 된다면 어떠한 국가 정책, 경제제도, 사회질서, 국제관계 차원의 변화도 융통성 있게 고려하고 실행하는 입장으로서, 특히 덩샤오핑의 흑묘백묘(黑猫白猫)론으로 대표되었다. 이러한 실용주의는 그 자체가 체제 개혁의 체계적인 이론이 될 수는 없었다. 국가사회주의체제는 당시 소련의 경직적 유형이나 마오쩌둥(毛澤東) 주도로 변용된 중국식 유형이나 모두 더 이상의 경제·사회적 지속 가능성(sustainability)을 갖지 못함이 분명해졌으나, 그렇다고 이를 극복·대체할 수 있는 종합적인 정책·제도적 대안이 강구된 것도 아니었다. "검든 희든 고양이가 쥐만 잡으면 된다"는 것은 그러한 체계적 대안의 부재를 자인하는 측면이 있었으며, 궁극적으로 어떤 고양이가 쥐를 잡을지 확신할 수 없는 상황에서 가급적 다양한 고양이에 의존해야 하는 상황에 직면했다. 즉, 경제발전 우선을 위한 실용주의는 개발전략의 다원주의로 귀결되었다. 이러한 맥락에서 필자는 중국의 개혁기 정치경제체제를 '개발다원주의(developmental pluralism)'로 규정하고자 한다.

40년을 맞이한 중국의 개혁은 엄청난 국가경제적 성과와 이에 기초한 공산당 권력의 안정적 유지에도 불구하고 여전히 체제의 종합적 성격에 대한 이론·정치적 체계화가 부재하고, 10년 단위로 교체되어온 각 공산당 지도부는 개혁 진행 과정에서 발생한 경제·사회·정치 문제들을 단기적으로 대응하는 데 머물렀다. 주석 연임제한 규정을 없애며 장기 집권 의지를 의심받고 있는 시진핑(習近平)이 내세우는 이른바 "시진핑 사상"도 인민 보편적 '샤오캉(小康)'을 실현하겠다는 목표 설정에 머물러 있을 뿐이다. '샤오캉'이라는 쥐를 잡기 위해 활용하는 고양이는 여전히 '개발다원주의'의 현실에 서 있다.

그동안의 개혁 실현 과정에 기초해볼 때, 중국의 개발다원주의는 상품시장, 사유·사영 생산조직 등 자본주의 요소들의 도입뿐 아니라 개혁 이전 중국식 사회주의체제의 다양한 정책·제도·조직적 요소들에 대한 잠정적·상시적 의존과 변용을 포함한다. 예컨대, 호구(戶口)제도에 의해 인민들의 사회·경제적 지위는 여전히 도농 이중구조로 분절되어 있다. 다만 농민들은 토지의 집단소유 원칙에 의거해 일종의 농민적 사회권(peasant social citizenship)을 부여받고 있다. 도시인들은 공식적 거주 지역 호구에 의거해 취업·주거·교육·복지 차원의 배타적 지위를 다양한 양태와 정도로 누리고 있으며, 이러한 지위는 농촌으로부터 유입된 일종의 불법체류 노동자들인 농민공(農民工)의 지위에 극명하게 대비된다(Solinger, 1999; 이민자, 2001). 개혁 초기에는 채산성(採算性)을 상실한 수많은 집체·국영 기업들이 고용된 주민 노동자들의 생계 보호를 위해 일종의 복지적 고용 기능을 상당 기간 유지함으로써 도시 기업개혁이 막연히 미뤄지기도 했었다(조현준, 1992; Korzec, 1992). 중국의 내부 기업개혁이 본격화되고 개방에 따른 외자기업의 등장이 본격화된 이후에도 대다수 기업은 사회주의 시기의 조직적 특징인 이른바 단위(單位)체제의 성격을 유지하거나 확립함으로써 노동자들에 대한 종합적 사회보장 기능을 수행하도록 요구받았다(劉志峰,

1995; Francis, 1996). 개혁 초기 산업화를 주도했던 농촌의 향진기업(鄕鎭企業)들은 상당수가 마오쩌둥 시대의 집체 생산단위에 조직적으로 기초했다. 사실, 계획경제 제도의 폐지에도 불구하고, 국가(공산당)가 여전히 경제·사회 개혁 혹은 개발에 있어 총체적 지도력을 행사하고 있다는 현실 자체가 사회주의 유제의 측면이 있다.

이처럼 중국 개혁노선으로서의 실용주의와 이에 기초한 개발다원주의는 자본주의의 사회·경제적 요소들에 대한 개방적 수용성뿐 아니라 중국 자신의 과거 유제들에 대한 현실적 포용성을 포함했다. 이는 흔히 사회주의 유제의 철폐 속도에 초점을 맞추어, (러시아 등에서 발생한 일거의 총체적 체제 변화, 즉 "빅뱅"에 대비시켜) 이른바 점진적 개혁으로서 묘사된다. 그러나 40년의 장구한 시간이 경과한 중국의 개혁에서 여러 사회주의 유제들은 이미 어떤 방식과 구조로 공고화된 새로운 정치경제체제의 핵심적인 정책·제도적 요소로서 자리 잡았으며, 이에 대한 꾸준하고 무수한 수정·폐지 논의에도 불구하고 당장 근본적 변화를 예측하긴 어렵다. 차라리 공산당의 공식적 체제 해석인 "사회주의 시장경제"의 현실적 구성 요소로서 이들 유제를 이해하는 것이 타당해보이며, 이들의 장기적인 제도적 운명은 경제발전 촉진이나 경제성장의 부작용 완화라는 개발주의적 유용성에 의거해 결정될 것이다.

예컨대, 호구제도는 도시 거주민의 취업, 주거, 교육, 복지 등을 지역별로 배타적으로 관리하게 함으로써 새로운 시장경제적 산업화 및 도시화의 과정에서 농민인구의 과도한 도시 진입을 막음과 동시에 중앙정부의 사회관리 책임과 비용을 제한할 수 있도록 하는 제도적 수단으로서의 유용성 때문에 상당 기간 유지될 것이다. 토지 공유제는 도시에서 시장경제적 경제·사회 발전에 대한 국가의 장기적 통제수단을 유지하는 의의가 있지만, 더욱 중요하게는 농촌에서 농업의 도시 상공업에 대비한 상대적 침체 및 불안정성, 그리고 거대 규모 농민공의 임의적이고 복잡다양한 도농 순환적 경제활동에 대한 사회적 안전망(social safety net) 유지라는 핵심적 기능으로 인해 장기적 관점에서도 근본적 폐지가 예상되지 않는다. 반면 대다수 도시기업들은 그 소유 구조에 무관하게 단위(單位)체제적 성격을 어느 정도 유지하거나 보완함으로써 노동인구의 사회적 관리를 위한 국가의 부담을 함께 나눌 것이다. 반면, 주로 지역 인민의 고용 유지를 위해 국가의 잠정적 지원으로 유지되던 도시 지역의 무수한 부실 국영·집체 기업들이 지난 세기말부터 이미 정리되어왔으며, 농업 사영화에 뒤이어 우후죽순으로 전국에 등장했던 농촌 집체기업〔鄕鎭企業〕들의 상당수가 일종의 구조 조정을 거쳐왔다.

2. 중국 개혁체제의 시민권적 성격

1) 국가자본주의적 개발체제로서의 개혁과 시민권

개혁기 중국에서 중국식 사회주의의 유제들은 자본주의 요소들과 단순히 병존만 하는 것이 아니라 이 새로운 요소들의 도입과 확립 과정에 긴밀하게 결착되어 궁극적으로 다른 어떤 사회에서도 찾아볼 수 없는 독특한 정치경제 및 사회질서가 만들어져왔다. 특히 상품의 유통과 배분을 위한 시장화(marketization) 및 이에 맞물린 사회·경제적 자원의 상품화(commoditization)는 결코 중국 전체에 걸쳐 보편적인 변화로서 진행된 적이 없으며, 중앙과 지방의 국가권력과 각종 사회집단의 이해와 입장을 반영해 기존의 사회주의 정책·제도들과 뒤얽혀 극도로 복잡다양한 양상을 띠고 진행되어왔다. 다른 한편으로 인근 동아시아 자본주의 산업국들의 경험을 준용해 국가가 새로운 영역의 산업화를 주도·지도하는 과정에서 시장은 선택적·전략적으로 형성되고 관리되어왔다 (cf. Amsden, 1989). 전체적으로 보아, 중국의 자본주의 도입과 활용은 개인적 사기업가(부르주아) 계급이 보편적으로 주도하는 경제·사회체제를 건설하기 위한 '자유주의 근대화(liberal modernization)' 프로젝트가 아니라 국가적 차원의 경제발전을 통해 (범인민적 생활향상과 더불어) 국가권력의 확대재생산을 도모하는 일종의 '국가자본주의적 개발(state capitalist development)' 프로젝트이다. 이러한 맥락에서, 여러 사회주의 유제의 유지·변용, 자본주의 요소들의 도입, 두 체제 요소의 상호결합이 갖는 효과들, 특히 급속한 경제성장 과정에서 나타난 효과들에 대해 국가(공산당)는 직접적인 정치적 책임을 지게 되며, 이에 대한 직간접적인 인정과 대응이 지속되어왔다.

이처럼 국가자본주의적 개발 전략으로서의 개혁이 본원적으로 갖는 정치적 속성은 개혁 과정과 결과에 시민권(citizenship)적 의의를 배태시킨다.[1] 시민권은 구미(歐美)의 자유주의 정치질서에서 비롯된 개인 지향적 개념이자 제도이지만, 반드시 시민의 개별적 주권성을 전제하지 않더라도 사회주의 국가의 대다수가 선언적으로 자기 명칭화한 "민주주의"에 주권재민(主權在民)의 원칙이 표명되어 있기 때문에 시민권은 이 경우에도 정치적·법적으로 유효하고 학술적으로도 유용하다. 다만 반제·반봉건 혁명 국가 치하에서 살아온 중국 인민의 경우, 중국인이라는 국민적 지위와 농민·노동자라는 계급적 지위에 집단적으로 기초하여 시민권이 내용적으로 구성되었었다고 할 수 있다. 그리고 중국의 사회주의체제에 대한 개혁은 위에서 설명했듯이 비사회주의적 요소들의 도입, 사회주의적 요소들의 선택적 유지·변용, 두 가지 체제 요소의 결착 등 일련의 과정에서 국가의 정치적 권능과 책임이 실현된 것이기 때문에 여전히 시민권적 의의와 효과를 갖는다.

2) 중국 시민권의 국제비교적 이해: 개발시민권

마셜(T. H. Marshall)의 설명처럼, 구미(歐美)의 여러 자본주의 사회에서 시민

---

1 중국식 정치 용어를 반영하면, 적시되는 내용에 따라 시민권을 공민권(公民權)이나, 아예 인민권(人民權)으로 부를 수도 있다.

권은 시민들의 사적 자치와 사회적 자유를 규정하는 공민권(자유권), 국가권력의 형성과 운영에 참여하는 권리를 규정하는 정치권(참정권), 물질·문화적으로 존엄한 삶을 누릴 권리를 사회로부터 보호받고 국가로부터 보장받는 사회권(복지권) 등으로 진화·확대되어왔다고 볼 수 있다.[2]

반면, 국가와 시민사회 및 정치와 경제(생산활동) 사이의 제도적 구분을 인정하지 않고, 경제관리를 독점적 생산자(노동자·농민) 계급정당으로서의 공산당에 의한 정치적 행위로 설정했던 중국의 사회주의체제에서 시민(인민)의 권리는 자유권, 정치권, 사회권으로 구분되지 않았다. 개혁기에 들어서도 공산당의 독점적 계급정당으로서의 (명목적) 지위와 국가권력 독점 상태가 근본적 변화 없이 지속되는 상황에서, 이러한 시민권의 혼합성은 지속되고 있다. 나아가 위에서 지적한 국가자본주의적 개발 프로젝트로서의 개혁의 성격은 공산당의 정치·경제·사회적 혼합통치권을 정당화시키는 것으로 이해되어, '샤오캉(小康)' 구호 아래 인민들의 시민권은 공산당 권력과의 일원적 관계에 의해 규정되고 있다.[3] 그리고 일부 농촌 지역을 중심으로 시도(허용)된 지역대표자 선거는 본원적 국가권력의 구성 절차가 아니라 지역공동체의 자치관리 지도부 선출에 불과해, 정치권보다는 공민권의 부분적 실현으로 이해될 수 있다.

그러나 개혁기 중국의 국가 기능이 경제질서의 재편과 경제발전의 성취에 집중되어 있으며 이를 위해 도입·수용된 비(반)사회주의적 정책, 제도, 조직들의 대다수가 구미 사회들의 선례와 경험을 직간접으로 반영하고, 자체 마련이 불가능한 자본, 기술, 지식의 대부분을 자본주의 사회들로부터 조달해왔고, 산

2 물론 미국처럼 사회권의 심화나 확대에 대한 정치권의 분열과 시민사회의 무관심이 고질적이어서, 경제발전 수준에 비해 시민권의 진화가 매우 제한적인 사례들도 있으며, 나아가 이른바 신자유주의 정치·경제질서의 확산으로 구미 사회들 전반의 사회권 위축이 나타나기도 했다.

3 해석하기에 따라, 일종의 사회권인 '샤오캉(小康)'을 내세워 자유권 및 참정권 배제를 정당화해왔다고 볼 수 있다.

업화의 장기 동력을 자본주의 세계시장 개척에서 구축해왔고, 개혁의 성과를 자본주의 선진국들과의 경제·정치적 경쟁구도에서 평가해온 현실로 인해, 중국의 사회체제는 더 이상 세계사회 일원으로서의 문명적 지위와 평가를 외면할 수 없다. 이는 특히 중국 인민의 시민권적 지위에 대한 세계(사)적 차원의 평가에서 중요하며, 이미 중국 사회 내부에서 이러한 인식이 확고히 자리 잡았다는 것은 1980년대 후반의 톈안먼 시위에서 드러났다. 물론 중국공산당의 입장에서는 국가권력 독점을 포기할 (자체의) 정치적 이유가 없고 또 그동안 장기간의 지속적 경제성장을 통해 독재의 도구적 정당성도 입증해왔다고 여기기 때문에 인민들의 시민권을 당장 구미 사회들과 '제도적 동형화(institutional isomorphism)'시키려들지는 않을 것이다.

그러나 자본주의 선진국 시민들이 가진 것과 같은 자유권과 정치권을 체계적으로 허용하지 않는 (혹은 못하는) 대신에 이를 보충하는 차원에서라도 인민들의 경제적 지위를 획기적으로 향상시킬 수 있는 정권적 실적이 필요하며, 이는 결국 박정희 시대 한국처럼 독재 국가권력에 의한 일종의 '개발시민권(developmental citizenship)'의 실현 노력에 해당한다. 이처럼 개혁기 중국에서 시민권의 내용적 구성에 관련해 대두되는 개발시민권의 중요성은 위에서 지적한 국가자본주의 개발체제로서의 개혁이 그 정치적 성격으로 인해 자동적으로 갖는 시민권적 함의와 결합하게 된다.

개발시민권은 필자가 20세기 중·후반의 한국을 위시한 동아시아 후발 자본주의 산업국들의 국가 주도 경제개발 과정에서 나타난 정치사회(학)적 질서와 사회 정책상의 특징들 및 이에 연계된 시민생활의 성격과 변화를 개념·이론화한 것인데, 1980년대 이후에는 중국, 베트남의 탈사회주의 개혁 과정의 한 측면으로서도 드러나기 시작했다.

한국의 경우, 1960년대 이후 경제·사회적 근대화를 추동하고 궁극적으로 오늘날의 대규모 산업자본주의 사회를 만들어낸 것은 국가(군부정권)의 중상주의적 개발정치와 이에 조응해 경제활동에 전력투구한 기업가 및 노동자의 물질적 성취 욕구이다. 흔히 정격유착으로 표현되는 국가-자본의 동맹뿐 아니라 주로 농촌에서 공급된 청년노동자들의 적극적 산업노동 참여는 군부정권의 개발 위주 국정을 범국민적 정치 지향으로 승화시켰다. 산업자본가계급은 경제성장에 수반된 기업성장과 이윤 확대에, 노동자계급은 경제성장에 수반된 고용증대와 소득상승에 모든 계급적 이익을 등치시키는 가운데, 개발주의 군부정권은 정치적 시민권을 부정하는 것은 물론 사회적 시민권을 적극적으로 확충해나가려는 의지도 보이지 않았다. 그 대신, "우리도 한번 잘 살아보세"라는 구호 아래, 국가의 경제개발 위주 국정에 대해 시민들의 전인적인 지지와 참여를 요구했다.

이러한 맥락에서, 국가적 경제개발을 통한 개별적인 물질적 이익의 증진이 국정목표로서 설정되었으며, 공식적으로 표명된 것은 아니지만 일종의 '개발시민권(developmental citizenship)'의 보장이 군부정권의 정치적 정당성을 담보하는 것으로 인식되었다. 그리고 장기간의 급속한 경제성장은 이러한 개발시민권의 정치를 한국 사회에 근착시키게 되었다. 명목상 자유주의 정치체제하에서 국가-시민(사회) 관계를 공식적으로 규정하는 시민권의 실질적 내용은 헌법상 규정된 자유권, 정치권, 사회권보다는 경제개발의 추진과 그 시장이익의 향유로 집약되는 개발시민권에 집중되어 있었던 것이다. 이러한 한국의 역사적 경험에 상응하면서도 중국의 복잡다기한 현실이 반영된 중국적 개발시민권 체제가 개혁기 중국에서 전개되어왔다고 볼 수 있다.

3. 개발다원주의와 차등시민권

이러한 복합적 맥락에서 중국의 개혁체제가 개발시민권의 차원에서 이른바 '사회적 통치성(social governmentality)'을 확립·유지해야 한다고 하면, 개혁의 구체적 양상, 즉 개발다원주의가 갖는 (보편!) 시민권적 함의가 인민들의 사회·

경제적 일상의 질뿐만 아니라 공산당 지배체제의 정치·사회적 실태와 관련하여 매우 중요해진다. 중국의 개혁이 40년에 걸친 지속적 고도 경제성장을 통해 대다수 인민의 물질적 삶의 수준을 향상시켰다는 것은 부정할 수 없는 사실이다. 그러나 같은 기간에 인민들 사이의 경제적 불평등도 지속적으로 확대되어왔으며, 지니계수(Gini coefficient) 등 통계학적 수치를 통해 객관적으로 표시되어왔다.

기층 인민들의 입장에서, 경제적 불평등은 객관적 크기에 못지않게 그 정치·사회적 구성(원인)이 심각한 사회집단적 분노를 일으켜왔다. 중국의 농민, 농민공, 내륙 도시 노동자, 청년, 여성, 소수민족 등은 국가자본주의적 개발체제에서 체계적으로 배제·차별되는 자신들의 지위에 대해 지속적인 비판과 저항을 펼쳐왔다. 이들의 경제·사회적 곤궁은 생산 대중에 대한 사회주의적 권리와 보장의 상실에 어느 정도 기인하지만, 동시에 개발다원주의하에서 일부 (중국식) 사회주의 유제들의 유지·변용과 이의 시장경제적, 나아가 자본주의적 질서와의 결착이 가져오는 매우 복잡한 차별적 불평등의 결과이며, 이에 대해 대다수 인민은 그들 나름대로의 파악과 판단을 하고 있다. 즉, 개발다원주의에 수반된 차등적 시민권(stratified citizenship), 특히 차등적 개발시민권에 대해 사회집단별로 다양한 불만과 분노가 누적되어왔다.

그런데 각 사회집단 내부로 초점을 맞추면, (중국식) 사회주의 유제들의 유지·변용은 시장경제 지향적 개혁을 추진함에 있어 (분절적이지만) 사회보장적 최소 기초를 유지하겠다는 정책의지의 반영인 측면이 있다. 즉, 농지 집체소유권 고수를 통한 (자영) 농민들의 기본 생계기반 유지, 도시별 호구 유지를 통한 거주 인민의 사회·경제적 생업·생활 조건 지탱, 도시기업들의 단위체제적 성격 유지를 통한 노동인구에 대한 사회보상 실현, (개혁 초기) 거주민 노동자 고용(생계) 유지를 위한 집체·국영기업 파산 보호, (개혁 초기) 집체적 농촌 복지·교육 재원 확보를 위한 향진기업들의 지역적 독점화 등의 현상은 적어도 그 혜택을 입는 특정 집단별 인민에게는 시장 지향적 경제개혁의 사회권적 조정으로서의 의의가 있었다.

그러나 각각의 해당 제도·정책은 사회 전체적 차원에서는 배제와 차별의 효과가 불가피했고 따라서 엄밀한 의미에서의 '사회권(social citizenship)'을 구성하는 것은 아니다. 특히 농민, 노동자(도시 거주민), 간부라는 기존의 형식적 계급 구분을 넘어서는 새로운 사회·경제적 성격의 활동을 추구하는 인민의 상당수에게 그 배제와 차별의 피해가 심각했으며, 대표적으로 도시 진입 무호구 노동자, 즉 농민공(農民工)의 좌절과 저항이 지속되어왔다(이 책의 10장 참조). 국가의 거시경제적 입장에서는 이러한 (중국식) 사회주의 유제들의 유지·변용은 사회·정치적 혼란을 관리 가능한 범위·방향에서의 시장경제적 경제개혁이라는 선택적 개발전략의 추진으로서 합리화되겠지만, 그 결과 형성되는 복잡다양한 불평등 구조의 불리한 지점에 놓이는 인민에게는 시장경제적 위험(risk)으로서의 소외와 불평등에 사회주의적 배제와 차별이 중첩되며, 이것이 국가의 정치적 선택 혹은 행위에 기초한다는 사실에 의해 (경제·사회·정치적 차원에 걸친) 복합적인 시민권 차별이 발생하는 것이다.

이처럼 중국의 시장경제적 개혁 과정에서 (중국식) 사회주의 유제들의 유지·변용에 직접적으로 맞물린 시민권적 분절과 차등이 지속되고 있지만, 인민들은 각자의 개인·사회적 특성과 자원에 기초해 새로운 개발체제에 능동적으로 참여하고 이에 관한 국가·지역 차원의 경제적 기여도나 유용성을 인정받음으로써 국가나 지방정부로부터 상응하는 새로운 사회·정치적 권리를 부여받을 수 있다. 터너(Bryan S. Turner)의 주장을 따라 시민권을 "공헌적 권리(contributory rights)"로 정의하면 개발시민권을 '개발공헌적 권리(developmental contributory rights)'로 인식할 수 있는데, 바로 이러한 권리의 등장과 확산이 다양한 영역에서 확인된다.

정치적 차원에서는 장쩌민(江澤民) 시대에 "3개 대표론" 당헌(黨憲)에 의거해 "선진사회 생산력"을 이끄는 사기업가가 "선진문화 발전"을 이끄는 지식인, "광대한 인민"으로서의 노동자·농민과 함께 공산당의 정치적 구성 주체

(political constituency) 반열로 오른 것이 유명한 사례이다. 이처럼 경제발전적 기여에 기초한 사기업가의 정치적 대표성 획득은 궁극적으로 (대만을 포함한) 해외 중국계 기업가들에게까지 적용되고 있다. 기층 인민의 차원에서 가장 결정적인 변화는 지역경제적 필요에 따라 일부 지방정부들이 농민공을 포함한 외지 인력에 대해 다양한 내용과 범위의 일종의 '지역적 사회권(local social citizenship)'을 부여하기 시작했는데, 중국의 도시 중심적인 경제발전 과정에서 사실상 대다수 농민이 잠재적으로 이촌향도(離村向都) 이주 희망자는 점을 감안할 때 이러한 추세의 범인민적 중요성이 지대하다.

이러한 개발공헌적 권리로서의 개발시민권은 경제발전 공헌성의 차등적 중요성을 전제로 한 것이어서 엄밀한 의미에서의 보편적 사회권을 구성하지는 못한다. 다만 국가의 개발전략이나 경제 재구조화의 양상이 사회적으로 포용적(socially inclusionary)이어서 개발공헌의 기회가 개방적이고 포괄적이라면 그러한 한계가 줄어들 것이다. 실제 중국의 개발다원주의는 러시아 등의 "빅뱅"식 자본주의 전환에 비해서는 사회적 포용성이 훨씬 컸으며, 따라서 개발시민권의 사회적 통치성의 효과도 상대적으로 컸다고 볼 수 있다.

지금까지 논의한 시장경제적 개혁 과정에서 사회주의 유제들의 유지·변용에 맞물린 시민권적 배제와 차별 및 개발공헌적 권리의 본원적 차등성은 시민권의 정치(경제)적 구성단위와 관련시켜 재평가해볼 수 있다. 사실, 중국은 공간적으로 방대하고 경제·문화·생태적으로 다양하고 역사·사회적으로 다집단적이며 인구 규모가 거대하기 때문에 사회주의 시대에서조차 범인민적 보편시민(인민)권의 확립과 증진은 근원적으로 어려운 것이었다. 마오쩌둥은 일종의 자발주의(voluntarism) 철학에 기초해 인민의 권리는 정치적 각성에 기초한 자발적 생산노력에 배대된 것이라는 입장을 주창했지만, 막상 귀결된 중국의 현실은 지역 단위 차원의 자급자족적 생존노력의 정치화였고 이는 지역별 부존 경제여건의 차이에 따른 구조적 불평등의 확대재생산으로 이어졌다. 실용주의 개혁은 중앙의 국가사회주의적인 경제계획 자체를 철폐하고 다양한 경제·사회 주체들의 자율적 생존·개발 노력을 촉진하는 것이어서 범인민적 보편 시민권의 발전은 마오쩌둥 시대보다 훨씬 더 복잡하고 어려울 수밖에 없다.

중국 인민의 시민권적 지위를 범중국적 보편성 기준에만 의거해 평가한다면, 이는 일정 정도 분석 단위 차원에서의 "생태적 오류(ecological fallacy)"일 수도 있다. 오늘날 중국 인민은 그 어느 때보다도 각자의 소속 지역사회, 생산조직, 가족 등의 다양한 특성과 실정에 따른 삶의 질의 차이가 커진 시대를 살고 있다. 이들 소속 단위들 사이의 차이와 불평등이 전체 인민 사이의 차이와 불평등을 구성하는 정도에 대해 국가가 사전·사후적 개입을 통해 보정하는 노력을 수행해야 할 정치적 책임이 존재하지만, 중국의 탈국가사회주의화는 적어도 인민들의 지역단위 차원의 시민권적 지위의 지속적 강화를 요구하고 또 실현하고 있다. 특히 지방정부 자체가 갖는 개발국가(developmental state)적 성격이 지속적으로 강화되고 있기 때문에, 중국 인민의 개발시민권 역시 지방 단위 차원에서 구성되는 정도가 커지고 있으며, 이에 상응해 (호구제도 보정에 기초한) 사회권 일반의 변화도 나타나고 있다. 베이징의 국가지도부 입장에서도 인민들의 경제·사회·정치적 불만을 최대한 지역 차원의 문제로 설정하여 지방정부가 책임지고 관리하도록 유도하고, 실패 시 이를 엄중 문책하는 방식의 통치술을 채택해왔다.

4. 차등적 개발시민권: 역진적 혹은 시차적 사회권?

사회주의체제에 대한 본격적 개혁은 인민들에게 다음과 같은 보편적 어려움을 다양한 정도로 안긴다. 첫째, 시장경제에의 성공적 참여를 위한 재정·기술적 자본이 결여된 상태에서 갑작스럽게 새로운 부문이나 방식의 경제활동에 나서야 한다. 둘째, 시장경제에의 갑작스러운 진입이 국가 전체의 경제적 침체라는 최악의 상황에서 이에 대한 대응의 차원에서 이루어지는데, 바로 이러한 경제적 침체 자체가 시장경제의 일반적 불안정성과 불평등성을 증폭시킨다. 셋째, 시장경제의 규범·규칙에 대한 내용적 무지와 정치·도덕적 거부감이 시장경제적 경제활동의 지적·심리적 안정성을 저해한다. 이러한 어려움은 자본주의 시장경제에 본원적으로 내재하는 불평등과 소외의 문제와 중첩되어, 인민들의 삶은 쉽게 피폐해질 수 있다. 이러한 문제들은 국가 개혁전략의 유형과 무관하게 보편적으로 발생하지만 러시아, 동유럽 등에서와 같은 단기간의 급진적 체제 전환 과정에서 특히 심각하게 나타났다.

이른바 "점진적" 개혁으로 불리는 중국의 사회주의 시장경제 발전전략은 위와 같은 시장경제화의 사회적 위험(social risks)을 사전·사후적으로 관리하려는 노력의 반영으로서 이해될 수도 있다. 그러나 내용적으로 일종의 개발다원주의(developmental pluralism)로 귀결된 중국의 실용주의 개혁은 그 속도와 무관하게 사회주의 제도·정책들 일반의 폐지나 대체로서 진행된 것이 아니고, 이 유제들이 시장경제적 요소들과 병존하며 나아가 둘 사이의 상호 결착의 효과까지 맞물려 극도로 복합적이고 유동적인 정치경제체제와 사회구조를 형성해왔다. 전체적으로 보아, 국가자본주의적 개발체제로 규정할 수 있는 중국의 개혁은 시민권적 차원에서 개발시민권의 정치·사회적 중요성을 결정적으로 확대시켰다. 개발다원주의 중국의 개발시민권은 사회주의 유제들, 시장경제 요소들, 둘 사이의 결착 효과들이 혼합적으로 작용해 인민의 삶에 엄청나게 복잡한 양태의 배제와 차등을 야기해왔다. 이러한 사회권(social citizenship)적 모순과 혼돈은 중국의 공산당 독재라는 체제적 현실에서 자유권과 정치권이 아예 명시적으로 제한되고 있기 때문에, 그 역사·사회적 심각성이 특별하다.

이러한 층화된 사회권으로서의 개발시민권은 여러 측면에서 중국 인민들 사이의 불평등을 구조적으로 확내새생산해왔기 때문에 일종의 역진적 사회권으로 평가될 수도 있다. 이러한 부작용에 대해 "나중에 함께 나눠 먹을 파이를 먼저 키우고 보자"는 논리를 통해, 혹은 여전히 덩샤오핑의 선부(先富)론을 내세우며 개발체제적 불가피성으로서 정당화시키는 국가의 입장은 근본적으로 바뀌지 않았다. 물론 중국의 개혁은 개발체제로서의 사회적 포용성이 러시아에서와 같은 "빅뱅"식 자본주의 전환에 비해 훨씬 컸기 때문에, 그만큼 개발시민권의 사회적 통치성 효과도 컸다고 볼 수 있다. 그러나 중국의 기층 인민이 일상에서 곤궁에 처했을 때 그러한 국제비교적 관점에서 자신의 개발체제적 배제와 차별을 대승적으로 용인할 가능성은 실제 없을 것이다. 나아가 역사적 맥락과 정치경제적 배경은 달랐지만 한국과 같은 국가자본주의 개발체제의 세계적 성공 사례에서조차, "선성장, 후분배"와 같은 사회적 역진성에 기초한 개발시민권의 장기적 효과는 범시민(인민)적 효과가 결코 정의롭지 못했고 궁극적으로 국가경제 발전의 사회적 지속 가능성 자체를 훼손시키기에 이르렀다.

그리고 일상적 경제현장에서 개발공헌 권리의 사회적 구성은 많은 경우 특정 범주 인민들에 대한 제도적·사회적 차별 자체에 의거한 경우가 많다. 예컨대, 농민공의 도시·국가 경제적 기여는 흔히 정식 도시 거주 노동자들과의 차별적 대우 및 체류 불법성에 따른 착취 가능성 자체의 경제적 효과를 노린 직간접 고용주들과 지방정부들의 기회주의적 입장에 구조적으로 결착되어 있으며, 이는 개혁 초기부터 지속되어온 현상이다.[4] 농민공뿐 아니라 세대, 성별, 학력, 민족 등의 지위에 의거해 차등적으로 사회·경제활동에 참여하는 대다수 인민들로서는 자신에 대한 차별적 대우가 오히려 개발시민적 지위의 기초가 되기도 하는 역설이 존재한다. 이런 식으로 기업, 지역, 국가의 경제성장이 장기간 이루어지게 되면 차등적 개발시민권이 경제발전의 필수 조건으로서의 구조화되는 부작용이 생겨난다. 특히, 중국 전역에서 반복되는 정치·사회적 토론에도 불구하고 농민공 지위에 근본적 변화를 기대하기 어려운 데에는 이른바 사회주의적 시장경제의 이러한 기회주의적 성격도 중요한 원인으로 작용한다.

4 한국에서 이루어지는 외국인 노동자들에 대한 차별과 착취도 마찬가지의 성격이 있다.

5. 토론과 전망

개혁기 중국의 경제체제 개혁과 이에 맞물린 사회·정치적 변화는 국가-인민 관계의 차원에서 차등적 개발시민권(stratified developmental citizenship)체제로 설명할 수 있다. 중국에서 시장경제 도입 및 확대, 나아가 세계 자본주의 경제에의 공격적 참여를 둘러싼 개발공헌적 권리로서의 개발시민권은 그 공헌성의 인민 내부적 차이로 인해 이에 수반된 사회권적 지위의 차별과 차등을 수반할 수밖에 없다. 개발시민권의 이러한 사회적 한계는 사실 한국과 같은 후발자본주의 산업국들에서도 광범위하게 만성적으로 드러났던 것이다. 따라서 엄청난 속도의 산업화와 경제성장도 결코 이를 주도한 이른바 개발독재 정치 세력의 영구적 집권을 담보하지 못했다.

한국에서 이른바 경제적 국가경쟁력 제고의 정책 논리하에서 농민, 생산노동자 등의 개발공헌성에 대한 정당한 평가와 인정이 유보되고, "선성장, 후분배"의 정책 구호하에서 구조적 불평등과 빈곤에 대한 사회보장적 시정이 미뤄지기만 하는 상황은 궁극적으로 개발시민(developmental citizen)의 정치시민(political citizen)으로의 전환 혹은 정치시민과의 연대를 가져왔다. 한국에서 박정희 체제의 몰락, 그리고 1987년 신군부 독재의 종식은 개발시민권에 기초한 권위주의 통치의 역사적 한계를 보여준 것이다. 이는 자유권과 정치권이라는 자유주의 시민권의 회복을 넘어 개발시민권의 사회권적 개혁의 의미가 있었다. 1987년 민주화 투쟁 과정에 노동자들은 전국적 차원의 계급적 세력으로서 적극 참여했을 뿐 아니라, 이후 복원된 민주주의 질서를 기초로 사회·경제적 차원에서 자신들의 계급적 정의를 실현하기 위한 광범위한 투쟁을 전개했다. 그 결과 1980년대 후반에서 1990년대 중반까지 상당수 노동자들이 산업현장에서 소득과 복지의 현격한 상승을 경험했고, 국가적 차원의 사회보장적 지출도 급격히 증가했다. 민주화는 한국인들에게 자신이 처한 경제·사회적 차별과 불평등을 시정하기 위해 국가에 대한 적극적인 정치적 요구와 투쟁을 벌일 수 있는 조건을 제공한 것이다.

중국에서 위와 같은 개발시민의 정치시민으로의 전환 가능성이 얼마나 될지 체계적으로 예측하는 것은 매우 어려운 분석적 과제이다. 1989년 톈안먼 사태에서 일종의 정치시민으로서의 학생, 지식인의 투쟁에 대해 일반 생활시민으로서의 인민들의 성원과 참여가 확산될 조짐이 보이는 즉시, 공산당 지도부의 단호한 시위 진압 결정이 이루어졌다. 이후 덩샤오핑의 남순강화(南巡講話) 등을 통해 개혁·개방의 정치적 동력을 살려 경제개발 위주의 국정을 지속해나가고 전국적 차원의 경제성장세가 나타나면서 대다수 중국 인민에 대한 개발시민권적 포섭과 동원이 가능해졌다. 덩샤오핑의 사망 이후에도 공산당 정권은 인민에 대한 과도한 물리적 억압을 통하지 않고도 권력 기반을 유지해 올 수 있었다.

이러한 개발주의 통치(독재)가 그 미시적 기초로서 개발시민권에 대한 체계적인 이론·이념적 정리를 기초로 한 것은 아니지만, 대다수 중국 인민은 개발주의 정권으로서 공산당과의 경제적 의존·교환 관계를 전제로 자신의 정치적 지위를 설정하고 있다.[5] 바로 이런 이유로 개발시민으로서의 지위에 특별히 심각한 차등·차별성을 경험하거나 인지하는 수많은 중국 인민이 일상 대화나 푸념에서 공산당에 대한 비난과 저주를 멈추지 않고 있다. 나아가 그러한 차등·차별성의 집단적 공유가 상호 확인되는 인민들이 중국 전역의 수많은 마을, 도심, 공장에 함께 모여 항의하고 투쟁해왔다. 이러한 인민들의 사회·정치적 저항에 대해 중앙과 지방의 공산당 권력이 반드시 즉각적이고 자동적인 탄압에 나서지 않는 것은 개발시민들의 저항이 정치시민으로의 진화로 이어질 사회적 가능성을 우려하기 때문일 것이다.

5 아울러 새로운 세계질서 속에서 그동안 급속히 확대된 경제력을 바탕으로 중국의 과거 영광을 회복하자는 대국굴기(大國崛起) 구호 아래 국수주의적 역사시민(historical citizen)으로서의 의식을 개발시민으로서의 의식에 접목하려는 노력이 어느 정도 성과가 있어 보인다.

추가 읽기 자료

루쉐이(陸學藝). 2016. 『당대 중국 사회 건설』. 파주: 푸른사상사.

우샤오보어(吳曉波). 2014. 『격탕 30년: 1978~2008, 현대 중국의 탄생 드라마와 역사, 미래』. 서울: 새물결.

Chang, Kyung-Sup. 2012. "Developmental Citizenship in Perspective: The South Korean Case and Beyond." Chang Kyung-Sup, and Bryan S. Turner(eds.). *Contested Citizenship in East Asia: Developmental Politics, National Unity, and Globalization*. London/New York: Routledge, pp.182~202.

______. 2016. "Post-Socialist Class Politics with Chinese Characteristics: Partial Marketization, State-Mediated Inequalities, and Communist Liberalism." Gunnar Olofsson and Sven Hort(eds.). *Class, Sex and Revolutions: Göran Therborn: A Critical Appraisal*. Lund: Arkiv Academic Press. pp.245~276.

______. 2017. "China as Complex Risk Society: Risk Components of Post-Socialist Compressed Modernity." *Temporalités*, number 26(2017/2). A special issue on ""Compressed modernity" and Chinese Temporalities."

제9장

개혁기 중국의 혼인과 가족

차이와 지속

이현정 | 서울대학교 인류학과

1. 머리말

중국의 사회구조에서 가장 기본적이면서도 중요한 것은 가족제도이다. 가족을 뜻하는 단어인 중국의 지아〔家〕는 우리가 일반적으로 생각하는 핵가족 개념과는 상당히 다르다. 지아는 좁은 의미에서는 아궁이(부엌)와 재산을 공유하며 함께 거주하는 부모와 자녀, 그리고 때에 따라서는 조부모로 이루어진 혈연 조직이지만, 넓은 의미에서는 같은 조상에서 나온 남계친 자손 중에서 같은 지역에 거주하는 종족(宗族)이나 씨족(氏族) 공동체까지 확대된다. 중국인들이 같은 집에 살지 않더라도 누군가를 소개할 때 "이 사람은 저와 같은 집안사람〔一家子〕이에요"라고 말하는 경우를 흔하게 볼 수 있는데, 이때의 지아는 넓은 의미에서의 가족이라고 할 수 있다.

중국의 전통사회에서 가족은 정치·경제·종교·사회적 행위의 기본 단위로, 유교주의와 가부장제에 의해 지탱되어왔다. 가장(家長)은 가족을 통솔하고 대표했으며, 국가의 세금이나 부역은 가장을 통해 가족에게 부과되었다. 부모에 대한 자식의 도리를 뜻하는 효(孝)는 가족 내에서뿐 아니라 촌락과 국가를 다스리고 사회의 질서를 움직이는 기본 윤리였다. 평범한 중국인들에게 국가(國

家)란 가족의 확대된 모습으로서 막연히 상상될 뿐, 평생토록 직접 접할 일이 없었다. 따라서 중국인들에게 가족과 확대된 가족으로서의 촌락공동체는 개인의 정서적인 뿌리이자 행위 선택의 핵심적인 기준일 수밖에 없었다. 토지에 뿌리를 내리고 촌락사회의 구성원으로 살던 중국인들은 나-가족-종족-국가로 파문처럼 퍼져나가는 차등적 질서구조 속에서 자신의 역할과 주변 세계를 인식하고, 삶의 가치관을 형성하면서 살아왔다.

오늘날 중국의 가족은 많은 변화를 겪고 있다. 무엇보다 젊은 세대들은 이제 나이가 들면 혼인하고 자녀를 낳아 가정을 꾸리는 것이 당연한 일이라고 생각하지 않는다. 싱글을 뜻하는 딴션고우〔單身狗〕나 딴션꿰이주〔單身貴族: 경제력과 구매력을 갖춘 싱글〕, 혹은 독립할 나이가 되었는데도 부모에게 생계를 의탁하고 있는 젊은이를 뜻하는 컨라오주〔齦老族〕와 같은 신조어들은 이러한 변화하는 현상을 반영한다. 또한, 인구 대부분이 농민이었던 전통사회와 달리, 이제 중국인의 절반 이상이 촌락사회에 가까운 친척들과 함께 거주하고 생계를 꾸려가지 않으며, 각자 더 나은 삶을 찾아 도시와 해외로 흩어져 살아가고 있다. 따라서 젊은이들이 다 빠져나간 농촌에는 몸을 움직이기 힘든 노인 세대만이 근근이 생활을 유지하는 모습을 흔히 발견할 수 있다.

그러나 이처럼 현상적으로 드러나는 변화로써, 우리는 가족이 이제 중국인에게 특별히 중요하지 않게 되었으며 개인이 우선인 사회가 되었다고 단언할 수 있을까? 만일 그렇다면, 여전히 춘절(春節: 중국의 설 명절)이면 고향에 내려가는 사람들로 기차역이 인산인해를 이루고, 전 세계 어느 곳에서든 처음 만나는 사람에게 성씨와 출신지를 물으며 비슷한 연고인지를 확인하는 중국인의 모습은 어떻게 설명해야 할까? 곳곳에 광고판을 붙인 결혼중개회사는 결혼 당사자의 신상뿐 아니라, 당사자 부모의 출신, 직업, 경세력 등을 묻는 것을 당연시하며, 집이 가난하여 혼인하기 어렵다는 중국의 젊은 남성들은 새로운 신분사회가 열리고 있다고 불평을 늘어놓는다.

이처럼 긴 시간적 흐름 속에서 역동적으로 변화해온 중국인의 삶의 맥락들을 고려하면서, 이번 장에서는 1978년부터 40년에 이르는 개혁기 중국 사회에서 나타나는 혼인과 가족의 특징을 살펴보고자 한다.

2. 개혁 이전 공산당의 정책과 전통적 가족 질서의 붕괴

개혁기 중국의 혼인과 가족에 대해 이해하기 위해서는 그 이전 시기의 중국 — 즉, 마오쩌둥이 지배하던 1949~1978년 시기의 중국 — 에 대해 우선 간단히 확인해두어야 한다. 중국공산당은 국민당과의 내전을 진행할 때부터 크게 두 가지 영역에서 전면적인 개혁을 시도했다. 하나는 토지개혁이다. 공산당은 지주와 부농에게 집중되어 있던 토지를 빼앗아 빈농과 고농(雇農: 고용된 농업노동자)에게 나누어주었는데, 이러한 정책을 농민 다수가 지지함에 따라 공산당은 내전에서 승리하고 1949년 마침내 중화인민공화국을 건설할 수 있었다. 중화인민공화국이 건설된 이후에는 토지개혁이 이전만큼 급진적으로 이루어지지 않았고, 남부의 부농들은 공산당에 자발적으로 협력하기도 했다. 그러나 중화인민공화국의 토지는 사유(私有)할 수 없는 전 인민소유(도시)거나 집체소유(농촌)로 모두 정리되었으며, 개인은 국가가 정한 사용 방식과 기한에 따라서 토지를 사용할 수 있게 되었다.

공산당이 시도한 또 다른 개혁은 혼인법 개정이다. 1950년 중화인민공화국 설립 이후 가장 먼저 공포된 법률인 혼인법은 중화민국 민법과 1930년 이후 공산당 각 혁명근거지에서 발표되었던 혼인법을 참고한 것으로, 갑자기 등장했다기보다는 오랜 역사와 논쟁 속에 탄생한 것이다. 1950년 혼인법은 매매혼, 중혼(重婚), 민며느리와 같은 봉건적 혼인 방식을 전면적으로 금지하고, 부모나 제3자의 개입이 없는 남녀 당사자의 애정에 기초한 혼인만을 합법적으로 인정했다. 또한, 상당한 우려와 반대를 무릅쓰고, 부부 중 일방의 의사에 의한 이혼도 허락했다. 혼인법은 봉건적 구습을 철폐하고 남녀평등을 통해 근대화로 나아가고자 하는 공산당의 강한 신념을 드러내고 있었으며, 당시 세계적 기준으로 볼 때도 매우 급진적이었다.

토지개혁과 혼인법은 근대적인 평등 사회를 구축하려는 공산당의 정치적 신념을 표현하고 있었던 것만은 아니었다. 두 가지의 개혁은 근본적으로 공산당이 이끄는 국가가 기존의 사회지배체제를 전복하고 절대적인 권력을 장악하고자 하는 정치적이고 전략적인 시도였다. 토지개혁으로 인해, 가부장의 권한 행사와 종족 성원 간의 결속을 가능토록 했던 물질적 기반은 와해되었으며, 유교주의와 가부장제에 의해 유지되던 기층의 정치적이고 윤리적인 질서는 여성해방이라는 명목 아래 파괴되었다. 이처럼 사회주의 혁명과 중화인민공화국 설립 과정에서 공산당이 추구한 변혁의 내용은 근본적으로 기존의 가족과 친족으로부터 개인을 떼어내어 국가가 동원할 수 있는 '자유로운' 인력으로 만들고자 하는 것이었다.

가족과 친족 관계로부터 '자유로운' 개인을 형성하기 위해, 공산당은 강압과 계몽을 동시에 수행했다. 수천 년간 지속해온 전통 혼인 예법과 의례가 단기간의 혁명이나 입법으로 하루아침에 바뀔 수는 없었다. 혼인법이 정착되는 과정에서 수많은 부작용이 발생했으며 곳곳에서 항의가 잇따랐다. 심지어 기층의 간부들이 새로운 혼인법을 수용하지 못하고 이혼을 요구하는 여성에게 절차의 진행을 미루거나 거부하는 상황이 발생하기도 했다. 기존 관습과 남존여비의 태도를 버리기 어려운 사람들로 인해 자유 결혼이나 이혼을 요구하는 여성들이 살해당하기도 했으며, 자살로 저항하는 여성도 있었다. 그러나 공산당은 머뭇거리지 않고, 전국적으로 혼인법 관철 운동을 전개했다. 국가가 정한 기준에 합당하지 않은 혼인은 당사자들이 원한다고 해도 이루어질 수 없었다. 집안 어른이 작성하는 혼서(婚書)는 법률적 효력을 갖지 못했으며, 인민 정부에서 발행한 결혼 증서만 공식적인 혼인으로서 인정받았다. 국가는 각 개인의 삶에 점점 더 깊숙이 침입해 들어왔다.

토지에 대한 권한이 사라지고, 자녀 세대의 혼인에 대한 결정권이 박탈되고,

남녀평등이 강조됨에 따라, 가부장적 권력은 점차 쇠퇴할 수밖에 없었다. 전통 사회의 가부장적 지배체제가 무너지면서 공산당은 인민에 대한 유일무이한 절대 권력자로 자리 잡았다. 국가가 기층 인민의 일상적 삶 속에 침투하는 방식은 시기적으로 부침이 있었지만, 마오쩌둥이 지배하는 시기 동안 전반적으로 가속화되었다.

1950년대 중반부터 시작된 합작화운동(合作化運動)을 통해 농촌의 생산단위는 소대, 대대, 인민공사 등 군대 방식으로 재조직되었으며, 이제 여성은 집 밖으로 나와 남성과 똑같이 농업 및 정치 활동에 참여해야 했다. 이러한 과정은 '여성 해방'이라는 이름 속에 정당화되었고 여성의 권한을 상승시킨 측면이 없지 않았지만, 엄밀히 말해 '여성 해방'이라기보다는 '여성의 남성화' 혹은 '국가의 여성 동원'에 가까웠다. 과거에 남성 친족이 했던 지배와 통제의 역할을 단지 국가가 대신하게 되었을 뿐, 여전히 여성 개개인의 선택이나 욕망은 고려되지 않았다. 이후 1966년부터 약 10년 동안 문화대혁명을 겪으면서, 중국인들은 자녀가 부모와 조부모를 고발하고 사형하는 등 인륜이 뿌리째 뽑히고, 마오쩌둥 어록 외의 모든 지식에 대한 권위가 부정되는 충격적인 경험을 했다. 마오쩌둥의 권위를 깎아내린다는 이유로 사소한 '잘못'(예컨대, 마오쩌둥의 초상화가 그려진 신문으로 신발 속지를 만들었다든지)이 대역죄로 취급되고, 개인의 은밀하고 사적인 일까지 낱낱이 공개되어 사회의 비판과 조롱의 대상이 되었다. 문화대혁명에 대한 해석은 학자마다 분분하다. 그러나 중국인들은 적어도 문화대혁명의 경험을 통해, 신격화된 정치적 권력과 대중적 광기가 개인을 얼마든지 감시·통제하고 처벌할 수 있으며, 심지어 대량학살, 인민재판, 숙청 등의 끔찍한 결과를 낳을 수도 있다는 사실을 깨닫게 되었다.

3. 개혁기 중국 국가의 가족에 대한 개입

마오쩌둥이 지배하던 시기의 공산당이 유교주의와 가부장제에 기초한 기층 사회의 지배 질서를 해체하고 인민에 대한 직접적인 장악력을 확보하고자 했다면, 개혁과 개방 노선을 천명한 덩샤오핑이 이끄는 공산당은 똑같이 생산력 발전에 기댄 근대화를 추구하면서도 기층 사회에 대해 이전과는 다른 정책을 채택했다. 첫째, 덩샤오핑 지도부는 집체화가 생산력 발전에 효과가 없다는 사실을 인정하면서, 집체화의 두 가지 형태였던 도시의 단위제와 농촌의 인민공사를 해체하기 시작했다. 이로써, 생산단위이자 일상적 생활 기반으로서 가족과 친족 집단이 다시 중요하게 되었다. 둘째, "인구가 많으면 국력도 크다(人多力量大)"라며 출산장려 정책을 취했던 마오쩌둥과 달리, 덩샤오핑이 이끄는 공산당은 급속한 인구 증가가 만성적인 식량 부족을 일으키는 원인이라고 보고 계획생육(計劃生育: 산아제한) 정책을 시행했다. 이러한 덩샤오핑의 정책은 한편으로 집체가 아닌 가족을 근대화 및 국가 발전의 핵심 주체로 설정하면서도, 가족에 대한 국가의 직접적 개입을 포기하기보다 개입의 방식을 변화했다고 할 수 있다. 좀 더 구체적으로 변화의 내용을 살펴보면 다음과 같다.

첫째, 덩샤오핑의 개혁 정책은 무엇보다 여러 개의 촌락을 합쳐서 하나의 공동 생산단위로 구성했던 인민공사제도를 철폐함으로써, 다시금 혈연과 거주지에 뿌리를 둔 가족과 종족(宗族)이 강화할 수 있는 환경을 조성했다. '가정연산승포책임제(家庭聯産承包責任制)'의 시행을 통해 가족이 다시 생산단위로 복귀됨에 따라, 가족 간의 경쟁이 독려되고, 가까운 친족 간의 합작과 협력은 가족 생산성을 높이기 위한 중요한 전략으로 동원되었다. 1980년대 이후 등장한 농업경영자 및 향진기업의 발달도 가족 연망(聯網: 네트워크)과 공동 투자에 절대적으로 의존하고 있었다. 친족 간에 서로 도움을 주고받는 일은 생산 활동에만 한정된 것은 아니었다. 혼례나 장례와 같은 주요한 의례를 수행하고, 자녀의 대학 입학금이나 혼인 자금을 마련하고, 주택을 개조하거나 환자나 노인에 대한 돌봄을 제공하는 데도 친족 간의 결속과 상호부조는 이제 더욱 빈번해지고 중요해졌다.

둘째, 1980년대 이후 촌민자치제도의 발달은 가족과 친족 간의 결속을 강화했다. 촌민위원회 선거에서 가족의 결속과 역량이 적극적으로 동원되었는데, 촌장을 배출한 종족이 상대적으로 유리한 정치적·경제적 우위를 점할 수 있었기 때문이다. 예컨대, 농촌 토지는 촌락이 공동으로 소유하는 집체 소유의 방식을 취하고 있었기 때문에, 개별 가구에 경작지나 주거지로 분배되지 않고 남는 토지의 활용을 어떻게 할지는 촌 위원회의 결정에 따라 이루어졌다. 다른 지역이나 외국에서 온 기업체의 공장터 혹은 광산 개발을 위해 촌락의 공유 토지를 대여하거나, 촌락의 농민들을 모집하여 개발 사업의 잠정적 노동자로 고용하도록 계약하는 등등, 개혁기에 나타난 여러 형태의 새로운 경제적 기회 속에서, 정치적 권한을 가진 가족은 다른 집과 달리 엄청난 이익을 획득할 수 있었으며, 이익의 배분을 통해 성원 간의 결속을 더욱 강화했다. 이러한 급진적인 변화 속에서, 중국인들은 개혁 이전과는 달리 이웃 간에 점점 벌어지는 격차와 위계를 경험할 수밖에 없었다.

앞선 두 가지 변화 내용은 마치 개혁기 중국 가족의 작동 방식이 사회주의 혁명 이전의 전통사회와 비슷한 형태로 회귀한 것처럼 보일 수 있다. 그러나 개혁기 중국 국가는 집체를 해체하고 가족을 기본적인 생산단위이자 사회적 주체로서 용인하면서도, 결코 가족과 종족의 대표('가부장')에게 통제와 지배의 권한을 넘겨주지 않았다. 국가는 여전히 가족에 대한 직접적인 통제권을 포기하지 않았으며, 오히려 다른 방식으로 장악력을 강화하고자 했다. 그 대표적인 예가 바로 1978년 개혁·개방과 더불어 시행된 계획생육 정책이다.

셋째, 계획생육 정책은 가족 재생산 및 여성의 신체 결정권에 대해 국가가 직접 개입하겠다는 것으로, 일반적으로 '한 자녀 정책'이라고 알려져 있다. 그러나 사실 중국의 계획생육 정책은 시기적으로나 지역적으로 일관되지 않았으며 모든 가정에 한 명의 자녀만을 허락한 것은 아니었다. 대체로 도시 부부에 좀 더 엄격한 자녀 출산이 요구되었던 반면, 노동력과 가계 계승(傳宗接代)의 필요에 따라 여전히 아들을 선호하는 농민 부부의 경우에 첫째가 딸이면 둘째까지 낳을 수 있도록 했고, 소수민족일 때는 두 명이나 그 이상의 자녀를 낳는 것도 용인되었다. 또 부모가 외동일 경우에도 추가적인 출산이 인정되었다. 그러나 여성의 혼인 및 임신과 출산은 국가에 의해 항상 감시되고 관리되었으며, 국가의 규정에 따르지 않은 임신은 낙태가 강요되었다. 따라서 다산이나 아들 선호 사상을 가진 시부모를 만날 경우, 여성은 국가의 규정과 시부모의 요구 사이에서 이중적인 소외와 고통을 경험하기도 했다. 심지어 아들을 낳기 위해, 첫째에 이어 둘째도 딸이라면 둘째는 다른 친척의 자녀로 자라게 하거나 몰래 아이가 없는 부부에게 팔기도 했다. 국가의 허락을 받지 않고 낳은 아이는 부모가 벌금을 내지 않고서는 호적에 올릴 수가 없었으며, 모든 권리와 보호에서 국민으로 인정받지 못하는 헤이하이즈(黑孩子)로 살아가야 했다.

넷째, 국가의 도시화 및 개발 정책에 따라 등장한 농민공의 물결은 개혁기 중국에서 가족을 변화시키는 또 다른 중요한 요인으로 나타났다. 도시화와 개발을 위해서 다수의 노동자가 필요했지만, 국가는 기존의 도시 노동자만으로 이 문제를 해결할 수 없었다. 도시의 개발업자들은 싼 임금의 노동력이 필요했기에 농민의 도시로의 이동을 촉구했고, 국가는 저곡가 정책을 통해 새롭게 유입된 농민공의 임금을 낮은 수준으로 억제했다. 농민의 관점에서, 개혁기 이전에 낮은 수준에서나마 집체에서 해결할 수 있었던 교육, 의료, 양로의 문제는 이제 가족이 시장에서 스스로 해결해야 했다. 그리고 농사일만으로는 그러한 필요를 충족할 수 없었기 때문에, 농민들은 너나 할 것 없이 현금 벌이를 위해 도시로 떠날 수밖에 없었다. 집단 협업이 필요한 농업 생산과 달리 도시의 육체노동은 개별 노동력에 의해 이루어졌고, 설령 가족이 차례로 도시로 함께 이주한다고 해도 농민공 가족은 농촌에서와는 달리 작은 규모의 핵가족 형태를 띨 수밖에 없었다. 물론 농민공 중에는 같은 지역 출신이 서로 협업하고 공동으로 거주하거나 사업을 경영하여 성공하기도 했는데, 이는 지역 기반의 종족

관계가 적극적으로 활용된 경우라고 볼 수 있다. 젊은 남성이 하나둘 도시로 떠나면서, 농촌의 가족은 점차 불완전하게 유지되는 양상이 한동안 나타났다. 농촌에는 일할 수 없는 어린이나 여성, 노인만이 잔류집단(각각 留守孩子, 留守婦女, 留守老人)으로 남게 되었다.

4. 개혁기 중국의 혼인 방식과 절차

그렇다면, 개혁기 중국 사회에서 새롭게 사회경제적 주체로 등장한 가족의 구체적인 모습은 어떤 것일까? 이 절에서는 먼저 개혁기 중국 가족을 이해하는 데 있어 중요한 중국 혼인의 특징에 대해 살펴보고자 한다. 혼인의 변화 양상은 개혁·개방 이후의 40년 속에 가시적이고 단계적인 변화를 드러내기 때문에 중국 가족의 지속과 변화를 읽어내는 중요한 준거가 될 수 있다.

전통적으로 중국의 혼인은 부모의 주도로 치러지는 일이었으며, 혼인은 무엇보다 대를 잇고〔傳統接代〕, 기본적인 생존 조건을 마련하며〔穿衣吃飯〕, 집안을 관리하고 식사를 함께 하는〔管家做飯〕 목적이 있었다. 중국의 인류학자 페이샤오퉁(費孝通)이 강조했듯, 토지에 뿌리를 내리고 살아가는 중국인들에게 가장 중요한 것은 생계를 꾸리고 대를 잇는 일이었는데, 혼인은 이러한 농민의 일상생활을 기본적으로 가능하게 해준 제도적 장치였다. 외부 세계로부터의 자극이 많지 않고 농업으로 생계를 꾸려나가는 농민에게 '하루하루를 살아가는 일〔過日子〕'은 가장 기본적이고 우선적인 목표였으며, 부부란 남녀 간에 역할과 위계의 차이가 있을지언정, 함께 가정을 꾸리고, 아이를 낳고, 생계를 위한 노동을 함께 하고, 일하기 어렵거나 병든 노인을 돌보는 역할을 공동으로 하는 관계였다. 이러한 생활환경 속에서, 중국인에게 혼인은 애정의 반려이기 전에 생활의 반려를 찾는 일이었다.

개혁기 이후 중국인의 혼인 관념과 방식은 서서히 변해왔는데, 무엇보다 시장경제 도입 이후에 증가한 물질적 부와 대중매체의 발달로 인한 물질주의적 가치관의 확산이 주요한 원인이 되었다고 할 수 있다. 개혁 이전에 법적인 부부가 되기 위해서는 인민 정부에 신고하고 혼인증을 받아오면 되었다. 집마다 차이가 있지만, 신랑이 자전거를 타고 신부를 데리러 왔으며, 신부는 이불 한 채와 식사용 그릇, 그리고 젓가락 두 벌을 신혼살림으로 준비했다. 신부의 집이 경제적으로 여유가 있으면 음식을 하는 데 사용할 기름과 새로 만든 옷가지를 가져오기도 했다. 혼례에 친척과 이웃이 초대되어 함께 식사했지만, 선물이 과도할 경우 당 간부로부터 비판과 지도의 대상이 되었기 때문에, 부조와 잔치는 간단하게 했다. 이처럼 개혁기 이전의 혼인은 국가의 개입 속에서 통제되고 지도되는 방식으로 이루어졌다.

이에 반해, 개혁 이후의 혼인은 사적 경제가 가장 활발하게 작동하는 영역이 되어왔다. 중국인들은 개혁 이후 경제발전이 얼마나 급속하게 이루어졌는가를 강조하기 위해 신혼부부가 준비하는 주요 세 가지 물품〔三大件〕의 변화 과정을 언급하곤 한다. 그에 따르면, 1960년대에 시계, 자전거, 라디오였던 것이, 1980년대에는 텔레비전, 냉장고, 세탁기로, 1990년대는 에어컨, 비디오카메라, 컴퓨터로, 그리고 2000년대에 들어서면 집, 자동차, 돈이 들어있는 통장으로 변해왔다. 심지어 최근 대도시의 젊은이들은 집과 자동차를 고급 세단과 별장식 아파트로 대체하기도 한다. 이러한 주요 혼인 물품의 변화는 급속한 경제발전을 보여주기도 하지만, 오늘날의 혼인이 개혁 이전과는 달리 얼마나 물질주의적인 가치관에 의해 영향을 받고 있는지를 드러낸다. 과거와 그 성격은 다르지만, 중국인에게 혼인은 여전히 애정의 반려일 뿐 아니라 변화하는 사회 환경에 적합한 생활의 반려를 찾는 일이다.

개혁기 중국에서 이루어지는 혼인은 크게 네 가지 방식으로 이루어져 왔다. 각각 부모강제혼인〔包辦婚姻〕, 중매혼인〔介紹結婚/相親〕, 연애혼인〔戀愛結婚〕, 자유연애혼인〔自由戀愛結婚〕이 그것이다. 부모강제혼인이 점차 줄어들고 연애혼인이 점차 늘어나는 것이 일반적인 경향이지만, 최근 들어서서 새로운 형태의 부모강제혼인이 늘어나고 있다. 중매혼인은 상대적으로 큰 변동 없이 절반 수준을 유지해왔다. 중매혼인의 비중이 크게 변화가 없는 까닭은 '혼인하는 양쪽 집안의 비슷한 수준(門堂戶對)'이 여전히 혼인을 결정하는 데 있어서 중요한 가치로 인식되고 있기 때문이다. 오늘날 혼인에서 부부간의 애정이 무엇보다 중요하게 생각되지만, 여전히 대부분의 중국인에게 혼인은 당사자의 결합을 넘어 가족 간의 결합이라고 여겨진다.

중화인민공화국의 혼인법은 부모강제혼인(包辦婚姻)을 금지했지만, 현지조사를 통해 직접 확인해보면 1980년대까지도 농촌에서는 여전히 부모강제혼인이 이루어졌음을 알 수 있다. 결혼식을 하기 전에 한 번이라도 상대방의 얼굴을 보는 경우는 그나마 낫고, 그렇지 않은 경우도 적지 않다. 이처럼 부모의 강요로 혼인이 이루어지는 까닭은 무엇보다 혼인 시에 신랑의 가족이 신부의 가족에게 보내는 '신부대(彩禮)'라는 중국인의 관습 때문이다. 딸을 시집보낼 때 부모는 농촌에서는 쉽게 구하기 어려운 높은 액수의 현금을 신랑의 집안으로부터 받기 때문에, 부모는 더 많은 돈을 줄 수 있는 집안에 딸을 보내려고 할 수 있다. 또 대를 이어야 한다는 생각이 강하기 때문에, 가난한 농민일 경우 딸을 시집보내면서 받은 돈으로 며느리를 얻어 아들을 혼인시키고자 한다. 부모강제혼인은 2000년대에 들어서면 거의 사라지게 되는데, 일단 텔레비전 등 대중매체의 영향 속에서 부모강제혼인이 구시대적이고 잘못된 것이라는 사고가 광범위하게 확산되었을 뿐 아니라, 계획생육 정책으로 자녀가 한 명이나 두 명밖에 없는 부모에게 딸도 귀하게 여겨지고, 또 부모가 현금이 필요하다면 딸의 신부대를 통해서가 아니라도 벌어들일 새로운 기회들이 생겨났기 때문이다.

최근 들어 중국 사회에는 '신부모강제혼인(新包辦婚姻)'이라는 개념이 등장하고 있는데, 그것은 혼인하는 젊은이들이 스스로 배우자를 찾고자 하기보다는 부모의 선택과 결정에 무조건 순응하고자 하는 현상을 말한다. 그러나 이 현상은 과거 농촌사회에 널리 퍼져 있던 부모강제혼인과는 본질에서 다르다. 신부모강제혼인은 젊은이들이 혼인한 이후에도 부모 세대에 대한 물질적 의존도가 높고 부모가 원하는 상대와 결혼할 경우 오히려 결혼 이후에 문제가 없다고 생각해서 자발적으로 부모에게 결정을 위임한 것이기 때문이다.

혼인 절차는 오늘날에도 과거의 모습을 상당히 따르고 있다. 기본적으로 혼인을 체결하는 과정은 혼담을 꺼내고(提親), 선을 보고(相親), 약혼을 하고(定親), 결혼식을 하는(娶親) 네 가지 단계에 의해서 수행되며, 그 과정에는 대개 중매쟁이가 끼어든다. 자유연애혼인이라고 하더라도 혼인 마지막 단계에서는 중매쟁이가 끼어드는 경우가 많다. 중매쟁이는 직업적으로 하는 사람도 있고 오늘날에는 결혼중개업체가 그 역할을 대신하기도 하지만, 대개는 가까운 친척이나 친구, 혹은 부모의 친구가 역할을 맡는다.

만일 중매혼인이라면, 혼인 절차는 신랑의 부모가 중매쟁이를 통해 신부 후보감을 알아보고, 신부의 부모에게 절차를 진행해도 되겠는지 동의를 받는 과정에서부터 시작한다. 신부의 부모가 동의할 때, 신부의 출생 연월일시를 받아 근처 마을의 궤를 보는 사람에게 가서 신랑과 운이 맞는가를 따진다. 만일 궤가 좋다면, 중매쟁이가 양쪽 집안에 그 결과를 알리고, 신랑 신부 후보 당사자 두 사람에게 연애해보라고 권한다. 이처럼 서로 '사랑을 속삭이는(談戀愛)' 절차는 과거에는 없었던 부분이지만, 2000년대부터 조금씩 혼인 절차의 일부분이 되어왔다. 이처럼 중매혼인이지만 연애 기간이 포함되는 경우를 '연애혼인'이라고 부른다. 이와 비교하여, 자유연애혼인은 처음부터 중매쟁이의 소개를 통해서가 아니라 당사자가 직접 만나서 연애를 하다가 혼인하게 된 경우를 가리킨다. 자유연애혼인이 점점 일반적이 되면서, 이러한 구분은 점차 사라지고 있는 듯이 보인다. 중매혼인에서 연애 기간을 둘 경우, 그 기간은 각자의 형편이나 마음 상태에 따라 다르지만 짧게는 몇 주에서 길게는 6개월 정도에 이른다. 중매혼인에서 연애 기간이 1년이 넘어가는 경우는 없으며, 기간이 길수록 헤어지게 되면 상대방에게 무례하다고 여겨진다.

두 사람이 연애하는 동안, 신부의 부모는 친척과 이웃과 상의해서 신부대 가격을 정하고 중매쟁이에게 통보한다. 이 과정에서 협상이 있을 수 있다. 신부대 가격은 어떤 정해진 원칙은 없다. 신부의 부모는 가까운 친척이나 이웃과 상의를 하기도 하고, 또 집안의 필요에 따라서 일부 조정이 이루어지기도 한다. 신부가 인기가 좋고 구혼자가 많으면 아무래도 요구하는 금액이 높아진다. 신랑 측도 신부 가족의 요구를 다 맞추지 못하면, 중매쟁이를 통해 의견을 전달한다. 그러고 나서, 세 가지 금으로 만든 장신구(三金: 보통 반지는 반드시 들어가고, 귀걸이, 목걸이, 팔찌 중 두 가지)와 현금을 신부대로 받으면서 정혼(定婚: 약혼)을 하게 되는데, 보통은 신랑 집에서 신랑의 친척과 이웃이 음식 준비를 한다.

농촌 남성이 신붓감을 구하기는 매우 어렵다. 이는 무엇보다 신랑과 신랑의 부모가 마련해야 하는 집과 신부대의 부담 때문이다. 2016년에 저자가 현지조사를 수행한 허베이성(河北省) 마을의 경우, 신부대의 최소 가격은 5만 위안(한화 약 850만 원)으로, 금으로 만든 세 가지 장신구 비용까지 포함하면 10만 위안(한화 약 1,700만 원)에 이른다. 또한, 며느리를 들이기 위해서는 살 집을 장만해야 하는데, 요즘에는 현대식으로 개조한 집이 아니면 혼인하려고 하지 않기 때문에 15만 원 위안(한화 약 2,350만 원) 내외의 비용이 든다. 당시 농민 가정의 매년 수입이 평균 3만~4만 위안 정도라는 것을 고려할 때, 따로 현금을 저축해 놓은 경우가 아니라고 하면 신랑과 신랑 부모는 집과 신부대를 빚을 져서 마련할 수밖에 없다. 이러한 상황이다 보니, 아들을 가진 부모들이 아직 아들이 소학교에 들어가기 전부터 어떻게 신붓감을 구할 돈을 마련할지 걱정하는 모습을 발견하는 것도 어렵지 않다.

5. 신부대 관습의 변화가 갖는 함의

1980~1990년대까지만 하더라도 신부대는 신부의 부모에게 전달된 이후 부모(가부장적 가족관계를 고려할 때, 사실상 아버지)의 자산이 되었으며, 이후에 가

족 내에 발생하는 긴급하거나 중요한 문제를 해결하기 위해 사용되었다. 다른 현금 수입의 기회가 많지 않은 농민의 관점에서, 딸의 혼인을 통해 받은 신부대는 귀한 현금 자원이었으며, 부모들은 대부분 이 돈을 아들(신부의 오빠 또는 남동생)의 혼인을 위한 신부대 및 집수리 비용으로 사용하거나 큰 병을 앓는 가족의 치료비로 사용했다.

그러나 2000년대 중반부터 이러한 관습은 눈에 띄게 변화를 보이기 시작했다. 여전히 부모가 신부대를 받는 일차적인 수령인이긴 하지만, 그 일부를 혼인하는 신부인 딸이 신혼집으로 가져가는 것이 새로운 실천 양상으로 등장한 것이다. 이러한 변화 과정에서, 부모가 신부대 전액을 다 가지는 것은 "딸을 배려하지 않는(不關注女兒)" 부모라는 사회적 비난을 받기도 했다. 이처럼 신부대의 최종 수령인이 신부의 부모로부터 신부에게로 이전하는 경향은 이후에도 가속화되어왔다.

오늘날 신부의 부모는 여전히 형식적으로 일차적인 신부대의 수령인이지만, 사실상 혼인하는 딸이 신부대 전액을 신혼집으로 가져가는 것이 점차 새로운 관습으로 정착되고 있다. 보통은 부모가 은행 통장을 만들어서 신부가 신혼집에 갈 때 선물처럼 주는데, 이 돈은 신부가 신혼살림을 하면서 필요할 때마다 꺼내서 사용하게 된다. 사용처는 정해진 바가 없으며, 신부 개인의 결정에 달려 있다. 일반적으로 남편에게 요구하기 힘든 개인 물품을 사거나 아이가 있을 때 아이를 위해 쓰기도 하며, 때에 따라서는 새로운 전자제품을 사거나 남편이나 시부모의 사업 자금으로 쓰이기도 한다.

1980~1990년대 혼인한 사람들의 이야기에 따르면, 당시만 해도 신부대는 신랑의 가족으로부터 받은 뒤 신부의 부모가 전액을 취하는 것이 일반적이었으며 혼인하는 딸에게 일부라도 남겨주는 경우는 매우 드물었다. 귀금속을 받으면 신부가 가지고 갔지만, 신부대에 귀금속이 포함되지 않거나 반지 하나만 받는 일도 있었다. 당시에 혼인한 사람들은 주변 사람 모두 그러했기 때문에, 신부대를 부모가 다 취했던 것에 대해 특별한 불만을 느끼지 않았다.

그러나 신부와 신부 부모의 관점에서, 신부대의 요구가 단지 부모의 물질적인 욕심에 기인하고 있다고 볼 수는 없다. 신부대 관습이 정착된 지역에서, 신부대를 요구하지 않고 딸을 혼인시킨다는 것은 마치 신부가 "한 푼어치의 가치도 없다(一錢不值)"는 것을 뜻할 수 있기 때문이다. 오늘날 흔히 들을 수 있는 말은 아니지만, "신부대를 요구하지 않은(沒要彩禮的)"이라는 표현은 '부모조차 제대로 돌보지 않은 여성'이라는 부정적 의미를 내포하고 있다. 이처럼 신부대를 전혀 받지 않고 시집가는 딸은 낳아준 부모조차 제대로 돌보지 않는다고 여겨져서 시집간 이후에도 남편이나 시가족으로부터 더 홀대받을 수 있다고 생각되었다.

농촌의 젊은 여성들은 신부의 부모가 신부대를 취하는 것은 매매혼과 전혀 관련이 없으며, 오히려 딸로서 부모에게 해드려야 하는 당연한 도리라고 이구동성(異口同聲)으로 말한다. 이들의 설명은 나름의 남녀평등에 대한 관점에 기대어 있다. 즉, 같은 자식이라고 하더라도 아들은 혼인한 이후에 직접 부모를 모심으로써 자신을 키워준 부모의 은혜(恩情)를 갚을 수 있지만, 딸은 시집을 가버리면 부모에게 감사를 표현할 길이 없기에 신부대를 드리는 것이 당연하다는 것이다. 또 신랑과 신랑의 부모가 마련해야 하는 신부대는 신부가 시집을 가서 신랑과 시부모를 돌보면서 갚을 것이기 때문에 문제가 되지 않는다고 한다. 이처럼 적어도 혼인하는 딸의 관점에서, 시집을 가면서 부모에게 드리는 신부대는 지금까지 양육해준 부모에 대한 은혜 갚음과 같은 자식이지만 앞으로 부모를 돌볼 수 없다는 미안함의 의미를 지닌다.

오늘날 신부대에 대한 권한이 신부의 부모를 포함한 신부의 친족에게 있지만 시집가는 딸에게 신부대를 넘겨주는 까닭은, 오늘날 중국 사회에서 딸과 딸을 가진 부모가 딸이 시집간 이후에도 서로 간의 지속적인 호혜적 관계를 원하고 기대한다는 것을 드러낸다. 결국 신부의 부모가 받은 신부대를 신부에게 모두 주는 것은 딸이 혼인한 이후에도 과거와 같은 '출가외인(出嫁外人)'이 아니라 여전히 신부 친족의 일원이라는 의미를 함축한다. 부모가 딸에게 신부대를 모두 건네는 이상, 딸은 혼인한 이후에도 자식으로서 역할을 계속 수행해야 한다는 책임감과 부담감을 가질 수밖에 없다. 과거처럼 신부대가 모두 부모의 몫이었을 때, 딸은 비록 아들처럼 직접 늙어가는 부모를 돌볼 수 없지만 신부대를 드림으로써 양육에 대한 은혜 갚음을 했다고 생각했다. 그렇지만 이제 신부대를 부모에게 드리지 않는 만큼, 아들과 마찬가지로 친정 부모와의 지속적인 왕래와 돌봄을 해야 한다는 의식이 생기고 있다. 부모가 딸에게 전달해 준 신부대는 실제로 혼인한 이후 친정 부모와의 호혜적 관계를 유지하는 데 도움을 준다. 상당한 금액의 현금을 가지고 있는 아내는 집안의 주요한 사안의 결정에서 상당한 영향력을 갖게 되며, 남편이나 시부모도 신부의 의견을 함부로 무시하기가 쉽지가 않다. 또한, 신부가 가지고 있는 신부대는 가족 내에서 신부의 결정권을 강화시킬 뿐 아니라, 신부가 혼인한 이후에도 친정 가족을 돌볼 수 있는 물질적 자원으로서 역할하기도 한다.

딸과 친정 부모 간의 호혜적인 관계가 강화된 것은 중국의 시장개혁이 만들어온 몇 가지 중요한 사회경제적 변화 속에서 더욱 선명하게 이해될 수 있다. 첫째, 부모의 딸과의 관계가 중요하게 된 것은 무엇보다 시장개혁 이후 자녀 수가 급격하게 줄었다는 사실과 관련이 있다. 1980년부터 40년간 시행되어온 계획생육 정책은 가족 내 자녀의 절대적인 숫자를 줄임으로써 아들딸 모두 소중하게 여길 수밖에 없는 환경을 조성했고, 결과적으로 성별에 따른 자녀 차별이 줄어드는 데 이바지했다. 별다른 자원 없이 도시민과 경쟁을 해야 하는 농민들도 과거와는 달리 자발적으로 자식을 적게 낳고 있으며, 법적으로 둘을 낳을 수 있음에도 불구하고 아들딸 구별 없이 한 명만을 낳는 젊은 부부들이 늘어나고 있다.

나아가, 부모와 딸의 관계가 과거보다 중요해진 것은 시장개혁과 더불어 농사일의 중요성이 상대적으로 줄어든 반면, 현금 수입의 다양한 기회들이 형성되어온 것과 관련이 있다. 대다수 농민에게 농사일이 주된 수입원이 아니게 되면서, 남성노동력(아들의 출산)은 그만큼 농촌 사회에서 덜 중요하게 되었다.

또한, 상업과 서비스업의 등장은 여성도 남성 못지않게 가구 경제에 이바지할 수 있다는 믿음을 농촌 사회에 확산시켰다. 이처럼 현금 수입의 다양한 기회가 등장함에 따라, 부모들은 이제 딸의 신부대로 아들을 혼인시켜야 한다는 생각을 할 이유가 없게 되었다. 과거에는 딸의 혼인을 통해 받는 신부대 외에는 농민들이 딱히 많은 현금을 가질 기회가 없었지만, 이제는 신부대가 아니라고 하더라도 현금 벌이가 가능하게 된 것이다. 물론 아들을 둔 부모들은 아들의 혼인에 들어가는 비용 마련으로 인해 많은 부담감을 느끼고 있다. 단순히 신부대뿐 아니라 집을 개조하고, 집안에 살림살이를 들여놓는 등, 아들 한 명을 장가보내기 위해 엄청난 돈이 들기 때문이다.

농촌의 부모들은 이제 노후 돌봄에 있어서 아들에 대한 절대적인 신뢰나 기대를 하지 않는다. 아들을 혼인시키기 위해 엄청난 노동과 시간을 투여하고 있지만, 과연 아들과 며느리가 늙은 부모를 돌볼 수 있을 만큼 경제적인 능력과 의지가 있을지, 심지어 농촌에 계속 살지조차 불확실하다고 느낀다. 이러한 사회경제적 변화 상황 속에서, 농촌의 부모들은 기존과는 다른 삶의 방식으로서 아들뿐 아니라 딸과도 부모-자식의 호혜적 관계를 새롭게 성립해나가고 있다. 결국, 신부대의 딸로의 전이는 중국 농촌의 전반적인 사회경제적 변화와 맞물려 있는 문화 변동의 한 측면을 보여준다고 할 수 있다.

6. 중국 젊은이들의 혼인에 대한 인식과 문화

오늘날 중국의 대중매체는 각종 프로그램에서 혼인을 낭만화하고 권유하는 데 앞장서고 있다. 혼인은 부모나 자녀 세대 모두에게 '잘 팔리는' 상품이기 때문이다. 오늘날 대도시에서는 혼인을 권하는 캠페인과 결혼 물품을 전시하는 박람회가 시시때때로 이루어지고, 결혼중개회사들은 텔레비전과 길거리 광고를 통해 마침내 '운명의 상대'를 만나게 해주겠다고 적극적으로 선전한다. 텔레비전 채널에서는 남녀 간의 맞선이나 소개팅 프로그램이 방송된다. 결혼을 권하는 사회적 분위기로 인해, 혼인적령기의 자녀를 둔 부모들은 자녀를 혼인시키는 것이야말로 부모의 도리를 다하는 일이라고 더욱 생각한다. 자녀에게만 맡겨놔서는 안 된다고 느끼는 부모들은 직접 사위나 며느리를 구하기 위해 발 벗고 나서기도 한다. 주말에 대도시의 공원에 가보면 '중매코너(一相親角)'가 있어서, 부모가 종이에 자녀의 직업, 연봉, 성격, 사주팔자 등을 적어서 걸어놓고 배우자감을 물색하는 장면을 볼 수 있다. 이곳에 온 부모나 조부모들은 자녀 혹은 손자녀의 장점을 적극적으로 홍보하기도 하고, 적합한 후보자를 발견하면 직접 그 부모와 질의응답을 통해 적합성을 확인하기도 한다.

부모 세대와 중국 사회가 혼인을 당연시하고 심지어 암묵적으로 강제하는 반면, 오늘날 중국의 청년들은 혼인을 모든 사람이 해야 한다거나 혹은 모든 사람에게 혼인이 가능한 일이라고 생각하지 않는다. 그 원인은 여러 가지가 있다. 우선 오늘날 결혼 적령기인 1990년대생들은 모두 계획생육 정책이 시행된 시기에 태어난 '한 자녀 세대'라서 인구 비중이 높지 않고 배우자를 찾기가 쉽지 않다. 그리고 대중매체나 광고판에서 그려지는 낭만화된 혼인은 젊은 사람 대부분에게 현실적으로 도달하기 어려운 기준이기 때문에, 물질적으로 넉넉하지 않은 이들은 혼인할 수 없다고 느낀다. 또, 오늘날 상당수의 중국 청년들은 혼인보다는 혼자 사는 것이 더 낫다고 생각한다. 혼인은 자기희생을 요구하기에 혼자 살 때보다 삶의 질이 떨어질 수 있다고 생각하는 것이다. 높은 이혼율과 내연관계(小三)로 인한 문제들을 대중매체로 흔하게 접하면서, 과연 혼인하고 행복하게 부부관계를 지속할 수 있을까에 대한 확신도 크지 않다. 자기 일과 생활에 만족하고 혼인의 필요성을 느끼지 못하는 비혼주의자도 점차 늘어나고 있다. 따라서 오늘날 도시의 청년들에게 연애(談情)란 반드시 혼인을 위한 사전 절차나 과정이라고 심각하게 여겨지지 않는다.

이처럼 혼인하는 사람들이 점점 줄어들고 있음에도 불구하고, 중국에서 웨딩 산업은 날로 번창하고 있다. 그 까닭은 결혼을 위해 들이는 비용이 점점 더

비싸지고 있기 때문이다. 중국의 웨딩 산업은 2018년 기준 1조 8,000억 위안(한화 약 300조 원)에 이르는데, 일반적으로 화려한 결혼식 의상은 물론이고, 금 목걸이와 현금 다발, 고급 외제 세단은 필수품이 되고 있다. 최근에는 웨딩 사진 촬영의 규모가 점점 커지고 있는데, 물속이나 절벽뿐 아니라 전문 조종사를 통해 곡예비행을 연출하고, 해외를 방문하는 등, 특색과 화려함이 극에 달한다.

대도시의 호화찬란한 결혼식에는 이를 수 없지만, 농촌의 신부도 '기쁨과 경사[喜慶]'의 상징인 빨간색의 양장 대신에 흰색의 웨딩드레스를 입고 좋은 음식점이나 호텔에서 결혼식을 한다. 결혼식의 규모와 화려함, 음식의 수준은 혼인하는 양가(兩家)의 경제적 수준과 정치적 권위를 드러낸다. 결혼식에서는 현지 중국인이 상상하는 방식으로서의 '서양식 결혼'의 모습들이 재현된다. 리본을 단 외제 자가용을 타고 동네 어귀를 돌기도 하고, 가까운 도시나 외국에 나가 웨딩 사진 촬영을 하기도 한다. 그러나 농촌에서 결혼식은 여전히 신랑 신부 두 사람보다는 친척과 이웃 전체의 행사로서 신랑의 집이나 큰 식당에서 함께 음식을 나누며 왁자지껄하게 이루어지는 것이 보통이다. 가난한 농민들은 대부분 집에서 의식을 치르는데, 그래야 친척과 이웃으로부터 받은 부조금을 많이 남겨서 신혼살림을 준비할 수 있기 때문이다. 잔치에 마련할 음식 종류를 정하는 것에서부터 그릇을 구하고, 장을 보고, 혼례 당일에 음식을 하는 일과 끝난 뒤 정리에 이르기까지, 잔치 준비는 신랑 부모가 사는 마을의 가까운 이웃들이 자발적으로 와서 돕는다.

혼인을 둘러싼 과소비와 물질주의의 사회 분위기 속에서, 농촌 남성은 혼인의 어려움을 심각하게 경험할 뿐 아니라 특별히 까다로운 조건을 내걸지 않더라도 배우자를 찾지 못하는 경우가 많다. 사실 개혁·개방 이후 시장경제의 발달과 농촌 생활에 대한 사회적 폄하와 낙인 속에서, 농촌에서도 혼인에 들어가는 비용은 급격하게 치솟고 있다. 오늘날 농촌에서 아들을 혼인시키기 위해서는 농민의 수입으로는 남은 평생의 빚 갚음으로도 갚기 어려울 만큼의 주택 마련과 신부대 마련의 부담을 걸머쥐어야 한다. 아들을 혼인시키는 것이 부모의 책임이라고 느끼는 농민들은 며느리를 얻기 위해 무리하게 빚을 지어 신부대와 손님 초대 비용, 신혼집을 마련하지만, 농촌의 삶을 힘겨워하는 며느리가 이혼하고자 한다면 나이든 부모가 손자녀를 키우며 평생 빚을 갚아야 하기도 한다.

한편, 점점 남녀 간의 애정과 자유로운 성관계가 중요하게 여겨지는 경향 속에서 부도덕하거나 불법적인 혼외 관계가 등장하고 암묵적으로 정당화되기도 한다. 급속한 경제발전 속에서 부를 획득한 사람들이 많아지고 사회생활과 도덕관념이 다변화됨에 따라, 성 자유나 성 해방과 같은 개념들이 등장해왔다. 심지어 봉건적인 관습이라고 공산당에 의해 비판되었던 첩을 두거나〔包二奶〕, 정부를 갖거나〔養小蜜〕, 배우자 외의 애인을 두거나〔交情人〕, 낯선 사람이나 성 판매 여성과 하룻밤을 보내는 문화도 도시뿐 아니라 농촌에서도 광범위하게 나타나고 있다.

표면적으로 드러나는 양상은 시간의 흐름에 따라 변화가 있지만, 혼인은 여전히 중국인들에게 개인적으로나 사회적으로 가장 중요한 일생의 사건이자 의례적 경험이며, 이들은 무엇보다 혼인을 통해서 가족을 이루어야만〔成家〕 진정한 인간 ― 즉 성인(成人) ― 이 되었다고 믿는다. 혼인하지 않으려는 젊은 세대가 늘어나고 있지만, 중국 사회에서는 아직 남성이든 여성이든 혼인을 하지 않으면 여전히 '어린아이'와 같고 '성숙한 성인'이 되지 못했다고 간주한다. 또 혼인은 자녀 출생을 합법적으로 보장받을 수 있는 유일한 통로이기 때문에, 자녀를 낳아 키우고 싶거나 대를 이어야 한다고 생각하는 사람들은 현실적으로 혼인을 선택할 수밖에 없다.

7. 맺음말

가족생활과 관련하여, 개혁기 중국 사회의 무엇보다 가장 큰 변화는 이제 개인의 일상에 직접 관여하는 정치운동과 간부들이 사라졌다는 것이다. 공산당은 여전히 인민들을 판단하고 처벌할 수 있는 절대적인 권한이 있지만, 문화대혁명의 종결과 더불어 거의 모든 대중조직 활동과 정치 캠페인은 존재하지 않는다. 또한, 지방 간부들에 대한 공산당의 경제적 지원이 대폭 감소함에 따라, 이제 지방 간부들은 자신의 경제적 활로를 개척하기에 바쁘고 인민들의 개별적 삶에 개입할 여유가 없다. 개혁 이전에는 부부싸움마저도 부녀주임의 중재 대상이었고, 혼외 관계나 남아선호(重男輕女)사상은 심지어 공개적인 자아비판의 문제였다. 정치적인 거물이 아니라면, 이제 사생활에 대한 국가의 개입은 거의 없다고 해도 과언이 아니다. 과거에 가족(남성과 여성)이 국가의 생산주체로서 중요하게 여겨졌다면, 생산의 역할을 대기업과 금융산업, 신기술이 주도하는 상황에서 오늘날의 가족은 소비 주체로서 더 큰 의미가 있다.

1949년 사회주의 혁명 당시 공산당이 비판했던 '봉건적 관습'은 현대적인 모양새를 띠고 곳곳에서 재현되고 있다. 부인 외의 첩〔小老婆〕을 두고 이중 살림을 하는 경우는 유명 연예인이나 정치인·기업가들에게 특별히 낯선 현상이 아니다. 물론 폭로될 경우 도덕적 위험이나 경제적 손실을 감수해야 하지만, 공산당이 개인의 사생활에 개입하지 않는 상황 속에서 이들의 '봉건적' 또는 가부장적 태도는 '집안의 사사로운 문제〔家庭瑣事〕'일 뿐이다. 사람들은 '제3자의 문제〔第三者問題: 혼외 관계〕'가 사회의 도덕적 기풍〔風氣〕을 망가뜨리고 있다고 말하지만, 동시에 혼외 관계가 '범죄'라기보다는 오로지 경제력 있는 사람만이 선택할 수 있는 '특권'이라고 생각하기도 한다.

또한, 시장개혁과 더불어 몸의 상품화는 곳곳에서 활발하게 등장하고 있다. '잘 가꾸어진 신체'는 여성과 남성의 사회적 가치를 평가하는 중요한 기준일 뿐 아니라, 그 사람의 인격과 소질(素質: 도덕적 자질)을 가늠하게 하는 정체성의 핵심적인 구성 요소이다. 오늘날 여성의 아름다움은 '하얀 피부〔皮膚白〕'와 '날씬한 몸〔身體瘦〕' 같은 외형적인 특징과 주로 연관되며, 그에 따라 수십 가지 종류의 화장품이나 피트니스 제품에 대한 구매 욕구를 불러일으킨다. 이는 개혁 이전의 '(남성 못지않은) 신체적 강인함과 정신력'을 여성의 아름다움으로 강조했던 것과는 상당히 차이를 보인다. 또한, 사회주의 혁명 속에서 몸은 생산과 노동을 위해서만 사용되어야 하는 성스러운 것이었다면, 개혁 이후에 중국인의 몸은 생산과 노동뿐 아니라 소비와 쾌락을 수행한다. 성생활(性生活)과 연애(戀愛)는 이제 국가에 의해 억압되거나 엄숙하게 치러져야 하는 문제가 아니며, 성적 능력이나 매력을 강화하기 위한 약품 구매나 의료 행위는 적극적으로 추구된다.

개혁 이전에 '남성화된 여성'이 국가의 이상형이었다면, 개혁기에 국가가 요구하는 여성은 '여성적' 성향과 역할을 충실히 수행하며 '남성과는 다른' 존재이다. 특히 계획생육 정책 및 소비문화의 발달 속에서, 개혁기에 특별히 강조되는 것은 '자녀 양육자로서 모성'이다. 개혁 이전에 도시의 여성은 남성 못지않게 단위에서 국가 발전을 위해 봉사하는 사람들이었다면, 오늘날 중국의 도시에서 모성에 대한 사회적인 강조는 여성을 다시금 '집 안'으로 들여보내고, 새로운 성별 분업에 따라 여성을 노동 시장으로부터 배제하는 효과를 만들고 있다. 이때의 모성은 단지 아이에게 필요한 영양분과 돌봄을 제공하는 것을 넘어, 새로운 중국 사회에 적합한 바람직한 주체로서 배양하는 것을 포함한다. 한편, 농민 여성에게 모성이나 자녀교육은 농민이라는 낮은 사회경제적 지위로부터 탈피하고자 하는 지위 상승의 의미를 띤다. 농촌 여성들이 갖는 자녀교육에 대한 열렬한 관심은 무엇보다 도시 엄마들의 기준과 방식을 재빨리 수용함으로써 '뒤처지는 여성/엄마'가 되지 않겠다는 불안 가득한 욕망과 적어도 자식에게는 농민이라는 낮은 지위를 물려주지 않겠다는 강한 계급의식이 관련되어 있다.

중국인들은 자녀가 공부를 잘해서 대도시의 명문 학교에 다니고 화려한 삶을 살기를 기대한다. 따라서 오늘날의 젊은 부부들은 만일 남편이 혼자 충분히 생계를 책임질 수 있다면 아내는 바깥 노동을 하기보다 집에서 아이를 돌보고 교육에 힘쓸 것을 기대한다. 이때 집안의 미래를 위해, 며느리가 자식 양육에만 집중할 수 있도록 허락해주는 시어머니는 '선진적(先進的)'이라고 이야기된다. 오늘날 중국인들의 자녀에 관한 관심은 매우 극진하다. 아이가 배 속에 있을 때부터 교육이 시작된다고 믿으며, 심지어 농촌에서도 임신 기간에 바깥출입을 자제하고 오로지 집 안에서 한 땀 한 땀 수를 놓으며 태교를 하는 여성이 늘고 있다.

개혁기 40년간 중국의 곳곳에서 가족은 여러 가지 새로운 현상과 실천을 생성해왔다. 개혁 이전과 비교할 때, 오늘날 중국인들은 혼인과 자녀 양육에 엄청나게 많은 돈과 시간을 투자하고 있으며, 부모보다는 자녀 중심적인 가족관계를 꾸리는 데 익숙하다. 또한, 중국인들은 이제 아들이 부모를 모실 것이라고 기대하지 않기 때문에, 딸과의 관계를 새롭게 형성하거나, 혼자 노년을 보낼 계획을 세우거나, 혹은 가족이 아닌 다른 돌봄 주체(예컨대, 시설이 좋은 요양병원)를 찾아보고 있다. 다산(多産)을 촉구하던 마오쩌둥 시기에는 부부가 여러 명의 아이를 낳았지만, 계획생육 정책 시행 이후에는 한 명밖에 허락되지 않았고, 지금은 다시 인구 감소로 인해 두 명을 낳도록 독려되고 있다. 남녀의 차이는 부정되었다가, 지금은 다시 차이가 강조되고 있다. 이처럼 중국은 분명히 지난 40년간 많은 변화를 겪어왔다. 개혁기 이전과 비교한다면, 아마도 더욱더 차이가 도드라져 보일 수도 있다. 그러나 과연 변화밖에 없을까?

마지막으로, 중국의 가족은 사회주의 혁명부터 오늘날에 이르기까지 꾸준히 국가의 근대화 열망 ─ 즉, 부국강병과 경제적 풍요 ─ 을 충족시키는 역할을 수행해왔다는 사실을 강조할 필요가 있다. 국가는 가족을 단 한순간도 가만히 내버려두지 않았다. 사회주의 혁명 시기에는 생산력의 발전과 정치권력의 집중을 위해 기존의 종족 집단을 해체하고, 가부장으로부터 권력을 제거했으며, 전통적인 남녀의 역할을 무시했다. 개혁 이후에는, 강한 국가를 만들기에 인구가 너무 많다는 것을 깨닫고 계획생육 정책을 시행하고 가족의 재생산에 직접 개입했다. 또, 경제성장에 따른 상품화된 시장에 적합하도록 가족을 소비 주체로서 재편하고, 실업 문제와 자녀 양육 문제를 해결하고자 여성이 집 안에 들어가도록 독려했다. 이처럼 중국의 가족은 적어도 중국이라는 근대적 국가의 형성 및 바람직한 인민의 양성 속에서 이해될 수 있으며, 동시에 중국인들이 어떻게 그러한 국가의 기획 속에서 자신들의 터전을 지키고 더 나은 삶을 위해 일상 속에서 도전하고 적응해왔는가를 생생하게 보여주는 변화와 지속의 현장이라고 할 수 있다.

추가 읽기 자료

김광억. 2017.『중국인의 일상세계: 문화인류학적 해석』. 서울: 세창출판사.

이응철. 2014.「결혼 권하는 사회: 현대 중국의 결혼, 배우자 선택, 그리고 남은 사람들」. ≪아태연구≫, 21(4), 211~240쪽.

이현정. 2014.「잊혀진 혁명: 중국 개혁개방시기 농촌 잔류여성의 삶」. ≪한국여성학≫, 30(1): 1~3쪽.

Davis, Deborah. 2014. "Privatization of Marriage in Post-Socialist China." *Modern China*, 40(6), pp.551~577.

Yan, Yunxiang. 2016. "Intergenerational Intimacy and Descending Familism in Rural North China." *American Anthropologist*, 118(2), pp.244~257.

제 **10** 장

중국 농민공 문제의 변화와 지속*

정종호 | 서울대학교 국제대학원

2018년 40주년을 맞은 중국의 개혁·개방이 초래한 가장 중요한 변화 중 하나는 인류 역사상 가장 큰 규모로 이루어진 농촌에서 도시로의 인구이동이다. 좀 더 나은 삶의 기회를 찾아 농촌을 떠나 도시로 이동하고 있는 중국의 이농민은 개혁·개방 초기인 1980년대 초 200만 명에도 미치지 못했으나, 2017년 현재 2억 8,652만 명에 달한다. 농촌을 떠나 도시로 이주하는 이농 현상은 중국에만 국한된 현상은 아니다. 그러나 개혁·개방기 중국에서 이루어지고 있는 대규모 농촌노동력의 인구이동이 '농민공(農民工)'으로 개념화되는 과정에 중국의 특수성이 존재한다. 중국 국가통계국의 발표에 따르면, 2017년 말 현재 6개월 이상 도시에 거주한 도시상주인구〔城鎭常住人口〕는 8억 1,347만 명으로 도시상주인구 기준 도시화율〔常住人口城鎭化率〕은 58.52%이나, 도시의

* 이 글은 농민공(農民工) 문제에 관한 필자의 최근 연구 및 다음과 같은 필자의 기존 연구에 기반하고 있다. 정종호, 「북경시의 도시재개발 정책과 북경 '동향촌(同鄕村)'의 변화」, ≪현대중국연구≫, 제9집 2호(현대중국학회, 2008), 37~79쪽; 정종호, 「현대 중국 사회의 연속성과 불연속성: 호구제도 개혁을 중심으로」, 김익수 외, 『현대중국의 이해』(서울: 나남출판, 2005), 197~227쪽; 정종호, 「국가와 유동인구: 이농의 정치경제」, 정재호(편), 『중국 개혁-개방의 정치경제 1980-2000』(서울: 까치, 2002), 243~312쪽.

호구(戶口)〔또는 호적(戶籍)〕를 소지한 호적인구 기준 도시화율〔戶籍人口城鎭化率〕은 42.35%에 불과하다. 여기서 일과 생활의 모든 면에서 6개월 이상 도시에 거주하면서도 도시의 호구를 가지고 있지 못한 비공식적 인구의 상당수가 바로 농민공이다. 이들에 대한 중국의 도농 이원 구조에 기초한 차별은 오늘날에도 여전히 유지되고 있을 뿐만 아니라, 현재에도 중국의 여러 도시에서 농민공에 대한 폭력적인 강제 퇴거가 빈번하게 발생하고 있다.

이렇듯 농민공으로 개념화된 개혁·개방기 중국의 이농민들은 도시에서 '임시적'이고 '주변적'인 존재로 이해되고 있을 뿐만 아니라, 개혁·개방이 이룩한 경제적 성장 이면에 존재하는 심각한 사회적 불평등의 한가운데에 위치하고 있다. 따라서 농민공에 대한 고찰은 지난 40여 년간의 개혁·개방의 정치경제를 이해하는 데는 물론, 개혁·개방의 지속 가능성을 가늠해보는 데 있어서도 필수적이다. 따라서 이하에서는 우선 농민공 문제의 출발점인 호구제도(戶口制度)를 기반으로 한 마오쩌둥(毛澤東) 시기 성향분할(城鄕分割)체제의 형성에 대해 살펴본 후, 지난 40여 년간의 개혁·개방을 통해 중국의 농민이 어떻게 농민공 나아가 신세대 농민공(新生代 農民工)으로 변화되었는지를 살펴본다. 이어 농민공 문제의 변화와 지속에 대응하기 위해 중국의 국가체제가 호구제도를 어떻게 개혁해왔는가를 살펴봄으로써, 농민공 문제를 둘러싼 국가와 사회 간의 동학(動學)을 중심으로 지난 40여 년간의 개혁·개방을 이해하고자 한다.

1. 호구제도: 농민공 문제의 출발점

마오쩌둥 시기 급진주의적인 사회주의로의 이행은 사유제의 전면적인 폐지와 이를 위한 집단화에 기초했다. 이러한 사회변혁은 서로 상이한 과정을 통해 농촌과 도시를 새롭게 조직했는데, 농촌의 사회주의 집체화는 1958년 경제적 조직이자 사회생활 및 행정조직으로서 '인민공사(人民公社)'가 설립되면서 절정을 이루었다. 당시 5억 중국 농촌인구의 99%인 1억 2,000만 농촌 가구가 2만 6,000개의 인민공사로 조직되었는데(Spence, 1990: 579), 인민공사체제하에서 중국의 농촌과 농민은 철저하게 집체화되었으며 사적 소유는 완전히 폐지되었다. 한편, 도시의 경우에도 중화학공업 중심의 발전전략에 따라 도시노동자를 위한 '단위(單位)'제의 출현과 함께 사회주의로의 이행이 전개되었다. 단위는 구성원들에게 흔히 철밥통〔鐵飯碗〕으로 표현되는 종신 고용과 안정된 임금, 그리고 일체의 사회복지 혜택을 제공해 주었다. 그 결과 도시에서 생활하는 데 필요한 직장, 주택, 연금, 양식, 의료 등은 도시의 단위조직 구성원들에게 독점적이고 배타적으로 분배되었으며, 농촌에 거주하는 농민들은 그러한 혜택들로부터 배제되었다. 솔린저(Dorothy Solinger) 교수는 도시의 단위제도와 결합되어 도시 거주자에게 독점적으로 부여되어온 이러한 특권에 기반한 구조가 중국 사회주의 국가체제의 기본적인 토대였음을 '도시 공공재체제(urban public goods regime)'라는 개념으로 설명하고 있다(Solinger, 1995).

이러한 체제하에서 중국 정부는 각종 사회복지 혜택들을 제공받는 단위조직에 소속된 도시 노동자의 수를 제한할 필요가 있었는데, 따라서 당시 인구의 대다수를 차지하고 있던 농민의 도시 진입에 대한 통제를 위해 1950년대부터 법제화되기 시작한 인구등록제도인 호적제도를 본격적으로 적용하기 시작했다. 그 결과 1958년 반포된 '중화인민공화국호구등기조례(中華人民共和國戶口登記條例)'에 의거하여 농촌에 거주하는 농민의 도시로의 자유로운 이주를 제한하는 호구제도(戶口制度)가 도입되었다. 호구제도의 실시로 인해 모든 중국인은 그들의 호구지(戶口地)에 등록되었으며, 출생지에서 발급되는 호구에 따라 직업과 신분이 크게 농업과 비농업, 농민〔농업호구(農業戶口) 소유자〕과 비농민〔비농업호구(非農業戶口) 소유자〕으로 분류되었다. 호구의 변경은 공식적인 승인을 필요로 했으며, 농업호구를 가진 주민은 극히 예외적인 경우를 제외하고는 평생 비농업호구를 가질 수 없었다. 따라서 호구제도의 엄격한 실시로 인해 농업인구(농업호구 소지자)의 도시 진입이 차단되었으며, 거주 이전 및 직업 선택의 자유가 박탈되었고, 도농 간 격차가 유지되었다. 결국 호구제도의 도입은 인민공사와 더불어 중국의 농민들을 일생 동안 출생지와 토지에 묶어 두는 결과를 초래했다. 따라서 도시와 농촌의 인구 분포는 개혁·개방 이전 20년 동안 기본적으로 변화가 없었다. 즉, 1957년의 시진(市鎭)인구의 비율은 전체 인구의 15.39%, 1978년에는 17.92%로서 20여 년간 2.5%만 증가했을 뿐이다(蔡昉, 2000). 그 결과 마오쩌둥 시기 급진주의적 사회주의 집체화 과정 속에서, 농민과 도시민이라는 구분은 '카스트와 같은 사회적 구분'이 되었다(Potter and Potter, 1990). 호구제도를 통해 인구 및 공간을 도농으로 양분하고, 인민공사를 통해 농촌 및 농민에 대한 국가의 지배를 달성하며, 단위제를 통해 도시 및 도시민을 지배하는 '도시-농촌분할〔城鄕分割〕'의 이원적 사회구조가 형성되었던 것이다.

2. 농민(農民)에서 농민공(農民工)으로

덩샤오핑(鄧小平)에 의해 추진된 개혁·개방은 마오쩌둥 시기 엄격히 통제되어왔던 농촌에서 도시로의 인구이동을 부활시켰다. 개혁 초기 도입된 '농가생산책임제〔家庭聯産承包責任制〕'는 농촌인구를 농촌 집체화의 기본 구조인 인민공사로부터 해방시켜 대량의 농촌 잉여노동력을 발생시켰다. 이어 행해진 일련의 도시개혁은 도시의 노동력 수요를 증가시켜 농촌 잉여노동력의 도시유입을 촉진했다. 특히, 도시편향적인 정책으로 인한 도시-농촌 간 소득 격차, 대도시에서의 3차 산업 및 사영경제의 급속한 성장, 그리고 연해와 내륙의 소득 격차를 확대시킨 연해 지역 우선의 발전전략 등은 낙후된 내륙의 농촌 지역에서 연해 지역의 발달된 도시 지역으로의 이농을 가속화했다. 그 결과 개혁·개방기 가장 중요한 현상 중 하나인 농민공이 출현했다.

농민공은 농민외출무공(農民外出務工)을 의미하는 말로, 여전히 농업호구를

〈표 10-1〉 2009년 이후 연도별 농민공 수

연도	2009	2010	2011	2012	2013	2014	2015	2016	2017
수(만)	22,978	24,223	25,278	26,261	26,894	27,395	27,747	28,171	28,652
증가율(%)	1.9	5.4	4.4	3.9	2.4	1.9	1.3	1.5	1.7

자료: 中華人民共和國 國家統計局, 「(연도별)農民工監測調査報告」.

소지하고 있으면서 개혁·개방 이후 자신의 호구소재지(농촌)를 떠나 도시 및 연해 지역 등 경제가 발달한 곳으로 이주하여 비농업에 종사하는 이농민 출신 임금 노동자를 지칭하는 개념이다. 이러한 농민공은 개혁·개방 초기, 농촌의 집체[人民公社]를 떠난 동시에 도시의 집체[單位]에도 속하지 않는 존재였으며, 따라서 호구제도, 단위제도, 그리고 인민공사에 기초한 기존의 도시-농촌 분할의 통치구조에서는 포용될 수 없는, 농민도 도시민도 아닌 존재였다. 즉, 농민공은 ① 농촌 지역 거주에서 농촌 이외 지역으로의 지리적·공간적 이동, ② 농업에 종사하는 농민에서 농업 이외의 다양한 직종으로의 직업적 이동, ③ 합법적이고 공식적인 인구집단(농민)에서 불법적이고 비공식적인 인구집단(농민공)으로의 국가 통치구조상에서의 이동이라는 세 가지 존재 변화를 포함했다. 이하에서는 개혁·개방을 통해 중국의 농민들이 어떻게 농민공으로 전환되었는가를 역사적으로 살펴본다.

1) 유출 지역(농촌)의 탈집체화 개혁과 인민공사의 해체: 1978~1984

마오쩌둥 시기 농민은 공동으로 소유된 토지 및 농촌 집체화의 기본 구조인 인민공사에 의해 출생지, 즉 농촌의 호구등록지에 구속되어 있었다. 따라서 그러한 구속으로부터의 해방은 농촌에서의 탈집체화(脫集體化) 개혁의 기본조건이었으며, 농촌에서 도시로 향한 인구이동의 전제조건이었다. 이러한 해방은 개혁·개방 초기 도입된 '농가생산책임제'로 인해 시작되었는데, 농가생산책임제는 경제 주체로서의 개별 농가의 자율성을 인정하는 동시에 인민공사의 경제적인 집체기반을 약화시켜 인민공사의 해체를 결과했다. 즉, 향진(鄕鎭) 정부의 기능 및 역할의 회복과 함께 1983년 인민공사의 정치적 기능이 상실되고, 1984년 인민공사의 행정기능과 경제기능의 분리가 완료되면서 인민공사는 마침내 공식적으로 해체되었다.

인민공사의 해체와 함께 중국의 농촌인구는 그들을 구속해왔던 토지 및 농촌집체로부터 해방되었으며, 대량의 잉여노동력이 농촌에 발생했다. 즉, 농가생산책임제가 실시된 이후 농촌의 잉여노동력은 꾸준히 증가하여 1987년 4,300만 명(당시 농촌노동력의 14%)을 거쳐, 1996년에는 당시 전체 농촌노동력의 60%에 해당하는 2억 7,000만 명에 이르렀다. 이렇듯 인민공사의 해체와 더불어 집체의 통제와 토지의 구속으로부터 벗어나게 된 농민들은 비농업 분야로의 진출을 통해 소득증가를 도모했으며, 이는 곧 이농을 의미했다. 이와 동시에 당시 도시 지역에서의 노동력 부족 및 저렴한 노동력에 대한 수요는 이농민의 도시 진입을 촉진했다. 결과적으로 개혁·개방 초기 실시된 농촌개혁, 특히 농가생산책임제의 실시는 농촌 지역에 대량의 잉여노동력을 발생시킴으로써 이후 농업·농민에서 비농업·비농민으로 전환하는 농민공의 토대를 마련했다. 따라서 이 시기는 농촌 잉여노동력의 이농, 다시 말해 비농업으로의 전환을 위한 사회경제적 기초를 형성했다는 점에서 큰 의미를 갖는다. 그러나 실제로 이 시기에 이루어진 이농은 이후의 시기에 비해 매우 미약하여, 1980년대 초기까지 중국의 외출농촌노동력(外出農村勞動力)은 200만 명에도 미치지 못했다(農業部課題組, 1995: 43).

2) 유입 지역(도시)의 본격적인 개혁: 1984~1988

농촌에서의 개혁에 이어 1980년대 중반부터 행해진 일련의 도시개혁에 의해 도시의 산업이 급속도로 성장함에 따라 도시에서는 노동력에 대한 수요가 크게 증가했다. 그러나 이미 단위조직에 속해 있는 기존의 도시인구로는 그러한 노동력에 대한 수요를 충족하지 못했으므로, 도시에서는 심각한 노동력 부족 현상이 나타나게 되었다. 특히 건설 열기는 도시의 노동력 부족 현상을 심화시켰다. 따라서 필요한 노동력의 부족한 부분은 외부 노동력인 이농민들로 채워야 했다. 이러한 상황을 반영하여 중국 정부는 1984년 도시기업들로 하여금 도시의 노동력 부족을 해결하기 위해 농촌 출신의 계약 노동자를 임시적으로 고용하는 것을 장려하기에 이른다. 이에 대다수 도시 기업들이 값싼 농촌의 잉여노동력을 고용하면서 이농인구의 도시 진입은 확대일로를 걷게 된다. 이를 위해 일련의 개혁이 이루어졌는데, 특히 이농민들의 소성진(小城鎭) 진입 및 공식적 거주를 허용한 1984년의 개혁, 이농민들의 도시에서의 경제행위를 허용한 1985년의 개혁은 농촌 잉여노동력의 비농업 전환을 위한 도시개혁의 초석이 되었다.

이 당시 중국 정부는 한편으로는 농촌 잉여노동력의 비농업으로의 전환을 통한 경제발전, 또 다른 한편으로는 농촌 잉여노동력의 대도시로의 진입 억제라는 두 가지 목적을 달성하되 기존의 도농 분리 통치구조에 대한 충격을 최소화하기 위해, 농업에서 분리된 인구가 가능한 한 대도시가 아닌 농촌 지역 또는 소성진에서 소화되는 것을 목적으로 하는 '농업 이탈과 농촌 거주 지속〔離土不離鄕〕'의 정책을 실시했다.[1] 따라서 '대도시에 대한 엄격한 통제, 중형 도시의 적절한 발전, 소도시의 적극적 발전〔嚴格控制大城市, 適當發展中等城市, 積極發展小城鎭〕'의 도시발전 전략하에서 농촌의 잉여노동력은 대도시로 진입하는 대신 향진기업(鄉鎭企業)에 흡수되어 비농업으로 전환되었다. 그 결과 향진기업의 발전은 이 시기 농촌의 잉여노동력을 흡수하는 데 있어 중요한 역할을 수행했다. 따라서 1983년에서 1988년까지 농촌의 향진기업 고용인원 수는 3,235만 명에서 9,545만 명으로 증가했으며, 이 기간에 농업을 떠나 향진기업에 흡수된

1 이토불리향(離土不離鄕)은 토지(농업)는 떠나나 고향(농촌)을 떠나지는 않는다는 것을 의미한다.

농민은 6,310만 명에 달했다(楊愛民, 2000).

3) 농민공 문제의 대두: 1989~1991

이 시기는 톈안먼 사건 등으로 인해 정치적으로 불안정한 시기이며, 경제적으로도 인플레이션의 심화, 건설투자의 억제 등으로 경제성장이 둔화된 시기이다. 따라서 그 어느 시기보다도 도시로 진입한 이농민들에 대한 통제〔治理整頓〕가 강화된 시기이다. 특히 1989년 춘절(春節, 한국의 설에 해당) 당시 대도시에 거주하고 있던 이농민들의 동시 귀향으로 인해 발생한 문제〔'민공조(民工潮)'〕가 전국적인 주목을 받음으로써, 이농민 문제가 본격적으로 사회문제화되는 계기가 되었다. 따라서 이후 '민공조' 문제는 대중매체의 가장 중요한 보도대상 중 하나가 되었다. 예를 들어 베이징의 대표적인 시사 잡지인 ≪료망(瞭望)≫은 1989년 '民工潮探源'(민공조의 발생 원인 분석)이라는 기사를 연속으로 내보냈다. 특히 1989년 춘절의 사건은 '기회를 찾아 도시로 몰려드는 무질서하고 맹목적인, 맹류(盲流) 이농민의 이미지'를 농민공에 대한 일반적인 이미지로 고착화하는 계기가 되었다. 그 결과 농민공 문제는 도시경제 발전에 대한 공헌이라는 차원보다는 도시의 질서에 대한 위협이라는 차원에서 이해됨으로써 일차적으로 공안국(公安局)의 담당하에 놓이게 되었으며, 농민공은 정부 통제의 지속적인 대상이 되었다.

4) 농민공의 비약적 증가: 1992~2001

1989년 톈안먼 사건 이후 주춤했던 개혁의 열기가 1992년 '남순강화(南巡講話)' 이후 새로이 확산되면서 급속한 경제발전과 함께 농민공에 대해서도 개방적인 정책들이 수립되었다. 이에 따라 농민공의 수도 급속히 증가하여 1990년대 후반에 이미 1억을 초과했다. 특히 이농민들이 베이징, 상하이, 톈진 등 대도시 및 연해 지역에 노동자로 진입함으로써, 대도시 및 연해 지역으로 진출하는 농업 이탈과 이향 현상〔離土又離鄕〕, 도시 내에서 취업과 상업활동에 종사하는 현상〔進城務工經商〕이 심화되었다.[2] 이는 다음과 같은 사실과 관련이 있다. 우선 1980년대 농촌의 잉여노동력을 흡수하는 데 있어 핵심적인 역할을 해왔던 농촌의 향진기업이 도시 내 기업과의 경쟁에서 밀려나면서 향진기업의 농촌 잉여노동력 흡수능력이 떨어지기 시작했다. 반면 농촌의 잉여노동력은 1978년 이후 꾸준히 증가했다. 따라서 향진기업에 흡수되지 못한 농촌의 잉여노동력은 대도시로의 이농을 선택했다. 동시에 외국자본의 유입에 따른 삼자기업(三資企業)의 지속적인 발달 역시 연해 지역에 집중되고 이들이 주변의 농촌 잉여노동력은 물론 다른 성(省)의 농촌 잉여노동력을 대량으로 흡수하면서 이들 지역으로의 이농 현상이 심화되었다. 대표적인 지역이 광둥성(廣東省), 특히 선전(深圳), 주하이(珠海), 둥관(東莞) 등 주강(珠江) 삼각주 지역이다. 그 결과 대도시 및 연해 지역〔"沿海之風與城市之光"〕으로의 이농이 가속화되었다.

이 시기 농민공의 비약적인 증가는 도시 내 농민공들의 집단거주지〔流動人口聚居點〕의 폭발적인 증가를 야기했다. 도시에서 장기간 거주했을 뿐만 아니라 값싼 노동력을 제공함으로써 도시의 경제발전에 중요한 공헌을 했음에도 불구하고, 농민공들은 호구제도에 의해 합법적인 도시민으로 인식되지 못했고 따라서 도시민으로서의 권리와 혜택을 부정당했다. 즉, 도시민과 농민의 신분을 구분해왔던 호구제도가 엄연히 존재하고 있는 상황에서 도시호구가 없는 농민공들은 도시에서의 주택 공간 확보와 정규 노동시장 참여에서 불이익을 감수해야 하며, 사회복지 혜택은 물론 자녀교육의 혜택에서도 배제되고 있을 뿐만 아니라 심지어 불법적인 집단으로 취급받고 있다. 이러한 상황 아래 농민공들은 도시에서의 생존을 위해 같은 고향〔同鄕〕 출신 농민공끼리 대도시의 외곽 지역에 집중적으로 거주하여 그들만의 독자적인 동향촌(同鄕村)을 형성함으로

2 이토우리향(離土又離鄕)은 토지(농업)도 떠나고 고향(농촌)도 떠난다는 의미이다.

써, 도시 내에서의 그들의 열악한 조건을 공동으로 극복해나갔다.

이러한 농민공들의 집단거주지는 중국 대부분의 대도시에서 형성되었는데, 특히 수도인 베이징의 경우 1990년대를 거치면서 비약적으로 증가하기 시작해 1995년 당시 약 25곳에 달했다. 예를 들면, 저장성 원저우 출신 농민공들에 의해 베이징시 펑타이구(豊臺區) 다훙먼(大紅門) 지역에 형성된 저장촌(浙江村), 허난성 구스현(固始縣) 출신 농민공들에 의해 하이뎬구(海淀區) 바자촌(八家村) 지역과 차오양구(朝陽區) 더우거좡(豆各莊) 및 웨이쯔컹(葦子坑) 지역에 형성된 허난촌(河南村), 신장 위구르족 자치구 출신 농민공들이 하이뎬구(海淀區) 간자커우(甘家口) 지역 및 웨이공촌(魏公村) 지역을 중심으로 형성한 신장촌(新疆村), 안후이성 출신 농민공들에 의해 하이뎬구(海淀區) 란치잉(藍旗營) 지역에 형성된 안후이촌(安徽村) 등이 있었다. 이 중 가장 큰 규모와 가장 오래된 역사를 지닌 저장촌은 농민공 거주자가 10만 명에 달했다. 동향촌의 농민공들은 대부분 같은 업종에 종사했는데, 예를 들어 저장촌의 농민공들은 의류제작 및 판매, 허난촌의 농민공들은 폐품과 쓰레기 수집 및 판매, 신장촌의 농민공들은 신장요리 중심의 요식업, 안후이촌의 농민공들은 보모 및 가정부 일 등에 주로 종사했다. 그 결과 농민공들의 동향촌은 지연, 혈연, 그리고 업연(業緣)이 결합한 공동체가 되었다.

이렇듯 농민공들이 도시 내에 형성한 동향촌은 '시장'이라는 경제적 자원과 '동향관계(同鄕關係 또는 老鄕關係)'라는 사회적 자원을 통해 호구제도와 단위제도를 기초로 이루어진 도시질서에서 벗어나 있었다. 따라서 중국의 도시정부는 이러한 농민공의 독자적인 집단거주지를 도시의 공공질서를 위협하는 중요한 사회문제로 인식했다. 특히 농민공의 집단거주지가 집중되어 있는 수도 베이징의 경우 농민공 집단거주지에 대한 대대적인 철거가 주기적으로 실시되었는데, 예를 들어 1995년 겨울의 대규모 철거〔淸理整頓〕는 리펑(李鵬) 총리의 비준 아래 진행되어 당시 베이징에 형성되어 있던 대부분의 농민공 집단거주지가 철거되었다. 그러나 이와 같은 중국 정부의 노력은 일시적인 효과만을 가져왔을 뿐, 대도시에 형성된 농민공 집단거주지의 증가를 근본적으로 막지는 못했다. 그 결과 중국 전역의 대도시 외각에서 농민공의 집단거주지가 지속적으로 형성되었고, 농민공의 수 역시 지속적으로 증가하여 2001년 중국 전체 인구의 10%에 조금 못 미치는 1억 1,000만 명에 달했다.

5) 신세대 농민공의 본격적인 등장: 2001~현재

21세기에 진입하면서, 개혁·개방 초기에 도시로 진입한 기존 농민공과는 다른 세대의 신세대 농민공(新生代 農民工) — 또는 2세대 농민공〔第二代 農民工〕 — 이 본격적으로 출현하기 시작했다. 새로운 세대의 농민공을 의미하는 신세대 농민공에 대한 최초의 학술적 연구를 진행한 왕춘광(王春光)은 2001년 당시, 1980년대 초에 농촌을 떠나 도시로 진입한 1세대 농민공〔第一代 農民工〕과는 구분되는 신세대 농민공의 출현을 확인했는데(王春光, 2001), 신세대 농민공이라는 용어는 이후 2010년 1월 31일 중국 국무원이 발표한 중앙 1호 문건에서 공식적으로 사용되었다. 오늘날 신세대 농민공에 대해서는 다양한 정의가 있으나, 대부분 연령대를 기준으로 하여 1980년대 이후 태어난 농민공 세대를 의미한다.

신세대 농민공과 1세대 농민공의 가장 큰 차이는 농사 경험의 유무이다. 즉, 농사에 종사했을 뿐만 아니라 고향에 경작지와 가옥을 여전히 보유하고 있는 1세대 농민공과는 달리, 신세대 농민공은 대부분 농사 경험이 없고 고향에 터전이 없다. 또한 신세대 농민공은 1세대 농민공에 비해 상대적으로 높은 교육수준을 가지고 있다. 이러한 차이는, 도시-농촌의 이원적 사회구조를 받치고 있는 호구제도로 인해 여전히 사회적 신분은 농민임에도 불구하고, 신세대 농민공으로 하여금 도시에서의 목적 추구, 도시생활에 대한 태도, 사회적 신분에 대한 의식에서 1세대 농민공과는 전혀 다른 사고방식을 지니게 했다.

우선, 도시에서의 목적 추구에 있어서의 차이이다. 주로 경제적 목적을 위해 농촌을 떠나 도시로 이주한 1세대 농민공과는 달리, 신세대 농민공은 도시에서 경제적인 목적 이외에도 자아발전 및 이상실현을 추구하고 있다. 즉, 1세대 농민공이 '생활수준의 향상〔改善生活〕'을 위해 도시로 이주했다면, 신세대 농민공은 생활 속에서의 가치 발현과 '이상의 추구〔追求夢想〕'에 더 큰 가치를 두고 있다. 베이징대학교 사회학과, 중국사회과학원 사회학 연구소(中國社會科學院 社會學硏究所) 그리고 농촌발전연구소(農村發展硏究所)가 2006년 공동으로 주강 삼각주 지역 농민공을 대상으로 실시한 연구조사 결과에 따르면, 1960년대에 출생한 농민공의 76.2%가 돈을 벌기 위한 것이 도시로 이주한 가장 중요한 목적이라고 응답한 반면, 1980년대에 출생한 농민공의 18.2%만 돈을 벌기 위한 것이 도시로 이주한 가장 중요한 목적이라고 응답했으며 71.4%는 자아발전과 이상추구를 위해 도시로 이주했다고 응답했다(彭友·王艷偉, 2006). 따라서 신세대 농민공은 도시로 이주한 후 직업 선택에 있어서도 임금수준뿐만이 아니라 자아실현 여부 및 미래의 전망을 중시하지만, 호구제도로 인한 이중적 노동시장 구조에서 신세대 농민공이 가장 많이 취업해 있는 직종은 여전히 저임금·저숙련 위주의 제조업, 서비스업, 건축업 등이다. 즉, 신세대 농민공의 취업에 대한 목적과 현실 사이에 큰 괴리가 존재하는데, 이러한 괴리는 신세대 농민공의 높은 이직률로 나타나고 있다(Zhou and Sun, 2010). 전국총공회(全國總工會)의 「2010년 기업의 신세대 농민공 현황조사 및 대책건의〔2010年企業新生代農民工狀況調査及對策建議〕」에 의하면, 1세대 농민공이 평균 11년에 1회 이직하는 데 비해 신세대 농민공은 평균 3년에 1회 이직했으며, 이직을 경험한 신세대 농민공 중 자발적으로 이직을 결정한 비율은 88.2%로 1세대 농민공보다 16.9% 높았다(呂途, 2013: 19).

둘째, 도시생활에 대한 태도에 있어서의 차이이다. 1세대 농민공은 기본적으로 농사에 종사했던 농민 출신으로서 고향에 경작지와 가옥을 여전히 보유하고 있으며, 따라서 최소한 관념적이나마 언젠가는 고향인 농촌으로 되돌아가려는 '안토중천(安土重遷: 고향을 편안히 여겨 다른 곳으로 떠나기를 꺼려함)'의 의식을 가지고 있다. 이에 반해 신세대 농민공은 농사 경험이 없고 고향에 터전이 없을 뿐만 아니라 도시의 생활방식에 대한 동경으로 인해, 농촌으로 되돌아가려는 관념도 희박하여 '배정이향(背井離鄕: 마을을 등지고 고향도 떠남)'을 특징으로 한다(王春光, 2001: 71~73). 결과적으로 신세대 농민공은 도시생활에도 완전히 정착하지 못하고 농촌으로도 돌아갈 수 없는 "과객적 심리상태(過客心態)"에 머물고 있다(呂途, 2015; 14~18).

셋째, 사회적 신분에 대한 의식에 있어서의 차이이다. 신세대 농민공은 도시에 거주하며 농업에 종사하지 않고 있음에도 불구하고, 중국의 호구제도로 인해 사회적 신분은 여전히 농민이다. 그러나 1세대 농민공이 호구제도에 따른 구분을 어느 정도 받아들여 자신의 사회적 신분을 농민으로 여기고 있는 데 반해, 1세대 농민공에 비해 높은 평등의식과 권리의식을 가지고 있는 신세대 농민공은 농민이라는 사회적 신분을 받아들이는 데 저항감을 표시하며 자신들의 권리와 제도적 평등, 그리고 사회자원의 공정한 분배 문제에 대해 높은 관심을 보이며 나아가 호구제도에 대해서도 적극적인 의문을 제기하고 있다(周慶智, 2016).

6) 농민공의 미래

이상에서 살펴본 바와 같이, 신세대 농민공은 중국의 호구제도로 인해 사회적 신분은 여전히 농민임에도 불구하고, 도시에서의 목적 추구, 도시생활에 대한 태도, 사회적 신분에 대한 의식에서 1세대 농민공과는 확연히 구분되는 사고방식을 보유하고 있다. 이렇듯 1세대 농민공과는 확연히 구분되는 사고방식을 지닌 신세대 농민공은 오늘날 중국 사회에서 새로운 노동의 주체로 성장했다. 중국 국가통계국에 따르면, 1980년대 이후 출생한 신세대 농민공이 전체 농민공에서 차지하는 비중은 지속적으로 증가하여, 2017년 현재 전체 농민공의 50.5%를 차지했으며 앞으로도 지속적으로 증가할 것으로 전망된다. 따라

〈표 10-2〉 연도별 농민공 전체에서 신세대 농민공이 차지하는 비율

연도	2013	2014	2015	2016	2017
비율(%)	46.6	47.0	48.5	49.7	50.5

자료: 中華人民共和國 國家統計局.「2017年農民工監測調查報告」.

서 신세대 농민공의 미래는 중국 사회의 미래를 결정하는 중요한 변수이다.

신세대 농민공의 미래에 대해서는 다양한 의견이 존재한다. 일부 학자들은, 호구제도에 의해 여전히 도농으로 이원화된 사회구조에서 비롯된 제약과 상대적으로 낮은 학력 및 직업기술 수준으로 인해 신세대 농민공 역시 그들의 부모세대와 마찬가지로 도시에서 안정적인 일자리를 찾지 못하고 도시의 주류사회로도 진출하지 못한 채, 농촌에 돌아가지도 못하고 도시에 완전히 융화되지도 못하는 '반도시화(半城市化)' 상태를 지속하며 급기야는 '신빈민'으로 전락할 가능성을 경고한다(예컨대, 王春光, 2006; 2009). 따라서 이들 학자들은 신세대 농민공의 도시화와 도시융합을 가로 막는 최대 장애물인 호구제도의 완전한 개혁 및 도농 이원분할구조의 철폐만이 신세대 농민공이 도시의 신빈민으로 전락하는 것을 막을 수 있다고 강조한다. 다른 일부 학자들은 신세대 농민공이 중국의 새로운 노동계층으로 발전할 가능성에 주목한다(예컨대, Chan and Pun, 2009; Lee, 2007). 특히 2010년 발생한 폭스콘(富士康) 노동자 연쇄투신자살사건과 난하이 혼다(南海本田) 자동차 파업사건은 이러한 가능성을 보여주는 사례인데, 당시 폭스콘에서 연쇄자살을 시도한 노동자는 모두 18~25세의 신세대 농민공이었으며, 난하이 혼다 자동차의 파업을 주도한 농민공 역시 당시 24세의 신세대 농민공이었다. 이와 관련하여, 뤼투(呂途)는 신세대 농민공을 포함해 3억 명에 달하는 농민공을 개혁·개방이 결과한 신노동자(新工人)로 규정하면서, 이들이 신노동자 계급으로서 주체의식을 가지고 자각하고 각성할 때 비로소 역사의 주변부에서 벗어나 역사의 중심에 등장할 수 있을 것이라고 전망한다(呂途, 2013). 또 다른 학자들은 신세대 농민공의 시민화(農民工 市民化) 및 이를 통한 도시융합(融入城市)을 전망한다. 즉, 이들은 농민공 문제의 궁극적인

해결은 중국 정부의 적극적인 정책개입을 통한 농민공의 시민화에 있음을 강조한다. 여기서 농민공 시민화란, 호구 전환을 통해 도시에 거주하는 농민공에 대한 신분적·제도적 차별을 제거하는 것은 물론 도시민과 균등한 도시 공공서비스 체계의 제공을 전제로 농민공에게 주택, 직장, 교육 및 일체의 사회적 보장을 제공하는 것을 의미한다(國務院發展硏究中心課題組, 2011). 결국 농민공에 대한 차별적인 경제적 이중노동시장 및 농민공의 도시에서의 주변화 및 고립화를 해결하기 위해서는 호구제도 개혁이 가장 중요한 전제조건이다. 따라서 이하에서는 호구제도 개혁을 살펴보고자 한다.

3. 국가의 대응: 호구제도 개혁

1) 초기 호구제도 개혁의 특징

인민공사의 해체와 더불어 농촌으로부터 도시로 유입된 이농인구의 등장은 기존의 호구제도에 대한 무엇보다도 중요한 도전이었다. 따라서 농촌개혁의 성공에 힘입어 개혁의 초점을 농촌에서 도시로 전환하던 시기부터 기존의 엄격한 호구제도는 부분적으로 완화되기 시작했다. 우선 중국 정부는 농촌 주변 소성진의 호구를 개방하여 토지와 인민공사를 떠난 농민이 비농업 부문에 진출할 수 있는 기회를 제공함으로써, 농촌의 잉여노동력 문제를 해결하려 했다. 1984년 1월의 중공중앙 1호 문건은 노동, 상업, 및 서비스업에 종사하는 농민들이 자기양식을 가지고 집진(集鎭)에 진입하는 것을 허가했으며, 1984년 10월 국무원이 반포한 「농민이 집진으로 전입 및 정착하는 문제에 관한 통지(關於農民進入集鎭落戶問題的通知)」는 집진에 고정된 거주지가 있고, 경영능력이 있거나 또는 향진기업에서 장기간 근무한 농민이나 그 가족들이 집진에서 공식적으로 정착하는 것을 허용함으로써, 이농민들의 소성진 진입 및 소성진에서의 공식적 거주를 허용했다. 이어 1985년 중공중앙 및 국무원은 농민이 도시에 진입하여 상업, 제조, 노동, 및 서비스업에 종사하는 것을 일부 허용함으로써, 이농민들의 도시에서의 경제행위를 허용했다.

소도시에 대한 개방은 이후에도 지속적으로 이루어져서 1997년 공안부는 「소도시 호적 관리제도 개혁 시범 방안(小城鎮戶籍管理制度改革試點方案)」을 공포하여, 소도시에서 합법적인 비농업 직장에 재직 중이고 고정된 주소지에서 만 2년간 거주한 농촌호구 소지자가 소도시상주호구(小城鎮常住戶口)를 신청할 수 있도록 허용했으며, 마침내 중국 정부는 2001년 10월 1일 현과 시, 그리고 현 정부가 소재한 진 등이 포함된 2만여 개의 소도시에 대해 전면적인 호구제도 개혁을 단행하여, 규정 지역 내에 합법적인 거주지와 안정된 직업 또는 수입원이 있는 농민 및 그와 함께 생활하는 직계가족은 본인의 신청에 따라 도시 상주호구를 신청할 수 있도록 했다. 이러한 조치에 따라 농촌 이농인구의 소성진 진입이 합법화되었다.

소도시에 대한 호구제도 개혁과 더불어 호구제도의 기본적인 규정들에 대한 개혁 역시 1990년대 후반부터 시작되었는데, 1998년 7월 22일 국무원은 공안부가 제출한 「호구관리에 있어서 당면한 몇 가지 돌출문제를 해결하기 위한 의견(關於解決當前戶口管理工作中幾個突出問題的意見)」을 비준하여 호구관리제도에 대해 네 가지 개혁을 단행했다. 이에 따라 자녀의 호구는 본인의 희망에 따라 아버지나 어머니의 호구에서 선택할 수 있게 되었으며, 별거 부부의 경우 이미 배우자 소재 도시에서 일정 기간을 거주한 시민은 본인의 희망에 따라 도시호적을 가질 수 있게 되었고, 자녀와 함께 살지 않는 만 60세 이상의 남성과 만 55세 이상의 여성은 자녀가 거주하고 있는 도시 호구를 가질 수 있게 되었다. 이에 더하여 도시투자·기업설립·상품주택 구입을 한 본인 및 동거 직계가족, 그리고 도시에 합법적이고 고정된 거주지, 안정된 직업, 생활원천이 있으며 일정 조건을 갖춘 외지인 역시 소재 도시의 호구를 신청할 수 있게 되었다. 그러나 이상과 같은 개혁에도 불구하고 호구제도의 근간은 그대로 유지되었으며, 대도시로의 이주는 대부분 여전히 불법화되었다. 따라서 도시발전에 필요한 인적자원의 합리적인 이동을 저해하는 호구제도가 일원화된 노동시장 구축을 방해하고, 건전한 도시화 발전을 지연시키며, 도농 간의 격차를 확대하고 있다는 인식이 확대되었다.

2) 후진타오-원자바오 체제의 호구제도 개혁

기존 호구제도 개혁이 호구제도의 근간을 유지한 채 중소도시의 개방에 집중되었다면, 후진타오(胡錦濤)-원자바오(溫家寶) 체제 등장 이후 개혁은 호구제도에 대한 근본적인 개혁을 시도했다. 이는 후진타오-원자바오 체제의 현실 인식과 깊은 관련이 있다. 2002년 등장한 후진타오-원자바오 체제는 선부론(先富論)에 입각하여 경제 성장 일변도의 정책을 추진해왔던 덩샤오핑 및 장쩌민(江澤民) 세대와는 달리 안정 속에서 공동발전을 추구하는 정책으로의 전환을 강조하면서 2005년 3월 전국인민대표대회(全人大) 제10기 3차 회의에서 새로운 국정이념으로 '조화로운 사회건설〔建設和諧社會〕'을 제시했다. 조화로운 사회건설은 과학적 신발전관 및 이민위본(以民爲本)을 토대로 개혁·개방으로 파생된 불균형의 문제를 적극 해소하여, 모든 계급 및 모든 계층의 이익이 '조화'를 이루는 공동발전을 추구하겠다는 국정이념이다. 구체적으로는 도시와 농촌 간의 격차, 연해 지역과 내륙 지역 간의 격차, 한족과 소수민족 간의 격차, 그리고 도시 지역 내의 빈부 격차의 해결에 주목했다. 이렇듯 개혁·개방 과정에서 소외되어온 계층에 대한 분배를 강조함으로써 중국의 지속적인 발전을 도모하려는 후진타오-원자바오 체제의 인식은 필연적으로 농민공 문제의 해결로 이어졌다. 왜냐하면 농민공 문제는 도농 격차, 농민의 빈곤 탈피 문제, 농촌의 도시화 문제, 그리고 농업의 근대화 문제를 해결하는 데 있어서 가장 필수적인 부분이기 때문이다. 이에 따라 2006년 국무원은 「농민공 문제 해결에 관한 약간의 의견〔關於解決農民工問題的若干意見〕」을 발표했으며, 2008년에는 '노동계약법(勞動合同法)', '취업촉진법(就業促進法)', '노동쟁의조정중재법(勞動爭議調解仲裁法)' 등의 시행을 통해 농민공의 합법적 권익 증진에도 기여했다.

이와 같이 농민공 문제를 해결하기 위한 후진타오-원자바오 체제의 노력은 자연스럽게 호구제도 개혁의 심화로 이어졌다. 왜냐하면 호구제도로 인한 사회경제적 제약이 농민공에 대한 차별의 근본적이고 구조적인 이유이기 때문이다. 우선 호구의 도농 구분을 폐지하는 개혁을 실시했다. 즉, 농업호구, 비농업호구, 지방도시(城鎭)호구 등으로 구분되어온 호구의 종류를 통일시켜 주민호구를 의미하는 "거민호구(居民戶口)"로 단일화하려는 노력이 시도되었다. 장쑤(江蘇)성, 광둥(廣東)성, 허난(河南)성, 충칭(重慶)직할시 등이 2003년부터, 산둥(山東)성, 후베이(湖北)성 등이 2004년부터, 후난(湖南)성, 하이난(海南)성 등이 2005년부터 '농업'과 '비농업'의 구분을 철폐하여 도시와 농촌 주민의 구분이 없는 '거민호구(居民戶口)'로 일원화된 호구관리 방법을 도입하겠다고 발표했다. 그 결과 호구의 일원화를 추진한 성, 자치구, 직할시가 2007년까지 12개에 달했다.

한편, 기존의 호구제도하에서 높기만 했던 대도시 호구 취득의 문턱을 낮추어 일정한 조건을 갖춘 농민공에게 대도시의 호구를 부여하는 개혁이 실시되었다. 이농민에게 대도시의 정식 상주호구를 개방하는 개혁은 2000년대에 이르러 본격적으로 시작되었는데, 이 중 가장 큰 주목을 받은 것은 대폭적인 호구제도 개혁을 단행한 허베이(河北)성의 성도(省都)인 스자좡(石家莊)시의 개혁이다. 스자좡시의 개혁은 전면적인 호구제도 개혁을 행한 최초의 성 소재지라는 점에서 다른 대도시에도 큰 영향을 미쳤다. 특히 베이징과 상하이와 같은 특대도시에도 자극을 주어, 베이징시 정부도 대대적인 호구제도 개혁을 단행했는데, 2001년 10월 1일부터 시행된 「외지출신 사영기업인원의 베이징시 상주호구 수속에 대한 시행방안(關於外地來京投資開辦私營企業人員辦理北京市常住戶口試行辦法)」에 따르면, 베이징시에 위치한 자기소유 기업의 연간 납세액이 3년 연속 80만 위안 이상이거나 3년간의 총납세액이 300만 위안, 그리고 자기회사의 직원 중 베이징인이 3년 연속 100명 이상이거나 직원 총수의 90% 이상이 베이징 시민인 경우, 외지인이라도 베이징 호구를 신청할 수 있었다.

상하이 또한 고급인재를 받아들이기 위해 적극적으로 호구제도를 개혁했다. 2008년 상하이시 시장 한정(韓正)은 '정부업무보고(政府工作報告)'를 통해 호구제도와 맞물리는 거주증 제도를 점차 설립해야 한다고 강조했다. 이에 따라 2009년 상하이시는 학력, 직업, 사회보험 여부, 소득세 납부 실적, 근무자질, 창업투자 세금납부 실적 등의 조건을 만족시켜 누적된 점수로 100점을 받은 자에게 상하이 거주 권리를 부여했고, 같은 해 발표한 「'상하이시 거주증' 소유 인원의 상하이시 상주호구신청 시행방안(持有'上海市居住證'人員申辦本市常住戶口試行辦法)」을 통해 거주증을 소유한 지 7년 이상이 된 외래인구에게 상하이 호구를 제공할 것임을 제안했다.

한편, 광둥성 광저우(廣州)에서는 2005년 시행된 「광저우시 유동인구 권익보장 및 관리규정(廣州市流動人員權益保障與管理規定)」에 따라 7년 이상 지속적으로 상주하고 일정조건에 부합되면 본인 및 그 미성년 자녀에게 광저우의 상주호구 신청을 가능하게 했으며, 2009년 시행된 「도농 호적제도 개혁 실시에 관한 의견(關於推進城鄉戶籍制度改革的實施意見)」에 따라 농업호구와 비농업호구 구분을 취소하고 통일된 광저우거민호구로 단일화하는 3단계 일원화 개혁을 발표했다. 광둥성 선전시(深圳)시 역시 2008년 8월 1일부터 거주증 제도를 실시하여, 거주증 소지 주민 자녀들에게 의무교육을 제공하고 10년 정도의 장기 거주증 소지자에게는 선전시 사회보장제도 혜택을 받을 수 있도록 했다.

이 시기 대도시 및 특대도시의 호구제도 개혁과 관련하여 주목할 만한 변화는 이농민에게 요구해왔던 임시거주증 제도 및 임시거주증 미소지자에 대한 수용송환제도가 점차로 폐지되었다는 사실이다. 이는 2003년 3월 광저우에서 27세의 무한과학기술학원 졸업생인 쑨즈강(孫志剛)이라는 청년이 임시거주증을 소지하지 않았다는 이유로 공안에 의해 체포된 지 4일 만에 유랑자 수용소의 병원에서 집단구타로 사망한 사건이 결정적인 계기가 되었다. 이에 따라 랴

오닝(遼寧)성 선양(瀋陽)시가 중국에서는 최초로 2003년 7월 임시거주증 제도를 폐지했으며, 그 대신 새로운 신분증법인 '거민(居民)신분증법'이 제정되어 2004년 1월 1일부터 컴퓨터 칩이 내장된 새 신분증이 발급되었다. 베이징시 정부도 2005년 임시거주증 제도를 폐지하고 그 대신 통일거주증 제도의 실시를 건의했다.

후진타오-원자바오 체제의 이러한 개혁 방향에 힘입어 중국의 지방정부들은 호구제도 개혁을 위한 다양한 정책들을 도입했다. 상당 부분 지방정부에 의해 개별적으로 이루어지고 있는 이러한 호구제도 개혁은, 인적자원 유치에 방해가 되고 있는 호구제도에 대한 전면적인 개혁을 통해 개혁·개방으로 인한 시장경쟁 속에서 우수한 노동력 자원을 유치하려고 하는 지방정부들의 노력의 일환이기도 하다. 예를 들어 2010년 푸젠(福建)성 샤먼(廈門)시는 현지 투자와 납세의 규모가 큰 외래인구의 호구 이전을 승인했고, 같은 해 광둥성은 농민공 점수제〔農民工積分制〕를 도입하여 일정 점수 이상을 확보한 농민공들의 정착을 시범적으로 실시했다(傅晨·李飛武, 2014). 또한 상하이시는 거주증점수제〔居住證積分制〕 제도를 도입하여 외래인구의 공헌 정도에 따라 차등적인 거주증을 발급하는 제도를 실시하는 등 지방 경제성장에 필요한 외래인구의 유치를 위한 다양한 지방정부의 정책이 전개되었다(謝寶富, 2014).

특히 이 시기 충칭(重慶)과 쓰촨(四川)성 청두(成都)의 개혁은 중요한 의미를 지닌다. 충칭에서는 민생문제 개선을 위한 방법으로 2010년 전면적인 호구제도 개혁을 시작했는데, 당시 충칭의 호구제도 개혁은 기존 도시민과 동일하게 농민에게도 교육 및 의료 서비스, 도시의 공공임대주택, 취업알선 등 각종 사회보장 혜택을 제공할 뿐만 아니라, 호구제도 개혁에서 농민들의 가장 첨예한 이해관계가 걸린 농촌 토지 관련 재산권에 3년 전후의 과도기를 부여하여 도시 전환 농민들에게 토지 사용권과 수익권을 보장하는 동시에 이전에 비해 합리적인 보상금액을 얻을 수 있는 기제를 마련해줌으로써, 농민들이 도시 빈민으로 전락하는 것을 방지하고 도시에 안정적으로 정착할 수 있도록 했다(蘇偉·

楊帆·劉士文, 2011; 李愛芹, 2014). 한편 청두의 호구제도는 도시와 농촌 간 일체화를 추구하는 것으로서, 도시에 진입한 농민에게 교육, 의료, 주택, 취업 등 사회보장 측면에서 도시민과 동등한 혜택을 보장하며 동시에 농촌에도 도시와 같은 수준의 사회보장체제를 구축하는 것을 목표로 했다. 더 나아가 도시로 진입한 농민이 농촌 토지 관련 권리를 계속 보유할 수 있도록 했다(李愛芹, 2014). 충칭과 청두의 개혁은, 한편으로는 도시호구 및 이와 연계된 각종 사회보장 혜택 부여, 또 다른 한편으로는 기존 농촌 토지에 대한 권리의 유지를 통해, 농민 및 도시로 이전한 농민공의 시민화를 목표로 했다는 공통점이 있다.

3) 시진핑 시기 호구제도 개혁

이상에서 살펴본 바와 같이, 도시와 농촌의 구분이라는 이원화된 기본 구조를 그대로 유지한 채 소도시 중심의 호구개방에 초점을 둔 기존의 호구제도 개혁과는 달리, 후진타오-원자바오 체제하에서 이루어진 호구제도 개혁은 이원화된 호구제도를 일원화시키는 한편 소도시뿐만 아니라 대도시, 심지어는 베이징과 상하이와 같은 특대도시의 호구개방으로 개혁의 초점을 이동했다. 이러한 개혁의 특징은 도시와 농촌을 일체화시킨 일원제 호구관리 제도의 전면 도입, 대도시 및 특대도시의 호구개방 및 호구 취득 자격 완화, 그리고 농촌 인구의 무분별한 도시 유입을 막기 위해 도입된 대도시 정부의 주요한 통제수단이었던 임시거주증 제도 및 수용송환제도의 폐지 등에서 잘 나타난다.

이러한 괄목할 만한 성과에도 불구하고, 후진타오-원자바오 체제하에서 이루어진 호구제도의 일원화 개혁은 기본적으로 자성(自省: 본래 성 내) 호구 소지자를 대상으로 하기 때문에, 이농민의 대다수를 차지하고 있는 타성(他省: 다른 성) 출신 이농민들은 여전히 도시에서 불공평한 대우를 받고 있다. 또한 대도시 호구개방 역시 기술과 학력, 그리고 경제력을 지닌 소수의 엘리트 이농민에 한정되어 있어, 기존의 도시민과 농민 간의 신분에 기초한 이원화된 구조 대신부자와 빈자 간의 경제적인 차이에 기초한 새로운 이원화된 구조를 야기하는 한계를 결과했다. 특히 지방정부 차원에서 이루어진 다양한 호구제도 개혁 역시 매우 높기만 한 시민화 장벽의 문제, 전환된 호구와 관련된 사회복지 공급 비용의 문제, 농민공의 시민화가 목적이라기보다는 인재 유치의 관점에서 전개된 정책이라는 문제 등이 한계로 지적되었다. 따라서 대다수 농민공의 실질적인 도시정착을 위한 호구제도 개혁이 요구되고 있는데, 이에 따라 시진핑(習近平) 체제는 지속적으로 증가하고 있는 농민공의 시민화와 도시정착을 목적으로 하여 호구제도 개혁을 전개하고 있다.

2012년 18차 당대회에서 중국공산당은 '호적제도의 개혁추진 가속화, 농업전환 인구의 질서 있는 시민화, 모든 상주인구에 대한 도시 기본 공공서비스의 제공을 위해 노력할 것'을 선언하며, 농민공의 시민화와 도시정착이 농민공 정책의 주안점임을 강조했다. 농민공의 시민화와 농민공의 도시정착에 대한 시진핑 정부의 인식은 2014년 3월 중공중앙과 국무원이 발표한 '국가신형도시화계획(2014~2020)〔國家新型城鎭化規劃(2014~2020年)〕'에 잘 나타나 있다. 이에 따르면, 도농 차별적인 호구제도의 영향으로 도시에 상주하고 있는 농민공 및 그 가족은 교육, 취업, 의료, 양로, 주택 등의 측면에서 도시 주민으로서의 기본적인 공공서비스를 제공받지 못했다. 또한 동부 지역과 중서부 지역 간의 도시발전 격차 및 인구와 산업이 밀집된 대도시와 그것이 모두 부족한 중소규모 도시 간의 격차 등 개혁·개방 이후 전개된 불균형적인 도시발전 역시 농민공의 질서 있는 시민화와 실질적인 도시정착을 저해하는 문제로 지적되었다. 따라서 '국가신형도시화계획'을 통해 시진핑 정부는 2020년까지 상주인구의 도시화율〔常住人口城鎭化率〕 약 60% 달성, 호적인구의 도시화율〔戶籍人口城鎭化率〕 약 45% 달성을 주요 목표로 삼고, 도시상주인구인 농민공의 실질적인 도시화를 위해 도시상주인구의 기본양로보험 제공률 95%, 도시상주인구의 기본의료 보험률 98%, 도시상주인구의 보장성 주택 제공률 23% 이상 달성 및 부모를 따라 도시로 이주한 농민공 자녀의 99% 이상에게 의무교육 보장, 도시실업인구와 농민공 그리고 신규노동력의 95% 이상에게 무료 직업훈련 제공 등을 신형도시화 기본 공공서비스 실현의 주요 지표로 제시했다.

이상과 같은 목표에 따라, 시진핑 정부는 2014년 7월 「호적제도 개혁을 진일보하여 추진하는 것에 관한 의견(關於進一步推進戶籍制度改革的意見)」(이하 「의견」)을 발표하여 호구제도 개혁에 박차를 가했다. 「의견」은 이전 10여 년에 걸쳐 이루어진 지방 차원의 호구제도 개혁의 경험을 중앙 차원에서 반영하여 국가적 차원으로 발전시킨 것으로서, 2020년까지 호적인구의 도시화율 45% 달성을 위한 구체적인 정책안을 제시했다. 우선 질서 있는 농업인구의 시민화를 위해, 취업연한, 거주연한, 도시 사회보험 가입연한 등을 기준으로 이농민의 도시정착 기준을 수립하는 한편, 도시의 규모에 따라 차등적으로 호구를 개방하는 정책을 수립했다. 즉, 도시에 안정적인 일자리를 가지고 있으며, 안정적인 생활을 할 수 있는 능력을 가진 도시 상주인구의 시민화를 우선적으로 추진하고, 점진적으로 도시 기본 공공서비스를 전체 상주인구에게 제공하는 것을 목표로 했다. 이에 따라 시진핑 정부는 소규모 도시의 정착을 전면 개방했고, 인구 50만~100만 중등 도시의 경우 안정적인 일자리와 거주지가 있으며 도시 사회보험에 일정 기간 가입한 인원에 한해 상주호구 신청을 승인했으며, 인구 100만~300만 도시의 경우에도 도시정착 기준에 맞는 농민공에 대해 상주호구 신청을 개방했고, 인구 300만~500만 도시의 경우 도시 정착의 규모와 흐름에 대해 일정 부분 제한을 했으며, 인구 500만 이상 특대형 도시의 경우 인구 규모의 엄격한 통제를 기본 방침으로 제시했다. 특히, 「의견」은 농업호구와 비농업호구의 구분을 폐지하고 단일호구인 거민호구(居民戶口)로 통일하여 도시인구를 등록했다. 농업호구의 폐지와 통일된 인구등록제도 수립은 2016년 1월 이후, 「거주증 임시조례(居住證暫行條例)」를 통해 구체화되었는데, 이 조례에 따라 반년 이상 상주호구 소재지를 떠나 도시에서 거주한 시민의 거주증(居住證) 신청 및 거주증을 보유한 시민에 대한 거주 지역에서의 의무교육, 공공취업 서비스, 기본 공공위생 서비스, 공공문화 및 스포츠 서비스, 법률지원 및 기타 법률 서비스, 국가가 규정한 기타 서비스 등의 제공이 보장되었다.

이어 2016년 시진핑 정부는 「1억 비호적인구의 도시정착 방안 추진 방안(推動1億非戶籍人口在城市落戶方案)」(이하 「방안」)을 통해, 2020년까지 호적인구의 도시화율 45% 달성을 위해 호구인구 도시화율의 매년 평균 1% 이상 상승 및 연평균 1,300만 명 이상의 호구 전환을 추진하면서 앞서 2014년에 발표한 「의견」의 내용을 보다 구체화했다. 특히 농민공 자녀가 도시에서 공립학교의 의무교육을 받을 수 있도록 보장하는 동시에 기본의료 서비스 개선, 보장성 주택 공급의 경로 확대 등 농민공에게 도시 기본 공공서비스 제공을 추진했으며, 이를 위해 정부, 기업, 개인 등이 공동으로 농민공의 시민화 비용을 분담하는 시민화 추진 기제를 확립했다. 이처럼, 시진핑 시기 중국 정부는 농촌과 농민공 문제를 핵심적인 문제로 간주하고 농민공의 시민화와 도시정착을 위해 다양한 정책을 펼치고 있으며, 그 중심에 신형도시화 계획 및 이를 위한 호구제도 개혁이 위치하고 있다. 이를 통해 상당수의 농민공을 체제 안정에 중요한 중소도시의 중산층으로 전환하는 동시에 상대적으로 낙후된 중서부 지역으로의 인구정착을 추진함으로써, 내수 안정 및 소비 진작 역시 목적으로 하고 있다.

4. 맺음말

도시와 농촌 간의 경제적 격차 및 도시민과 농민 간의 사회적 차별은 세계 보편적으로 존재하는 현상이다. 그러나 중국의 특수성은 국가체제에 의해 수립된 제도(호구제도)가 그러한 격차와 차별을 조장하고, 유지하며, 강화하고 있다는 사실에 있나. 즉, 중국의 호구제도는 중국 농민의 자유와 인권을 심각하게 침해해왔다. 따라서 최근에는 호구제도에 대한 농민들의 저항이 갈수록 강화되고 있는 추세이다. 호구제도에 대한 농민의 저항은 소극적으로는 민공황(民工荒)과 같은 형태로 나타나고 있으며, 적극적으로는 대형화 및 폭력화되고 있는 시위로 나타난다. 이에 따라 호구제도의 전면적 폐지를 요구하는 주장 역시 등장하고 있다. 물론 동부 대도시로의 대규모 인구이동에 따른 사회 안정에 대한 위협 요인 증가, 노동력 인건비의 상승, 도시의 환경오염 및 수자원 부족 등의 문제로 인해, 베이징, 상하이와 같은 특대도시를 비롯한 동부 지역의 발달된 대도시에서의 호구제도는 당분간 폐지되기 어려울 것이나, 호구제도 폐지에 관한 이러한 논의는 도농 분리에 기초한 사회주의 중국의 통치 패러다임과 통치능력에 대한 근본적인 문제 제기이며 변화의 시작인 것이다.

이런 의미에서 시진핑 시기 농민공과 호구제도 문제는 큰 전환점을 맞이하고 있다. 한편으로는 1980년 이후 출생한 신세대 농민공이 중국 전체 농민공의 절반을 초과하여 농민공 집단의 주체로 부각되고 있으며, 또 다른 한편으로는 시진핑 정부 정책에 따라 농민공의 시민화 역시 급속도로 진행되고 있다. 시진핑 집권 시기 약 8,000만의 농업인구가 도시 주민으로 호구를 전환하여 호적인구 기준 도시화율(戶籍人口城鎮化率)은 시진핑이 집권을 시작한 2012년 35.3%에서 2017년 42.35%로 증가했다. 농민공의 소득 역시 꾸준히 증가하여, 2017년 외출 농민공의 월 평균 소득은 3,485위안으로 2012년 대비 233위안(6.5%) 증가했다. 한편 도시로 진입한 농민공 자녀들의 교육환경 또한 크게 개선되어, 3~5세의 농민공 이주 자녀의 유아원 입학률은 83.3%에 달하는 것으로 조사되었고, 의무교육 연령대의 농민공 자녀의 재학률은 98.7%에 이른다. 도시에 진입한 농민공 중 38%가 자신을 거주하는 도시의 '현지인(本地人)'으로 인식하고 있으며, 현지 생활에 매우 만족하거나 비교적 만족하는 농민공의 수치 역시 80.4%로 매우 높은 수준으로 나타났다(王肖軍·孔明, 2018).

그러나 농민공의 시민화 과정에서 여러 가지 문제점 역시 노출되고 있다. 먼저, 시민화 이후에도 여전히 존재하는 농민공 출신에 대한 다양한 차별이다. 호구제도의 영향력이 약화된 이후에도 도농 불평등의 지속과 고착화가 계속되고 있고, 부모세대의 신분이 대물림되어 계층화되고 있는 문제가 여전히 존재한다. 특히 농민공의 자녀는 대부분 도시의 농민공자제학교(農民工子弟學校)에 진학하는데, 도시의 농민공자제학교는 교육기재나 자원, 교사 수준 등에서 공립학교에 비해 경쟁력이 떨어지는 문제를 가지고 있다. 농민공 자녀들이 공립학교로 진학하는 것은 학교 측에서 다양한 서류를 요구하거나 비싼 입학기부금(借讀費)을 요구하기 때문에 현실적으로 매우 어렵다. 그 결과 기존 도시민의 자녀는 비교적 우수한 조건에서 좋은 교육을 받을 수 있기 때문에 쉽게 중산층이 될 수 있지만, 농민공 자녀는 양질의 교육을 받지 못하고 그에 따라 취업 영역이 제한되어 도시의 하류층으로 전락할 가능성이 높다(李春玲, 2017).

둘째로 농민공 시민화 과정에서 필연적으로 해결해야 하는 토지 양도의 문제이다. 지방정부는 농업호구의 도시호구 전환 과정에서 발생하는 호구 전환 인구에 대한 높은 복지 비용에 부담을 가지고 있으며 따라서 도시호구로 전환하는 농민들에게 반강제적으로 기존 농지와 주택지에 대한 권리 포기를 강요하고 있는데, 토지라는 잠재적 수익의 기반을 포기한 농촌인구의 도시호구 전환 이후 도시에서의 생존 경쟁력을 향상시키기 위한 제도적 방안이 요구되고 있다(徐美銀, 2016). 이와 관련하여 최근 중앙정부 차원에서 도시호구 전환 이후에도 농촌 토지에 대한 권리를 양립할 수 있는 가능성을 포함하여 다양한 해결 방안이 논의되고 있다.

셋째로 시민화되고자 하는 농민공의 높은 대도시 선호 문제이다. 대도시는 경제, 문화, 의료, 공공자원 등이 매우 풍부하기 때문에 농민공이 고향에 있는 토지에 대한 권리를 포기하면서도 이주할 충분한 이유가 되나, 중소도시는 토지가 주는 이점을 포기할 만큼의 장점이 없다. 따라서 정부가 희망하는 것만큼 농민공의 중소도시 정착은 크게 선호되지 않는다(孫中偉, 2015). 그렇지만 2017년 국제적으로도 논란이 된 베이징 정부의 농민공 거주지 강제철거 시도에서 알 수 있는 바와 같이, 중국 정부는 베이징 등 대도시로의 농민공 편입을 엄격하게 차단하고 있다. 즉, 정부 입장에서는 인구 포화 상태에 이른 대도시의 인구를 엄격히 통제하기를 희망하지만, 농민공의 입장에서 대도시는 대규모 일자리 공급 및 개인적 발전 전망의 측면에서 중소도시보다 당연히 선호되는 곳이다. 이러한 문제를 해결하기 위해서는 중소도시의 지주산업 육성과 그에 상응하는 사회문화 인프라 구축 등이 시급한 과제이다.

넷째, 농민공의 시민화 비용 문제이다. 시진핑 정부에서 추진하고 있는 농민공의 시민화를 위한 비용, 즉 도시호구로 전환되는 농민공을 위한 공공주택, 연금, 의료, 자녀교육, 기타 사회복지를 위한 비용은 농민공 1인당 2010년에 이미 약 10만 위안(한화 약 1,800만 원) 이상인 것으로 추산되고 있다(Chan, 2014). 따라서 물가상승을 고려하지 않더라도 2017년 기준 2억 8,652만 명에 달하는 농민공 전체의 시민화를 위해서는 약 28조 6,520억 위안(한화 약 5,157조 원)이 필요하다. 물론 이 수치는 농민공의 가족단위를 고려하지 않은 단순한 계산에 의한 것이고 장기간에 걸쳐 충당될 비용이지만, 중국이 농민공의 시민화를 위해 이러한 비용을 감당할 수 있는지가 관건이다.

마지막으로 농민공의 대표성 문제이다. 1세대 농민공과는 달리 신세대 농민공은 자신들의 권리와 제도적 평등, 그리고 사회자원의 공정한 분배 문제에 대해 높은 관심을 보이는데, 이를 위한 정치참여의 기제가 부재한 상황이다. 개혁·개방기 중국 노동자 집단의 주축을 이루고 있는 농민공이 정치적 영역에서 목소리가 없다는 것은 중국 정치체제 위기의 가장 심각한 증후이다. 이는 노동자 계급이 사회주의 중국의 영도 계급이라는 헌법적 원칙의 토대가 이미 와해되었음을 의미하기 때문이다(汪暉, 2013: 7). 따라서 농민공의 도시융합과 공정한 도시 공공재 분배를 위한 정치적 참여기제를 수립하는 것이 중요한 과제이다.

이상과 같은 여러 가지 한계에도 불구하고 농민공의 시민화와 도시융합에 중점을 둔 중국 정부의 정책은 계속 전개될 것으로 전망된다. 개혁·개방의 수혜자이자 피해자이며, 추종자이자 변혁가인 농민공 문제를 해결하지 않고서는 중국의 굴기가 완전할 수 없다는 사실을 시진핑 정부가 너무나도 잘 인지하고 있기 때문이다. 특히 중국의 헌법 제1조가 여전히 "중화인민공화국은 노동자 계급이 영도하고, 노농연맹을 기초로 하는 인민민주주의 전제정치의 사회주의 국가"라고 규정하고 있기에, 개혁·개방기 필요한 노동을 제공해왔던 농민공이 앞으로 어떠한 모습을 가지게 되는가는 사회주의 중국의 지속 가능성과도 연결된다. 만일 중국의 농민공이 '반도시화(半城市化)' 상태를 지속하며 '신빈민'으로 전락한다면 이는 곧 사회주의 중국의 헌법적 원칙의 토대가 완전히 와해되는 것을 의미한다. 이와는 달리 농민공이 계급의식과 주체의식을 가지고 새로운 노동자 계층으로 발전한다면 역사의 주변부에서 벗어나 역사의 중심에 등장할 수도 있을 것이다. 만일 중국 정부의 지속적인 노력으로 농민공의 시민화 및 질서 있는 도시정착이 성공한다면, 인류 사회발전에 대한 새로운 '중국 방안'이 제기될 수 있다. 이 중 어느 경우라도 농민공의 미래는 곧 중국의 미래이다. 결국, 1949년 혁명과 마찬가지로 1978년 이후의 개혁·개방에서도 변화의 방향은 '농촌에서 도시'로인 것이며, 반복되는 역사의 중심에는 중국 사회변혁의 숨은 주역인 '토지를 떠나는 농민'이 자리하고 있다.

글상자 10-1

농민공 동향촌 변화

개혁·개방기 도시로 진입한 농민공의 도시 적응에 있어서 중요한 역할을 해왔던 농민공의 동향촌은 1990년대 후반 특히 21세기에 접어들면서 이농민 집단 거주지가 집중되어 있는 성중촌(城中村)을 재정비하려는 도시정부의 노력으로 인해 근본적인 변화를 겪었다. 이러한 정부의 노력은 전국적으로 매우 다양한 형태로 진행되었지만, 대부분 '제도적 변경〔轉制〕'과 '재개발〔改造〕'을 공통점으로 하고 있다. 즉, 농민공 동향촌이 밀집되어 있는 성중촌 원주민의 호구신분 변경(농업호구에서 도시호구로의 변경)을 중심으로 한 제도적 변경 및 상업용 빌딩과 상업용 고급 주거 지역 건설을 중심으로 한 재개발을 내용으로 하고 있다. 이를 통해 토지임대를 통한 이윤추구를 꾀하는 도시정부와 대형 부동산 개발업자 간에 토지개발을 중심으로 한 연대가 형성되면서, 기존의 농민공 집단거주지는 상업용 빌딩과 상업용 고급 주거 지역으로 재구성 및 재개발되고 있다.

글상자 10-2

민공황 현상

민공황(民工荒)은 농촌 출신 이농 노동자, 즉 농민공의 공급 부족 현상을 의미하는데, 중국의 일부 지역에서 일시적으로 나타나다가 2004년 주강(珠江) 삼각주 지역 및 저장(浙江)성 동남부 지역 등 개혁·개방기 중국의 경제발전을 선도한 동남 연해 지역에서 심각하게 발생했다. 당시 노동력 부족이 가장 심각했던 주강 삼각주 지역은 전체 약 1,900만 노동인구 중 10%에 달하는 약 200만의 노동인력이 부족했다.

민공황은 이들 지역의 열악한 노동조건이 근본적인 원인으로, 노동 강도가 높고 열악한 임금 수준을 고수하고 있는 완구제조업, 신발제조업, 전자제품 조립업, 의류제작업, 플라스틱 제품 가공업 등의 업체에서 특히 인력난이 심각하게 발생했다. 최초에는 일부 산업 밀집지대에서 나타나는 국지적 노동 부족 현상이었으며, 춘절을 전후로 하여 고향으로 돌아갔던 노동자들이 돌아오지 않아서 야기되는 계절적인 노동력 부족 현상이었다. 그러나 노동력 수요가 감소되었던 금융위기 시기

(2008년 중반~2009년 중반)에 잠시 완화된 이후 2009년 말부터 제2차 민공황이 심각하게 발생하여, 광둥성의 경우 2011년 춘절 이후 약 100만 명의 노동력이 부족했다. 이러한 노동력 부족 현상은, 1세대 농민공에 비해 자아실현의식, 기대수준, 그리고 발전의식이 높은 신세대 농민공의 출현과 깊은 관련이 있다.

글상자 10-3

쑨즈강 사건

2003년 3월 광둥성 광저우에서 27세의 무한과학기술학원 졸업생인 쑨즈강(孫志剛)이라는 청년이 임시거주증을 소지하지 않았다는 이유로 공안에 의해 체포된 지 4일 만에 유랑자 수용소의 병원에서 집단구타로 사망했다. 이 사건이 ≪남방도시보(南方都市報)≫(4월 25일 자)에 실린 이후 중국 내 인권문제, 특히 호구제도와 농민공 문제에 비판적인 여론을 형성함으로써, 중국의 인권 보호 강화를 위한 입법과 함께 호구제도 폐지를 가속화하는 사회제도의 변화를 촉발하는 계기가 되었다.

글상자 9-4

향진기업과 삼자기업

농민이 설립한 집체, 합작, 개체기업을 지칭하는 향진기업(鄕鎭企業)은 1950년대 대약진 시기 농촌 지역에 설립된 사대기업(社隊企業)에서 유래했다. 당시 사대기업은 농업 집체에 종속되어 농업을 위해 봉사하는 역할을 수행했다. 사대기업은 1984년 중공중앙과 국무원의 「사대기업의 새로운 국면 창출에 관한 보고〔關於開創社隊企業新局面的報告〕」를 통해 공식적으로 향진기업으로 명명되었다. 향진기업은 1980년대 및 1990년대 농촌소득의 주요 원천으로 되었는데, 특히 장쑤(江蘇)성 남부 – 쑤난(蘇南) – 지역의 향진기업이 유명하다. 이 지역 향진기업의 성공적인 경제발전 경험은 개혁·개방기 중국의 지역발전 모델 중 하나인 쑤난 모델〔蘇南模式〕로 명명되었다.

한편, 삼자기업(三資企業)은 중국 국내에 설립된 중외 합자경영기업(中外合資經營

企業), 중외 합작경영기업(中外合作經營企業), 외국인 단독출자 경영기업(外商獨資經營企業) 등 외국인이 투자한 대표적인 세 가지 유형의 기업을 의미한다. 중외 합자경영기업은 중국의 투자자와 외국의 투자자가 중국 법률에 의거하여 중국에서 공동으로 투자 및 경영하고 투자 비율에 따라 이윤과 위험 부담 등을 책임지는 기업을 지칭한다. 중외 합작경영기업은 투자 비율이 아닌 계약에 따라, 양측의 권리와 의무, 투자 및 합작 조건, 수익과 상품의 분배, 위험 부담 등을 결정하는 방식으로 운영되는 기업을 뜻한다. 외국인 단독출자 경영기업은 중국 법률에 따라 중국에서 외국투자자가 자본 전액을 투자하여 설립한 기업을 지칭한다. 이러한 삼자기업은 개혁·개방기 중국의 고속성장을 추동한 중요한 동력으로 평가되고 있다.

추가 읽기 자료

려도(뤼투, 呂途). 2017. 『중국신노동자의 형성』. 정규식·연광석·정성조·박다짐 옮김. 서울: 나름북스〔呂途. 2013. 『中國新工人: 迷失與崛起』. 北京: 法律出版社〕.

______. 2018. 『중국신노동자의 미래』. 정규식·연광석·정성조·박다짐 옮김. 서울: 나름북스〔呂途. 2015. 『中國新工人: 文化與命運』. 北京: 法律出版社〕.

루이룽(陸益龍). 2017. 『최강 농민 중국』. 김승일 옮김. 서울: 경지출판사〔陸益龍. 2010. 『農民中國: 後鄕土社會與新農村建設硏究』. 北京: 中國人民大學出版社〕.

Jeong, Jong-Ho. 2014. "Transplanted Wenzhou Model and Transnational Ethnic Economy." *Journal of Contemporary China*, 23(86), pp.330~350.

제**11**장

중국 사회보장제도의 변천과 전망

조흥식 | 서울대학교 사회복지학과

1. 머리말

마오쩌둥(毛澤東)이 중심된 중국공산당은 건국된 중화민국의 국민당 정부를 1949년 타이완으로 축출한 후, 중화인민공화국을 새롭게 건국했다. 중국 역사상 최초로 1949년에 사회주의 정권이 수립된 것이다. 이에 따라 국가 계획경제 시스템하에서 전 인민의 복지에 대한 국가 책임이 주창되었다. 이후 마오쩌둥은 1950년대 말 대약진운동의 실패로 정치 위기에 몰리게 되자 1960년대에 들어와서 문화대혁명을 통해 전근대적인 문화와 자본주의를 타파하고 사회주의 실천을 주장하면서 정치적 입지를 회복하고 반대파들을 제거하기 시작했다. 이러한 문화대혁명은 공산당 권력투쟁으로 진화되었으며, 전통적인 중국의 유교문화 타파 및 계급투쟁을 강조하는 대중운동으로 확산되었다. 이에 따라 민생경제는 피폐해졌으며, 중국 사회보장제도의 폐쇄성과 경직성은 더욱 견고해졌다.

이후 1976년 9월 마오쩌둥의 사망 이후에 그의 세력이 축출됨으로써 문화대혁명은 종결되었는데, 공식적인 종결은 1977년 8월 제11기 전국인민대표대회에서 선포되었다. 이후 1978년 12월 28일에 중국 베이징(北京)에서는 덩샤오핑(鄧小平)을 새로운 지도체제로 하는 중국공산당 제11기 3중전회가 열렸다. 이 회의에서 덩샤오핑은 중국에 자본주의 시장경제체제를 전면 도입하는 개혁·개방 정책 추진과 함께, 사회주의 시장경제로의 전환을 선언했다. 그러나 덩샤오핑의 개혁·개방은 다른 나라들과의 개혁·개방과는 사뭇 달랐다.

덩샤오핑 개혁·개방의 몇 가지 도드라진 특징을 살펴보면, 첫째, 점진적이며, 실험적인 개혁을 시도했다는 점이다. 철저하게 과도기체제를 거친 후 시장체제로 이행해나갔으며, 체제 전환 자체보다는 경제성장에 우선하는 전략을 택했다. 그리고 의도적으로 경제특구에 국한해 각종 개혁을 실험한 이후 결과에 따라 이를 점진적으로 확산하는 방식을 택했다. 둘째, 시장화를 사유화보다 우선 채택했던 점이다. 시장화를 우선적으로 개혁함으로써 중앙계획경제를 시장화를 통해 점진적으로 개혁해나갔다. 동시에 다양한 소유제의 비국유기업 진입을 승인했고, 밑으로부터의 사유화를 점진적으로 허용했다. 셋째, 분권화를 시행한 점이다. 분권화를 통해 지방정부의 경제 권한을 대폭 확대했고, 자연스럽게 지역 간, 기업 간 경쟁을 유도할 수 있었다. 이 결과, 지방주도 개발 프로젝트들이 급증하게 되었으며, 이로 인해 중국의 고속 경제성장이 가능해졌다. 마지막으로, 대외 개방을 효과적으로 잘 활용한 점이다. 대내적인 개혁과 대외 개방을 효과적으로 연계시킴으로써 효율성을 제고시켰다. 아울러 비교우위 정책을 활용함으로써 개혁 이전에 경시했던 노동집약적 산업을 급성장시켰다. 이는 한국, 대만 등의 비교우위전략 모델을 따랐던 것이다.

이후 지도자들이 바뀌면서도 중국은 개혁·개방을 통해서, 특히 대외 개방을 통해서 한때는 세계 최대 외환보유국이자 대외무역이 4조 달러를 넘는 세계 최대 무역대국으로 우뚝 섰다. 최근 중국의 새 지도자 시진핑(習近平) 국가주석은 2013년 3월 17일 막을 내린 제12기 전국 인민대표대회 폐막연설에서 중화민족의 위대한 부흥이라는 중국의 꿈(中國夢)을 역설했다. 현재도 중국은 "뉴노멀(新常態)"을 인식하고 중국 국유기업의 개혁 강화와 산업구조 재조정을 통해 선제적 위기극복을 위해 노력하고 있다. 아울러 미국의 동진 정책인 아시아 재균형(rebalancing) 전략에 맞서 중국의 허브 서진전략인 일대일로(一帶一路) 전략을 활발히 전개하고 있으며, 2015년 4월에는 '아시아 인프라 투자은행(AIIB: Asian Infrastructure Investment Bank)'을 출범시킨 바 있다. 그리고 그해 10월 중국공산당 제18기 중앙위원회 5차 전체회의(5중전회) 폐막 이후 중국 정부는 공산당 창건 100주년이 되는 2021년에 샤오캉사회(小康社會: 국민이 기본적 복지를 누리는 사회)를 전면 실현하겠다는 목표를 밝혔다. 이를 실현하기 위해 중국공산당은 2020년까지 2010년 대비 국내총생산(GDP)과 도시·농촌 주민소득을 두 배로 높이겠다고 발표했다.

이와 같은 중국의 부흥과 발전을 선도하고 있는 사회주의 시장경제 개혁은 생산체제의 변혁뿐 아니라, 동시에 고용불안정과 실업, 주거문제, 생계불안, 빈부격차, 범죄발생 등 각종 사회문제를 발생시키고 있다. 특히 중국의 사회주의 시장경제 개혁과 더불어 사회보장제도 개혁은 개혁·개방 이후 지난 40년 가까이 거시적인 성과를 거둔 점도 있지만, 보편적인 사회보장제도 확립 차원에서 볼 때 지금까지의 개혁은 아직 성숙되지 않은 수준에 머물러 있다고 할 수 있다.

이 글은 중국 사회보장제도의 변천 과정을 개혁·개방 이전과 이후로 나누어 살펴보고, 특히 개혁 이후를 중심으로 사회보장제도의 변천 과정을 생산체제의 변화와 관련하여 고찰했다. 그리고 이러한 사회보장제도의 변천 내용분석을 토대로 하여 향후 중국 사회보장제도에 대한 전망을 제시했다.

2. 개혁·개방 이전의 사회보장제도

중국은 1949년 중화인민공화국 수립 이후 1978년에 시작된 개혁·개방 시기 이전까지는 사회주의 계획경제체제에 따른 각종 국가 정책을 운영했다. 그러나 1949년 정권 수립 직후인 1951년 2월에 중앙인민정부 정무원은 '중화인민공화국노동보험조례'를 공표하여 도시근로자의 '저임금, 다고용, 고보조금, 고복지'를 골자로 하는 최초의 사회보장제도를 수립했다. 물론 이 조례는 국영기업과 일부집체기업 근로자 공무원 등 소수에게만 적용되었다. 그러다 1953년, 1957년 두 차례 수정을 통해 노동보험 범위를 확대하고, 일부 보험혜택 기준을 제고했다.

그러나 이 당시 중국의 경제 기반은 오랜 내전으로 인해 매우 취약한 상태였기 때문에 인민들의 삶과 복지에 대한 국가 책임을 강조하면서도 국가의 역할을 대신해줄 수 있는 기초 생활보장 단위(單位)를 구축할 수밖에 없었다. 도시와 농촌으로 이원화된 경제구조의 특성에 따라 도시에서는 단위보장, 농촌에서는 집체보장으로 이원화된 단위를 구축했다. 이러한 단위는 생산을 중심으로 하는 경제적 단위일 뿐만 아니라 노동자 개인과 가족의 일상생활을 책임지는 생활공간이었다.

이러한 방침에 따라 중국의 도시 지역 주민들은 국가가 배정한 직업단위에 속해 있었다. 단위는 국가에 의해 배정되며, 국영(국유)기업, 정부 부처 및 기타 공적 영역들로 구성되었다. 특히 국영기업이 대표적이라 할 수 있다. 이러한 직업단위는 인력을 통제하고 공동시설을 제공하며 독립적인 회계와 예산을 집행하고 하나의 도시를 차지하거나 산업적 역할을 수행하면서 공적 영역에 존재하게 되었다. 이러한 도시의 단위는 고용인에게 평생근로보장뿐만 아니라 교육, 주택, 보건, 연금 등과 같은 다양하고 광범위하고 포괄적인 복지혜택을 제공했다. 즉, 직업단위들은 고용인과 그들의 가족에게 포괄적인 보호를 제공했다.

반면에, 농촌 지역에서는 집단노동을 통해 얻은 생산물을 균등하게 분배하여 농촌 구성원의 기본생활을 보장하는 '집체보장'을 이루었다. 이러한 농촌집체보장제도는 집단 노동으로 수확한 생산물을 통일적으로 분배하여 기본생활을 보장하는 제도였다. 즉, 토지 개혁과 집체화를 통해 토지의 집단소유화가 진행된 농촌에서는 1958년 인민공사가 집체보장의 기층조직이 되었으며, 농

〈그림 11-1〉 개혁·개방 이전 도시와 농촌으로 이원화된 단위보장제

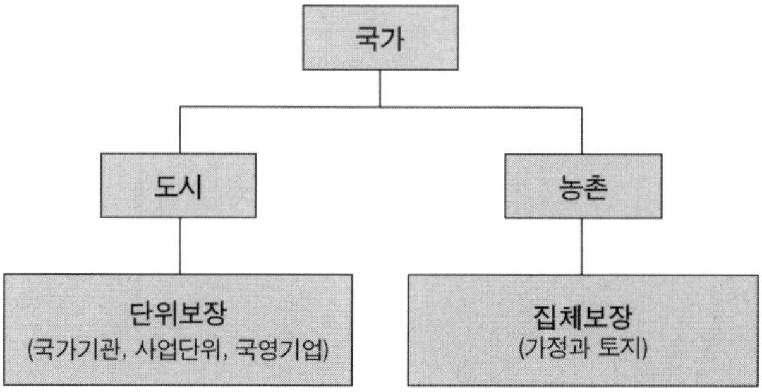

자료: 노대명 외, 「고용-복지 연계정책의 국제비교 연구: 한·중·일 비교를 중심으로」(한국보건사회연구원, 2013).

촌의 경제·사회·행정 등을 총체적으로 관리하게 되었다. 따라서 이 시기 중국은 사회주의 계획경제하에서 국가와 단위가 사회보장의 책임을 지는 '단위보장제' 체제로 간주할 수 있다(〈그림 11-1〉 참조).

그러나 모든 단위의 기본생활을 지원하고, 국가로부터 평생고용을 보장함에도 불구하고 단위보장 또는 집체보장으로부터 배제된 '단위가 없는' 주민들이 존재했다. 이들은 도시에서는 삼무(三無) 계층으로, 농촌에서는 오보(五保) 계층으로 분류되었다(〈그림 11-2〉 참조).

도시의 삼무계층은 스스로를 부양할 근로능력, 소득, 법적 부양의무자 등 세 가지를 갖지 못한 사람들을 말하는데, 주로 무의탁 노인, 장애인, 아동 등을 포함했다. 반면에, 농촌에서는 인민공사가 1958년에 수립된 후, 아동, 과부, 장애인 또는 무의탁자 등 노동능력을 전부 또는 일부 상실한 계층을 오보(五保) 제도의 대상자로 분류하여 음식[吃], 피복[穿], 주택[住], 의료[医], 장례[葬] 등과 같은 다섯 가지 급여를 제공했다. 아동의 경우에는 장례 대신 교육을 지원했다. 이러한 삼무제도와 오보제도는 대상자 선정을 위한 자산조사 등을 하지 않는다는 점에서 자본주의 국가에서 시행하고 있는 공공부조제도와는 상당히 다르다.

〈그림 11-2〉 도시와 농촌의 주민 비교: 개혁·개방 이전

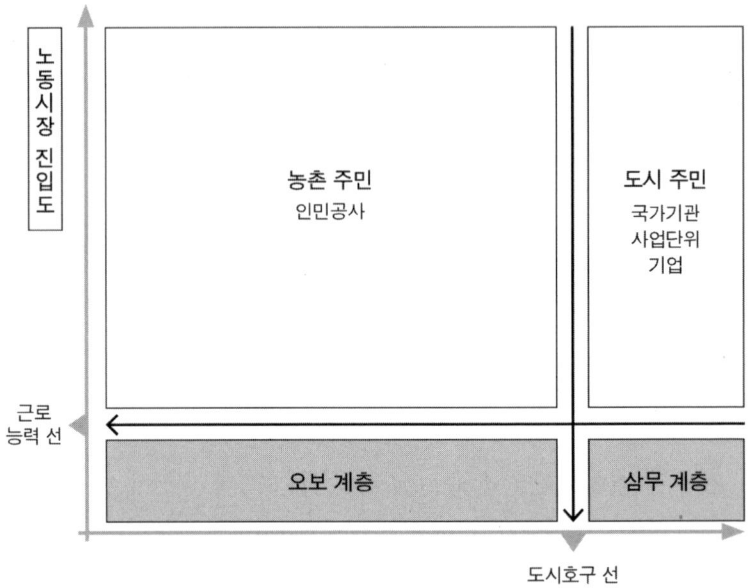

자료: 김병철, 「중국 공공부조의 대전환」, 동아시아 공송부조제도 비교 심포지움 발표 자료(한국보건사회연구원, 2014).

결론적으로, 개혁·개방 이전 시기 중국 사회주의체제 아래에서는 국영기업과 인민공사를 단위로 생활에 필요한 모든 사회보장 혜택을 공급해왔다. 일반적으로 사회주의는 전체 주민의 생활안정을 생산체제 내부에서 자동적으로 보장해줌으로써 별도의 사회보장제도 필요성 자체를 극히 최소화하는 원칙을 내세워왔기 때문이다. 다시 말해 별도의 사회보장체제를 두기보다 각급 생산조직체들이 일정 범위의 인민들에 대해 고용, 생계, 의료, 주택, 교육, 탁아 등을 자체적으로 제공하거나 필요 비용을 지급함으로써 일종의 사회보장 기능을 수행해왔던 것이다(조홍식, 1998: 47). 따라서 이 시기 국영기업들은 복지혜택을 제공하는 사회보장 단위체였다고 할 수 있다.

그러나 이 시기에는 재원 등의 문제로 인해 사회보장제도가 완전한 복지제도의 형태가 아니라, 빈민층의 기본적인 삶만 보장해주는 보충적이고 잔여적

인 제도에 불과했다. 이 모든 제도는 중국의 개혁·개방 이후 빠른 속도로 바뀌어갔다.

3. 개혁·개방 이후의 사회보장제도

1978년 중국공산당 전회에서 시장경제 원리 도입을 결의한 이후 중국의 사회 경제구조는 근본적인 변화를 겪게 된다. 개혁·개방 이전 시기의 국가주도적인 복지발전은 경제성장의 둔화, 통제할 수 없는 공적 재정, 비효율적인 국가산업 및 공공 서비스와 만족시킬 수 없는 사회수요 등 다양한 문제를 노정했다.

덩샤오핑(鄧小平)의 소위 '흑묘백묘(黑猫白猫)'에 비유된 '우선 잘살아보자'는 취지의 구호는 친사회주의, 친노동의 복지체계에 큰 변화를 가져왔다. 첫째, 개체 소유, 생산수단의 사유제를 기초로 하는 사영경제, 외국투자기업 등 비공유경제의 확산이 사회보장제도의 변화를 이끌었다. 1980년 개체 소유가 처음 허용된 이후 농촌에서는 인민공사가 사실상 해체되어 생산경영의 주도권이 개별 농가로 이전되었고, 비농업부문 발달을 위한 향진기업 장려 정책에 따라 농촌의 잉여인력은 향진기업 노동력, 즉 농민공으로 전환되는 계기가 되었다. 한편, 도시에서는 국영기업 개혁이 진행되어 국영기업에 경영책임제와 성과급제도가 도입되었고, 일부는 주식회사로 전환되었다.

둘째, 사회보장의 근간이었던 단위체제의 와해이다. 비공유제 확대로 단위의 생산 기능이 축소되면서 이들 단위가 수행해왔던 사회보장 기능도 동시에 약화되었다. 특히 농민공은 임금이 싸고 복지 대상이 아니며 해고가 사유로웠기 때문에 이들을 고용하는 기업단위가 점차 늘어났으며, 이는 결국 고용안정성 및 복지 혜택의 하향평준화를 야기해 단위체제의 내부 해체를 초래했다.

셋째, 고용구조와 노동계약 제도의 변화는 새로운 사회경제체제에 부합하

〈표 11-1〉 복지체계 발전의 단계와 제도요소 간의 관계

구분	기업복지 단계	과도기 단계	국가복지 단계
체계의 특징	- 기업이 제공하는 복리와 서비스	- 기업복지의 해체 - 서비스 제공의 민영화	- 복지공무원에 의해 관리되는 통일된 사회보장체계 - 도시 거주자에 대한 최저 생계비의 보장
국가-기업의 관계	- 공유제 - 국가소유기업의 국가 관리	- 공유제 비중의 감소 - 국가소유기업에서 국가의 퇴각	- 기업의 복수소요 증가 - 시장조정자로서의 국가
기업-근로자의 관계	- 기업이윤: 집합적 복지 제공	- 기업-근로자 간 합의의 상실	- 산업관계에서 발생한 대비 - 기업 복지의 탈피
개인근로자-국가의 관계	- 작업장에서 중재	- 기업과 함께하는 노동자 연대의 점진적 붕괴: 증대되는 국가 보호	- 복지조직 및 제공자로서의 국가
이념적 기초	- 근로자의 복지권 - 평등주의 - 사회적 평등	- 평등주의에 대한 자유로운 비판 - 사유화 - 노동자 권리의 부정	- 분배정의 - 사회주의 관념 및 노동복지의 혼합

자료: 권정호, 「중국의 경제체제 변화와 도시 지역 노인복지의 과제」, ≪아시아연구≫, 제13권 제3호(2010), 120쪽.

도록 기존의 사회보장제도 개혁을 유도했다. 국영기업 개혁 정책의 일환으로 1986년 노동계약제가 실시됨에 따라 단위보장제에서 이루어지던 종신고용제는 사실상 폐지되었다. 이에 따라 신규노동자들은 고용주와의 근로계약을 체결하도록 강제되었다. 아울러 노동자들은 실업의 위험에 노출되어 기본적 생활의 욕구를 충족하는 새로운 사회보장제도를 요구했다.

이러한 불가피한 중국의 사회보장제도의 변화 역사와 관련하여 카 린(Ka Lin)과 올리 캉가스(Olli Kangas)는 기업의 역할을 중심으로 1980년대 중반까지의 기업복지 단계, 1980년대 중반에서 1990년대 중반까지의 과도기 단계, 1990년대 중반 이후의 국가복지 단계로 구분한 바 있다(Lin and Kangas, 2006). 이에 대한 자세한 내용을 정리한 것은 〈표 11-1〉에 잘 나와 있다.

필자는 이상의 내용을 토대로 1990년대 중반 이후의 국가복지 단계를 국가

〈표 11-2〉 사회보장제도 변천 단계와 제도 요소 간의 관계

구분	기업복지 단계 (1979~1980년대 중반)	과도기 단계 (1980년대 중반~1990년대 중반)	국가복지 진입 단계 (1990년대 중반~2009년)	국가-다원화 단계 (2010년~)
체제의 특징	- 기업이 제공하는 복지와 서비스	- 기업복지의 해체 - 서비스 제공의 민영화	- 복지공무원에 의해 관리되는 통일된 사회보장체계 - 도시거주자에 대한 최저생계비의 보장	- '국가-단위-개인-시장-지역사회-가정' 간의 다원화된 관계 형성 - 지역사회 특성을 반영한 다양성
국가-기업의 관계	- 공유제 - 국가소유기업의 국가 관리	- 공유제 비중의 감소 - 국가소유기업에서 국가의 퇴각	- 기업의 복수 소유 증가 - 시장 조정자로서의 국가	- 생산단위의 복지 기능을 기업이 담당하고 국가는 제도를 통해 이를 보증하는 방식
기업-노동자의 관계	- 기업이윤 집합적 복지 제공	- 기업-근로자 간 합의의 상실	- 산업관계에서 발생한 문제 대비: 기업복지의 탈피	- 사회보험제의 활용 - 공회의 역할 활성화
개인노동자-국가의 관계	- 작업장에서 중재	- 기업과 함께하는 노동자 연대의 점진적 붕괴 - 증대되는 국가 보호	- 복지조직 및 제공자로서의 국가	- 개인이 속한 복지조직 및 NGO를 사회관리하는 국가
이념적 기초	- 노동자의 복지권 - 평등주의 - 사회적 평등	- 평등주의에 대한 자유로운 비판 - 사유화 - 노동자 권리의 부정	- 분배정의 - 사회주의 관념 및 노동복지의 혼합	- 중국 특색 사회주의 사상

자료: Ka Lin and Olli Kangas, "Social Policymaking and Its Institutional Basis: Transition of The Chinese Social Security System," *International Social Security Review*, 59(2), 2006, pp.61~76의 내용을 정리·보완함.

복지 진입단계(1990년대 중반~2009년, 국가-다원화 단계(2010년~) 등으로 세분화하여 재정리하고자 한다(〈표 11-2〉 참조).

1) 기업복지 단계

기업복지 단계는 1979년 개혁·개방 시기로부터 1980년대 중반 이후 전체

사회경제구조가 변화되기 시작하며, 국가 단위보장제도 내 각종 계획경제체제와 부합하는 제도에 대한 개혁이 단행될 때까지의 시기가 해당된다. 1986년 이전 사회보장 정책 개혁은 국가 단위보장제도의 연장선상에서 이루어졌다. 하지만 1986년 이후 사회보장제도에 대한 근본적 개혁이 중앙정부에 의해 실시되었다. 즉, 국가나 단위가 일방적으로 부담하는 국가 단위보장제도에서 국가-기업-개인 3자가 공동으로 부담하는 국가 사회보장제도로의 전환을 시도했던 것이다. 따라서 이 단계는 1979년 개혁·개방 시기로부터 국가 사회보장제도로의 전환을 시도했던 1986년 이전까지를 말한다.

개혁·개방 이전의 중국 도시 지역은 기업단위나 사업단위를 중심으로 사회보장 정책이 실행되었는데 그 실질적 내용은 가능한 한 많은 사람을 취업시키고, 많은 복지혜택을 제공하고, 적은 임금을 지급하는 운영방식이었다. 그러나 개혁·개방 정책으로 정부가 직영하던 많은 공기업이 민영화되고, 해외에서 많은 민간기업이 진출해왔다. 기존 국영기업들은 경쟁력 제고를 위해 종전의 방만한 사회보장제도는 가장 중요한 개혁의 대상이 될 수밖에 없었다.

이러한 맥락에서 중국은 국영기업의 개혁을 시행하면서 노동계약제도와 중국식 정리해고제인 하강제도를 도입하게 되었다. 이로써 국영기업의 종신고용제는 1986년에 폐지되었다. 그 결과 실업사태가 곳곳에서 나타남에 따라 정부는 기업이 해고당한 노동자에게 일정 기간 월급을 주도록 했다. 그리고 이들은 재취업 서비스와 2년간의 실업급여를 받게 되었는데, 이들을 하강(下崗, xiagang) 노동자라고 불렀다. 그리고 새로운 직장을 찾아 나선 노동자는 하해(下海, xiahai) 노동자로 불리어졌다. 이 시기에는 기업복지 차원에서 국가소유기업의 공유제 중심의 국가 관리를 기본으로 했으나, 기업단위로 하는 복지제도를 더 이상 지속할 수 없는 상황으로 되어갔다.

2) 과도기 단계

과도기 단계는 사회보장의 개념을 명확히 법령에 규정할 뿐만 아니라 종신고용제를 폐지한 1986년으로부터 다층 사회보장제도를 선언한 1993년까지를 말한다. 즉, 국가단위보장제도에서 국가-기업-개인 등 3자가 공동으로 부담하는 국가사회보장제도로의 전환을 시도한 시기를 말한다. 이 단계에서는 정부는 국영기업을 민영화시킴으로써 기업에 대한 직접적인 관리를 포기한 대신 시장의 규제자 역할을 수행하기 시작했다. 당연히 기업복지에 대한 정부의 지원은 중단되었다. 따라서 사회보험의 사회화를 집중적으로 실시했는데, 사회화는 복지의 책임 주체가 기존의 단위와 국가에서 국가, 기업, 개인 등으로 다양해지는 것을 의미했다. 즉, 사회주의 시장경제는 노동자를 국영기업의 주인에서 피용자로 전락시켰다. 그리고 새로운 사회보험제도는 기존의 사회보험이 무상보장 원칙에 근거했던 것과 달리, 개인의 기여에 의해 수급 자격과 수급액이 결정되었다.

그리고 사회 서비스와 관련해서는 사회복지사회화(社會福利社會化) 전략을 채택했다. 1984년 민정부는 푸젠성(福建省) 장저우시(漳州市)에서 국가가 사회복지사업을 독점하는 폐쇄형체제에서 개방형체제, 즉 정부, 집체, 개인이 함께 사회복지사업에 참여하는 시스템[三个轉變]으로 전환하는 것을 사회복지사업 발전개혁 전략으로 채택했다. 이후 사회복지사회화로 불리게 되는 이 전략의 추진을 위해 광저우, 상하이, 원저우(溫州) 등 13개 도시에서 시범사업을 실시했다. 그 결과 성공적이란 평가가 내려졌으며, 민정부는 이를 근거로 사회복지 재정의 다변화를 정부 방침으로 정했다(唐咏, 2010: 153).

이러한 과도기 단계의 출발은 1986년 4월 12일 통과된 '국민경세·사회발전 제7차 5개년 계획(國民經濟和社會發展第七个五年計划)'에서 사회보장의 개념이 최초로 명확히 제시된 데에서 찾을 수 있다. 사실상 이 이전에는 사회보장이라는 개념이 명확히 존재하지 않았는데, 주로 노동보험, 사회구제, 무상의료 등 여러 개념과 혼용하여 사용되었다. 그리고 국가단위보장제도에 대립되는 개념인 사회보장사회화가 국가발전계획에 정식으로 포함되었다.

연이어 1986년 7월에 국무원은 국영기업 노동자에 대한 고용보험제도를 최초로 도입했다. 이후 1993년 5월에 고용보험 적용범위 확대, 기업 비용납부 관련 내용 명시, 고용보험기금 설립 등을 실시하여 국영기업 노동자의 기본생활보장을 강화했다. 또한 1991년 6월 국무원은 경제발전에 따라 기본양로보험과 기업보충양로보험, 개인저축성양로보험이 결합된 제도를 구축하여 국가의 재정 부담을 절감하고자 했다. 그리고 양로보험비는 국가와 기업의 책임제에서 국가-기업-개인이 공동 부담하도록 변경했다.

3) 국가복지 진입단계

이 단계는 1994년부터 2010년 중국 최초의 종합적인 사회보험기본법인 '중화인민공화국 사회보험법'을 제정하기 이전까지의 시기를 말한다. 여기서 1994년부터 2009년까지 국가복지 진입단계로 간주할 수 있는 것은 사회복지공무원에 의해 관리되는 통일된 사회보장체계를 구축하고자 했으며, 도시거주자의 최저생계비 보장을 국가가 책임지겠다는 점을 분명히 했기 때문이다.

개혁·개방 이후 이 시기의 사회보장제도의 개혁 방향을 살펴보면 다음과 같다, 첫째, 대상자 확대를 들 수 있다. 국영기업 및 공무원 대상에서 비(非)국영부문 노동자로, 도시 지역에서 농촌 지역으로 수혜대상이 확대되는 추세로 개혁이 이루어지고 있다. 둘째, 기본연금제도 등의 도입을 통해 퇴직자 및 노년층의 최저생활보장이 강화되고 있고, 각종 사회보장제도의 재정운용 면에서 개인 기여 부분을 확대하는 추세로 나아가고 있다. 셋째, 사회보장의 책임을 국가 또는 기업만이 지는 것이 아니라 국가-기업-개인의 3층 구조로 기여 책임을 지는 방향으로 이루어지고 있다는 것이다. 따라서 이 시기에는 지속적인 사회보장제도 개혁을 통해 절대빈곤층 축소 등에서는 일정 부분 성과가 있었으나, 국민 전체를 대상으로 하는 단일화된 사회보장체제가 구축되지 못해 도시와 농촌의 이원화된 사회복지제도가 존재하는 문제는 여전히 남아 있었다.

그래도 이 시기 사회보장제도의 개혁에 대한 잠정적인 성과로는 첫째, 사회보험 방식의 공급체계 개혁과 둘째, 빈곤층에 대한 사회안전망 확충 등을 꼽을 수 있다. 우선 사회보험 방식의 공급체계 개혁 내용을 간략히 살펴보면 다음과 같다. 1990년대 초반부터 사회보장제도 개혁을 추진하여 다층 사회보장제도 건설을 강조했다. 1994년 4월에는 무상의료 및 노동보험의료제도를 의료사회보험으로 대체했다. 같은 해 12월에는 출산보험의 적용범위, 총괄기구, 기금조달 및 혜택 기준 등을 구체적으로 명시했다. 그리고 1995년 3월에는 사회통합관리와 개인계좌가 결합된 양로보험제도를 구축했다. 1996년 10월에는 보험확정 조건, 혜택 기준 및 관리 절차 등을 구체화하고 산재보험기금 설립을 결정했다. 1997년 7월에는 기업보충양로보험과 기본양로보험 연계관계를 최초로 규정했다.

1998년 3월에는 정부조직 개편에 따라 노동사회보장부가 조직되어 사회보험 관리시스템을 통괄했다. 이전에는 사회보장이 노동부, 보건부, 민정부, 노조총연맹 등으로 분산되어 있었는데, 이를 통합관리체제로 바꾼 것이다. 같은 해 8월에는 양로보험 기금관리 및 조절역량 강화, 기본양로금 적시 지급보장 등이 이루어지게 했다. 1999년 1월에는 실업자의 기본생활 보장 및 재취업 촉진을 목표로 적용범위, 자금마련, 납입비율, 혜택조건 및 보장수준 등을 구체화했다. 2001년부터 랴오닝(遼宁) 지역에서 보험료 인상, 계정 간 자금이동 금지 등을 시범 실시했다. 2003년 4월에는 산재보험 확정조건, 혜택 기준, 관리단계 등을 규범화했다. 2005년 12월에는 비공유제기업, 도시 개체공상호 및 유휴취업인의 보험 가입을 위해 기본양로보험 적용범위 확대, 개인계정 개설, 기본양로금 계산 및 지급 방법 개선을 통한 양로금 지급보장을 강화했다(동북 3성을 시범 지역으로 결정). 2006년 1월에는 농민공에 대한 보험관계 및 혜택 이전을 허용했다.

그리고 2006년 10월 중국공산당 16기 6중전회에서 사회보장문제가 조화사회 건설 차원에서 재인식되기 시작했다. 즉, 인구 고령화, 도시화, 근로방식 등의 다양화에 따른 사회보험, 사회구제, 사회복지, 자선산업과 연계된 도농주민을 위한 사회보장체제 확립과 함께, 사회보장기금 조달루트 다양화, 기금관리감독 강화, 사회보험기금 가치 유지·증가 보장에 대한 중요성이 강조되었다.

다음, 빈곤층에 대한 사회안전망 확충을 비롯한 사회부조의 확대 내용을 살펴보면, 1997년 9월에 도시빈곤 구제 정책을 제도화했다. 1999년 10월에는 기본생활보장을 위한 자금을 각 지방정부 재정예산에 편입하도록 하고, 해당 지역 평균 소비수준에 따라 최저생활보장 기준을 확정했다. 2006년 10월에는 사회보장제도 개선을 통한 국민의 기초생활보장을 선언했다.

그리고 저소득층 사회안전망 확충과 함께 시장경제화로 생긴 빈곤, 실업, 가족 해체, 범죄 등과 저출산고령화 문제 같은 각종 사회문제 발생과, 정부와 국영기업의 단위가 담당하던 사회보장 기능을 대체할 사회 서비스의 활성화가 불가피해졌다. 이에 대한 방안으로 개혁·개방 이전의 단위보장체제를 대신할 수 있는 지역사회 단위의 사구(社區, shequ)제도를 도입했다. 이러한 사구제도 구축을 위해 1980년대 후반에 난징, 칭다오, 상하이, 우한 등 여러 도시 지역에서 시범사업을 시작했다. 사구는 도시의 최하위 행정단위로서 주민의 생활, 예를 들어 보건소, 가족계획 등을 주민 자치적으로 논의하는 기구(주민위원회)이다. 그러나 정부와의 관계, 권한, 의사결정 방식, 주민참여의 부족, 재원 문제 등을 볼 때 과거 단위보장체제의 사회보장 기능을 여기서 수행하기는 힘들 것으로 많은 학자가 평가하고 있다.

그럼에도 1993년 국가 14개 부서는 연합하여 사구서비스업을 "정부 주도하에 사구 내 성원의 다양한 욕구를 충족하기 위해 가도(街道)와 주민위원회의 사구조직에 의거하여 사회복지 서비스를 제공하는 주민서비스업"으로 정의했다. 이를 토대로 2000년에 중국 민정부는 사구를 "일정한 지역 범위 내에 모여 사는 사람들이 구성하는 사회생활 공동체"로 정의했고, 사구의 범위는 "사구체계 개혁 이후 규모를 조정한 주민위원회의 관할 구역"이라고 재정의했다. 그리고 사구 서비스를 "노인, 아동, 장애인, 사회빈곤 계층, 군인가족 대상으로 전개되는 사회구호와 복지 서비스, 지역사회 주민을 대상으로 하는 주민편의 서비스, 지역사회 단위를 대상으로 하는 민간화 서비스, 실업자 계층을 대상으로 하는 재취업 서비스와 사회보장 사회화 서비스"라고 사구 서비스의 주요 대상 및 내용을 밝혔다.

이와 함께 2006년 4월, 국무원은 사구 서비스를 "무상(無償) 및 저가로 제공하는 사구의 복지성, 공익성 서비스를 포함할 뿐만 아니라 무상 및 저상으로 제공하는 사구 주민편의 물질, 문화, 생활 서비스도 포함한다"라고 포괄적으로 정의했다. 사구의 재정과 관련해서는 사구가 주민들에게 서비스를 제공할 때 주로 정부에서 배부한 재원을 사용하고, 그 외에 재원이 필요하면 가도판사처, 구정부, 시정부에 소정의 절차에 따라 신청하도록 했다. 그러나 사구의 조직과 인력 구축을 살펴보면 각 사구가 다르지만 주로 공산당 사업을 관리하는 당위원회와 사구의 일반 업무를 관리하는 주민위원회로 구성되고, 주민위원회는 최저보장, 사회보장, 노령사업, 장애인사업, 홍보, 자원봉사, 건강교육, 계획생육, 문화체육, 청소년, 과학기술, 환경위생 등 다양한 업무를 수행한다. 그러나 인력의 부족으로 한 명이 여러 업무를 담당하고 있는 실정이다.

한편, 사회 서비스 확충과 관련하여 새로운 사회대책이 강구되었다. 이러한 사구 서비스의 강화뿐만 아니라 사회복지사회화 전략을 효율적으로 수행하기 위해서는 자연스레 사회 서비스를 제공해줄 민간시설과 인력으로서 사회복지사의 필요성이 급격히 증대되었다. 이러한 요구가 확산되자 첫째, 민간시설 확충을 위한 요건으로서 민간비영리단체와 민간사회복지시설 확충에 필요한 자격조건, 등록관리, 설치계획 등의 규정이 필요해졌다. 따라서 1998년 10월 국무원은 민간비영리단체(民辦非企業單位)의 등록관리와 합법적 권익보장을 위해 '민간비영리단체등록관리잠정조례(民辦非企業單位登記管理暫行條例)'를 제정하여 민간비영리단체의 영리활동을 금지하고, 국무원 민정부와 현급 이상 지방정부

민정부서의 관리감독을 받도록 했다.

그리고 1999년 12월 민정부는 사회복지시설에 대한 지도감독과 자금지원을 강화하기 위해 사회복지시설(社會福利机构)을 국가, 사회단체, 개인이 운영하는 시설로서 노인, 장애인, 고아, 기아에게 양호, 재활, 위탁보호〔托管〕 등의 서비스를 제공하는 시설로 규정하고, 국무원 민정부는 전국 사회복지시설의 관리사업에 대한 지도를 책임지고, 현급 이상 지방정부 민정부서는 사회복지시설의 업무를 주관하며 관리감독의 책임을 지도록 했다. 그리고 관할 지역 내 사회복지사업의 수요를 고려하여 사회복지시설 설치계획을 수립해야 하며, 사회복지시설을 설립·운영하려는 자는 반드시 자금, 장소, 직원 등에 관한 증명서를 정부에 제출하여 인가를 받도록 했다.

그리고 2000년 2월 민정부, 교육부, 재정부, 노동보장부(현 인적자원사회보장부) 등 11개 중앙정부 부처는 공동명의로 사회주의 시장경제에 맞는 사회 서비스 시스템을 건설하기 위해 '사회복지사회화' 정책을 강하게 추진해야 한다는 '사회복지사회화실현가속화에 관한 의견(關于加快實現社會福利社會化的意見)'을 발표했다. 여기서 개혁·개방에 따른 기업과 사회의 분리 이후 사회경제적 자원의 적극적 개발과 활용이 요구되는 상황에서 국내외 사회단체, 자선단체, 개인의 적극적 참여(기부 및 투자)가 필요하다는 것을 강조했다.

둘째, 사회 서비스 전문인력과 관련하여 1990년대에 사회복지사 양성을 위한 대학의 사회복지 관련학과 개설이 급증했다. 아울러 유자격 사회복지사의 확보를 위해 사회복지사 자격제도와 자격시험제도를 상하이에서 2003년부터 먼저 실시했다. 이후 정부는 상하이시 모델을 바탕으로 2006년 전국적으로 공통된 사회복지사 자격제도와 시험제도에 관한 법률을 제정했으며, 같은 해 중앙정부 차원에서 최초로 사회복지사 자격시험을 실시했다. 더 구체적으로 말하면, 2006년 7월 민정부와 인사부는 공동으로 사회복지사 직업기준평가 잠정시행 방법 및 사회복지사 전문자격시험 실행 방법을 발표했다. 이는 전국 수준에서 사회복지사의 기준과 직업자격요건을 사정(시험)하여 사회복지사의 전문적 실천을 담보하기 위한 것에 목적이 있었다(Zhen, 2008: 77).

이에 의하면 사회복지사는 준사회복지사(junior social workers)와 사회복지사(social workers)로 구분하여 국가시험을 통과한 자로서 일정한 자격 기준을 갖게 했다. 국가시험은 전국적으로 표준화된 문제로 전국 동시 1년에 한 번 실시했다. 국가시험에 합격하면 소정의 절차를 거쳐 공인된(qualified) 준사회복지사나 사회복지사 자격을 갖게 했다. 공인된 준사회복지사 및 사회복지사가 나온 2008년부터 2015년까지 연도별 사회복지사와 준사회복지사의 수의 변화를 살펴보면 사회복지사의 수 증가보다는 준사회복지사의 수 증가가 상대적으로 많다. 매년 증가하여 2015년 말 현재 사회복지사 자격증을 가진 공인된 사회복지사 수는 5만 1,722명, 준사회복지사는 15만 4,461명으로 총 20만 6,183명이다.

4) 국가-다원화 단계

이 단계는 사회보험제도에 관한 최초의 종합적 법률인 '중화인민공화국 사회보험법'이 2010년 제11차 전국인민대회 상무위원회에서 통과되어 2011년 7월 1일 정식 실시된 이후부터 현재까지이다. 오랫동안 사회보험의 법적 장치는 행정법규나 부문 규정 및 일부 지방입법 중에 흩어져 있었을 뿐이었다. 국무원에서 제정한 사회보험의 행정법규는 '실업보험 조례'(1999), '사회보험료 징수납부 잠정조례'(1999), 공상보험 조례(2003) 등 세 가지 조례가 전부였다. 양로, 의료와 생육보장과 관련해서는 오직 몇 개 부문의 규정 제도와 정책 성향의 문건 정도뿐이었다.

따라서 3년에 걸쳐 네 차례의 심의를 거친 후 2010년 10월 통과된 '사회보험법'은 국가 최고입법기관이 처음으로 사회보험제도를 입법화시킨 법이다. 이는 주로 도농주민을 포괄하는 사회보장체계 건설을 위해 국민의 사회보험 참여 및 혜택에 관한 합법적 권익 제공을 강조한 법이다. 또한 이 법은 출신지가 이넌 거주지를 기준으로 가입 자격을 판단하도록 규정함으로써 그동안 사회보험의 사각지대에 놓여 있던 2억 6,000만 명 이상의 농민공이 보험제도의 혜택을 누릴 수 있게 한 데 의의가 있다.

이러한 종합적인 사회보험법의 제정에는 개혁·개방 이후 연평균 10%의 고성장을 구가하며 2010년 세계 제2위의 경제대국으로 부상한 데 따른 자신감의 표출이라 할 수 있다. 아울러 경제 정책과 사회 정책을 결합한 국가의 발전방식 전환 기조와 함께, 중국의 구조적인 사회문제 해결 및 체질 개선을 위한 전략을 새로 도입하지 않으면 안 될 시대적 상황에 대처하는 것이라 할 수 있다.

이 법이 갖는 특성을 살펴보면, 첫째, 국가의 기본양로, 기본의료, 공상, 실업, 생육 등 종합적인 사회보험제도 구축을 명확히 하여 법률적으로 도농 간 각 계층 사람들 모두에게 상응하는 시스템에 가입시켜 "폭넓게 기본을 보장하되, 여러 수준에서 지속적으로 보장한다"는 원칙을 세웠다는 점이다. 둘째, 중국 헌법에 명시되어 있는 경제사회의 발전 정도와 사회보험의 수준은 상응해야 한다는 원칙을 공고히 했다는 점이다. 이에 따라 사회보험기금의 전체 계획단위 순서를 분명히 했고, 사회보험의 급여 항목과 급여수령 조건을 규정했다. 셋째, 사회보험 운영기구 및 사회보험기금의 감독제도 등을 명확히 규정했다는 점이다. 넷째, 사회보험 법률관계의 이전 및 승계제도를 확립했다는 점이다.

따라서 '사회보험법'의 출범은 법률의 국가적 강제력을 기반으로 지속적으로 유효하게 집행될 수 있고, 노동자와 공민의 사회보험 권리가 이전보다 효과적으로 보장받으며, 사회보험 분쟁을 법에 따라 해결할 수 있게 되었다. 이러한 사회보험법의 공표야말로 비로소 중국 사회보장제도가 권위 있는 법적 제도화와 국가 정책의 표준화의 길로 진입한 것을 보여준다.

그리고 2010년 10월 베이징에서 개최된 중국공산당 제17기 중앙위원회 제5차 전체회의에서 향후 5년간(2011~2015) 중국 경제의 운영 방향을 결정할 12.5규획(12차 5개년 계획)의 주요 내용이 발표되었고, 2011년 3월 양회(兩會)에서 전문(全文)이 심의를 거쳐, 2011년 5월 정식 발표되었다. 12.5규획의 다섯 가지 원칙은 ① 경제구조의 전략적 조정, ② 과학기술 진보와 혁신, ③ 민생의 보장과 개선, ④ 자연절약형·환경친화형 사회건설, ⑤ 경제·정치·문화·사회의 개혁·개방이었다.

그리고 12.5규획에서는 경제 정책 방향을 "수출과 투자 위주의 양적 성장"에서 "국민소득 증대를 통한 내수 확대와 격차 해소라는 질적 발전"으로 전환하겠다고 밝혔다. 내수 확대에 따른 안정적 경제발전과 경제 구조조정의 지속적인 추진 방안에 따라 수출-투자-소비의 순을 소비-투자-수출로 우선순위를 변경하여 소비를 최우선으로 두었다. 민생 개선을 위해 소득분배의 순위가 상승되었으며, 사회보장과 노사관계의 개선 및 임금 인상 등에 대한 언급이 있었다.

2013년 3월부터 공식적으로 등장한 제5세대 시진핑 체제는 전임지도부의 경제·사회 정책인 발전방식 전환의 기조를 계승함과 동시에 중국의 구조적 문제 해결과 개선을 위한 전략을 새롭게 제시했다. 2013년 시진핑 체제의 '정부업무보고(政府工作報告)'에서의 사회보장과 관련된 국정과제 핵심으로는 소득분배 개혁을 들 수 있다. 소득분배 개혁에 대한 논의는 2005년부터 본격화되기 시작했고, 2013년 양회를 통해 구체화되었다. 그러나 이런 목적을 달성하기 위해서는 호구(戶口)제도 및 사회보장제도 개선이 전제 조건이 됨을 알 수 있다. 여기에서 특히 소득분배 개혁을 위한 사회보장제도 개선이 나올 수밖에 없다. 이러한 난제를 해결하기 위해 시진핑 체제 지도부는 2020년까지 도시·농촌 주민의 가계 실질소득을 2010년의 두 배로 증대하고, 저소득층 임금 인상, 중등소득계층 확대, 고소득층 임금 상승 억제 등을 추구하고자 하고 있다.

2013년 시진핑 체제에서의 중국의 사회보장체제(체제)는 〈그림 11-3〉으로 정리할 수 있다. 이러한 사회보장체제는 2016년 3월 23일 13.5규획 강령에서 생육(生育)보험과 기본의료보험을 합병하기로 하는 등 크게 변한 것도 있지만, 이것을 제외하고는 크게 변한 것은 없다. 이와 관련된 내용은 추후 설명하고자 한다.

〈그림 11-3〉 중국의 사회보장체제(체계)

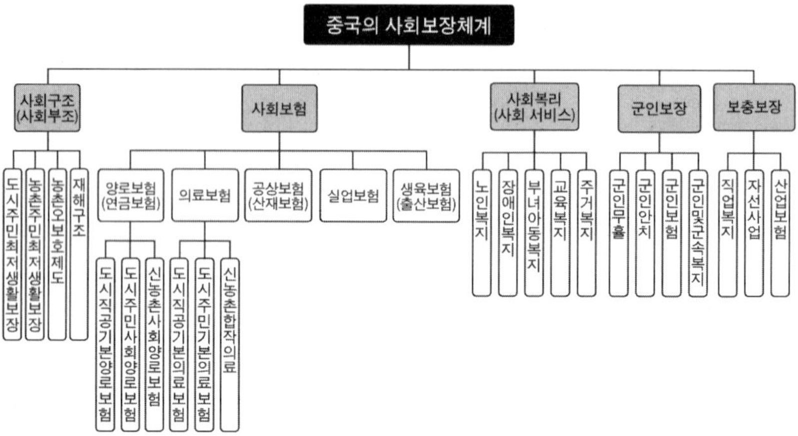

자료: 김가율, 「중국 사회복지제도의 변천: 다원적 분리형 복지체계에서 사회화된 통합적 보장체계로」, ≪사회복지정책≫, 41(1), 2014, 86쪽.

〈그림 11-3〉에서 보는 바와 같이 중국 사회보장체제는 크게 사회구조, 사회보험, 사회복리, 군인보장, 보충보장 등 다섯 가지 하위체제로 구성되어 있다. 사회구조는 빈곤한 사람들의 기초생활을 보장하는 공공부조를 의미하며, 도시 및 농촌의 최저생활보장제도 및 오보호(五保戶)제도, 재해구조를 포함하고, 중앙이 아닌 지역(시·현) 수준에서 재원을 조성하고 관리한다. 따라서 중국의 공공부조는 중앙정부 차원의 체계적인 기능이 미흡하다. 그리고 2018년 현재까지 국가 차원의 공공부조 관련법은 존재하지 않고 있다. 다만 '중국 공공부조법 임시시행안'만이 2014년 2월에 제정되어 적용되고 있을 뿐이다.

사회보험에는 양로보험(연금보험), 의료보험, 공상(工傷)보험(산재보험), 실업보험, 생육보험(출산보험) 등 5대 보험이 있다. 양로보험은 모든 노동자를 대상으로 기업과 노동자 개인으로부터 기여금을 징수하여 형성된 양로보험기금을 통해 노동자의 퇴직 후 생활을 보장해주는 연금 성격의 보험 제도를 말한다. 양로보험과 의료보험은 각각 세 개의 제도로 구분되는데, '도시직공양로보험'과 '도시직공기본의료보험'은 도시에 거주하는 피용자를 대상으로 하며, '도시

주민사회양로보험'과 '도시주민기본의료보험'은 기업에 고용되어 있지 않은 도시 거주민을 대상으로 한다.

공상보험은 업무로 인해 상해 또는 질병이 발생했을 때 노동자 본인과 그 가족에게 경제적 도움을 제공하는 보험제도로서 한국의 산재보험에 해당하며, 실업보험은 실업자의 재취업과 생활수준 보장을 위한 보험제도이다. 생육보험은 한국말로 출산보험으로 번역할 수 있는데 여성 노동자가 출산으로 인해 일시적으로 노동력을 상실했을 때 발생하는 경제적 손실을 보상하는 제도를 말한다.

그런데 이러한 5대 보험은 각 보험 유형마다 대상 및 가입의 강제성, 재정방식, 보장 수준에 차이가 있다. 중국 정부는 2012년 에 향후 양로보험과 의료보험의 도농 간 통합을 추진하겠다고 언급한 바 있지만 아직 실현되고 있지는 않다. 그러나 사회보험료율은 계속 조금씩 낮추고 있는 추세이다.

그리고 사회복리는 사회 서비스를 의미하며, 시·현 수준의 지방정부가 주체가 되어 빈곤 노인, 장애인, 고아 등 취약 집단에게 주거, 교육, 의료, 재활 서비스 등을 제공한다. 군인보장은 군 직원과 퇴역 군인 및 그 가족에게 제공되며 연금, 의료, 주택 등의 서비스를 포함한다. 따라서 이러한 사회 서비스를 공급할 수 있는 조직이 상당히 필요한데, 이에 대한 박차를 가한 것이 바로 사회복지사회화 전략의 강화이다. 이러한 사회복지사회화 전략에 따라 정부는 국내외 사회단체, 자선단체, 개인의 적극적인 기부 및 투자를 적극 유도한 것이다.

이러한 정부의 사회복지사회화 정책에 가장 먼저 반응하여 설립이 추진된 것은 민간양로시설이었다. 노후에 양로시설에서 생활하려는 노인들이 증가할 것으로 생각한 자금력 있는 개인들이 먼저 사회복시사회화에 따른 정부의 적극적인 지원 정책을 믿고 민간양로시설의 설립에 나섰던 것이다. 1990년대에 시작하여 2000년대 후반에 무수히 설립되었다. 그러나 민간양로사업은 수익이 많이 나는 좋은 사업이 아니라 투자자금이 많이 들고, 자금회수 주기가 길고, 이윤은 박한 힘든 사업이 되고 있다. 아울러 중국 정부는 민간사회복지시설의 대안으로 공공사회복지시설의 민간위탁 운영방식에 주목했다. 민정부의 사회복지사회화 전략에 공감해 사회복지시설에 시장경제 메커니즘을 구현하는 방법으로서 국유자산을 민간단체에 위탁, 운영시키는 방법을 강구했던 것이다(吳鐸, 彭希哲, 2010).

이러한 사회복지사회화 전략에 의한 민간위탁 운영방식의 예로는 2010년대 들어서 공회(노동조합) 조직의 활용을 들 수 있다. 아울러 '사회'에 대한 당-정의 개입 방식, 특히 '사구'관리 영역에 중요한 변화가 발생했는데, 그것은 사회조직을 활성화해서 사회 서비스 업무를 맡기도록 하는 것이었다. 그리고 이는 '격자망화〔網格化〕'라 부르는 새로운 사구관리 모델과 결합되었다. 대표적 지역이 광둥성인데, 광둥성의 최근 사회관리 정책의 주요한 변화 중 하나는 '사회공작(social work)'의 업무가 대대적으로 확대되고 있으며, 사회조직을 통해 '서비스 구매'를 함으로써 사회공작 업무를 해결하는 방향의 정책이 추진되고 있다는 점이다. 상하이를 포함한 다른 지역에도 이런 변화는 추진되지만, 광둥지역은 홍콩에서 모델을 수입하여 전 성 차원의 중요한 사회관리 정책으로 추진하고 있다. 그 결과가 광저우시의 가정종합서비스센터(家庭綜合服務中心) 모델의 등장과 선전의 사구-사회공작참(工作站)-사회서비스센터로 이어진 서비스 체계의 수립이다(백승욱·조문영·장영석, 2017: 74).

또한 사회 서비스 제공을 효율화하고 전문화하기 위해서는 인력 양성에 정부가 개입할 수밖에 없었다. 2011년 10월 민정부는 증가하는 사회복지 수요에 능동적으로 대처하기 위해 '전국 민정인력 중장기발전계획: 2010-2020년'을 만들어 각 성 정부 민정국(청)에 통지했다. 이는 민정사업 발전과 민정인력 확보의 구체적인 계획이자 사회복지인재 양성에 관한 중국 정부의 기본 방침을 보여주는 문서이다. 이 계획은 민정인력을 민정행정인력(복지행정인력)과 사회복지인재(전문사회복지사) 두 범주로 구분한 다음 이들 인력의 필요성과 중요성, 그리고 인력양성 목표를 제시했으며, 민정행정인력이 사회주의와 조화사회의 주요 인력자원이고, 사회복지행정과 사회복지 서비스의 혁신에 반드시 필요한 자원임을 강조했다. 사회복지인재 강화사업은 민정사업단위(民政事業單位: 중앙정부 민정부 또는 지방정부 민정국(청) 소속 사회복지기관 시설), 기층민중 자치조직, 지역사회서비스센터, 민간사회복지시설의 민정부문 주민직접대면 서비스 담당 인력을 대상으로 한 사회복지전문직업 교육훈련을 강화하고, 대면 서비스 담당 사회복지사를 대규모로 양성하는 것이 핵심이다(이성기·원석조, 2014: 150~151).

마지막으로 보충보장은 공적 사회보장을 보완하는 민간보장으로서 직업복지, 자선사업, 상업보험(민간보험) 등이 해당된다. 직업복지와 자선사업은 민간참여 측면에서 적극 장려되고 있으며, 상업보험도 공적보장을 보충하는 의미에서 장려되고 있다. 이러한 보충보장은 사회복지사회화 전략과 맞물려 활성화되고 있다.

12.5규획 발표 이후 5년 만에 2015년 11월 중국공산당 중앙위원회는 향후 5년간(2016~2020) 중국 경제발전 목표와 방향을 제시하는 13.5규획을 발표했다. 특히, 이번 규획은 시진핑 정부가 주도한 첫 경제발전 정책이자, 2020년 전면적 샤오캉(小康)사회 진입을 위한 마지막 5개년 경제 규획이라는 점에서 주목할 필요가 있다. 13.5규획의 5대 이념으로 ① 혁신(創新), ② 균형(協調), ③ 친환경(綠色), ④ 개방(開放), ⑤ 공유(共享)를 제시했는데, 이러한 5대 이념에 기반하여 산업구조 고도화, 격차 해소, 친환경 시스템 구축, 개방을 통한 신성장 동력 확보, 인구 개혁과 사회보장제도 강화를 통한 삶의 질 향상 등을 추구하고 있다. 이 중에서 사회보장제도 개혁과 관련있는 것은 공유(共享)를 통한 민생개선 부문이다.

중국 정부는 빈부격치 해소를 공유발전의 가장 핵심 요소로 간주하고, 이를 위해 주민소득 향상과 소득분배 시스템에 대한 조정 역할을 강조했다. 궁극적으로 중산층(중등소득) 인구비중을 점차 확대해나가겠다는 방침이다. 구체적으로는 첫째, 빈부격차 해소의 일환으로 빈곤가정을 분류하고, 각 가정

별로 상황에 맞춰 사회보장 혜택을 제공할 것이라고 밝혔다. 빈곤층 기준을 연평균 2,800위안 이하 소득자로 명확히 규정하고, 2020년까지 이들의 연간 소득을 4,000위안까지 향상시킬 것을 강조하고 있다. 이러한 빈곤층 기준에 따라 2015년 현재 중국 내 저소득 빈곤층은 약 7,017만 명(전체 인구의 5.1%) 정도가 있는 것으로 추산하는데, 2020년까지 농촌 지역의 빈민과 빈곤 현(縣)을 완전 해소한다는 목표를 제시하고 있다. 이를 달성하려면 2020년까지 매년 1,170만 명의 빈곤인구를 해소해야 하는 과제를 안고 있다. 둘째, 빈곤 지역의 교육 및 의료 서비스 수준 제고를 통해 기본적 공공 서비스 공급 균등화를 위해 노력할 것을 밝히고 있다. 농촌 지역에 거주하는 부녀자, 아동, 노인에 대한 복지를 중점적으로 진행할 방침이며, 저소득 빈곤층을 위한 취업 및 창업기회를 제공하고, 빈곤가정 특히 농민공, 실업자 등에게 취업을 위한 교육 프로그램도 실행할 계획이다. 셋째, 소득세 산출 제도의 개선을 통해 주민부담 감소 및 생활 안정화 추구를 밝히고 있다. 급여에 기반한 소득세 산출 방식에서 급여, 부양가족, 실제 재산 등 다양한 요소를 종합적으로 고려한 세금 산출 방식으로 개선할 예정이다. 넷째, 최저임금 수준을 지속적으로 인상시켜나갈 방침이다. 2015년 중국의 최저임금은 평균 9.6% 인상되었으며, 9월 1일까지 최저임금 평균 금액은 1,617위안 수준인데, 상하이, 선전(深圳) 등의 두 지역에서만 최저임금 수준이 2,000위안을 돌파했다. 다섯째, 인구의 균형발전과 안정적인 사회인구 시스템을 갖출 계획이며, 이를 위해 전면적으로 '1가구 2자녀 정책'을 허용하고 있다. 여섯째, 전 국민이 사회보장 혜택을 받을 수 있도록 사회보험체계 개선의 필요성을 제시했다. 세부적인 내용을 살펴보면, ① 전 국민이 사회보험에 참여하도록 하고, 법정인원 사회보험 전면가입을 실현할 계획이다. ② 사회보험 수지균형을 견지하기 위해 사회보험 징수 메커니즘을 개선하며, 사회보험료율을 인하할 예정이다. ③ 도시근로자 기본양로보험제도를 통합 관리할 수 있도록 개선하고 직업연금 포괄구조를 구축할 계획이다. ④ 근로자 기본양로보험 전국관리체계, 근로자 양로보험 개인계좌제도를 실현하며 자기부담 자기수익기제에 참여할 수 있도록 한다. ⑤ 기본양로금 합리적 조정 메커니즘 구축, 세수연계형 양로보험 추진, 실업·양로보험 기능 강화 등을 추진한다, ⑥ 실업·공상보험 확정보험료 내 보장사업 활성화, 실업·공상 보험 조정 및 활용범위 확대 등을 함께 추진할 계획이다.

이 중에서도 특히 사회보장 개혁이 현실로 나타난 것은 2015년부터이다. 중국 국무원이 2015년에 사회보험료율 조정작업을 마무리했다. 이를 통해 중국 정부는 2016년 5월 1일부터 단계적으로 의료보험을 제외한 4대 사회보험의 기업 부담 비율을 낮춰나갈 계획이다. 2015년 실업, 공상, 생육 등 3대 사회보험료율 인하에 이어 2016년에 실업보험료율 추가 인하와 첫 양로보험료율 인하 조치를 단행한 것이다. 양로보험의 경우, 2년 동안 기업부담 비율이 20%를 초과하는 지역(성·시)은 20%로 일괄 인하하고, 기업부담 비율이 20%이면서 연금이 9개월 이상 지급 가능한 지역은 단계적으로 19%까지 인하할 계획이다. 중국의 경우 성·시별로 양로보험의 기업 부담 비율이 서로 다르다. 선전시 12%, 광둥성 13.2%, 저장성과 장쑤성 등이 13~14% 수준으로 주로 경제가 발달한 동부 연해 지역의 기업부담 비율이 낮다. 따라서 금번 인하 조치로 가장 큰 혜택을 받는 곳은 경제가 상대적으로 낙후된 동북 노후공업기지 지역과 서부 지역이 될 것으로 전망된다.

그리고 실업보험의 경우, 현행 2.0%에서 단계적으로 1.5~1.0%로 인하할 예정이다. 중국의 실업보험기금은 장기간 안정적인 실업률 유지와 실제 실업보험금 수령 인원이 매우 적은 탓에 사회보험기금 중 가장 건실한 재정을 유지하고 있어 향후 추가 인하 여지도 있는 것으로 알려졌다. 이러한 보험료율 인하를 통해 중국 정부는 개인과 기업의 부담을 줄이고, 나아가 사회보험 가입률을 높이고자 추진하고 있다.

또한 2016년 3월 23일 13.5규획 강령에서 출산보험과 기본의료보험을 합병했다. 이것은 미래 출산보험과 의료보험 합병에 따라 사람들에게 익숙한 '5험(五險)'이 '4험'으로 되는 것을 의미하며, 의료보험은 출산보험과 합병되어 대기업에서는 직원복지기금과 상해보험과 같은 중대 질병보험이 될 것이다.

4. 중국 사회보장제도에 영향을 주는 요소

최근 사회보장제도에 영향을 주는 중요한 요소들을 지적하자면 아래와 같다.

1) 인구구조 문제

중국 정부(국무원)는 2017년 1월 말 '국가인구발전규획 2016-2030'을 발표했다. 12·5규획 동안 중국 인구 규모는 안정적으로 증가하여, 평균 증가율 5%를 기록했다. 2015년 말 기준 중국의 인구 구조를 보면, 총인구는 13억 7,500만 명으로 집계되었다. 평균기대수명은 76.34세이며, 영아사망률은 8.1%이고, 노동인구의 평균 교육기간은 10.23년으로 나타났다. 그리고 출생 남아 대 여아 성비는 113.51인데, 출생인구의 성비 불균형은 점차 낮아질 것으로 예상하고 있다. 60세 이상 노년인구 비율은 16.1%이다.

UN 경제사회부(Department of Economic and Social Affairs) 인구국(Population Division)의 「세계노령인구 2015(World Population Ageing 2015)」 보고서에 따르면 중국의 60세 이상 노인 인구가 2030년에는 미국 총인구를 추월할 것으로 추정하고 있다. 중국의 65세 이상 노인 인구 비중은 2025년 14.0%로 증가하여 '고령사회'로, 2035년에는 20.9%로 증가하여 '초고령사회'로 진입할 것으로 전망함으로써 중국은 선진국이 되기도 전에 고령화 사회에 진입하는 '미부선로(未富先老)'의 특징을 보이고 있다.

2) 도농 격차와 지역 격차 문제

개혁·개방 이후에도 도농 간 이원적 사회보장체제는 중국 특색의 사회보장제도라는 명분으로 계속되고 있다. 2016년 말 중국의 도시화율은 57.35%로, 중국 정부는 2020년까지 이를 60%로 끌어올릴 방침인데, 이는 중국인 10명 중 4명은 아직 농촌 지역에 살고 있다는 것을 뜻한다. 중국 정부는 도시와 농촌의 소득 격차를 줄이려고 애쓰고 있지만, 2016년 도시 거주인의 평균 가처분소득은 3만 3,616위안(약 550만 원)으로 농촌 주민의 2.71배에 달했다. 그리고 도시 가구의 90% 이상은 수도와 가스 공급 혜택을 누리고 있지만, 농촌 지역의 수도 공급률은 70%, 가스 공급률은 고작 20%에 불과하다. 2016년 공공시설에 대한 정부 지출도 도시 지역이 1조 7,400억 위안(약 290조 원)에 달해, 농촌 지역의 4,026억 위안(약 77조 원)을 압도했다. 중국 정부는 이와 같은 도농 격차를 해소하기 위해 전국 전역의 403곳에 각 지역만의 특색을 갖춘 매력적인 농촌 도시를 건설해 이들 지역에 자금과 인재를 끌어오고, 경제활동을 촉진한다는 계획을 세웠지만 성공 여부는 지극히 불투명하다.

이러한 도농 격차에다 지역 격차까지 더해지면서 중국 사회보장제도의 불균형 문제는 더욱 심화되었다. 개혁·개방 당시 연해 지역을 우선 개발하여 자본을 축적한 다음 내륙 지역을 발전시킨다는 전략을 취한 결과, 동부와 기타 지역 간 격차가 더 확대되었다. 또한 복지 주체를 다양화하는 과정에서 중앙정부가 지방정부에 사회보험 책임과 업무의 상당 부분을 위임함으로써 보험의 보장 수준 및 운영 방식의 지역 격차가 증대하게 되었다. 이와 관련하여 중국 정부는 향후 양로보험(연금보험) 및 의료보험의 도농 간 통합을 추진하겠다고 언급했다. 따라서 향후 중국이 사회보장제도의 불균형한 분절성을 어떻게 극복하는지 관심을 가지고 지켜볼 필요가 있다(한국보건사회연구원, 2016: 3).

3) 경제성장률 둔화와 사회보장 예산의 담보 문제

개혁·개방 이후 중국의 경제성장은 생산요소 투입, 특히 투자부문 중 재정지출 규모의 지속적인 확대가 경제성장에 결정적 역할을 했다고 할 수 있다. 그러나 2007년 14.2%를 기록한 후 2008년부터 10% 이내로 하락했다. 급격한 경기둔화를 방지하기 위해 2009년 대규모 경기부양책을 추진했지만, 2010년을 제외하고 성장률 둔화가 지속되고 있는데, 최근에 들어 6~7%대 성장률로 하락되었으며, 앞으로 고착될 양상을 보이고 있다.

이는 중국 경제가 과거의 초고속 경제성장 시기로부터 중·고속 경제성장 시기로 진입했음을 의미하며, 성장 과정에서 축적된 문제점과 리스크들이 대두되면서 경제성장의 구조적 문제점을 해결하는 것을 중심으로 하는 새로운 시기, 즉 '신창타이 시대(新常態)'에 진입했음을 알 수 있다(심권평·김종섭, 2017: 23). 1998년부터 2015년까지 취업 추이를 보면 총취업자 수 규모는 2015년 8만 2,802만 명으로 1998년 6만 5,604만 명에 비해 26.2% 증가되고, 도시취업자수 규모는 2015년 3만 3,507만 명으로 1998년 1만 7,866만 명에 비해 87.5% 증가된 것을 볼 수 있다. 이렇게 도시취업자 규모의 증가가 총취업자 규모의 증가보다 높은 것은 중국의 도시화율이 지속적으로 상승하면서 도시로 진입하여 취업하는 인구 규모가 확대되고 있음을 보여준다. 그리고 산업별 취업현황을 살펴보면, 1차 산업 취업비중이 가장 큰 폭으로 감소하고, 3차 산업 취업비중이 가장 큰 폭으로 증가했으며, 2차 산업 취업비중은 약간 상승을 보이고 있는데, 이는 중국 경제의 산업구조 변화와 거의 일치하고 있다.

한편, 1998년부터 2015년까지의 재정지출 규모와 각 항목별 재정지출 추이를 살펴보면, 재정지출 규모는 2015년 12만 9,245억 위안에 달하여 1998년의 7,673억 위안보다 16.8배 증가되었으며, 재정지출 대비 GDP비중은 1998년 9.28%에서 2015년 20.8%로 증가했다. 재정지출 규모가 이처럼 18년간 17배에 가까이 확대된 것은 재정지출 규모가 빠른 속도로 증가되었음을 보여준다.

특히 신창타이 시대에 진입한 후부터는 경기부양책을 추진하면서 재정지출 증가 속도가 더 빨라졌음을 알 수 있다.

각 항목별 재정지출을 보면, 경제건설비의 비중이 재정지출 전체에서 30%에 근접하고 있으며 1998년부터 2015년 사이에 큰 변화가 없는 것을 볼 수 있다. 비록 2008년 20.25%까지 줄어들었지만 성장둔화를 막고 경기활성화를 위해 경제건설비를 확대한 것으로 판단된다. 그리고 교육비 지출은 2015년 2만 4,914억 위안으로 1998년의 1,233억 위안보다 20.2배 증가되어 교육에 대한 투입이 지속적으로 증가되었음을 알 수 있으나, 재정지출에서 차지하는 비중은 17% 내외로 거의 변하지 않은 것을 볼 수 있다. 과학기술 지출은 각 항목별 재정지출 중 가장 크게 증가한 재정지출 항목으로 51.3배 증가되었으며, 사회보장 및 취업 지출이 32.1배, 의료위생 지출이 29.2배 증가한 것으로 나타났다. 일반행정비는 17.7배 증가했고 재정지출에서 차지하는 비중이 약간 감소됨을 알 수 있다. 이는 경제 규모가 커지고 주민의 삶의 질이 제고됨에 따라 사회보장, 의료위생, 교육, 과학기술에 대한 수요가 늘어나며 인구고령화의 비중이 높아질수록 사회보장이나 의료위생 지출 부담이 늘어나기 때문으로 판단된다(심권평·김종섭, 2017: 30~31).

4) 사회보장 주체의 변화와 제도의 지속 가능성 문제

2010년 이후 중국 사회보장제도, 특히 보험제도의 개혁은 앞에서 살펴보았듯이, 재정부담 주체의 다양화 및 유연화된 노동시장 구조에 부응하는 제도 구축을 핵심적인 내용으로 한다. 그러나 서로 재정부담을 줄이려는 국가와 기업, 기업과 개인, 중앙정부와 지방정부 간의 갈등, 산업구조 변화와 맞물린 비정형화된 고용 형태와 비정규직의 증가, 하강과 실업으로 인한 불안정한 고용상태 증가 등이 사회보험제도의 개혁에 발목을 잡고 있다. 그리고 사회 서비스의 경우도 정부와 기업, 민간단체 등의 다양한 주체를 기반으로 하는 새로운 사회보장제도가 자리 잡는 데 어려움을 더하고 있다. 이러한 맥락에서 새로운 서비스 공급 주체로 지역사회의 가능성에 주목하는 연구가 유엔사회개발연구소(United Nation Research Institute for Social Development)에서 진행되고 있어 관심을 끈다(한국사회보건연구원, 2016: 3).

5) 사회복지사회화 문제

사회복지사회화는 정부가 사회복지시설운영비를 모두 부담한 개혁·개방 계획경제 시기의 정부 단일자금 방식을 정부, 집체, 개인 등 삼자 공동자금 방식으로 전환한 사회복지개혁 조치로서 중국식 복지다원주의(welfare pluralism)이라 할 수 있다. 그리고 사회복지사회화를 위한 여러 조치는 민간사회복지활동을 지원하기 위한 목적을 표방했지만 실제로는 정부의 민간사회복지활동의 규제에 목적이 있었다. 이러한 사회복지사회화 조치의 대표적인 것으로 사회 서비스 기금 재정 조달을 목적으로 한 복리복권(中國福利彩票)사업과 공익사업기부(公益事業捐助)사업, 그리고 민간사회복지시설 확충사업으로서 자금지원 및 민간위탁 운영방식의 채택 등을 들 수 있다.

현재 중국의 복권은 중국복리복권발행관리센터(中國福利彩票發行管理中心)가 발행과 판매를 책임지고 있는데, 복리복권과 체육복권으로 양분되어 있다. 국무원은 복권시장의 건전한 발전을 저해하는 불법사태를 제어하고, 복권시장의 관리감독, 복권발행 및 판매규범 강화, 복권발행 규모의 통제, 사회보장사업의 지원 등에 대한 책임을 명문화했다.

그리고 공익사업기부와 관련해서 중국 정부는 기부를 권장하고, 기부와 기증행위의 규범을 제시하며, 기부자, 기증자, 수익자의 합법적 권익을 보호하고, 공익사업을 촉진하기 위해 1999년 6월 제9기 전인대 상무위원회 제10차 회의에서 '중국공익사업기부법(中華人民共和國公益事業捐助法)'을 제정했다(9월 1일 시행). 이 법에서 말하는 공익사업이란 ① 재해구조, 빈곤구제, 장애인 지원 등을 행하는 사회단체 및 개인적 활동, ② 교육, 과학, 문화, 위생, 체육사업, ③ 환경보호, 사회공공시설 건설, ④ 사회발전을 촉진하고 진보적인 기타 사회공공 및 복지사업을 말한다. 또한 민간사회복지시설 확충사업으로서 자금지원과 관련해서는 민간위탁 운영방식을 채택했다.

그러나 이러한 사회복지사회화 전략은 사실상 성공하지 못했다. 중국 정부가 사회복지사회화 전략을 통해 민간의 사회복지사업에의 참여를 권장하고 지원했음에도 불구하고 기업과 개인의 공익사업 기부금 액수는 제한적이었고, 정부 기대와 달리 민간부문의 사회복지에 대한 투자도 적어 민간사회복지시설이 별로 늘어나지 않았기 때문이다. 이러한 현상은 상당한 기간 동안 지속될 것으로 본다.

6) 사회복지 전문인력 양성문제

1920년대에 시작된 중국의 사회복지대학교육은 1949년 사회주의 국가 수립 후 중단되었다가 개혁·개방 후인 1989년에 재건되었다. 개혁·개방 이후 경제성장의 부작용이 심각해지고 사회문제 등의 증대에 따른 사회불안이 늘어나자 정부는 성장과 함께 분배(복지)를 중시하는 조화사회를 표방했고, 조화사회의 사회관리요원으로 사회복지사 대오를 건설하는 정책을 실시했다. 이러한 사회복지인재 대오건설을 위한 일련의 정부 정책은 사회보장제도, 사회복지교육 및 사회복지사의 지위와 처우에 결정적인 영향을 주고 있다. 특히 정부는 사구제도를 구축하여 사회복지사를 사구(지역사회)와 사구서비스센터에 집중 배치하여 사회관리 기능을 강화하는 동시에 사회복지사의 지위를 향상하는 효과를 거두고사 했나.

그러나 이러한 시도는 현재 중국의 사회복지대학교육에서 아직도 수준 낮은 교수진, 학생 수의 과소, 열악한 사회복지실습 현장, 낮은 취업률 등 때문에 큰 성과를 내지 못하고 있는 실정이다.

5. 중국 사회보장제도의 전망

제19기 공산당 지도부에서 승인받은 시진핑 집권 2기(2018~2022)에는 대내 경제구조 개혁과 대외 개방이 가속화될 전망이다. 경제의 양적 성장보다는 질적 성장을 추구하며, 중국 경제가 안고 있는 구조적 문제를 중점적으로 해결해 나갈 것으로 보인다. 이는 시진핑 주석이 제기한 신시대의 특징인 중국 경제의 신창타이 현상, 중국의 발전수준과 국민의 삶의 질에 대한 욕구 간의 차이에서 오는 모순 등을 해결하고자 하는 강한 의지가 반영되어 있다고 할 수 있다. 이는 시진핑 집권 2기 첫 출발을 알리는 2017년 10월 25일, 새로 선출된 중국공산당 정치국 상무위원단을 소개하는 자리에서 시진핑 중국 국가주석은 중국 인민들에게 전면적 샤오캉 사회의 실현 약속을 재확인한 것을 보더라도 알 수 있다.

공산당 지도부의 계획대로라면 중국은 2021년까지 1인당 국민소득 1만 달러를 넘어 본격적인 중산층 국가로 진입하게 된다. 이렇게 실현하기 위해서는 향후 중국 정부가 우선순위를 두고 추진할 정책으로 '빈곤 탈피'가 꼽힌다. 시 주석은 이미 2017년 7월 19차 당대회를 앞두고 장관·성장급 지도간부들이 참석한 가운데 개최된 연구토론회에서 금융리스크 억제, 환경오염 개선과 함께 빈곤 탈피를 3대 국정과제로 제시했다. 집권 2기에는 빈곤 탈피에 더 박차를 가하겠다는 의미다.

이제부터 위에서 지적한 사회보장제도에 영향을 주는 요소들을 고려하여 향후 중국 사회보장제도의 변화에 대해 전망해보고자 한다.

1) 중국 특색 사회보장제도의 성격을 지속적으로 유지

시진핑 주석은 집권 2기에서 '신시대 중국 특색 사회주의 사상'을 주장했다. 마르크스주의를 중국 현실에 적용한 것이 집권 1기 때 주장한 '중국 특색 사회주의'이라면, 집권 2기에 들어와서 사회주의를 새로운 정세에 맞게 변화한 것이 바로 시진핑의 신시대 중국 특색 사회주의 사상이라 할 수 있다. 시진핑이 주도해 지금까지의 한 시대를 마감하고 새 시대를 열겠다는 의지가 담겨 있다고 하겠으며, 중국만의 고유함을 갖춘 사회주의를 지향하겠다는 것이다.

이러한 신시대 중국 특색 사회주의 사상을 천명한 것을 볼 때 앞으로 중국 사회보장제도의 변화도 이에 부응해갈 것을 쉽게 전망할 수 있다. 21세기 들어 서구의 복지 이론과 보편적인 인권 시각이 유입되어 확산되자 이에 대한 반발심과 경계심이 작용하여 중국 특색 사회보장 관점이 더 강화되는 경향이 나타나고 있는데, 이번 시진평 주석의 신시대 중국 특색 사회주의 사상 천명은 더욱 이러한 기조로 중국 특색 사회보장 관점이 확산될 것으로 짐작할 수 있다. 중국 초창기 개혁·개방 때의 사회주의 건설과 국가발전의 원칙·사상과 지속적으로 일맥상통한 특성을 가질 것으로 본다. 즉, 국가 공식적 사회보장제도를 추구하면서도 중국 사회에서 긍정적 역할을 해온 가정보장과 이웃 간의 상부상조나 노동구제 같은 전통적 사회보장 형식을 가미할 것으로 본다.

따라서 향후 중국의 사회보장제도는 서구의 복지국가에서처럼 국민들의 사회권을 보장해주기 위해 도입된 보편적인 사회보장제도의 국가 장치가 아니라, 시장경제 제도에 부합하는 노동관계를 창출하기 위한 국가의 제도적 보완 장치로서 정비해갈 것으로 짐작된다. 즉, 시장경제에서 노동시장의 도입과 더불어 나타난 실업과 빈곤, 소득 불평등과 같은 사회문제의 발생을 어느 정도 해결해나가면서 샤오캉 사회를 구축해갈 것으로 전망된다.

이렇게 볼 때, 향후 중국 사회보장제도는 유연한 노동시장을 구축하기 위한 제도적 장치로서 기능을 수행하도록 하는 데 중점을 둘 것은 확실하다. 계속하여 이러한 중국 특색 사회보장제도의 성격이 유지되는 한, 에스핑-안데르센(G. Esping-Andersen)이 제시한 서구 특유의 제도적 유산에 경로 의존적인 세 가지 복지 자본주의체제, 즉 자유주의 복지모형, 보수주의 복지모형, 사민주의 복지모형과는 달리 체제전환국 특유의 체제인 제4모형으로 갈 것으로 예측할 수 있다. 그러나 이러한 제4모형은 사회보장제도의 공급 주체로서 가정, 이웃 등 비공식 부문과 공회, NGO가 더욱 중시될 것은 분명하기 때문에 중국 사회보장제도는 당분간 국민의 사회권과 복지권을 확대해나가는 메커니즘으로서의 기능이 향상될 것으로 기대하기는 어렵다(Esping-Andersen, 1996).

2) 빈곤 정책으로서의 공공부조제도의 법제화 가능성

중국은 개혁·개방을 추진한 이후 30여 년간 5억 명이 넘는 사람들이 빈곤에서 벗어났지만 시 주석 이전까지는 공산당의 최우선 과제로까지 인정받지는 못했다. 시 주석은 2015년에 이를 국가적 어젠다로 정했다. 2020년까지 모든 빈곤 퇴치를 선언하여, 첫째, 중앙정부와 성·시·현·향·촌 등 지방정부 당정 리더들의 책임 이행 둘째, 정확하고 실효성 있는 빈곤지원 사업 시행 셋째, 빈곤 퇴치를 위한 사회 전반의 유기적 협력 넷째, 기층 당 조직 강화 등 국가적인 역량을 총동원할 것을 지시했다. 세부적으로는 빈곤 퇴치를 위한 산업 육성, 이직 지원, 거주지 이전, 자금 지원 등 사회보장제도체제 구축 등의 정책들을 수행하게 했다.

2017년 말 중국 국무원 발표에 따르면 시 주석이 집권한 지난 2012년 이후 연평균 1,391만 명의 중국인이 빈곤에서 탈피했다. 이는 이전의 두 배 속도다. 1986년부터 2000년까지는 연평균 639만 명, 2001~2010년까지는 연간 673만 명이 빈곤선을 넘었다. 수년간 매년 1,300만 명 이상이 빈곤을 벗어나면서 2012년 9,899만 명이었던 중국 빈곤인구는 지난해 4,335만 명으로 줄었다. 구체적인 통계는 나오지 않았지만 2018년에도 1,000만 명 이상이 빈곤선에서 벗어날 것으로 예상하고 있다. 중국의 빈곤 탈피 기준선은 앞서 서술했듯이, 2012년 연소득 2,300위안(약 39만 원)으로 올랐고, 2015년 다시 2,800위안(약 48만 원)으로 상향되었다.

그러나 2020년 완전한 빈곤 탈피 목표를 달성하기까지 난관도 많다. 아직도 많은 빈민이 남아 있는 지역들이 환경적으로 크게 낙후되어 있어 사회보장 정책이 작동하기 쉽지 않다. 농촌 지역 빈민의 주된 요인인 질병으로 인한 빈곤을 항구적으로 극복하기 위해서는 위생, 의료와 보험체계 등 시스템적으로 해결해야 할 것이 많다. 특히 티베트, 쓰촨성의 남부 지역 주민 등을 포함해 빈곤선 아래에 있는 사람이 아직 300만 명이 넘는 성이 여섯 개나 있고 주민의 20% 이상이 빈민인 마을만도 3만 개가량 있다. 사실상 이들 지역은 대체로 빈곤이 매우 심하고 생활 여건과 인프라가 크게 낙후되어 있어 4년 만에 빈곤에서 벗어나는 것은 결코 쉬운 일이 아니다.

빈곤은 시 주석의 지적대로 중국몽의 아킬레스건이다. 그러기에 빈곤 탈피를 매우 중요한 국가전략으로 채택했기 때문에 사회구조(공공부조) 정책은 발전할 것으로 본다. 다만 임시 시행안만으로는 소기의 효과를 거둘 수 없기 때문에 법률을 통한 국민의 최저생활보장의 권리를 확립하고 국가의 법적 지원을 강제해야 한다. 따라서 중국 정부의 공공부조제도의 개선과 보완을 위한 입법화가 반드시 필요하며, 그 가능성은 크다고 할 수 있다.

3) 연금제도(양로보험)의 강화

중국은 세계적으로 유일하게 억 단위의 노인인구를 보유하고 있으며, 경제적으로 부유해지기 전에 고령화가 진행되는 현상인 웨이푸셴라오(未富先老)의 특징이 현저하게 나타나고 있다. 이처럼 인구고령화로 노후 생활보장에 대한 관심이 높아짐에 따라 사회보장제도 중 핵심인 사회보험 가운데 특히 양로보험에 관한 조치가 더욱 강조될 전망이다. 전망산업연구원(前瞻産業研究院)이 발표한 「2015~2020년 중국 양로보험업 시장수요예측 및 투자전략 규획 분석보고(2015~2020年中國養老保險行業市場需求預測与投資戰略規划分析報告)」에 따르면, 향후 몇 년간 연금제도인 양로보험은 농인소득보장체제의 가장 중요한 제도로서 국민의 기초적인 노후생활 보장을 제공할 것으로 보인다. 즉, 2008~2012년 기본양로보험기금의 수입은 연간 20.67%의 속도로 증가, 약 20%로 계산 시 2014년 양로보험기금 수입은 2만 8,801억 위안, 2017년 5만 9,723억 위안에 달하는 한편, 양로보험 가입자는 2014년 3.47억 명, 2017년 4.53억 명으로 증가하며 더욱 많은 국민이 기본양로보장의 수혜를 받을 전망이다.

그리고 전국적으로 일원화된 도농주민기본양로보험제도 확립을 통한 도농간 이원화구조 철폐로 도시화 발전을 더 가속화할 것으로 전망된다. 즉, 도농주민기본양로보험과 도시노동자 기본양로보험의 연계시점, 연계방식, 자금전이 및 보험금 수령방식, 보험처리 규칙 등에 대한 일원화된 규정을 제시하고, 도농 유동취업인구가 혜택이 비교적 높은 도시노동자 기본양로보험 혜택을 받을 수 있도록 했는데, 이의 적용이 계속 확대해나갈 것으로 전망된다.

이러한 일련의 조치들이 사업단위의 '철밥통' 문제를 완전히 해결하기에는 역부족이지만 장기적으로 볼 때 전국적으로 일원화된 도농주민양로보험제도 확립에 유리할 뿐 아니라 공평성을 제고시킬 것으로 보인다. 아울러 더욱 높아진 양로수요를 만족시키기 위한 부가적 수단인 기업연금, 상업양로보험 등 사적연금 가입을 유도할 수 있는 체계적 관련 조치도 구축될 가능성이 높아질 것으로 전망된다.

4) 사회보장제도체제의 불균형한 분절성의 점진적인 해소

중국 사회보장제도 개혁을 위해서는 현행 사회보장제도 내 체제의 불균형한 분절성 등에 따른 문제점을 우선적으로 해결해야 한다. 다시 말해 향후 사회보장제도 추진을 위해서는 사회보험 적용범위의 확대, 사회보험 혜택의 확정 및 조정시스템의 구축이 필요한데, 이를 점진적으로 조금씩 해소해나갈 것으로 본다.

이처럼 과감하게 해소해나가기 어려운 사정은 특히 공평을 목표로 하는 사회보장제도 개혁 과정에서 기득권 지역 및 단체의 반발이 나타날 것으로 예상됨에 따라 이를 어떻게 해소시킬 것인가가 최대 직면과제로 대두되기 때문이다. 그리고 과거 중국은 단위보장제도에서 사회보장제도로의 전환을 실현했으나 도농 지역에 따른 불균형이 심각하게 발생했기 때문이다. 기관사업 단위 노동자와 기업노동자 간 적립금과 복지 측면에서 큰 차이를 보였고, 의료보험, 사회구제체제 및 관련 복지항목 또한 도농·지역 간 차이가 큰 것으로 나타났던 것이다.

따라서 향후 양로보험제도 이원화 문제 개선이나 도농복지 격차 감소 등 대부분 사회보장제도 개혁 조치는 무엇보다도 기득권층의 이익을 침해할 가능성이 높으며, 이로 인한 기득권 지역과 단체의 반발에 직면하게 될 것이다. 이러한 사회보장제도의 개혁 가능성은 호적 사업단위 개혁, 국영기업 운영체제의 개혁, 사회보험의 계층화 유발효과의 감소, 사회 서비스 영역의 과도한 민영화 등 각종 제도 내의 고질적 문제에 대해 정부가 얼마나 강력한 개혁 의지로 시행해나가느냐에 전적으로 달려 있을 것이다. 그렇다고 본다면 사회보장제도 체제의 불균형한 분절성 문제의 해소는 급진적으로 진행되기보다는 국가 재정을 감안하여 점진적으로 서서히 해나갈 것으로 전망된다.

5) 지역사회 서비스의 활성화와 사회복지 전문인력의 활용 강화

도농 간, 지역 간 사회보장 격차 해소를 위한 한 방안으로서 20세기 말부터 강조해온 과거의 단위보장체제를 지역사회보장체제로 전환하는 시도가 더욱 강화될 것으로 본다. 즉, 사구 서비스 제도를 더욱 활성화할 것으로 전망된다. 그 방안의 하나로 지역사회의 가장 풀뿌리 행정단위인 가도판사처를 활용해 사구 서비스 실천을 강화해나갈 것으로 본다. 가도판사처가 풀뿌리 지역사회 현장에서 정부(민정부)의 지도를 따라 직접 주민을 접하는 부문으로 사구 서비스에 대한 감독관리, 사구서비스센터 설치 및 운영 등 일련의 사구서비스를 직접 제공하는 역할을 하되, 민간자원을 잘 끌어들여 국가 재정을 관리해나가겠다는 것이다.

그리고 이러한 지역사회 서비스 활성화를 위해서는 사회복지 전문인력의 활용이 강화될 것으로 전망된다. 중국 정부와 공산당이 주도하고 있는 사회복지인재 대오건설 정책에 따라 사회복지 교육 및 훈련기관의 증가, 사회복지사의 처우 개선, 사회복지전공 대학졸업자의 사회복지 분야 진출 확대가 예상된다.

그러나 이러한 정책의 효과를 빠른 시일 내에 기대하긴 어렵다. 사회복지시설에의 사회복지사 배치와 사회복지사 처우 개선에는 재정이 필요하고, 그 재정 조달은 전적으로 지방정부 책임으로서 중국 지방정부의 재정 능력은 지역별로 편차가 많이 나기 때문이다. 따라서 가난한 지방정부의 양로보험, 의료보험, 사회구조 비용을 중앙정부가 재정을 지원한 전례를 볼 때 중앙정부가 나설 수밖에 없으며, 이러한 중앙정부의 부담이 커질 때까지는 시간이 걸릴 것으로 본다.

6) 사회보장 다원화에 따른 보충보장의 활성화

향후 중국 사회보장제도체제에서 정부의 공적 사회보장을 보완하는 민간복지로서 보충보장이 강화될 것으로 전망된다. 이는 국가 이념적으로 시진핑의 집권 2기 사상인 신시대 중국 특색 사회주의 사상에 기인하는 바가 크다고 할 수 있다. 따라서 사회복지사회화 정책의 강화와 함께 기업복지, 자선사업, 민영보험의 활성화 등이 이루어질 것으로 전망된다.

6. 맺음말

중국의 사회보장제도는 도시 지역의 사회운영체제로서 개혁·개방 이전에는 도시에서는 개별 국영기업 중심의 복지 제공을 통해서, 그리고 농촌 지역에서는 인민공사를 통해서 주로 운영되어왔다. 그러다가 개혁·개방 이후에 시장경제체제의 도입, 국영기업의 개혁과 함께 과거의 단위보장제도가 더 이상 운영될 수 없게 되자 양로보험, 의료보험, 실업보험 등과 같은 사회보험제도와 최저생활보장제도를 골격으로 한 사회구조제도와 사회 서비스 민영화와 보충보장 등의 새로운 사회보장제도를 구축해왔다고 할 수 있다.

더구나 중국 특색 사회보장제도의 이념 아래 전개되고 있는 중국 사회보장제도는 사회보장제도의 다원화된 공급 주체로서 가정, 이웃 등 비공식부문과 공회, NGO의 역할을 더욱 중시함으로써 사회보장제도의 원활한 작동기제에 대한 최종 책임을 맡은 정부 기능을 감소시킬 가능성이 높다. 당연히 사회보장제도에서 복지의 잔여적 기능을 맡는 수준에 머무를 가능성이 농후하다. 제도적으로 이러한 잔여적 제도가 더욱 견고해질수록 노동관계는 더욱 시장관계에 편입되게 되어 중국의 사회보장제도는 노동의 상품화(commodification)를 조장시켜 시장관계를 더욱 강화시킬 가능성이 크다.

이는 비록 복지국가의 제4모형이라고 하지만 궁극적으로 중국의 경제수준과 사회주의 시장경제에 부합하는 사회보장제도라는 미명하에 빈곤 퇴치는 어느 정도 성과를 거둘 수는 있겠지만 진정한 복지국가로 가기에는 역부족일 것이다. 서구 복지국가와 같은 보편주의 시스템을 완비하기에는 너무나 많은 숙제를 안고 있다. 특히 농촌복지와 사회보장 사각지대 도시 근로자, 도시 빈민을 위한 사회보장, 게다가 지출신, 고령화 문제에 대한 새징 수요는 막내한 새정 수요를 필요로 하고 있다.

이처럼 중국 사회보장제도의 개혁 과정은 험난하고 힘들어 보이지만 그럼에도 공동체의 삶을 우신하는 사회주의 유산을 가진 중국 정부가 사회보상제도의 개혁에 대해 실용적인 접근과 경제성장과 조화를 이루는 사회보장 정책에 대한 속도조절을 하고 있는 것으로 보아 전망이 어둡지만은 않다. 그리고 중국의 특수한 사회보장 상황은 전환기적 성격을 가지고 있어 자본주의 사회복지모델을 참고하여 후발주자로서 갖는 이점을 최대로 활용한다면 충분히 체제전환적 문제들을 해결해나갈 것으로 본다. 문제는 중국 국민의 목소리를 품어주는 민주화의 길이 어떻게 열리느냐 하는 점이 중국 사회보장제도의 더 시급한 과제로 나타날 것이다. 왜냐하면 진정한 사회보장제도 개혁의 궁극적 목적은 국민의 삶의 질을 높여주고 사회구성원 개개인의 자유와 평등을 고양시켜 주는 것이 되어야 하기 때문이다.

추가 읽기 자료

김윤권 편. 2008.『중국의 행정과 공공정책』. 파주: 법문사.

심권평·김종섭. 2017.「중국 '신창타이' 시대의 재정지출이 취업에 미치는 영향」. ≪국제지역연구≫, 21(2), 21~44쪽.

유은하. 2016.「중국 학계의 사회보장 담론 형성에 관한 연구: 서구 이론의 영향을 중심으로」. ≪중국지식네트워크≫, 7, 78~108쪽.

한국보건사회연구원. 2016.「중국 사회보장제도의 변천 및 최근 이슈」. ≪글로벌 사회정책 브리프≫, 42.

Esping-Andersen, G. 1996. "After the Golden Age? Welfare State Dilemmas in a Global Economy." In G. Esping-Andersen(ed.), *Welfare States in Transition. National Adaptations in Global Economies*. London: Sage.

UNRISD. 2016. "Changing Demands, Emerging Providers: New Directions in Social Policy in China." *NRISD Project Brief* 14.

참고문헌

백승욱·조문영·장영석. 2017. 「'사회'로 확장되는 중국 공회(노동조합)」. ≪한국사회학≫, 51(1), 39~89쪽.

왕후이(汪暉). 2011. 『아시아는 세계다』. 송인재 옮김. 글항아리.

이 근. 2014. 『경제추격론의 재창조』. 서울: 오래.

______. 2016. 「삼단계로 재구성한 '통합적 경제추격론'」. ≪학술원논문집(인문사회과학편)≫, 제55집 1호. 509~525쪽.

이성기·원석조. 2014. 「중국의 사회복지대학교육과 사회복지인재 대오건설정책」. ≪사회복지정책≫, 41(2), 135-156쪽.

정종호. 2002. 「국가와 유동인구: 이농의 정치경제」. 정재호(편). 『중국 개혁-개방의 정치경제 1980-2000』. 서울: 까치, 243~312쪽.

______. 2005. 「현대 중국 사회의 연속성과 불연속성: 호구제도 개혁을 중심으로」. 김익수 외. 『현대중국의 이해』. 서울: 나남출판, 197~227쪽.

______. 2008. 「북경시의 도시재개발 정책과 북경 '동향촌(同鄕村)'의 변화」. 현대중국학회. ≪현대중국연구≫, 제9집 2호, 37~79쪽.

조흥식. 1998. 「현대 중국의 경제구조 변화와 소성진(小城鎭) 사회문화체제의 재편성에 따른 사회보장제도의 변화: 강소성(江蘇省), 절강성(浙江省) 지역을 중심으로」. ≪국제지역연구≫, 7(1), 45~62쪽.

蔡昉. 2000. 『中國流動人口問題』. 鄭州: 河南人民出版社.

傅晨·李飛武. 2014. 「農業轉移人口市民化背景下戶籍制度創新探索－廣東"農民工積分入戶"硏究」. 『廣東社會科學』, 第3期, pp.15~21.

國務院發展硏究中心課題組. 2011. 「農民工市民化進程的總體態勢與戰略取向」. 『改革』, 第5期, pp.5~29.

農業部課題組. 1995. 「經濟發展中的農村勞動力流動」. 『中國農村經濟』, 第1期, pp.43~50.

李愛芹. 2014. 「戶籍制度改革與農民工市民化」. 『山東農業大學學報(社會科學版)』, 第4期, pp.57~61.

李春玲. 2017. 「青年群體中的新型城鄕分割及其社會影響」. 『北京工業大學學報(社會科學版)』, 第2期, pp.1~7.

呂 途. 2013. 『中國新工人: 迷失與崛起』. 北京: 法律出版社.

______. 2015. 『中國新工人: 文化與命運』. 北京: 法律出版社.

彭友·王艷偉. 2006. 「80后打工者逐漸成主流 僅兩成以挣錢爲主要目的」. http://news.sina.com.cn/s/2006-10-12/105710217395s.shtml (검색일: 2019.1.9).

前瞻産業硏究院. 2014. 『2015-2020年中國養老保險行業市場需求預測与投資戰略規划分析報告』.

蘇偉·楊帆·劉士文. 2011. 『重慶模式』. 北京: 中國經濟出版社.

孫中偉. 2015. 「農民工大城市定居偏好與新型城鎭化的推進路徑硏究」. 『人口硏究』, 第5期, pp.72~86.

唐咏. 2010. 「從社會福利社會化視角思考政府購買社工服務的行爲」. 『肅社會科學』, 第3期, pp.153~155.

謝寶富. 2014. 「居住証積分制:戶籍改革的又一個“補丁”? - 上海居住証積分制的特征、問題及對策研究」. 『人口研究』, 第1期, pp.90~97.

徐美銀. 2016. 「農民工市民化與農村土地流轉的互動關系研究」. 『社會科學』, 第1期, pp.42~51.

楊愛民. 2000. 「城鄕差別與民工潮」. 熊景明(編). 『進入21世紀的中國農村』. 北京: 光明日報出版社. pp.326~338.

王春光. 2001. 「新生代農村流動人口的社會認同與城鄕融合的關係」. 『社會學硏究』, 第3期, pp.63~76.

______. 2006. 「農村流動人口的‘半城市化’問題研究」. 『社會學硏究』, 第5期, pp.107~244.

______. 2009. 「對中國農村流動人口“半城市化”的實證分析」. 『學習與探索』, 第5期, pp.94~103.

汪暉. 2013. 「我有自己的名字」. 呂途. 『中國新工人: 迷失與崛起』. 北京: 法律出版社, pp.1~12.

王肖軍·孔明. 2018. 「≪2017年農民工監測調査報告≫ 發布 進城農民工生活滿意度提高」. http://country.cnr.cn/gundong/20180428/t20180428_524215815.shtml (검색일: 2019.1.12).

張慧瑜. 2013. 「美國夢轉型 - 当代大衆文化中的美國想象」. 『南風窗』, 第18期.

中華人民共和國 國家統計局. http://www.stats.gov.cn/

周慶智. 2016. 「農民工階層的政治權利與中國政治發展」. 『華中師范大學學報(人文社會科學版)』, 第1期, pp.1~10.

Chan, Chris King-Chi and Pun Ngai. 2009. “The Making of a New Working Class? A Study of Collective Actions of Migrant Workers in South China.” *The China Quarterly*, 198, pp.287~303.

Chan, Kam Wing. 2014. “Achieving Comprehensive *Hukou* Reform in China.” http://www.paulsoninstitute.org/wp-content/uploads/2017/01/PPM_Hukou_Chan_English_R.pdf (검색일: 2019.1.9).

Jin, Furong, and Keun Lee. 2017. “Dynamics of the growth–inequality nexus in China: roles of surplus labor, openness, education, and technical change in province-panel analysis.” *Journal of Economic Policy Reform*, 20(1), pp.1~25.

Lee, Ching Kwan. 2007. *Against the Law: Labour Protests in China's Rustbelt and Sunbelt*. Berkeley: University of California Press.

Lee, Keun. 2013. *Schumpeterian Analysis of Economic Catch-up: Knowledge, Path-Creation, and the Middle-Income Trap*. Cambridge: Cambridge University Press.

Lee, Keun and Shi Li. 2014. “Possibility of a Middle Income Trap in China: Assessment in Terms of the Literature on Innovation, Big Business and Inequality.” *Frontiers of Economics in China*, 9(3), pp.370~397.

Lee, Keun, Byung-Yeon Kim, Young-Yoon Park, and Elias Sanidas. 2013. “Big Businesses and Economic Growth:I dentifying a Binding Constraint for Growth with Country Panel Analysis.” *Journal of Comparative Economics*, 41(2), pp.561~582.

Lin, Ka and Olli Kangas. 2006. “Social Policymaking and Its Institutional Basis: Transition of The Chinese Social Security System.” *International Social Security Review*, 59(2), pp.61~76.

Potter, Jack M. and Sulamith H. Potter. 1990. *China's Peasants: The Anthropology of a Revolution*. Cambridge: Cambridge University Press.

Solinger, Dorothy. 1995. "China's Urban Transients in the Transition from Socialism and the Collapse of the Communist 'Urban Public Goods Regime'." *Comparative Politics*, 27(2), pp.127~146.

Spence, Jonathan D. 1990. *The Search for Modern China*. New York and London: Norton.

Zhen, B. 2008. "The Establishment of a System for the Vocationalization and Professionalization of Social Workers in Mainland China." *China Journal of Social Work*, 1(1), pp.65~88.

Zhou, Daming and Xiaoyun Sun. 2010. "Group Differences Among Nongmingong: A Follow-up Ethnographic Case Study." *International Journal of Business Anthropology*, 1(1), pp.79~94.

서울대학교 중국연구소

서울대학교 중국연구소는 한국에 대한 중국의 관련성 및 영향력이 증대하고 중국 연구 및 교육의 필요성이 높아지는 상황 속에서, 서울대학교 내의 중국 관련 연구 자원을 통합 지원하고 중국 연구에 대한 학제 간 연구를 활성화시킬 목적으로 2004년 7월 1일 사회과학연구원 부설연구소로 설립되었다. 본 연구소는 서울대학교가 보유한 다수의 학술인력을 네트워킹하고 지원함으로써 사회과학 분야를 중심으로 중국에 대한 학제 간 연구를 촉진시키는 데 주력해왔다. 중국연구소는 〈중국정책포럼〉, 〈중국포럼〉 등의 집담회를 정기적으로 개최해 왔으며, 학문후속세대 양성을 위한 〈저자와의 만남〉 및 대학원 세미나 지원, 그리고 중국 및 해외 전문가와의 교류를 통한 국제학술회의, 국내 심포지엄, 외국인 저명학자 초청학술회의 등의 다양한 학술활동을 진행하고 있다.

지은이(수록순)

김광억(서문)

서울대학교 인류학과 교수를 거쳐 현재 동대학 명예교수이자 중국 산동대학교 인문사회과학 특임일급교수로 있다. 중국에 대한 사회문화인류학적 연구를 해오고 있으며 저서로 『혁명과 개혁 속의 중국 농민』(2000), 『중국 문명의 다원성과 보편성』(공편 2014), 『중국, 새로운 패러다임』(공저 2015), 『중국인의 일상세계』(2018) 등이 있다.

유용태(제1장)

서울대학교 사범대학 역사교육과 교수이며, 중국/동아시아 근현대사 전공으로 중국근현대사학회 회장을 역임하였다. 주요 저서로 『지식청년과 농민사회의 혁명』(2004), 『환호 속의 경종』(2006, 일어판 2009), 『직업대표제, 근대중국의 민주유산』(2011, 중문판 2017), 『한중관계의 역사와 현실』(편저, 2013), 『동아시아사를 보는 눈』(2017), 『21세기 동아시아와 역사문제』(공편, 2018) 등이 있다.

이정훈(제2장)

서울대학교 중어중문학과 교수이며, 전공 분야는 중국 현당대 문학 및 문화 그리고 동아시아 지식담론이다. 주요 논저로 『중국 일상 속 북한 이미지』(공저, 2017), 『냉전의 섬, 금문도의 재탄생』(공저, 2016), 『동아시아, 인식지평과 실천공간』(공저, 2010), 『문예공론장의 형성과 동아시아』(공저, 2008) 등이 있다.

정재호(제3장)

서울대학교 정치외교학부 교수이며, 전공 분야는 중국의 중앙-지방관계, 중국의 대외관계 및 동아시아 안보이다. 홍콩과기대학 교수 및 브루킹스연구소의 CNAPS Fellow를 역임했으며, 계간지 *China Quarterly*의 편집위원을 지냈다. 18권의 저서 및 편서가 있으며, 가장 최근의 저서인 *Centrifugal Empire*(2016)는 2017년 Choice Award를 수상했다. 2009년 서울대학교 학술연구상과 2012년 한국국제정치학회 학술상을 수상했다.

조 영 남 (제4장)
2002년부터 서울대학교 국제대학원 교수로 재직 중이다. 베이징대학(北京大學) 현대중국연구센터 객원연구원(1997~1998), 난카이대학(南開大學) 정치학과 방문학자(2001~2002), 하버드-옌칭연구소(Harvard-Yenching Institute) 방문학자(2006~2007)를 역임했다. 『덩샤오핑 시대의 중국 1·2·3』(2016), 『중국의 꿈』(2013), 『중국의 법치와 정치개혁』(2012), *Local People's Congresses in China*(2009) 등의 연구가 있다.

강 광 문 (제5장)
서울대학교 법학전문대학원 부교수이며, 전공 분야는 아시아법과 헌법사상이다. 주요 논저로 『중국법 강의』(공저, 2017), 「일본 명치헌법의 제정에 관한 연구(2012)」, 「일본에서 독일헌법이론의 수용에 관한 연구」(2013), 「중국 현행 헌법의 계보에 관한 일고찰」(2014), 「현대 중국에서의 법 이해에 대한 고찰」(2015), 「중국 집체토지소유권의 법적 성질에 대한 고찰」(2018) 등이 있다.

이 근 (제6장)
서울대학교 경제학부 교수이며, 서울대학교 경제연구소장, 중국연구소장, 현대중국학회 회장을 역임하였다. 케임브리지대학교 출판사에서 출간한 저서 *Schumpeterian Analysis of Economic Catch-up*으로 독일 소재의 국제슘페터 학회에서 주는 슘페터상을 수상하였다. 이는 비서구권대학 소속 교수로서는 처음이다. 2019년에는 새 저서, *The Art of Economic Catch-up* 을 출간했다. Google Schoolar 기준 피인용도 면에서 H-index는 37이며, I-index는 97이다.

이 재 홍 (제7장)
서울대학교 전기·정보공학부 명예교수이며, 대한전자공학회 회장, IEEE Vehicular Technology Society 회장을 역임하였고, IEEE Fellow, 한국과학기술한림원 정회원, 한국공학한림원 원로회원이다. 전공 분야는 통신 및 부호 이론과 무선통신이다. 주요 논문으로 "Capacity of multiple-antenna fading channels: Spatial fading correlation, double scattering, and keyhole"(2003), "PAPR reduction of OFDM signals using a reduced complexity PTS technique"(2004) 등이 있다.

장 경 섭 (제8장)
서울대학교 사회학과 교수이며, (사)현대중국학회 회장을 역임했다. 제도사회학, 비교시민권, 비교사회정책, 사회이론 분야의 연구를 수행해왔다. 중국 체제개혁의 사회적 성격에 관한 연구 결과를 *Economy and Society, Journal of Development Studies, World Development* 등의 학술지에 발표했다. "The Chinese Myth of Post-Socialism: Dahe Commune/Township, 1979-2003" 및 "Developmental Pluralism in China: Social and Economic Parameters of Post-Socialist Pragmatism" 제하의 연구서를 준비 중이다.

이현정 (제9장, 책임편집)
서울대학교 사회과학대학 인류학과 교수이며, 서울대학교 중국연구소 소장을 역임했다. 개혁기 중국 농민들이 경험하는 사회적 고통 및 이에 대한 국가·전문가들의 개입, 그리고 가족과 젠더 문제에 관해 연구하고 있다. 주요 논저로 "Fearless Love, Death for Dignity: Female Suicide and Gendered Subjectivity in Rural North China"(2014), "李紅梅的故事: 農村婦女防止自殺工作个案"(2017), 「현대 중국 농촌의 시장개혁과 혼인관습의 변화」(2017), 「개혁기 중국의 노인복지 정책과 고령 농민의 구조적 배제」(2018), 『의료, 아시아의 근대성을 읽는 창』(공편, 2017), 『세월호가 묻고 사회과학이 답하다』(공저, 2017) 등이 있다.

정종호 (제10장)
서울대학교 국제대학원 교수이며, 서울대학교 중국연구소 소장, 서울대학교 국제협력본부장, 현대중국학회 회장 등을 역임하였다. 중국의 도시화와 농민공 문제, 사영기업가와 시민사회, 소프트파워 등을 연구하였으며, 개혁기 중국의 국가-사회관계 변화가 주요 연구 분야이다. 주요 논저로 "Bedfellows with Different Dreams"(2018), "Transplanted Wenzhou Model and Transnational Ethnic Economy"(2014), "From Illegal Migrant Settlements To Central Business And Residential Districts"(2011), 『재중한인사회연구: '코리아타운'을 중심으로』(공저, 2010), 『현대중국의 이해』(공저, 2005) 등이 있다.

조흥식 (제11장)
서울대학교 명예교수(사회복지학)이며, 한국보건사회연구원 원장으로 재직 중이다. 전공 분야는 사회복지실천분석, 사회복지서비스론이다. 주요 저서로 『한국 현대사와 사회경제』(공저, 2018), 『우리 복지국가의 역사적 변화와 전망』(공저, 2015), 『한국의 지속가능한 발전전략과 정책대안』(공저, 2014), 『한국과 중국의 사회변동 비교연구』(공저, 2013), 『평화와 복지, 경계를 넘어: 평화복지국가의 정치적 조건과 주체를 찾아』(공저, 2013), 『중국의 행정과 공공정책』(공저, 2008) 등이 있다.

한울아카데미 2154

개혁 중국

변화와 지속

기획 | 서울대학교 중국연구소
책임편집 | 이현정
지은이 | 김광억·유용태·이정훈·정재호·조영남·강광문·이근·이재홍·장경섭·이현정·정종호·조흥식
펴낸이 | 김종수
펴낸곳 | 한울엠플러스(주)
편집 | 조인순

초판 1쇄 인쇄 | 2019년 4월 15일
초판 1쇄 발행 | 2019년 4월 25일

주소 | 10881 경기도 파주시 광인사길 153 한울시소빌딩 3층
전화 | 031-955-0655
팩스 | 031-955-0656
홈페이지 | www.hanulmplus.kr
등록번호 | 제406-2015-000143호

Printed in Korea.
ISBN 978-89-460-7154-4 93910(양장)
978-89-460-6640-3 93910(반양장)

이 연구는 2017년도 서울대학교 아시아연구소의 아시아기초연구사업의 지원을 받아 수행되었음.